Peter Kägi 300 KOMPLETTE MENUS FÜR JEDEN TAG

AUSBLICK auf GEBIRGE & die INSEL AU

REST. WEILENMANN

Restaurant Weilenmann

GRUSS aus
MEILENBACH-AU
a/ Zürichsee

Maya Jantz

Peter Kägi

300
KOMPLETTE MENUS
FÜR JEDEN TAG

Eine verzauberte Küche

© Copyright by Peter Kägi, CH-8804 Au-Wädenswil
ISBN 3-906578-03-8
4. Auflage
Fotos: Fred Podolak, 8832 Wollerau
Gesamtherstellung: Druckerei Konstanz GmbH

Peter Kägi

Eidg. dipl. Küchenchef, Fachlehrer, Diplom Hotelfachschule Lausanne

Ich bin den hochqualifizierten Fachleuten, die an diesem Buch mitgearbeitet haben, zu grossem Dank verpflichtet. Ohne ihre spontane Hilfsbereitschaft wäre das Werk, das in der Gastronomie eine Lücke schliessen soll, wohl nicht zustande gekommen.

Hannes Schmid, eidg. dipl. Küchenchef, Fachlehrer, Experte bei höheren Fachprüfungen,

Franz Müller, Küchenchef

Werner Huster, Küchenchef, Fachlehrer

Bruno Wäckerlin, eidg. dipl. Küchenchef, Experte bei höheren Fachprüfungen

Franz Baggenstos, eidg. dipl. Küchenchef, Fachlehrer, Experte bei höheren Fachprüfungen

Rudolf Roth, eidg. dipl. Küchenchef

Max Niederer, mein ehemaliger Sekundarlehrer, später Direktor an den Berufsschulen Zürich

Dr. med. Jürg Amacker, Spezialarzt für innere Medizin

Kleine Geschichten aus der Welt der Gastronomie

1. Das Festessen in Puerto Rico   *Zu Menu Seite 25*

Nach einer Kreuzfahrt durch die karibische Inselwelt landeten wir in San Juan, wo uns eine amerikanische Familie aus dem mittleren Westen für einige Tage Gesellschaft leistete. Um diesen neuen Freunden ein Stück meiner Heimat zu zeigen, lud ich sie an einem Abend ins Swiss Chalet ein. Es sollte ein typisches Festmahl werden, deshalb hatte ich das Menu vorgängig mit einem der Besitzer abgesprochen. Ich hatte für alle einen Käseauflauf bestellt, dann einen schönen Salat, geschnetzeltes Kalbfleisch mit Rösti und als Abschluss eine Eisbombe. Die Amerikaner liessen sich begeistern und fanden, besonders als die Rösti aufgetragen wurde, es sei wirklich alles sehr fantasievoll und schmecke ausgezeichnet. Ich war über die Präsentation der Rösti nicht wenig erstaunt, denn davon war offenbar eine Menge vorbereitet worden, und nun bekam man diese Herrlichkeit kugelförmig – mit einem Glacelöffel portioniert – vorgesetzt.
«So habe ich das noch nie gesehen», meinte Earny, der Amerikaner.
«Aber es schmeckt dir? Ist halt fremd für Dich.» Ich gab mich ungezwungen und wollte den Anschein erwecken, als ob man Rösti nie anders gemacht hätte. Jetzt schaltete sich seine Frau ein: «Ich finde das clever und vor allem einfacher zu servieren. Weisst Peter, wir machen die «hash browns» sonst anders, aber das gelingt nicht immer gleich gut.»
«Aha, «hash browns» nennt ihr unsere gute alte Rösti?»
«Ja. Das ist eine typisch amerikanische Spezialität, die bei uns in der Pfanne als flacher Kuchen gebraten, dann – hopp – gewendet wird. Dann hat man oben eine herrliche, goldbraune Kruste. Wenn Du uns mal besuchen kommst, zeige ich Dir, wie das gemacht wird.»
Ich war ein klein wenig in mich zusammengesunken, liess mir aber sonst nichts anmerken und nickte ihr freundlich zu.

2. Die Gourmets und der Gourmand   *Zu Menu Seite 37*

Sinnend hob er sein Weinglas vors Licht, betrachtete prüfend die Farbe des edlen Tropfens, schwenkte fliessend, um festzustellen wie viskos der Wein auf der Innenfläche des Glases zurückrann, dann erst neigte er seinen Kopf, sog den Durft des Rebensaftes ein und schien befriedigt, ohne auch nur einen Schluck gekostet zu haben. Die Degustation selbst war noch verwirrender, ein Ritual, bei dem eine kleine Menge Flüssigkeit über die verschieden reagierenden Zonen der Zunge rannen. Nach der Probe nickte er dem abwartend stehenden Kellner zu, der sich dann dran machte, der kleinen Tischrunde einzuschenken. Man unterhielt sich eine ganze Weile über diesen Wein, ass ein leckeres Häppchen, liess sich wieder und wieder riesige Teller mit Kleinigkeiten vorsetzen und wechselte zwischenhinein den Wein, ganz so, als ob der Gesprächsstoff ausgegangen wäre und man neuen Rebensaft besprechen müsste.

Wir sassen am Nebentisch, mein gewichtiger Freund Heiri und ich. Belustigt hatte der Freund die Szenen beobachtet und meinte dann mit zufriedenem Lachen: «Ganz alte

III

Schule, wie sich diese Herren die Zeit mit dem Wein vertreiben.» Er liess sich einen Tropfen der Mittelklasse bringen, von dem ihm der Jahrgang einigen Eindruck zu machen schien, probierte und liess die Gläser füllen. Er fragte den Kellner, ob er für uns zwei zarte Entenbrüste bestellen könne.

«Ja, selbstverständlich. Sie haben aber auch die Wahl beim Menu gastronomique des Chefs, wo Sie die üblichen acht Gänge selbst zusammenstellen können.»

Jetzt lachte Heiri wieder: «Sie müssen mich richtig verstehen; wir möchten etwas essen, ohne viele dekorierte Teller ansehen zu müssen. Ich möchte wirklich nur Entenbrust, dazu eine feine Sauce und einen anständigen Gratin.»

Die Gourmets am Nebentisch unterbrachen ihre Unterhaltung und schauten uns beinahe mitleidig an. Der Freund liess sich die Laune dadurch aber nicht verderben.

Ich werde nie mehr vergessen, mit welcher Begeisterung er sich eine Weile später über die zart rosa gebratene Brust hermachte, strahlte und wohl zärtlichen Gedanken nachhing.

«Herr Ober, bitte noch eine Flache von diesem Wein. Sie haben diesen Jahrgang noch?»

Der Ober kam bald zurück, präsentierte die Flasche und gab zu kosten. «Noch ein Dutzend ist davon im Keller, dann werden wir zu einem andern Jahrgang greifen müssen.»

Der Freund roch am neuen Glas, nickte, dann meinte er: «Reservieren Sie mir bitte sechs dieser Flaschen. Ich werden gelegentlich wiederkommen. Aber sagen Sie, was trinken die da drüben?»

Der Kellner war sichtlich verlegen. Lieber hätte er vollste Diskretion gewahrt, doch sagte er leise: «Haut Brion, ein vierundsechziger.» –

«Schon gut, geht bei denen schliesslich auf Geschäftsspesen.»

Nach der Entenbrust wurde der Dessertwagen herangerollt. Der Freund winkte ab: «Ein Stück Käse zu unserem Wein, und wir sind glücklich.»

3. Pepe und sein Chimichurri   *Zu Menu Seite 58*

Der Duft von lecker gewürztem Fleisch wehte über die Strasse; Pepe schien in seinem Restaurant am Werk zu sein. Wir hatten den Mexikaner vor einigen Tagen besucht und träumten seither von seinen Steaks und Lammkoteletts mit dem besonderen Gewürz, das er Chimichurri nannte.

«Señores, heute gibt es Schweinefilet oder Lamm.» Er kam an unseren Tisch und zeigte uns einige appetitliche Fleischstücke. Dann brachte er eine Flasche Wein aus Baja California, nahm unsere Bestellung entgegen und ging zum Grill. Interessiert beobachtete ich, wie er erst die Glut neu verteilte, das Fleisch dann ohne jegliches Gewürz auflegte, langsam röstete und immer wieder wendete. Inzwischen schnitt er Tomaten und Avocados zurecht, legte diese auf Teller mit grünem Salat und schöpfte reichlich Vinaigrette darüber. Er brachte auch Tortillas, wandte sich dann dem Grill wieder zu und begann, die fast fertig gegarten Stücke zu würzen. Dazu hatte er eine halbe Zitrone auf eine Gabel gesteckt, rührte damit in einer Blechdose mit flüssiger Marinade und betupfte das Fleisch mit der Schnittfläche der Zitrone immer wieder.

Schwaden von Dampf, Rauch und herrlichen Duftstoffen durchzogen jetzt das offene Restaurant, breiteten sich dann weiter aus und lockten neue Gäste an.

«Guten Appetit!» Er stellte das Fleisch vor uns hin. Es war so köstlich, wie es duftete und liess alles verblassen, was wir bisher gekannt hatten. Ich fragte mich in diesem Moment, was wohl einer unserer Gastrokritiker darüber geschrieben hätte; ob er die halben Wachteleier, die Cherry-Tomaten und die drei exklusiven Salatblättchen wohl hätte vergessen können?

Nach dem Essen luden wir Pepe zu einem Glas Wein ein. Auf meine Frage nach dem geheimnisvollen Gewürz meinte er: «Das ist Chimichurri: Verschiedene Gewürze, Öl, Salz und Zitronensaft. Basta.» Ich bedankte mich höflich und sagte ihm, er solle dieses Geheimnis doch nicht jedem auf die Nase binden, sondern damit vorsichtig umgehen. Sobald er den Sinn meiner Worte verstanden hatte, brüllte er vor Lachen und versprach mir, dass ich ihm am nächsten Morgen helfen dürfe, die Mischung herzustellen.

«Weisst Du, ich mache hier nichts ausser Grillfleisch mit Chimichurri, Tortillas und Salaten. Mein Vorgänger, ein Deutscher, kochte weit mehr und hatte für sich eine echte Küche eingerichtet. Für wen der so viele Gerichte anbot, weiss allerdings niemand.»

Ich nickte. Die Idee einer einzigen Hausspezialität hatte sich vielerorts bewährt und würde früher oder später ihren Siegeszug antreten.

Ich ging zur vereinbarten Zeit durch das gedeckte Gärtchen ins Haus, fand den Mexikaner aber nicht.

«Pepe! – Peepee!» Ich rief mehrmals, da meldete er sich aus dem Keller. Auf der Treppe nach unten roch ich Knoblauch. Ich betrat eine Küche, ganz aus Chromstahl. Der Boden war übersät mit Knoblauchhäuten; in der Mitte stand das Stück eines Baumstammes als Hackstock. Auf dem Tisch fand sich neben frisch geerntetem Knoblauch ein Mörser, halb gefüllt mit verschiedenen Gewürzen. Pepe hatte die Mischung also schon vorbereitet, um sein letztes Geheimnis auch jetzt nicht preisgeben zu müssen.

«Du bearbeitest die Gewürze mit dem Mörser, bis sie zu Pulver werden.» Damit nahm er einen Teil des Knoblauchs, zerdrückte ihn mit der flachen Hand auf dem Hackstock und begann, ihn mit einem grossen Messer zu zerkleinern. Wie sich die Schalen lösten, hielt er inne, las sie heraus und schmiss sie auf den Boden. Immer wieder las er Teile heraus – er hatte offensichtlich noch nie gehört, dass man Knoblauch schälen konnte. Bevor ich den Stöpsel zur Hand nahm, betrachtete ich den Inhalt des Mörsers, erkannte Zimtstangen, Ingwer, getrocknete Pfefferschoten, dünne Orangenschalen, Gelbwurz und einige Kräuter. Ich schrieb alles auf, was ich erkennen konnte.

«Nicht zu genau!» Pepe lachte.

«Was?»

«Du solltst nicht alles so genau aufschreiben, sonst kommen alle meine Gäste zu Dir nach Suiza und behaupten, du hättest das bessere Rezept als ich. Was soll ich in Tijuana mit einem leeren Restaurant?»

4. La spécialité de la maison   *Zu Menu Seite 64*

Nahe der «Grande Place» in Brüssel traf ich meinen Paten, den ich mehrere Jahre nicht gesehen hatte, als ich mit meiner Mutter einen Bummel durch die Stadt machte. Unser Blick fiel auf ein Terrassen-Restaurant mit noblem Namen, was lag da näher, als bei einem Glas Wein zusammenzusitzen und über Gott und die Welt zu plaudern. Dieses Restaurant entsprach unseren Wünschen überaus, und dass nur wenige Gäste da waren, schrieben wir der frühen Abendstunde zu. Der Maître d'Hôtel, angetan mit schwarzem Anzug und weinrotem Schlips, kam schmissig an unseren Tisch: «Wünschen Sie zu essen? Wir haben ausgesucht gutes Fleisch auf der Tageskarte.»
«Ja, bringen Sie uns etwas besonders Gutes», sagte der Pate.
Mit der Selbstverständlichkeit des geübten Berufsmannes ordnete der Maître unseren Tisch und reichte uns die Speisekarten. Auf dem Sticker mit der Überschrift «Aujourd'-hui le chef vous recommande» waren ein Rumpsteak, ein Entrecôte, ein Rindsfilet und ein Rindskotelett ohne Knochen aufgeführt. Bei Letzterem stand: Extra gross, für Schlemmer, zu Ihrem Genuss ohne Knochen. Ich konnte mir zwar nicht recht vorstellen, warum man das Steak ohne Knochen mit ‹Kotelett› bezeichnete, doch da uns alles, auch die Preise, hochanständig erschien, fragten wir nicht weiter. Immer mehr hatten wir das Gefühl, dieses Restaurant sei ein Geheimtip.
«Unsere Spezialitäten sind die besonderen Stücke vom Rind und ganz nach Ihren Wünschen gebraten. Dazu gib es eine Sauce Foyot oder Knoblauchbutter, Frites und eine Tomate florentine. Die ist gefüllt mit Blattspinat und leicht überbacken mit Frischkäse.»
Ja, dieser Ober gefiel uns. Mutter wünschte sich ein Filet, saignant gebraten, der Pate ein Entrecôte, kräftig gebraten und à point, und für mich bestellte er gleich das Kotelett ohne Knochen und saignant; dazu für alle eine extra grosse Portion Knoblauchbutter, auf die wir uns besonders freuten. Der Maître empfahl uns als Vorspeise einen knackigen Salat, da die Fleischgerichte etwas dauerten. Wir tranken einen leichten Rotwein und prosteten uns eben zu, als der stramme Maître zur Durchreiche schritt, um die Bestellung durchzugeben. Er riss das Schiebetörchen auf und rief in die Küche: «Chef, trois biftèques!»
«Compris», tönte es zurück.
Der Schneidige kam daraufhin an unseren Tisch zurück und schenkte den Wein nach.
«Haben Sie die Salate nicht vergessen», fragte ich ihn. «Und würden Sie dem Chef vielleicht auch melden, welche «biftèques» wir bestellt haben?»
Er ging nochmals zur Durchreiche, schmiss das Törchen zur Seite und schrie: «Et trois salades!»
Nach einer Weile verschwand er. Ich hoffte, er würde unsere Bestellung in der Küche präzisieren, dann kam er mit den Salaten – nach französischer Art ohne Sauce – stellte Essig, Salz und Pfeffer und ein klebriges Ölfläschchen auf den Tisch und wünschte «très bon appétit». Wir würzten den Salat so gut es ging und assen ihn mit wenig Begeisterung. Dann folgte eine längere Pause. Als jemand von der Rückseite an die Durchreiche klopfte, ging der Maître mit schnellen Schritten hin, öffnete schwungvoll und nahm drei Teiller entgegen, wobei die Stimme des Chefs ertönte: «Et voilà, très soigné.»

Der Maître servierte mit unglaublicher Eleganz und stellte auch eine Saucière mit weisser Sauce, bedeckt mit schwarzer Butter, auf den Tisch.

«Ist das Knoblauchbutter» fragte mich der Pate.

Ich probierte und meinte, es sei Käsecreme. Der Maître entschuldigte sich, die Knoblauchbutter sei momentan ausgegangen. «Und die Sauce Foyot auch», bemerkte ich.

Wir machten uns hinter die Steaks, die alle etwa gleich gross und vom selben Stück geschnitten waren. Beim Chef schien an diesem Tag die Rindshuft an der Reihe zu sein. Wenigstens war die Tomate gut, auch die Käsecreme war nicht schlecht, hätte allerdings eher zu Spaghetti gepasst.

Kaum fertig mit dem Fleisch stand der Maître wieder am Tisch: «So, sind sie zufrieden?»

Der Pate schaute ihn müde an: «Ça va.»

Da freute sich der Herr im schwarzen Anzug: «Vielen Dank», und als er abgeräumt hatte, nochmals: «Allerbesten Dank, ich werde es dem Chef weitermelden.»

5. Überraschung in Budapest   *Zu Menu Seite 116*

«Diesmal darfst Du bestellen!» Der Freund lachte mir über den Tisch hinweg mit fröhlichem Gesicht zu, das von Tag zu Tag breiter zu werden schien. Wir hatten die kulinarischen Köstlichkeiten der Hauptstadt Ungarns erforscht, dabei hatte unser Wissen um diese Küche gleichermassen zugenommen wie unser Körpergewicht. Zu Beginn hatten wir uns die Hausspezialitäten empfehlen lassen, waren aber bis zu vier Mal täglich beim Belszinszeletek – es hiess in jedem Lokal anders – gelandet. Diesmal sassen wir in einem Zigeunerkeller, und endlich las ich auf einer Speisekarte, was ich von daheim zu kennen schien. Da stand etwas von Szeged und von Pörkölt. Sofort griff ich zu Füller und Papier, denn ich schrieb alles auf, was vielversprechend aussah. Ich bestellte. Der Kellner empfahl zusätzlich Semmelknödel, da das Gericht mit Kraut vermischt und sehr pikant war. Der Freund wünschte einen Salat, von welchem ich automatisch auch einen serviert bekam. Es war eine Art Sauerkraut mit tausend kleinen Kernen, die wie die Hölle brannten – ich kannte sie vom Vortag her.

«Sepp, Du wirst meinen Salat auch essen müssen. Ich glaube, ich habe mich gestern innerlich verbrannt daran.» Er nickte: «Wenn Du mir genügend Barack bestellst, schlucke ich auch den deinen. Ich habe herausgefunden, dass der Branntwein neutralisiert.» Vorsorglicherweise bestellte ich gleich eine ganze Flasche des Aprikosendestillats, denn die gepfefferten Salate türmten sich auf den zwei Tellern.

Das Pörkölt war würzig und leicht säuerlich, dazu passten Knödel ausgezeichnet. Bei einem späteren Rundgang durch die Küche liess ich mir vom Chef das Rezept zeigen – sprechen konnten wir kaum miteinander. Danach schnitt er alte Brötchen in dünne Scheiben, weichte diese anschliessend in Milch ein, gab Ei, Gewürz und Kräuter hinzu und rührte das Ganze zu einem festen Brei. Die daraus geformten Kugeln garte er fünfzehn Minuten in leicht gesalzenem Wasser und wendete sie anschliessend in heisser Butter. Ich war zufrieden, offerierte der Brigade ein Glas Wein und ging zurück ins Restaurant.

Eine russische Gesellschaft hatte sich eingefunden. Die Männer tanzten und überliessen die ausnehmend hübschen Frauen ihrer Ruhe. Mein Freund, selbst ein ausgezeichneter Tänzer, gab sich einen Ruck, ging hinüber und bedeutete einer der Frauen, dass er mit ihr auf's Parkett wollte. Sie rief den Männern etwas zu – dann ging alles sehr schnell. Der Freund wurde von mehreren Männern auf die Tanzfläche gezwungen und musste inmitten der Schar mittanzen, ob er wollte oder nicht. Ab und zu fing ich seine verzweifelten Blicke auf, sah seinen massigen Körper durch die Gegend wirbeln und seinen urwüchsigen Bart fliegen. Schweissüberströmt kam er zurück. Die Frauen klatschten ihm Beifall, die Männer warfen ihm wohlwollende Blicke zu, und auch ich freute mich über den kleinen Russen. Einzig die Musiker, die die westlichen Bräuche wohl kannten, grinsten schadenfreudig, kassierten von uns eine Runde Barack und spielten noch einige Melodien für die rätselhafte Gesellschaft.

6. Zitronenmelisse aus unserem Kräutergarten
Zu Menu Seite 141

Max besuchte uns völlig überraschend. Ich kannte ihn von der Hotelfachschule her, doch hatte ich mehrere Jahre nichts mehr von ihm gehört. Wie er sagte, wartete sein Kollege im Auto auf ihn, so müsse er bald wieder gehen. Da sein Ideenreichtum fast unübertrefflich gewesen war, enttäuschte er mich mit seinem Blitzbesuch, ja, ich nahm sogar an, der wache Geist hätte ihn verlassen oder sei trotz seiner Jugend schon verbraucht. Ich begleitete ihn zu seinem Auto, um den genannten Kollegen zu überreden, mit hereinzukommen, doch hätte ich mir eigentlich denken können, wie so ein «Kollege» aussieht: Eine prächtige weisse Ente flatterte aus der Limousine.

«Roco, da ist ein Brunnen, da kannst ein Bad nehmen.»

Die Ente watschelte wie selbstverständlich hinter Max her. Ein Flügelschlag brachte sie auf den Brunnenrand, dann liess sie sich ins Wasser gleiten. Bis der muntere Vogel wieder aus dem Wasser stieg und sich ordentlich geputzt hatte, tranken wir im Stehen ein Glas Weissen. Der Freund wollte bald wiederkommen, da er wieder in der Schweiz ansässig und auf der Suche nach neuen Möglichkeiten war.

Im Anschluss verkaufte er mir riesige Gläser, die eigentlich für Gärtnereien bestimmt gewesen waren, als Eisbecher. Er stellte in meinem Sommerrestaurant einen neuen Bestuhlungsplan auf, verschaffte mir Trockenfleisch von einem neuen Lieferanten und verriet mir, wo man die begehrten fangfrischen Fische aus dem See bekam.

Schliesslich, da er für den Sommer nicht das Richtige gefunden hatte, arbeitete er mit uns im Restaurant. Wenn er am Morgen vorfuhr, hörten wir die Ente zum Brunnen gehen, wo sie badete; anschliessend flog sie in den Kräutergarten, wo sie sich bei der satt spriessenden Zitronenmelisse einbuddelte. Ging Max am Abend heim, hörten wir ihn regelmässig rufen: «Bist heute wieder dreckig! Ab mit dir in den Brunnen.» Wütend schnatterte der «Kollege», wenn Max ihm die Gartenerde abwusch. Beim Wegfahren stand der Vogel auf der Lehne des Rücksitzes und schaute zum Heckfenster hinaus.

«Könntest eine Spezialität mit Zitronenmelisse lancieren, meine Ente hat langsam zu wenig Platz, so sollte der eine Busch weichen.»

«Was stellst Du dir so vor? Soll ich auch noch auf die Karte schreiben, man müsse mehr Zitronenmelisse essen, damit sie es im Garten gemütlicher hat?»

«Nein, aber Deine Gäste würden es begrüssen, wenn Du für einmal etwas Modernes kochst. Mach doch «Piccata al limone». Dazu servierst Du deine hausgemachten Nudeln, und auf jeden Teller legst Du ein frisches Zweiglein Melisse.»

Wir probierten gemeinsam, bis wir das Gericht harmonisch fanden. Und die Gäste taten der Ente wirklich den Gefallen. –

Heute verwirklicht Max seine Ideen im eigenen, berühmten Restaurant.

7. Kreolischer Salat   *Zu Menu Seite 160*

Der Weg zum Strand der Ouanga Bay führte an mehreren Dörfern vorbei, an armseligen, verrussten Märkten, die der Hauptstrasse entlang aufgebaut waren, und an kaum bewachsenen Flächen, die von der Tropensonne ausgetrocknet dalagen. Auf der Fahrt hatten wir Früchte gekauft, die wir als Frühstück assen. Doch kaum am Strand angekommen, den man durch die offene Halle des kleinen, ländlichen Hotels erreichte, kam ein Kellner in tadelloser Haltung und reichte uns eine Speisekarte. Verdutzt sagte ich: «Nein danke, essen wollen wir im Moment nicht. Wir werden aber zum Mittag bleiben, kommen Sie dann wieder. Für den Augenblick könnten Sie uns höchstens einen Fruchtsaft bringen.» Der haitianische Kellner blieb beharrlich stehen, streckte uns weiterhin seine Karte entgegen und zeigte mit der einen Hand hinaus aufs Meer, wo, auf Pfähle hingebaut, zwei offene, mit Stroh bedeckte Häuschen standen. «Getränke hole ich Ihnen dort draussen, wenn Sie nicht selbst an unsere Bar gehen wollen. Aber das Mittagessen sollten Sie jetzt gleich bestellen, damit wir es richten können.»

So nahmen wir die Speisekarte entgegen und wählten kreolischen Salat, da beinahe alle warmen Gerichte nur am Abend erhältlich waren. Der Kellner schrieb die Bestellung auf und ging weiter, den Strand entlang, zu den zwei einzigen Badegästen, die ausser uns da waren. Um ein Uhr, hatte er gesagt, sei das Essen gerichtet – jetzt war es halb zehn.

Gegen Mittag betraten wir die aus groben Stämmen gefügte Plattform der Bar und Sonnenterrasse. Nach einigen Erfrischungen und einer Plauderstunde mit dem Barmann schauten wir uns um, doch vom Hauptgebäude her tat sich noch nichts. Er erklärte uns, für uns sei an der Sonne aufgedeckt, wir sollten aber besser bei ihm bleiben, bis die Salate gebracht würden. Dann, gegen halb zwei, kamen drei Schwarze über den Strand. Jeder trug einen unserer Teller, ein Körbchen mit Brot und einer hatte ein Kofferradio umgehängt, aus dem karibische Musik ertönte. Sie schritten im Takt der Musik, hatten fröhliche Gesichter und drehten sich alle paar Schritte um die eigene Achse. Auf der Plattform angekommen, tanzten sie förmlich an unseren Tisch und stellten bunte Salate vor uns hin. Auf den ausgesucht grossen Tellern lagen nebst dem üblichen Gemisch von Blattsalaten, Schnitzen aus vollreifen Tomaten, Avocados und Oliven auch hauchfeine Schinkenscheiben und Ziegenkäse, alles fein säuerlich angemacht. Mit dem natürlichen Respekt vor den frischen Herrlichkeiten machten wir uns ans Werk.

Die zwei Touristen traten vom Strand her zu uns an den Tisch: «Na, schmeckt's?» «Wunderbar. Ich finde es erstaunlich, dass man hier, abseits der Zivilisation, alles so perfekt serviert bekommt.» Der Mann lachte.

«Dann sind Sie ja recht bescheiden. Wir sind uns das anders gewöhnt – ist halt ein armseliges Land, in dem nicht alles klappt. Gut, wenn es wirklich schmeckt, bestellen wir uns auch sowas.»

Er klatschte in die Hände, rief einen Boy heran, deutete auf unsere Salate und hob zwei Finger. Der Boy ging weg, ohne ein Wort zu sagen, doch bald kam einer der Kellner heran. Der Tourist wandte sich an mich: «Können Sie ihm erklären, was ich haben möchte, ich habe den Nerv nicht dazu.»

Ich fragte den Kellner, ob er zwei weitere Salate richten lassen könne, doch dieser verneinte. Man hatte nichts mehr im Haus ausser dem Essen für die Angestellten, und das war Reis mit Bohnen. Ich fragte den Mann, ob er Reis mit Bohnen möge.

«Was ist denn das für ein Laden? Frische Salate, habe ich doch gesagt!»

Ich fragte den Kellner nochmals. Dann musste ich den Fremden enttäuschen. «Sie bekommen Ihren Salat frühestens am Abend. Warum haben Sie eigentlich nicht bestellt, als er mit der Speisekarte zu Ihnen kam?»

Er gab keine Antwort mehr, und sie gingen enttäuscht zu ihren Liegen zurück. Wenig später hörten wir ihr Auto wegfahren, dann war wieder Ruhe. Der Kellner wollte mir Erklärungen abgeben, doch ich konnte ihn beruhigen. «Wir bleiben den ganzen Tag bei Euch und werden nach dem Zunachten einen Fisch essen, falls Ihr dann einen habt.»

Der Bursche zeigte sich erfreut. «Ich gehe es dem Chef gleich melden, dann lässt er bestimmt einige Musiker kommen und, wenn Sie es erlauben, werden wir am Abend hier tanzen und singen. Dann werden auch des Chefs Freunde herkommen, die werden Sie bestimmt mögen. Es ist so schön hier bei Nacht, wenn die Lichter angemacht sind.» Er hatte es plötzlich eilig, und wir freuten uns auf den Abend mit eingeborenen Freunden.

8. Grosse Klasse, die Kalbsleber   *Zu Menu Seite 162*

Mario, der italienische Koch, war eigentlich Elektriker. Er hatte sich während seiner Freizeit im Hotel seiner Zimmerwirtin nützlich gemacht und war zum Küchenchef im Nebenamt avanciert. Ich durfte seine Küche vorübergehend mitbenutzen, wurde von ihm nett aufgenommen, dabei gab er mir aber deutlich zu verstehen, dass es ausser ihm selbst nur noch einen einzigen Spitzenkoch gab in dieser Gegend. Ich war wohl nicht gemeint damit.

Am Montag gegen zehn Uhr bekam ich vom Metzger frisch ausgeschlachtete Schweinsleber. Ich machte mich sogleich daran, die Gefässe herauszuschneiden und

die Leber von Hand in nicht zu dünne Scheibchen zu schneiden. Immer wenn Mario gegen halb zwölf von seiner Arbeit kam, belegte er den ganzen Herd, deshalb bereitete ich meine Rotweinsauce sofort, dann wurde die Rösti vorgebraten.
Das ist eine feine Sache; auf diese Art vorbereitet, ist sie in einer heissen Pfanne im Nu fertiggeröstet. Die Leber für meine achtzehn Offiziere wurde im letzten Moment scharf angebraten, gewürzt, in die mässig warme Sauce geleert und damit servierbereit. Suppe und Salat bereitete ich gemeinsam mit dem Küchenchef, das heisst, wenn er in die Küche stürmte, stand unsere gemeinsame Suppe bereit, und der Salat war für alle gerüstet.

Am selben Montag stand geschnetzelte Kalbsleber auf dem Menu des Hotels, nicht mehr ganz frisch, doch vertragen die Innereien vom Kalb eine gewisse Lagerzeit. Mario kam, kochte Reis, briet, rührte, und gegen zwölf Uhr schwamm sein gesamter Vorrat an Leber in einer braunen Sauce. Wie jeden Tag gab er mir zu kosten. Ich fand ganz passabel, was er in der kurzen Zeit hingeknallt hatte. Der Service lief dann auch reibungslos: Erst kamen einige seiner Gäste, dann Suppe und Salat für meine Leute. Meine Pfanne stand unterdessen auf grösstem Feuer. Das zugegebene Öl wurde schlagartig heiss und liess die gehackten Zwiebeln zischen. Sofort folgte die Leber. Mario hatte aufmerksam zugeschaut, so konnte ich hoffen, er hätte bemerkt wie er seine eigenen Kochkünste verbessern konnte.
«Magst probieren?»
Er schüttelte angewidert den Kopf: «Ich esse keine Schweinsleber – das ist für die Katze.»
Ich hätte jetzt beleidigt sein können, doch hatten wir selbst zwei Katzen zu Hause und wussten, wie heikel diese Tiere sind. Nicht einmal frisches Schweinefleisch fressen sie, wenn es von einem liederlich gemästeten Tier stammt.

Die Chefin kam in die Küche. Sie stocherte in meinem Topf mit der Leber, klaubte nacheinander einige Stücklein heraus und verschlang sie. «Grosse Klasse», murmelte sie und wollte sich einen Teller voll schöpfen.
«Ich habe leider nicht mehr eingekauft, als ich brauche», sagte ich. «Aber sie können doch von Marios Kalbsleber essen.»
Sie war überrascht. «Ist doch nicht möglich – ich esse sonst keine Schweinsleber.»
Dann ging sie um den Herd herum und betrachtete die Kalbsleber, die unterdessen wohl eine halbe Stunde in ihrer Sauce gelegen und eine sägemehlartige Konsistenz angenommen hatte. Ohne davon gegessen zu haben verschwand sie, wie sie gekommen war. Unbekümmert schickte ich meinen Hauptgang, ging dann ins Restaurant und half beim Servieren. Meine Leute waren zufrieden.
«War das Kalbsleber?» Ich überhörte die Frage, bis alle aufgegessen hatten, dann erklärte ich: «Nein, aber sehr ähnlich.»

9. Heute empfehlen wir Mixed-Grill   *Zu Menu Seite 186*

Emanuel war in seinem Element. Die Grillplatte war belegt mit zarten Steaks, die von den amerikanischen Passagieren vorzugsweise nur mit einer Kartoffelbeilage verspeist wurden.

«Fem biff fram», tönte es vom Pass her. Der erste Koch hatte eine Platte vor sich stehen, die er mit einem Büschel Wasserkresse verzierte, da war Emanuel schon heran. Fünf der Steaks auf seine riesige Gabel gespiesst, war er hingerannt, schob die Stücke von der Gabel auf die Platte und ging eilig zurück zum Grill. Die Köche hatten das Schauspiel schon oft verfolgt; bis zu zwölf der Fleischstücke hatten schon, in einer dichten Reihe aufgespiesst, von dieser Gabel gebaumelt – und wie schnell dann alles ging. Der Küchenchef konnte kaum hinsehen, wenn Emanuel das Fleisch durchstach, damit durch die Küche lief und den Boden mit einer Spur Fleischsaft segnete. Mehrmals hatte er ihm gezeigt, wie er das haben wollte, hatte das Fleisch vom Grill auf einen Teller gelegt und war mit diesem zum Anrichten an den Pass gegangen. Mit der Zeit war es ihm zu bunt geworden. Fortan schrieb er statt der Steaks einen fünfteiligen Mixed-Grill auf die Speisekarte, wenn er Emanuel am Grill wusste.

«Verflucht! Jedesmal trifft es mich, wenn der Alte Mixed-Grill anbietet.»
Der kräftige Bursche wendete kleine Fleischstücke und Geflügelteile, so schnell er konnte, schaute auch zu, dass die heiklen Speckscheiben nicht verbrannten und fand den Service fast endlos. Als ob sich alle an seiner Verzweiflung weiden wollten, wurden immer neue Partien bestellt, dabei rannte er, als ginge es um sein Leben.
«Na, Länzlinger, das geht ja schon ganz ordentlich.» Der Küchenchef schaute aus einer gewissen Entfernung zu und anerkannte neidlos, dass sich der Angesprochene gewaltig einsetzte. Wie schade, dass er, sobald weniger Arbeit war, fast gar nichts mehr machen wollte. Nach dem Service rief er den Stämmigen zu sich:
«Kriegst einen neuen Posten.»
«Warum, bin ich zu wenig schnell am Grill?»
«Nein, aber ich kann doch den Amerikanern nicht immer Mixed-Grill anbieten, sie haben lieber Steaks.»
«Warum schreiben Sie nicht einfach das Menu mit Steak?»
«Wegen dir und deiner langen Gabel.»

10. Sir Henry's chicken   *Zu Menu Seite 194*

Schon bei seinem Erscheinen verbreitete er gute Laune – das ist übrigens eine sehr angenehme Nebenerscheinung bei wahren Feinschmeckern und Lebemännern. Sein Gesicht, diesmal tief gebräunt und strahlend, denn er war eben aus Cozumel heimgekehrt, verzog sich zufrieden, als er meine Hühnersuppe probierte. Ich hatte sie nach seiner Anleitung zubereitet, hatte mein ganzes Können hineingelegt und wartete gespannt auf sein Urteil.
«Ist ganz alte Schule, diese Suppe», meinte er. «Noch einen Spritzer Zitronensaft, etwas weniger Rahm und eine Spitze Cayenne» – er überlegte, dann meinte er: «Etwas

mehr Huhn als Einlage und frisch gehackte Kräuter darüber, dann möchte ich meinen, wäre dieses Gericht unübertrefflich.»

Heiliger Strohsack, war das schon alles? Beim dritten Teller meines Meisterwerkes merkte der schwergewichtige Freund, was alles fehlte. Natürlich wollte ich dasselbe nochmals kochen, diesmal aber als Hauptgericht, und es ihm bei seinem nächsten Besuch vorsetzen.

Heiri war begeistert. Auf der Stelle beschloss ich, ihm dieses Gericht zu widmen, ihm, der gelegentlich Sir Henry genannt wurde, weil er das Auftreten und wohl auch die Weltklugheit eines Edelmannes besass. Sir Henry's Chicken soll uns an ihn, einen der grössten Feinschmecker unserer Zeit, erinnern.

11. Wie das kleine Dorf Marengo in der Poebene zu Weltruhm kam   *Zu Menu Seite 210*

Eine Einheit der österreichischen Armee unter Befehl des Generals Melas durchstreifte die Poebene seit Wochen. Oberitalien gehörte zur österreichisch-ungarischen Monarchie und war durch ihre Fruchtbarkeit ein wohlgehütetes Gebiet. Man befürchtete einen Angriff der Franzosen und zog ins hügelige Gelände zwischen Asti und Alessandria, wo die Möglichkeiten der Verteidigung günstiger waren als in der flachen Ebene.

Am 14. Juni 1800 standen sie beim ländlichen Dorf Marengo einer Armee Napoleon Bonapartes gegenüber, die unter dem Kommando des Generals Kellermann sogleich zum Angriff blies. Die Österreicher verloren die Schlacht, obwohl sie an Soldaten und Kriegsmaterial überlegen gewesen waren. Sie zogen sich Richtung Genua zurück, wo einer ihrer Flottenverbände stationiert und sie somit in Sicherheit waren.

Während auf dem Schlachtfeld die Schäden ausgebessert, Verwundete versorgt und das Lager aufgestellt wurde, hatte Napoleons Küchenchef Dunan die Aufgabe, ein Siegesmahl zuzubereiten. Nach Art der Eroberer plünderten sie das Dorf, schafften Hühner und Eier, Olivenöl und Bauernbrot ins Lager, fanden auf den bestellten Feldern Tomaten, Zwiebeln, Knoblauch und Pilze und fischten aus dem nahen Flüsschen Krebse. Der Küchenchef liess schlachten, putzen und rüsten, grübelte dann, wo er wohl eine Beilage herbekommen könnte, denn da konnten ihm die Bauern nicht helfen. Sie ernährten sich von Mais, zeigten einige unansehnlich gewordene Vorräte der letzten Ernte, doch die liess man ihnen.

In der Feldküche roch es angenehm nach gebratenen Hühnerteilen, nach Zwiebeln und Knoblauch. Auf einmal schienen auch die Zutaten auf wundersame Art dazu zu passen; die mit Pfefferschoten und dem Knoblauch feurig gewürzte Tomatensauce, Röstbrotscheiben mit gebackenen Eiern, gedünstete Pilze und Krebsschwänze, die dieses Gericht damals wie heute zu einem Erlebnis werden lassen.

12. Lieben Sie Backhendl? *Zu Menu Seite 219*

«Kommt mal mit uns – was ihr hier so erlebt, ist doch abgeschmackt und vom Tourismus überschwemmt.»

Er war Hotelier aus Nürnberg und wollte seiner Gattin Wien mit all seinen Feinheiten zeigen. Das Paar war uns, trotz der etwas klotzigen Sprüche, recht sympathisch. Er hatte einen absoluten Geheimtip, ein durch und durch echtes, originalgetreues Heurigenlokal, zu dem er uns mitnehmen wollte. Unser Entschluss war schnell gefasst; schon wenig später stiegen wir gemeinsam in ein Taxi. Wir liessen die belebten Strassen, später auch die Stadt hinter uns, durchquerten eine fast unbewohnte Gegend und kamen schliesslich in ein Bauerndorf, das von einer breiten Strasse durchzogen war. Am Rand standen mehrere Scheunen mit Heurigen-Kränzen, dem Symbol der Einkehr. Der Chauffeur hielt beim ersten dieser «Lokale» an, doch unser Initiant trieb ihn zur Weiterfahrt an. Plötzlich deutete er aus dem Fenster: «Das hier muss es sein.»

Ich sah ein Gasthaus – eigentlich nichts Ausserordentliches, stieg aber mit den anderen aus. Das Taxi wurde bezahlt und weggeschickt, denn das Fest konnte jetzt beginnen. Beim Betreten der kahlen Wirtschaft fragte mich meine Tochter,ob wir uns nicht verirrt hätten. Ausser einer gläsernen Vitrine, die mit Blunzen, Leberwurst und gekochten Schweineköpfen wohlgefüllt war, sahen wir nichts, das auf ein Heurigenlokal hingedeutet hätte. An den Tischen sassen beleibte Männer beim Kartenspiel, die uns mit einem kurzen Blick als Touristen registrierten, weiter aber keine Notiz nahmen. Unser deutscher Gastgeber, denn als solchen behandelte ich ihn von nun an, nahm gar nicht erst Platz, flüsterte mir ein wüstes Wort zu und drängte wieder zum Ausgang. Um nichts zu verpassen, wanderten wir noch zu den nächsten bekränzten Scheunen, tranken auch einen Schoppen Wein, doch sahen wir, dass man hier Wein harassweise liefern wollte, statt sich die Zeit mit Fremden zu vertreiben.

Die Zeit, bis wieder ein Taxi kam, um uns nach Wien zurückzufahren, war ellenlang. «Na, wollen's nicht nach Grinzing oder Heiligenstadt?»

Der Chauffeur wollte uns weitere Enttäuschungen ersparen und war voller Ideen. Der Deutsche wollte nicht, erzählte wieder von überschwemmten Lokalen und schlechter Stimmung.

«Viel lieber», meinte er, «hätte ich jetzt eine Entenstopfleber, dann Ochsenlende mit schön Ragout feng und son' Gemüsegrateng.»

Da musste ich ihn unterbrechen, denn es ging immerhin um die Ehre jener Gastwirte, die auch meine Kollegen waren: «Glaubst du wirklich, die Reiseunternehmen würden Grinzing ins Programm aufnehmen, wenn es schlecht wäre? Die schlafen ebensowenig wie die Restaurateure, die jeden Abend Musik haben und trotz vollem Hause ihre Arbeit lobenswert bewältigen. Oder hast du je bessere Backhendl oder Wiener Schnitzel gegessen als hier?»

Er hatte nicht. Er hatte überhaupt noch nie Backhendl genossen bei Heurigem und bei Musik von Schrammel oder Nico Dostal. Er kannte kein Gefühl der Verbundenheit mit weinseligen Zechern, mit Köchen, die man in ihrem Reich mit einem Glas Wein beglückt, mit Wirtsleuten der alten Wiener Schule und den Mädchen in hübschen Dirndln. Da setzt man sich zu fremden Leuten an den Tisch und macht sich so schnell wie möglich bekannt mit ihnen. Wird nebenan Wiener Schnitzel serviert – ein dünn

geklopftes, zartes Schnitzel in goldbraun gewölbter, knuspriger Hülle, wünscht man von allen Seiten guten Appetit.
«Wülst a Gabel voll?»
Ja, ich habe auch schon mitgegessen, doch teilte ich meine Hendl auch oftmals mit den Leuten am Tisch.

Es gibt Zeiten, da erlahmt die Musik. Dann flacht der feurige Ton der Geige ab, die Melodien scheinen anonym zu werden, die Stimmen der Gäste schwellen an. Dann ist es an der Zeit heimzugehen? Nein, dann winkt man den Künstlern zu und bestellt ihnen mal eine Runde. –
«Haben's einen musikalischen Wunsch?»
Ja, haufenweise. «Kennt ihr eine meiner zahllosen Lieblingsmelodien? Zum Beispiel «Grüss mir mein Wien»? Wenn eine Melodie von Kalmàn erklingt, ist die Welt wieder in Ordnung: «Grüss' mir die süssen, die reizenden Frauen im schönen Wien!»

13. Ihr bestes Fischgericht, bitte. *Zu Menu Seite 220*

Poliertes Mahagoniholz, glänzende Messingteile, das nachgebaute Modell eines Seglers und seemännische Taue gaben dem Restaurant den Anstrich eines Matrosen-lokals. Der Wirt, berühmt für seine Fischgerichte, kam selbst an den Tisch, um die Bestellungen entgegenzunehmen. Gespannt, warum man sich von dem riesenhaften Mann, der seine Kochjacke beinahe sprengte, Wunderdinge erzählte, wagte ich zu fragen, welches sein bestes Fischgericht sei. Er lachte, als er sagte: «Einem Schwiizer kann man in der Regel nichts über Fisch erzählen, doch da Sie Gastronom sind, verrate ich es Ihnen. Heute ist es die Scholle mit Ostseekrabben – wurde gestern Nachmittag eingebracht, ist also garantiert frisch.»
Wir bestellten vier Mal das Empfohlene und lehnten uns zurück, während der Meister auch unsere weiteren Wünsche aufschrieb. Bevor er wegging, schaute er mich durchdringend an: «Sind Sie sicher, dass Sie nichts über meine Seezungen oder über den Boulogneser Steinbutt wissen möchten? Da Sie extra aus Hamburg hergefahren sind, möchten Sie doch sicher sein, hier nur das Beste zu kriegen.»
Damit ging er weg, ohne meine Antwort abzuwarten, so als sei er zufrieden, mir's gezeigt zu haben.

Die Salate stellten wir am reichhaltigen Buffet selbst zusammen. Dann kamen ofenfrische Brötchen und Knoblauchbutter, fast wie in Frankreich. Doch so lecker alles auch sein mochte, wurde es von den aufgetragenen Fischen noch bei weitem überboten. Auf ovalen Plättchen bekam jeder seine Scholle vorgesetzt, köstlich riechend und riesengross. Natürlich fragte niemand, ob man beim Auslösen behilflich sein müsste, denn hier schien man es täglich mit Kennern der Materie zu tun zu haben. Es ist, beginnt man es richtig, leicht, einem Plattfisch die obenliegenden Filets zu lösen und, sobald aufgegessen ist, das Gerippe zu drehen und mit neuem Appetit weiter zu essen. Die leichte Buttersauce ergänzte das Festmahl.
– Sie ist einfach herzustellen, diese Sauce, nur darf sie nicht heiss gemacht werden:

XV

Ein Schuss Weisswein in den Bratsatz der Fische, etwas einkochen lassen, die Pfanne vom Feuer nehmen, einige kleine Stücke Butter untermischen, und fertig ist das kleine Wunder. So kann eine einfache Scholle zur Erinnerung werden, ans Gorch Fock, an Travemünde und auch an den mächtigen Chef, der mir beinahe etwas über Boulogneser Steinbutt und über Seezungen erzählt hätte.

14. Apero beim Kunstmaler Canut   *Zu Menu Seite 232*

Eben mit meiner Kochlehrlingsklasse in Paris angekommen, verbrachten wir den ersten Nachmittag gemeinsam, damit sich alle mit der Gegend um unser Hotel vertraut machen konnten. Wir wohnten in einer Herberge mit riesigem Hof, inmitten eines schwarzen Viertels. Vom Hotel zur Metro-Station Château-Rouge waren es zu Fuss keine fünf Minuten, dabei führte die Strasse an einem herrlichen Markt vorbei, der meine Schüler immer wieder überraschen sollte. Etliche Geschäfte mit bizarren Auslagen gaben Gesprächsstoff; so fragten sie mich, ob ich eigentlich alles kenne, was da in Kartons vor den Läden stand. Aus dem Innern des einen Geschäftes roch es nach getrocknetem Fisch. Einige schwarze Frauen schauten neugierig aus dem Halbdunkel und sprachen über uns. Ich schnappte kreolische Worte auf, was mir besagte, dass es sich hier um Haitianerinnen handelte.
Ich erklärte: «Das hier ist Maniok, hier habt ihr Süsskartoffeln, das ist eine Kalabasse, und das Brotfrucht. Den Rest lassen wir uns besser durch die Inhaber erklären, denn da bin ich nicht sicher.»
Gespannt warteten die Schüler, als ich in die Laden rief: «Ti madam, tanpri di ki non gin tout bagay!»
Der Erfolg war überwältigend. Alle Insassen des Ladens und des dahinterliegenden Raumes, vielleicht gar des ganzen Hauses kamen heraus. Sie lachten und wollten wissen, wo ich das Kreolisch her hätte. Dann erklärten sie ihre Wurzeln und Früchte lautstark, baten uns dann in den Laden und schenkten uns aus einer Flasche Bananendrink in Pappbechern aus.

Mit einigen dieser Flaschen und einem guten Rum verliessen wir die Stätte bald, denn der Gestank der getrockneten Fische, die kistenweise herumstanden, war penetrant. In einem Feinkostladen kauften wir anschliessend zwei Lachspasteten, Baguettes und aufgeschnittenen Braten. Damit wollten wir meinen französischen Freund überraschen.
Am Place du Tertre sahen wir eine Weile später unser Opfer, den Maler Denis Canut, stehen. Er ahnte natürlich nicht, dass die ganze Klasse zum Apero in seine Künstlerwohnung wollte, und begrüsste uns freudig. Von unserer Idee war er zwar nicht überwältigt, doch liess er seine Staffelei stehen, erklärte dem Kollegen nebenan, er müsse für eine Stunde verschwinden, dann führte er uns zu sich. Das Atelier war kaum gross genug, uns alle zu fassen, doch fand der Freund nach einigem Umstellen Platz, seine neuesten Bilder zu zeigen und sie zu erklären. Alle waren sich einig: dieser Landschaftsmaler alter Schule war ein Genie. Er zeigte auch eine Meerszene mit einem Segler, der in meinem Auftrag gemalt worden war. Das Bild war nicht nach meinem Geschmack, doch unverzüglich änderte er es nach meinen Wünschen, und

als der mitgebrachte Imbiss aufgeschnitten für uns bereit stand, war er fertig damit. Nicht nur ich, auch die Schüler waren verblüfft. So leicht war es also, in Öl zu malen.

Ich muss sagen, dass ich selten etwas Besseres gegessen habe als die Lachspastete. Die Schüler machten sich wie wild darüber her; ich hatte Mühe, für den Freund ein Viertel zum Nachtessen zu retten. Als Erinnerung an diese Schulreise haben ich das Rezept der Pastete aufgeschrieben.

15. Das Pilzgericht   *Zu Menu Seite 259*

Walter kam in die Küche, dabei betrachtete er mich misstrauisch – etwa so, wie man einen Hornochsen anschaut, wenn dieser unberechenbar schnaubt.

Der Freund hatte mit mir zusammen den ganzen Morgen über gearbeitet und war hungrig.

«Was hörte ich eben? Eine Flasche Öl und Zwiebeln hast Du hier? Und sonst nichts?»

Ich ging an ihm vorbei zum Vorratsschrank, wo ich einen Rest Reis fand. «Schau, ist nicht eben viel, doch haben wir auch noch etwas Brot. Komm in den Wald, da hat es sicher Pilze.»

Er stöhnte leise. «Pilze? Ich kann mir einen schöneren Tod vorstellen, als vergiftet zu werden.»

Ich lachte, nahm einen Korb und ging schon voraus. Auf der Wiese zum Waldrand standen ausgewachsene Ritterlinge, grossflächig und wunderbar zu pflücken. Nach kaum zehn Minuten gingen wir wieder zurück, öffneten eine Flasche Wein, dann machte ich mich in der Küche an die Arbeit.

Er schöpfte sich Reis, dann verzehrte er eine Scheibe Brot. «Ist es gefährlich, in der Pilzsauce zu tunken?»

Ich schüttelte den Kopf und sprach dem Pilzgericht mit gutem Appetit zu. Schliesslich überwand er sich, schnupperte erst, schaute mir wieder eine Weile zu, dann ass er mit Todesverachtung. Es schien ihm aber immer besser zu schmecken, denn auch der letzte Rest wurde brüderlich aufgeteilt. – Am nächsten Morgen, vor unserer Heimfahrt aus den Bergen, wollte er wissen, ob solche Pilze die Autofahrt überstehen würden. Er musste doch noch einige sammeln und seiner Familie bringen. Ja, die sollten sehen, wie anders er in der kurzen Zeit geworden war. – Das Körbchen ruhte während der Fahrt auf seinen Knien. Immer wieder beschaute er die hellbraunen Ritterlinge als kleines Wunder der Natur, mit dem er plötzlich vertraut geworden war.

16. Spaghetti Napoli in Pompeji   *Zu Menu Seite 300*

Die Reisegesellschaft verliess die altertümliche Stadt und erreichte nach kurzem Marsch eine grosse, schattige Gartenwirtschaft ausserhalb der Ringmauer, wo man den immer mächtiger werdenden Hunger und Durst stillen wollte. Flinke Kellner wiesen Reisenden, die sich abseits ganz allein an Tische setzen wollten, ihre Plätze inmitten der Schar zu, brachten fürs erste grosse Flaschen Mineralwasser und verschwanden wieder. Die Tischgespräche drehten sich natürlich um Pompejis gut erhaltene Ausgrabungen. Nur ein jüngerer Mann schüttelte seinen Kopf mit seiner wilden, schneeweissen Haarpracht: «Versteht ja kein Mensch, dass die uns jetzt einfach hocken lassen. Die könnten Geschäfte machen, wie nie in ihrem Leben.»

Da ich mich den italienischen Berufskollegen ein wenig verpflichtet fühlte, meinte ich: «Zu trinken haben wir, und das ist wahrscheinlich das wichtigste. Wie ich diese Betriebe kenne, wird der Zauber gleich losgehen; so lange werden wir noch Geduld haben müssen.»

Wirklich tat sich im vorderen Teil des Gartens etwas. Man hörte plötzlich Teller scheppern, und dann kamen sie an. Jeder Kellner trug acht oder gar mehr Salatteller in den Händen und auf den Armen, in Reihen bis fast zu den Schultern hoch. Ich habe eigentlich nie verstanden, warum im Süden keine Servier-Plateaus verwendet werden, doch fand ich immer wieder lustig, mit welchem Schmiss an den Tischen abgeladen wurde. Die Salatportionen waren eher klein, würzig angemacht mit einem Hauch Knoblauch und Kräutern.

Kaum waren die Teller abgeräumt, rasselte einer der Burschen mit einem Servierwagen voller Spaghetti Napoli heran. Er schöpfte, einer streute Käse darüber, die anderen verteilten. Unser Tisch, in der äusseren Ecke des Gartens, kam zuletzt an die Reihe. Als mir der Kellner meine Portion hinstellen wollte, verwies ich ihn an den gallig gewordenen Weisshaarigen, der noch nichts hatte und bestellte für mich eine doppelte Portion.

«Signore, es gibt nachher noch einen Hauptgang, dann Käse und Früchte. Mögen sie das alles?»

«Ich verzichte gerne auf den Hauptgang – wird doch wohl ein Touristenfrass sein.»

Als er mir den wohlgefüllten Teller hinstellte, meinte er belustigt: «Sie essen hier wohl lieber italienisch – ich verstehe; dann werden sie sicher auch auf den helvetischen Suppenlöffel verzichten.»

Bevor ich eine Antwort geben konnte, war er weg und ich begann, die köstlich zubereiteten Teigwaren auf die Gabel zu rollen.

«Ha, wegen Spaghetti verzichten Sie auf den Hauptgang?» Der Weisskopf lachte und fuhrwerkte mit Suppenlöffel und Gabel in seinen Spaghetti herum, die er in erstaunlich grossen Portionen einschob. Dann fixierte er mich wieder: «Sie wollen aus dem Gastgewerbe kommen und verstehen das nicht besser. Für Sie ist offensichtlich nur das billigste gut genug.»

«Ich bin halt Feinschmecker», sagte ich, ass weiter und genoss das Gericht mit den frischen, vollreifen Tomaten.

«Und was ist in Ihren Augen ein Feinschmecker?» wollte er da wissen.

«Da ist einer, der geniesst, was gut zubereitet ist – in diesem Fall die hervorragenden Spaghetti Napoli.»

Ich sehe sein Gesicht noch heute vor mir, wie er das Hauptgericht ungläubig anstarrte, als es eine Viertelstunde später vor ihm stand: ein verdorrtes Stücklein Schmorbraten, ganz ohne Sauce, gelbe Bohnen und gekochte Kartoffeln, die fast zu Brei zerfallen waren.

«Guten Appetit», wünschte ich. «Und geniessen Sie bitte, denn das ist nicht billig.»

17. Sir Henry's Reklamation   *Zu Menu Seite 309*

«Heute habe ich bei Dir schlecht gefressen!» Der alte Freund zog mit lachendem Gesicht davon. Was hatte er denn gegessen? Hohrückensteak oder so, dazu ein Gemüse, die obligaten Pommes frites und? Doch hatte er nicht alles aufgegessen? Der Teller war leer zurückgekommen.

Schon nach einer Woche sass er wieder bei uns, bestellte Wein und zwei Gläser, dann rief er mich an seinen Tisch, um mit mir anzustossen. Ich schaute ihn prüfend an, so, als ob ich eine Erklärung erwartete. Ungerührt prostete er mir zu, griff nach der Speisekarte und fuhr mit seinem dicken Zeigefinger den Zeilen entlang. «Hast Du heute was Spezielles?» Er hielt inne.

«Ja natürlich. Frische hausgemachte Nudeln; zu denen würde ein Pariser Schnitzel passen – ein Kalbsschnitzel im Ei.»

«Hör mir auf damit. Ich will kein Fleisch.»

«Magst Fettuccine da Pietro? Nudeln mit Käse, Schlagrahm, Pfeffer und frischem Basilikum?»

«Was für ein Käse ist dran?»

«Vollfetter Reibkäse, leicht geschmolzen.»

Er schaute an sich herunter über den gewölbten Bauch, der die Hose fast sprengte. «Ja, vollfett soll er sein, der Käse. Wie steht es doch geschrieben: «Nach den sieben fetten Jahren werdet ihr heimgesucht von den sieben mageren Tagen. Mach' eine rechte Portion, nicht zu gross, aber auch nicht zu klein.»

Ich war inzwischen noch mit andern Gästen beschäftigt, ging dann von Tisch zu Tisch: «Haben sie's gern gehabt?» «Ja wohl, genau richtig.» Einer der Gäste fand, eine halbe Portion zum halben Preis hätte genügt. Ich sagte ihm, er könne ohne weiteres eine kleine Portion bestellen. «Aber dann kostet es mehr als nur den halben Preis», meinte er.

«Du musst die Schwindsüchtigen nicht um ihre Meinung fragen», bemerkte der Freund, der die Nudeln längst vertilgt hatte und jetzt im Qualm einer dicken Zigarre sass.

«Aber Dich frage ich auch nicht. Letztes Mal sagtest Du, Du hättest bei mir schlecht gegessen.»

Er hob die Augenbrauen: «Bei Dir habe ich nicht erst einmal schlecht gegessen, doch heute war es wieder ausgezeichnet.»

«Was hattest Du vorige Woche auszusetzen?»

Er lachte genüsslich: «Ja, das war so: Als ich den Frass vor mir stehen sah, kam mir erst in den Sinn, dass ich lieber Spaghetti gehabt hätte. Jetzt iss mal ein Steak und dann noch eines mit vielen Beilagen, wenn Du eigentlich Spaghetti wolltest.»

Ich begriff vollkommen.

18. Die klassische Fleischbrühe   *Zu Menu Seite 313*

«Habt Ihr kein schöneres Fleisch für die Brühe?» Ich sortierte die von Fett durchzogenen Abschnitte, mit denen nicht viel anzufangen war.

XIX

«Willst wohl Rindsfilet zum Sieden», war die Antwort. Ich bekam noch einige Abschnitte hinzu, da machte ich mich daran, alles, was nach Fett aussah, wegzuschneiden. Ich arbeitete erst seit kurzer Zeit in diesem klassisch geführten Betrieb, fand die Arbeit eigentlich interessant, nur ab und zu machte ich mir besondere Gedanken über hergebrachte Arbeitsmethoden. Der imposante Küchenchef sah mir bei meiner nun folgenden Arbeit kurz zu: «Die Knochen werden vor dem Blanchieren während vier Stunden degorgiert, zusammen mit Abfall von Kuhfleisch mijotiert!» Das wunderbare Deutsch des Chefs besagte deutlich, dass ich auf dem falschen Weg war.

Denn genau so war man in vergangenen Zeiten vorgegangen, als man Hälften oder Viertel der Schlachttiere im Kühlraum während zwei Wochen abhangen liess, sie anschliessend zerteilte und mit den vertrockneten Knochen auslieferte. Ausgelöst mussten die Knochen, wie vom Küchenchef angeordnet, während vier Stunden kalt gewässert werden. Dann gab man sie in kaltes Wasser auf den Herd, kochte auf und kühlte sie mit frischem Wasser wieder ab. Erst nach dieser Vorbereitung durfte man die Brühe, wiederum mit frischem kaltem Wasser, ansetzen. Mir kam das vor, als wollte man bei Dörrbohnen Vitamine oder Mineralien hervorzaubern, obschon kaum mehr welche vorhanden sind.

Die Knochen, die ich vor mir hatte, frisch und sauber von einer modernen Metzgerei angeliefert, sind bedeutend wertvoller. Ich sagte es dem Küchenchef. Ich wolle sie weder wässern noch blanchieren, sagte ich, sonst würde die Brühe nicht kräftig. Es leuchtete ihm nicht ein; immerhin liess er mich gewähren. Als ich auch den Schaum, der nach dem Aufkochen im leicht gesalzenen Wasser den Sud bedeckte, nicht entfernen wollte, wurde er zornig. «Sie sind wohl vom Mond», schrie er.

«Sie haben mir versprochen, das Experiment mitzumachen, da muss ich Sie schon um Geduld bitten.»

Kopfschüttelnd erklärte er, diese Brühe würde auf jeden Fall nichts werden und weggeschüttet und er werde mir die Knochen vom Lohn abziehen lassen. Auch als der Störenfried gegangen war, liess man der neuartigen Brühe keine Ruhe. Immer wieder traten Köche zum Kippkessel, wo meine Bouillon still vor sich hindämmerte. Von ihnen hörte ich Worte wie: «Dreckbrühe» oder «noch nie was von geschwärzten Zwiebeln und ‹Bouquet garni› gehört.»

«Wie lange muss Gemüse gekocht werden»? war meine Gegenfrage. «Und der Duft der Gewürze, soll der in der Brühe sein oder während sechs Stunden in der Luft?»

Nach fünf Stunden geschah das Wunder. Ich drehte am Schalter des Kessels und liess die Flüssigkeit aufkochen. Tausend kleine grauschwarze Partikel trieben an die Oberfläche und bildeten einen schmutzig aussehenden Deckel. Sorgfältig schöpfte ich ihn ab, goss wenig kaltes Wasser in den Sud und liess nochmals aufkochen. Und wieder schöpfte ich graue Reste ab, diesmal nicht mehr viele. Die Brühe war nun glasklar und von guter Farbe. Jetzt erst legte ich ein rechtes Quantum sauber vorbereitetes, zu Bündeln geschnürtes Gemüse ein, gab Lorbeerblätter, Nelken und zerdrückte Pfefferkörner zu und liess leicht sieden, bis das Gemüse knapp gegart herausgenommen werden konnte. Die Brühe liess ich durch ein feines Sieb rinnen, das Fleisch wurde in wenig Bouillon ausgekühlt und zu Suppeneinlage geschnitten oder für Siedfleischsalat, Teufelssalat oder Empanadas in die kalte Küche gebracht.

Eigentlich war der Küchenchef mit dem Resultat höchst zufrieden. Er selbst ass vom Suppengemüse und war besorgt, dass nicht das ganze gesottene Fleisch von den

Köchen gegessen wurde. Trotzdem nahm er die neue Art nicht an; die Zubereitung sei für ihn ‹keine Kocherei›, meinte er. Ich muss für ihn Verständnis haben, denn wer will schon eine Brühe ändern, die während vierhundert Jahren Bestand hatte.

19. Ja, wie war's denn? *Zu Menu Seite 314*

Die Tafel war wundervoll gedeckt, und als wir uns in den stimmungsvollen Saal begaben, erklang gedämpfte Musik. Unter Leitung des Patrons wurden uns Vorspeisen und Wein, dann bunte Salate vorgesetzt. Nachdem wir uns auch am Hauptgang, Kalbshüftli nach Landfrauenart, toll und voll gegessen hatten, trat der Gastwirt an den Tisch: «War's recht?»
Ich schaute ihn belustigt an, denn für das eben Gebotene war «recht» schon eher Tiefstapelei. Ich sagte ihm, es sei etwas mehr als recht gewesen, eher ausgezeichnet und reichlich. Er nickte zufrieden. «Dann ist's ja gut, wenn's recht war.»
Schon wieder das Wort recht; kam denn diesem Mann überhaupt nichts anderes in den Sinn? Ich musste dabei an eine Bekannte denken, die in der Zürcher Altstadt einen Traiteurladen geführt hatte. Sie war das pure Gegenteil von diesem bescheidenen Restaurateur, so war folgendes geschehen:
Ich kaufte in Traiteurläden ab und zu Kleinigkeiten, wohl eher um zu erfahren, welches zur Zeit die begehrtesten Artikel waren, als um die Kaufwut zu stillen. So betrat ich wieder einmal ihren Laden. Frau Bürgi, die sich mit Eigenlob und überschwänglichen Ausdrücken nicht lumpen liess, kam eilig heran. Ihr fülliger Körper stak in einem adretten Berufsmantel, ihr Gesicht strahlte. Das Strahlen in ihrem Gesicht erlosch fast nie, wirklich musste etwas Schlimmes passieren, ehe sie die Fassung verlor. Sie führte mich durch die Auslage von Delikatessen und Wein, erklärte mir beiläufig, ihr Kaviar Sevruga sei von höchster Qualität und der geräucherte Salm göttlich. Ich warf einen Blick auf die kapitale Seite des Fisches, der, mit halben Zitronen und Petersilie verziert, in der offenen Kühlvitrine lag.
Eine Dame betrat den Laden. Ihr wollte ich den Vortritt lassen, um die Auslage noch etwas genauer studieren zu können. Sie wurde empfangen wie ich vorher und nach den Wünschen gefragt. Sie schaute sich eine Weile um, dann erkundigte sie sich nach dem Preis von hundert Gramm Lachs.
«Das wäre zwölf Franken», sagte Frau Bürgi. «Es ist echter Salm, der dem Lachs überlegen ist.»
Die Dame nickte: «Ist ganz schön teuer.»
Die Verkäuferin geriet in Fahrt: «Ja schauen Sie einmal diese herrliche Seite an, so gar nicht fett, absolut frisch, mild gewürzt und garantiert kalt geräuchert.»
«Wieviel sind denn hundert Gramm? Ich meine, schneiden Sie da etliche Tranchen?»
Frau Bürgi machte grosse Augen als sie sagte: «Ich schneide ihn fein auf, nicht hauchfein, damit sein delikater Geschmack vollkommen zur Geltung kommt. Wenn Sie wünschen, schneide ich für Sie eine Tranche und lege sie auf die Waage.»
Die Dame gab ihr Einverständnis, sah wie die Verkäuferin hantierte und gekonnt

schnitt. «Das sind ja schon sechzig Gramm! Packen Sie mir das ein.» Damit griff die gute Frau zum Geldbeutel, Frau Bürgi hingegen zum Papier, auf dem die Scheibe Salm lag. Sie zeigte ihn der Kundin aus der Nähe: «Ist das nicht herrlich anzusehen?»

Und als die Kundin nickte, »eine köstliche Tranche.»

«Ja, so übertreiben müssen Sie auch wieder nicht.»

Frau Bürgi schnellte herum. Ihr Gesicht drückte Entsetzen aus: «Ist das etwa nicht gut genug?»

Die Dame winkte besänftigend mit der Hand: «Doch doch, ist ja prima.»

Ah, prima war das! Da hatte Frau Bürgi doch noch das verdiente Lob für ihren ausserordentlichen Einsatz bekommen.

20. Wie war das mit dem Risotto, Kollege? *Zu Menu Seite 322*

«Flach soll der Topf sein, mit gut schliessendem Deckel.» Ja, gab es überhaupt Zweifel an der Zubereitung von Risotto? Da reisten dreissig Kochfachlehrer, alles Fachleute der Spitzenklasse, per Bus nach dem Süden und befassten sich mit einem einfachen Risotto. Man war sich beinahe einig: Risotto sollte körnig, leicht flüssig, aromatisch und mit Butter und Reibkäse schwach gebunden sein.

«Am sichersten gelingt Risotto, wenn er in zwei Stufen zubereitet wird.» Meine Stimme war nicht zu überhören, und die Leute kannten mich als einen, der ab und zu neue Ideen brachte, die nicht immer allzu tragisch genommen wurden.

«Mach weiter», tönte es hinter mir.

«Also, wenn ich Risotto mache, kann ich nicht vorgehen wie einer, der genau weiss, dass punkt zwölf Uhr vier Personen am Tisch sitzen. Ich schwitze meine Zwiebeln an, mische den italienischen Reis unter, giesse auf ein Mass Reis eineinhalb Mass Bouillon zu, lasse aufkochen und nach einem letzten Mal umrühren decke ich zu und lasse auf kleinstem Feuer garen, bis die Bouillon aufgesogen ist. Dann leere ich den Reis auf ein Blech, verteile mit der Gabel und lasse ausdämpfen.»

Einer der Lehrer fand, dies sei die alte Methode. Dabei könnte es sein, dass der Reis nicht richtig körnig bleibe.

«Dann wärme ich», fuhr ich ungerührt fort, «den Reis portionsweise mit wenig Bouillon, etwas Weisswein und Butter bis unter den Siedepunkt, streue Käse ein und serviere. Wichtig ist, dass alle Körner weich sind.»

Mit dem letzten Gedanken hatte ich mich bös in die Nesseln gesetzt. Man fand meine Weisheit nicht überzeugend und brachte das Körnige wieder in den Vordergrund. Mehrere Kollegen schauten erwartungsvoll zu mir, als ob ich noch nicht fertig gesprochen hätte, so entschloss ich mich, mit der grossen Wahrheit herauszurücken.

«Wer es noch nicht weiss, wird es in spätestens zehn Jahren erfahren: harte Reiskörner sind ungesund. Und wenn ich Risotto esse, wo noch harte Körner drin sind, kriege ich sie zwischen die Zähne, wo sie hocken bleiben. Durch den Speichel quellen sie dann auf, fangen an zu klemmen und sprengen mir schliesslich die Zähne auseinander.»

Ich musste mit meiner Behauptung ins Schwarze getroffen haben, denn alle gaben mir recht. Sie lachten und riefen mir zu, ich sollte möglichst bald ein Kochbuch schreiben.

«Wie soll denn das heissen?» Noch begriff ich nicht.

«Nenne es «La cuisine explosive» – Die explosive Küche.»

Zwiebelfleisch nach ungarischer Art

Geflügelsalat mit Spargelspitzen	Salade de volaille aux pointes d'asperges
★	★
Fleischbrühe mit Backerbsen	Bouillon aux pois frits
★	★
Zwiebelfleisch nach ungarischer Art Peperoni und Tomaten	Carbonade de boeuf à la hongroise Poivrons et tomates
★	★
Aprikosencreme	Crème aux abricots

Geflügelsalat mit Spargelspitzen
Vorspeisen für 4 Personen –
360 kcal p. P.

300 g	gegartes Geflügelfleisch ohne Haut und Knochen, in kleine Stücke zerlegt oder 1 Hähnchen zu 800 g (Rezept Seite 200)
1 dl	dicke Mayonnaise (Rezept Seite 67) Streuwürze oder Salz Saft von 1 Zitronenschnitz Gehackte Kräuter
1	kleiner Kopfsalat
1/2 dl	Salatmayonnaise (360)
1	Dose Spargelspitzen

Geflügelfleisch würzen, mit Mayonnaise mischen. 4 Teller mit kalt gewaschenen, gut abgetropften Salatblättern belegen, Salatmayonnaise darüberträufeln, Geflügelsalat in die Mitte anrichten, mit Kräutern bestreuen und mit Spargelspitzen garnieren.

Fleischbrühe mit Backerbsen Rezept Seite 371

Zwiebelfleisch nach ungarischer Art
für 4 Personen – 380 kcal p. P.

4	Rindsschnitzel zu je 125 g
200 g	geschnittene Zwiebeln
300 g	rohe Kartoffelscheiben
200 g	bunte Peperoni in Streifen (Paprika)
400 g	Tomaten in grossen Würfeln
0,5 dl	Sonnenblumenöl Paprika edelsüss, scharfer Paprika, Salz, Streuwürze, wenig Knoblauch, gehackte Kräuter
2 dl	klare Bratensauce

Das Fleisch in Öl beidseitig anbraten, herausnehmen, in Flachkasserolle mit Bratensauce zugedeckt schmoren.
Kochzeit 1 Std.
Unterdessen die geschnittenen Zwiebeln im Bratsatz andünsten, Kartoffeln und später auch Peperoni mitdünsten. Kräftig würzen und anschliessend auf das Fleisch verteilen.
Zugedeckt weiterschmoren, bis das Fleisch gar ist. Dann erst die Tomaten zugeben, zu einer bunten Mischung lockern, dann die Kräuter darauf streuen.
Zubereitungszeit ca. 1 1/2 Std. →

Aprikosencreme Rezept Seite 22

Fleischbrühe nach Madrider Art	Bouillon madrilène
Buntgemischter Salat	Salade mêlée
Zampone – gefüllter Schweinsfuss	Pied de porc farci tessinoise
Polentaschnitten	Gnocchi de maïs
Rosenkohl mit Zwiebeln	Choux de Bruxelles aux oignons
★	
Coupe mit Zitronenglace und Ananas	Coupe brésilienne

Fleischbrühe　　　　　　　　　Rezept Seite 371
25 kcal p. P.

　50 g　Tomatenwürfelchen
　20 g　Porto (Portwein)

Buntgemischter Salat　　　　　Rezept Seite 361
Salatsaucen　　　　　　　　　Rezepte Seiten 358–360

Zampone – ein gefüllter　　　　Er kann, erst in Brühe pochiert, dann in
Schweinsfuss　　　　　　　　　Rotweinsauce geschmort, wie eine derbe
für 4–8 Personen　　　　　　　　Wurst aufgeschnitten werden, sollte je-
　　　　　　　　　　　　　　　　doch den Gästen ganz präsentiert, und
Wiegt 1 bis 2 Kilo und ist mit grobgehack-　wenn möglich, am Tisch geschnitten wer-
tem Schweine- und Rindfleisch gefüllt.　den. Kochzeit ca. 2½ Std.

Polentaschnitten (Maisschnitten):　Rezept Seite 146

Rosenkohl　　　　　　　　　　Rezept Seite 374

Zitronenglace　　　　　　　　Rezept Seite 250

Antipasto – italienische Vorspeise　getrockneter Speck, Salami, Mortadella,
400–500 kcal p. P.　　　　　　　Rauchwurst.
　　　　　　　　　　　　　　　　Und als Garnitur: Oliven, Tomatenschnit-
　　　　　　　　　　　　　　　　ze, Essiggurken, Cornichons, eingelegte
Dabei handelt es sich um eine oder meh-　Peperoni, Paprikaschoten, Peperoncini
rere Sorten aufgeschnittenes kaltes　(scharf), kleine Zwiebeln, Artischocken-
Fleisch oder Wurst:　　　　　　　herzen oder -böden, Avocadoschnitze,
Rohschinken, Coppa, Trockenfleisch, luft-　kleine Maiskolben, Salatblätter.

Antipasto – italienische Vorspeise	Hors d'oeuvre froid à l'italienne
Buntgemischter Salat	Salade mêlée
★	★
Olivetti – Kalbsröllchen in Marsalasauce	Paupiettes de veau au marsala
Makkaroni mit Mozzarella	Macaroni à la mozzarella
Frischer Fruchtsalat mit Kiwi	Salade de fruits frais aux kiwis

---

Antipasto – italienische Vorspeise   Rezept Seite 8

Buntgemischter Salat   Rezept Seite 361

Olivetti in Marsalasauce
für 4 Personen – 325 kcal p. P.

12	kleine Kalbsschnitzel zu je 40 g
100 g	gehacktes Geflügelfleisch
100 g	Parmesankäse (gerieben)
2 dl	gebundene Bratensauce
1 dl	Marsala
0,5 dl	Olivenöl
20 g	Butter
	Salz, frischgemahlener Pfeffer,
	Streuwürze
50 g	feingehackte Zwiebeln oder
	Schalotten

Die Kalbsschnitzel werden flachgeklopft, mit dem Gemisch von Geflügelfleisch und Parmesan bestrichen, gerollt und je mit einem Zahnstocher geheftet. Die Röllchen bei schwacher Hitze im Öl andünsten, die Zwiebeln beifügen und mitdünsten.
Ablöschen mit Marsala, würzen und leicht einkochen lassen. Die Bratensauce dazugiessen, aufkochen und auf kleinem Feuer zugedeckt ca. 5 Minuten schmoren. Zum Schluss die Olivetti herausnehmen, den Topf vom Feuer nehmen und die delikate Sauce mit Butter aufschwingen. Zubereitungszeit 1½ Std.

Makkaroni mit Mozzarella
für 4 Personen – 270 kcal p. P.

200 g	Makkaroni
2 l	kochendes Salzwasser
	Wenig Sonnenblumenöl
100 g	Mozzarella

Mozzarella ist ein kompakter Frischkäse, der, in kleine Würfel oder Scheibchen geschnitten, unter die heissen Makkaroni gemengt wird. Mit etwas gehacktem Basilikum kann der Geschmack dieser feinen Teigwaren gehoben werden.
Kochzeit ca. 12 Minuten

Frischer Fruchtsalat mit Kiwi
für 4 Personen – 100 kcal p. P.

500 g	verschiedene Früchte
1	Kiwi
50 g	Zucker
1 dl	Wasser, ½ Zitrone

Zucker im Wasser auflösen. Zitronensaft beigeben. Früchte mit Messer schälen, in gefällige Stücke schneiden und hineingeben. Fruchtsalat, gut gemischt, in Coupen oder Glasschälchen anrichten. Kiwi schälen, in 8 Scheiben schneiden. Diese auf Fruchtsalat verteilen.

Kartoffelcreme	Crème Parmentier
Chicoreesalat mit Kräutersauce	Salade d'endives aux fines herbes
Zürcher Ratsherrentopf	Zürcher Ratsherrentopf
★	
Kirschcremetorte	Tourte à la crème au kirsch

Kartoffelcreme Rezept Seite 309

Chicoreesalat – 1 Chicoree pro Person Kräutersauce Rezept Seite 359

Zürcher Ratsherrentopf
für 4 Personen

600 g	Fleisch wie für Mixed-Grill:
	4 kleine Schweinsfilet-Tranchen
	4 Kalbsmédaillons, 4 Stücke vom Rindsfilet.
4	Kochspeckscheiben
4	Kalbsbratwürstchen (Chipolata)
1	fertig gebratene Rösti aus 800 g gekochten Schalenkartoffeln
200 g	Gartenerbsen

Fleisch wird gegrillt oder gebraten und in einer Platte mit Rand oder Paella-Pfanne auf die heisse Rösti angerichtet. Speck und Kalbsbratwürstchen darauf legen. Das Ganze wird garniert mit den gegarten Zwiebeln und Häufchen von Gartenerbsen mit frischer Butter und Kräutern. Zubereitungszeit der Rösti 1 Std.

4	kleine Zwiebeln, Silberzwiebeln
30 g	Butter, Sonnenblumenöl oder Schweineschmalz für die Rösti
20 g	Butter für die Erbsen →

Gartenerbsen mit Zwiebeln
80 kcal p. P.

In einer Flachkasserolle werden die Zwiebeln in Butter glasig gebraten, mit Wasser abgelöscht, gewürzt mit Salz, Streuwürze und Zucker. Die Erbsen werden beigegeben und während 5 Minuten leise mitgekocht. Das Wasser soll nach dieser Zeit fast völlig eingekocht sein.

Kirschcremetorte
10 Tortenstücke – 470 kcal pro Stück

Biskuit Rezept Seite 321
Torte Rezept Seite 37

Kirschcreme

6 dl	Rahm
30 g	Grenadine-Sirup
1 dl	Kirsch
40 g	Vanillecremepulver zum kalt Anrühren. Staubzucker im Streuer
6–12	halbe Maraschino-Kirschen

Rahm steif schlagen, Grenadine und Kirsch hineingeben. Cremepulver daruntermischen, dann die fertige Creme sofort auf Biskuit in der Ringform verteilen und glattstreichen. Nach dem Stocken mit Puderzucker bestreuen und mit Maraschinokirschen verzieren.

Fleischbrühe mit Röstbrotwürfeln

Chinakohlsalat mit Essigkräutersauce

Siedfleisch mit Quitten
Rosenkohl mit Kastanien
★
Mandelgipfel

Boillon aux croûtons

Salade de choux chinois vinaigrette

Boeuf bouilli au coing
Choux de Bruxelles aux marrons

Cornet aux amandes

Fleischbrühe mit Röstbrotwürfel
für 4 Personen – 30 kcal p. P.

8 dl	Fleischbrühe
1	Scheibe Weissbrot
10 g	Butter

Rezept Seite 371
Rinde vom Brot rundum abschneiden. Brot in gleichmässige, kleine Würfel schneiden. Pfanne mässig erhitzen, Brotwürfel in Butter unter stetem Wenden hellbraun rösten.

Chinakohlsalat
500 g Kohl u. Sauce – 52 kcal p. P.

Salatsauce Rezept Seite 359
Chinakohl quer in Streifen schneiden.

Siedfleisch mit Quitten
für 4 Personen – 380 kcal p. P.

1 kg	Rindfleisch zum Sieden
2 l	Gemüsebouillon
	Lorbeer, Nelken, zerdrückte Pfefferkörner
4	kleine Zwiebeln
2	ausgereifte Quitten
2 dl	klare Bratensauce

Sirup:

5 dl	Wasser
50 g	Zucker
	Saft von halber Zitrone

Siedfleisch in siedende Bouillon legen, Feuer klein stellen, Fleisch bei ca. 90° garen. Kochzeit 2 Std. Rohe Quitten mit Tuch abwischen, mit Sparschäler schälen, längs halbieren und entkernen. In leichtem Sirup während einer guten Stunde zugedeckt garen.
Eine halbe Stunde bevor das Fleisch gar ist, Gewürze und Zwiebeln in die Bouillon geben.
Das Fleisch wird in Scheiben geschnitten, angerichtet und mit der Bratensauce übergossen. Die Quitten werden nochmals halbiert und rundherum gelegt, ebenso die kleinen Zwiebeln, die das Ganze gleich Perlen auflockern.
Zubereitungszeit 3 Stunden.

Rosenkohl und Kastanien

Rezepte Seiten 373, 374

Mandelgipfel

Rezept Seite 339

Avocadocremesuppe
★
Kabissalat mit Peperonistreifen
★
Überbackenes Siedfleisch mit
Rotweinbutter
Hausgemachte Spätzli
★
Frische Früchte

Crème aux avocats
★
Salade de choux aux poivrons
★
Boeuf boilli gratiné
au beurre rouge
Frisettes maison
★
Fruits frais

Avocadocremesuppe
für 4 Personen – 350 kcal p. P.

30 g	Butter
30 g	Mehl
5 dl	Gemüsebouillon
2	reife Avocados,
	wenig Zitronensaft
2 dl	Rahm
	Ingwerpulver, Salz, Streuwürze

Mehl in der Butter schwitzen. (Roux) Gemüsebouillon zugeben und unter stetem Rühren zum Kochen bringen. Kochzeit 5 Minuten. Avocados längs halbieren, entkernen, in kleine Würfel schneiden und mit dem Zitronensaft vermischen. Einen Teil davon in die Suppe geben und mit einem Schneebesen glattrühren, die restlichen Würfel zum Schluss als Einlage beigeben. Rahm zugeben, abschmecken, *nicht mehr aufkochen.*

Kabissalat

Rezept Seite 104

Überbackenes Siedfleisch mit Rotweinbutter (Rindfleisch)
für 4 Personen

600 g gegartes Siedfleisch in Scheiben schneiden und in gebutterte feuerfeste

Platte schichten. Mit 1 dl Bouillon begiessen, mit Rotweinbutterscheiben belegen, mit frischem Paniermehl bestreuen und im heissen Ofen während 5 Minuten überbacken.
Zubereitungszeit 30 Min.

Spätzli – *290 kcal p. P.*

Rezept Seite 28

Rotweinbutter
für 8 Personen

100 g	Zwiebeln, fein gehackt
20 g	Butter, zum Dünsten
2 dl	Rotwein
200 g	Butter schaumig gerührt
1	Eigelb
	Salz, Pfeffer, Zitronensaft

Zwiebeln oder Schalotten in Butter dünsten, Rotwein dazugiessen und einkochen, erkalten lassen.
Schaumig gerührte Butter, Eigelb, Salz und frischgemahlenen Pfeffer mit dem Rotwein mischen. Wenn nötig etwas Zitronensaft beigeben. Stangen formen, erkalten lassen. Zubereitungszeit 1 Std.

Spargelcremesuppe	Crème Argenteuil
★	★
Gemischter Salat	Salade assortie
★	★
Überbackenes Siedfleisch mit Zwiebelsauce Petersilienkartoffeln Tomate mit Erbsen	Miroton de boeuf Pommes persillées Tomate Clamart
★	★
Malakow-Torte	Tourte Malakov

Spargelcremesuppe
für 4 Personen – 290 kcal p. P.

60 g	Mehl
40 g	Butter
1 l	Gemüsebouillon (371)
1	Dose Spargelspitzen
2 dl	frischer Rahm
1	Eigelb
	Gehackte Petersilie

Mehl in Butter anschwitzen, Gemüsebouillon mit Schneebesen dazurühren, unter ständigem Rühren aufkochen. Spargelwasser aus der Dose dazurühren (während der Spargelsaison verwendet man Spargelwasser statt Bouillon).
Rahm (Sahne) und Eigelb aufschlagen und in die Suppe rühren. Suppe sofort vom Feuer nehmen, nicht mehr aufkochen. Kurzgeschnittene Spargeln und gehackte Kräuter beigeben. Zubereitungszeit 15 Min.

Siedfleisch mit Zwiebelsauce (Rindfleisch)
für 4 Personen

600 g	gegartes Siedfleisch
30 g	Butter
100 g	geriebenes Weissbrot

Siedfleisch in Scheiben schneiden und in gebutterte feuerfeste Platte auf eine Schicht Lyonersauce anrichten. Mit restlicher Sauce überziehen, Panierbrot darüberstreuen, Butterflocken darauf und im mittelheissen Ofen während 10 Minuten überbacken. Zubereitungszeit 30 Min. →

Zwiebelsauce (Lyonersauce)
120 kcal p. P.

Rezept Seite 251

Petersilienkartoffeln – *180 kcal p. P.*

Rezept Seite 161

Tomate mit Erbsen – *65 kcal p. P.*

Rezept Seite 374

Malakow-Torte – *435 kcal p. Stück*

Rezept Seite 110

Roher Champignonsalat	Salade de champignons crus
Kraftbrühe mit Eierstich	Consommé royale
Schweinshaxe Gremolata	Osso buco de porc gremolata
Eiernudeln	Nouillettes
Blattspinat mit Knoblauch	Epinards en feuilles à l'ail
Gorgonzola-Käse und Walnüsse	Gorgonzola et noix

Roher Champignonsalat Rezept Seite 90
200 kcal p. P.

Kraftbrühe – *20 kcal p. P.* Rezept Seite 229
Eierstich *85 kcal p. P.* Rezept Seite 52

Schweinshaxe Gremolata
für 4 Personen – 410 kcal p. P.

Haxen in Mehl wenden, rundum anbraten. Gehacktes Gemüse zugeben und kurz mitdünsten. Mit Rotwein, Tomatenjus und Bratensauce auffüllen und aufkochen. Im Ofen zugedeckt schmoren und zum Schluss die Haxen überglänzen. Kochzeit 1 Std.

4	Schweinshaxen zu je 200 g
100 g	gehacktes Gemüse: Karotten, Sellerie, Zwiebeln
2 dl	gebundene Bratensauce
0,5 dl	Sonnenblumenöl
30 g	Butter
1 dl	Rotwein, 1 dl Tomatenjus

Gremolata

Zutaten fein hacken, über die angerichteten Haxen streuen oder in flüssiger (nicht heisser) Butter warm stellen.

Zitronenschale, dünn geschält
Knoblauch, Petersilie, Salbei

Nudeln Rezept Seite 141

Blattspinat mit Knoblauch
für 4 Personen – 70 kacl p. P.

Blattspinat in siedendes Salzwasser geben, aufkochen, mit kaltem Wasser abkühlen und gut abtropfen lassen.
Zwiebeln in Öl und Butter andämpfen, Knoblauch und Spinat zugeben. Mit Fleischgabel während dem Erhitzen lokkern, würzen mit Salz und Pfeffer. Zubereitungszeit 10 Min.

600 g	Blattspinat
10 g	Sonnenblumenöl
10 g	Butter
50 g	gehackte Zwiebeln
1	zerstossene Knoblauchzehe

Pleins (Bündner Spezialität)

Endiviensalat mit Kräutersauce	Salade de scarole aux fines herbes
Bouillon mit Gemüsestreifen	Bouillon Julienne
Pleins – Bündner Maiskuchen	Gâteau de maïs des Grisons
Schinken	Jambon cuit
Rindszunge und Hauswurst	Langue de boeuf et saucisse maison
Preiselbeersauce	Airelles rouges
Brombeer Rahmglace	Glace aux mûres

Endiviensalat

200 g Endivien
  1 dl Kräutersauce (Seite 359)

Endivien quer in Streifen schneiden, kalt waschen und gut abtropfen lassen. Mit Kräutersauce locker mischen.

Bouillon mit Gemüsestreifen

  1 l Gemüsebouillon (Seite 371)
200 g Gemüse

Das Gemüse wird roh in feine Streifen geschnitten und in der Brühe auf dem Siedepunkt gegart.

Pleins
für 4 Personen

  1 l Gemüsebouillon
100 g Maisgriess
  4 dl Gemüsebouillon
100 g gedörrte Aprikosen
 50 g gedörrte Feigen
       Datteln ohne Kerne nach
       Belieben
200 g Schinken, vorgekocht
200 g Rindszunge, vorgekocht
       Kochzeit 3 Std.
  1   grobe Hauswurst, ca. 500 g
400 g feine Gemüsestreifen (Karotten,
       Lauch, Sellerie, Zwiebeln)
100 g Preiselbeeren (Konserve) mit
       wenig Wasser verdünnt

Mais mit in kleine Stücke geschnittenen Dörrfrüchten in 4 dl Bouillon fertigkochen (Rapid-Mais ca. 15 Minuten). In Auflaufform etwas erkalten lassen, stürzen.
Bouillon zum Sieden bringen, Feuer klein stellen. Hauswurst hineingeben. Sobald die Hauswurst heiss ist, Zunge und Schinken in Scheiben hineingeben.
Und so wird Pleins gegessen:
Erst wird ein Teller Suppe mit dunklem Brot serviert.
Dann kommt auf einem vorgewärmten, flachen Teller eine dicke Scheibe Maiskuchen. Das Fleisch und die geschnittene Wurst schöpft jeder selbst aus dem Suppentopf. Zubereitungszeit 1 Std.
Anmerkung: Ursprünglich wurde statt der Bouillon eine Bündner Gerstensuppe gekocht und die Zutaten darin gegart.

Beeren Rahmglace

Rezept Seite 329

Kristina-Salat

Fleischbrühe mit Fideli

Meilener Ofenküchlein
mit geschnetzeltem Kalbfleisch
★
Grapefruitsorbet

Salade «Kristina»

Bouillon aux vermicelles

Choux de Meilen
farcis d'emincé de veau

Sorbet à la pamplemousse

Kristina-Salat (schwedisch)   Rezept Seite 118

Fleischbrühe mit Fideli   Rezept Seite 371
  30 g Fideli (Fadennudeln)   Kochzeit 2 Minuten

**Meilener Ofenküchlein
(Windbeutel)**
für 4 Personen

Brandteig für Ofenküchlein:
  2,5 dl siedendes Wasser
  50 g Butter
    1 Prise Salz
    4 Eier
150 g Weissmehl

Butter und Salz in das siedende Wasser geben. Mehl hineinschütten und den Teig mit Holzlöffel auf dem Feuer abrühren, bis er sich vom Rand der Kasserolle löst.
Vom Feuer nehmen und die 4 Eier nacheinander tüchtig darunterarbeiten.
Den Teig auf Backblech mit Spritzsack oder mit nassen Handflächen zu flachen Kugeln formen und diese bei grosser Hitze backen, bis sie goldgelb sind. Anschliessend kann das obere Viertel als Deckel weggeschnitten und der recht grosse Hohlraum des stark aufgegangenen Küchleins gefüllt werden.
Zubereitungszeit 1 Std.   →

**Geschnetzeltes Kalbfleisch mit
Riesling**

200 g zartes Kalbfleisch in feine
        Scheibchen geschnitten
  30 g feingehackte Zwiebeln
  30 g Butter
   1 dl Weisswein: Riesling-Sylvaner
   1 dl Rahm
  10 g Weissmehl
        Salz, Pfeffer aus der Mühle
        Rührei (130) in Küchlein füllen,
        Kalbfleisch obendrauf.

Zwiebeln in der Butter kurz andünsten. Das Fleisch beigeben, mit Salz und Pfeffer würzen und mit einer Gabel immerfort bewegen, bis es allseitig leicht angebraten ist.
Fleisch auf einen kalten Teller geben, die Butter in der Pfanne leicht mit Mehl stäuben. Umrühren, mit dem Weisswein ablöschen, einkochen, Fleischsaft vom Teller und den Rahm beigeben. Das Fleisch in der fertig gewürzten Sauce vor dem Anrichten kurz wenden. Nicht mehr erhitzen!
Zubereitungszeit 15 Min.

Grapefruitsorbet   Rezept Seite 204

Bündner Gerstensuppe	Potage des Grisons
★	★
Endiviensalat mit Salatmayonnaise	Salade de scarole à l'américaine
★	★
Lothringer Käsekuchen	Quiche lorraine
★	★
Birnenkompott mit Vanilleglace	Compôte de poires à la glace vanille

Bündner Gerstensuppe

100 g	Gemüse in kleine Würfel schneiden (Zwiebeln, Lauch, Karotten, Sellerie)
10 g	Butter
50 g	Gerste
10 g	Mehl
1 l	Gemüsebouillon
20 g	Bündnerfleisch, in kleinste Würfel geschnitten
	Salz, Pfeffer, gehackte Kräuter
1 dl	Rahm, 1 Eigelb

Gemüse in Butter andünsten. Gerste beigeben und mitdünsten.
Mit Mehl bestäuben, umrühren, mit Gemüsebouillon auffüllen und aufkochen.
Bündnerfleisch zugeben. Die Suppe während 1 ½ Stunden leicht sieden lassen.
Vom Feuer nehmen, abschmecken, mit Rahm und Eigelb verfeinern.
Gehackte Kräuter obendrauf streuen.
Zubereitungszeit 2 Std.

Endiviensalat

200 g	Endivien, quer in Streifen geschnitten

Salatmayonnaise, Rezept Seite 360

Lothringer Käsekuchen
für 4 Personen

200 g	geriebener Teig, mit Butter bestrichene Kuchenform damit auslegen
200 g	geriebener Greyerzerkäse
50 g	Kochspeck, in feine Streifen geschnitten
100 g	fein geschnittene Zwiebeln, in 30 g Butter angedünstet
	Salz, Pfeffer
2 dl	Rahm, 2 Eier

Gedünstete, abgekühlte Zwiebeln auf Teig verteilen.
Käse, Rahm, Eier, Gewürz und Speckstreifen zu Guss mischen und regelmässig auf die Zwiebeln leeren.
Im Kühlschrank 30 Minuten ruhen lassen.
Im Ofen bei 220° während 30–35 Minuten backen.
Sofort heiss servieren.
Zubereitungszeit 2 Std.

Birnenkompott
Vanilleglace

Rezept Seite 100
Vanille-Glacepulver wird vom Handel bezogen. Die Rezepte werden mitgeliefert.

Gemüsecremesuppe	Crème garbure
Grüner Bohnensalat	Salade de haricots verts
Rindskarbonade nach flämischer Art	Carbonade de boeuf flamande
Überbackener Kartoffelstock	Pommes Mont d'Or
Gedämpfter Rosenkohl	Choux de Bruxelles étuvés
★	★
Zwetschgenkuchen	Tarte aux prunes

Gemüsecremesuppe   Rezept Seite 153

Grüner Bohnensalat

400 g	zarte grüne Bohnen	Wasser zum Kochen bringen. Bohnen darin knapp gar sieden, Kochzeit ca. 10 Minuten. Bohnen abschütten und mit kaltem Wasser abkühlen. Mit Salatsauce, Zwiebeln und Kräutern mischen.
1 l	Salzwasser	
50 g	gehackte Zwiebel	
	gehackte Kräuter	
1	französische Salatsauce (358)	

Karbonade nach flämischer Art
für 4 Personen – 220 kcal p. P.

4	Rindsschnitzel zu je 125 g	Schnitzel mit wenig Öl in Lyonerpfanne anbraten und herausnehmen. Zwiebeln im Bratensatz andünsten. Fleisch und Zwiebeln schichtweise in Schmorpfanne einfüllen. Bier und Bratensauce zugeben und aufkochen. 1 bis 1½ Stunden zugedeckt langsam schmoren. Zubereitungszeit 2 Std.
300 g	geschnittene Zwiebeln	
2 dl	dunkles Bier	
2 dl	Bratensauce	
10 g	Öl	

Kartoffelstock überbacken:
Duchesse Masse

500 g	geschälte Kartoffeln	Kartoffeln in Würfel schneiden, in Salzwasser kochen, abschütten und ausdampfen lassen. Kartoffeln durch Sieb drücken, mit Butter vermengen. Eigelb daruntermischen. Diese Duchesse-Masse auf gebutterte feuerfeste Platte in Häufchen mit glatter Oberfläche dressieren, mit Paniermehl und Käse bestreuen und überbacken. Zubereitungszeit 1 Std.
2	Eigelb	
30 g	Butter	
20 g	Paniermehl	
30 g	Reibkäse	

Gedämpfter Rosenkohl   Rezept Seite 374

Zwetschgenkuchen   Rezept Seite 157

Gesottenes Kalbfleisch (Kalbssiedefleisch)

Fleischbrühe mit Kräutern	Bouillon aux fines herbes
Endiviensalat mit Salatmayonnaise	Salade de scarole à l'américaine
★	★
Gesottenes Kalbfleisch mit Gemüsen Preiselbeersauce	Veau bouilli aux légumes Airelles rouges
★	★
Apfelschnitte mit Blätterteig	Tranche mille-feuilles normande

---

Fleischbrühe mit Kräutern   Rezept Seite 371

Endiviensalat

200 g   quer in Streifen geschnitten
        Salatmayonnaise   Rezept Seite 360

Gesottenes Kalbfleisch
für 4 Personen – 340 kcal p. P.

1 kg Kalbfleisch
1 kg Gemüse
     Karotten
     Sellerieknolle
     Weissrüben
     Lauch
1 l Gemüsebouillon

Kalbfleisch von der Brust oder besser von der Schulter in einer Gemüsebouillon pochieren.
Kochzeit 1½ Std. bei ca. 85°
Gemüse: Karotten, Sellerieknolle, Weissrüben, Lauch, rüsten und nach halber Garzeit des Fleisches mitgaren.
Das Fleisch in Scheiben von ca. 1 cm auf warme Platte oder Teller anrichten, mit Bouillon übergiessen und mit den nachträglich geschnittenen Gemüsen umlegen.

Apfelschnitte mit Blätterteig   Rezept Seite 222

===

Aprikosencreme
für 4 Personen – 200 kcal p. P.

5 dl Vanillecreme
     12–16 Aprikosenhälften
     Saft von Aprikosenkompott

Vanillecreme kochen, Creme dick halten, Saft von Aprikosenkompott (ev. Dose) mitkochen. Pro Person 3–4 Aprikosenhälften in Streifen schneiden, unter die noch warme Creme ziehen, in Töpfchen abfüllen, erkalten lassen. Stürzen, mit Schlagrahm verzieren.

Bündner Gerstensuppe	Potage des Grisons
Endiviensalat mit französischer Sauce	Salade de scarole à la française
Bauernplättli mit Siedfleisch, Rindszunge und Fleischkäse Überbackene Milchkartoffeln Grüne Bohnen mit Zwiebeln	Plat campagnard au boeuf bouilli, langue de boeuf et fromage d'Italie Gratin dauphinois Haricots verts aux oignons
Meringue mit Schlagrahm	Meringue Chantilly

Bündner Gerstensuppe   Rezept Seite 20

Endiviensalat

200 g   quer in Streifen geschnitten
        Französische Salatsauce   Rezept Seite 358

Siedfleisch, Rindszunge und Fleischkäse (auch Leberkäse)
für 4 Personen

Siedfleisch und Zunge werden in der Brühe warmgestellt. Will man sie auskühlen lassen, geschieht das ebenfalls in der Brühe.

500 g   Siedfleisch, in Gemüsebouillon bei 80° garen. Garzeit ca. 2 Stunden
300 g   Rindszunge (vorgegart, die Garzeit beträgt ca. 3 Stunden)
200 g   Fleischkäse, am Stück vom Metzger beziehen

Überbackene Milchkartoffeln
für 4 Personen

Reibkäse und Knoblauch mit heisser Milch glattrühren, Rahm beimischen und mit den Kartoffelscheiben vermischen.

1 kg   Kartoffeln schälen, in Scheiben schneiden, in Salzwasser aufkochen, abschütten
3 dl   heisse Milch
1   zerstossene Knoblauchzehe
100 g   geriebener Käse
2 dl   Rahm
20 g   Butter

In eine mit Butter bestrichene, feuerfeste Platte verteilen. Restliche Butter in Flocken darauf geben.
Im Ofen bei 200° ca. 30 Minuten backen.
Zubereitungszeit 1½ Std.

Meringue   Rezept Seite 164

Pikante Käsecreme auf Toastbrot

Fleischbrühe mit Fideli

Berner Platte
Gedämpfte Bohnen
Kräuterkartoffeln

Frische Ananas mit Kirsch

Crème de fromage sur toast

Bouillon aux vermicelles

Plat bernois
Haricots verts étuvés
Pommes aux fines herbes

Ananas frais au kirsch

Käsecreme

4	Ecken Schachtelkäse
20 g	Butter
4	Scheiben Toastbrot

Weicher Schachtelkäse, 1 Ecke pro Person, wird aufgerührt und gewürzt mit Cayennepfeffer, Paprika, Streuwürze und gehackten Kräutern. Mit Weisswein oder Rahm zur gewünschten Konsistenz bringen.

Fleischbrühe
Fideli: Kochzeit 2 Minuten

Rezept Seite 371

Berner Platte
für 4 Personen

1,5 kg Fleisch
Dazu kommen in Frage:
Siedfleisch, Schinken, Rippli, Wädli, geräucherter Speck, grüner Speck, gesottenes Kalbfleisch, gesottenes Schweinefleisch, Zungenwurst, Schweinswürstli, Wienerli oder Frankfurterli.
1 kg Kartoffeln

Das Siedfleisch und die Rindszunge werden in Gemüsebouillon knapp unter dem Siedepunkt gegart. Bei halber Garzeit werden Rippli und Speck dazugegeben. Die Wurst wird erst kurze Zeit vor dem Servieren in dieser Bouillon heiss gemacht.
Pro Person werden 300 bis 500 g Fleisch serviert.
Berner Platte wird oft mit Sauerkraut serviert.
Zubereitungszeit 3 Std.

Frische Ananas
120 kcal p. P.

100 g pro Person oder
1 Ananas für 4 Personen.
Zucker zum Bestreuen
10 g Kirsch pro Person

Eine reife Ananas riecht süss beim Strunk. Sie wird mit dem Messer geschält, in Scheiben geschnitten, wobei der Kern herausgeschnitten wird.
Ananas kann auch mit Schale längs geviertelt werden. Der Kern wird weggeschnitten, dann löst man das Fleisch heraus, schneidet es in Scheiben und ordnet es wieder in die Schale zurück.

Fleischbrühe mit Mark	Bouillon à la moelle
Buntgemischter Salat	Salade mêlée
★	★
Geschnetzeltes Kalbfleisch mit Madeirasauce Rösti	Emincé de veau au madère Pommes sautées
★	
Pfirsich Melba	Pêche Melba

Fleischbrühe mit Mark   Rezept Seite 371, Mark Seite 149

Geschnetzeltes Kalbfleisch mit Madeirasauce

für 4 Personen – 230 kcal p. P.

400 g	zartes Kalbfleisch, von Hand in Scheibchen geschnitten
50 g	feingehackte Zwiebeln
	Mehl zum Stäuben
1 dl	Madeirawein
2 dl	gebundene Bratensauce
40 g	Butter
	Salz, frischgemahlener Pfeffer, gehackte Kräuter
800 g	gekochte Kartoffeln
50 g	gehackte Zwiebeln
40 g	Butter oder Schmalz

Das Kalbfleisch mit Mehl leicht bestäuben. Die Zwiebeln bei mittlerer Hitze in 20 g Butter glasig braten, dann das Fleisch dazugeben, würzen und unter ständigem Wenden leicht anbraten. Kurz bevor das Fleisch gar ist, leert man es auf einen kalten Teller.
Die Pfanne wird mit Madeira abgelöscht, eingekocht, Bratensauce und eventuell Fleischsaft vom Teller dazu und auf die gewünschte Dicke einkochen. Die restliche Butter wird untergeschwungen, nachdem die Pfanne vom Herd genommen ist. Das Fleisch zurück in die Sauce geben. Anrichten, gehackte Kräuter darüberstreuen. Zubereitungszeit 30 Min.

Rösti – in der Schweiz sehr populär – kennt man in den USA als Hash brown potatoes und in Frankreich in ähnlicher Form als Pommes lyonnaise.
Man verwendet Kartoffeln, die nach dem Sieden geschält worden sind, reibt sie durch eine spezielle Röstiraffel in feine Streifen oder feine Blättchen. In Butter werden gehackte Zwiebeln angedünstet und die Kartoffeln darin zu einem hellbraunen Fladen gebraten, der in der Lyonerpfanne geformt und mit Schwung gewendet wird. Für Berner Rösti werden feine Speckwürfel mitgebraten.

Stellt man Rösti aus rohen Kartoffeln her, werden diese erst geschält, mit derselben Raffel in feine Streifen gerieben und bei tieferer Temperatur wesentlich länger gebraten.
Rösti kann man auch mit Käsescheiben überbacken.
Zubereitungszeit der Rösti 1 Std.
Rösti kann aus geraffelten oder gehobelten Kartoffeln hergestellt werden. Man hobelt mit der Rückseite der Röstiraffel. In der Regel übersetzt man:
Gehobelte = pommes sautées,
geraffelte = roesti

Pfirsich Melba   Rezept Seite 325

Kraftbrühe mit Sherry

Gurkensalat mit Joghurtsauce

Geschnetzeltes Kalbfleisch mit Curry
Weisser Reis
Aprikosen und Kirschen

Bananen-Schaumgefrorenes

Consommé au sherry

Salade de concombres à la yoghourt
★
Emincé de veau à l'indienne
Riz blanc
Abricots et cerises
★
Mousse glacée aux bananes

Kraftbrühe ½ dl Sherry

Rezept Seite 229

Gurkensalat

Rezept Seite 361

Geschnetzeltes Kalbfleisch mit Curry
für 4 Personen

400 g	zartes Kalbfleisch, von Hand geschnitten
50 g	feingehackte Zwiebeln
10 g	Mehl zum Stäuben, Currypulver, Zitronensaft, Streuwürze, Salz
2 dl	Rahm
20 g	Butter

Das Kalbfleisch mit Mehl leicht stäuben, in der Butter bei mittlerer Hitze unter ständigem Wenden leicht anbraten. Während dieses Vorganges würzt man mit Curry, Salz oder Streuwürze und leert das Fleisch auf einen kalten Teller, bevor es ganz gar ist.
Die Pfanne wird mit Saft vom Aprikosen- oder Kirschenkompott abgelöscht, der Saft eingekocht und mit Zitronensaft abgerundet. Mit dem Rahm kurz unter den Siedepunkt gebracht, wird das Fleisch wieder in die fertige Sauce gegeben. Zubereitungszeit ca. 30 Min. →

Weisser Reis, auch chinesischer Reis
für 4 Personen – 170 kcal p. P.

2 dl	Reis
3 dl	Wasser
1	Prise Salz

Wasser zum Siedepunkt bringen, Langkornreis einstreuen, leicht salzen.
Aufkochen, umrühren, dann auf kleinem Feuer zugedeckt garen, bis das Wasser voll aufgesogen ist. Zubereitungszeit 20 Min.

Bananen-Schaumgefrorenes

300 g	Bananenpüree, Zitronensaft
100 g	Zucker
3	Eiweiss, zu Schnee geschlagen
50 g	Zucker
3 dl	geschlagener Rahm

Bananen mit Zitrone und Zucker verrühren. 100 g Zucker in den Eischnee schlagen und unter die Bananen mischen. Schlagrahm sorgfältig darunterheben. In gut vorgekühlte Förmchen füllen und sofort gefrieren. Zubereitungszeit 20 Min. Gefrierzeit min. 4 Std.

Gemüsepüreesuppe mit Estragon

Kabis-, Rettich- und Karottensalat
★
Überbackenes geschnetzeltes Kalbfleisch
Spätzli in Butter
★
Wädenswiler Apfeltorte

Purée garbure à l'estragon

Salade de choux, radis et carottes

Emincé de veau au gratin
Frisettes au beurre

Tourte aux reinettes et macarons

Gemüsepüreesuppe Rezept Seite 153

Kabissalat Rezept Seite 104
Karottensalat Rezept Seite 361

**Überbackenes geschnetzeltes
Kalbfleisch**
für 4 Personen – 310 kcal p. P.

400 g	zartes Kalbfleisch (sehnenfrei), in Scheibchen geschnitten
50 g	feingehackte Zwiebeln
40 g	Butter
1 dl	Rotwein
1 dl	gebundene Bratensauce
100 g	kleine Tomatenwürfel
100 g	Reibkäse
	gehackte Kräuter, Salz, Pfeffer
600 g	Spätzli

20 g Butter in Flachkasserolle erhitzen, Fleisch unter ständigem Wenden kurz anbraten und herausnehmen. Zwiebeln im Bratsatz dünsten, mit Rotwein ablöschen und einkochen. Bratensauce darin bis zur gewünschten Dicke einkochen, dann das Fleisch darin wenden.
Die Spätzli in Butter heiss machen und auf 4 Teller zu Nestern formen. Das Fleisch in die Mitte, Tomaten und Käse darauf geben, heiss überbacken und mit den Kräutern bestreuen.
Wir nennen das leckere Gericht Seebuebe-Gschnätzlets.
Zubereitungszeit 1 Std.

Spätzli
für 4 Personen – 280 kcal p. P.

2	Eier
1,5 dl	Wasser
200 g	Mehl
4 g	Salz
20 g	Butter

Eier, Wasser, Mehl und Salz werden locker gemischt. Durch ein spezielles Spätzlisieb in siedendes Salzwasser gestrichen, aufgekocht, leicht abgekühlt und mit frischer Butter vermengt, ergibt das die runden Spätzli – auch Knöpfli genannt.
Lange, vom Brett geschabte Spätzle: Wir verwenden denselben Teig, der geschlagen wird, bis er Blasen wirft. Diese Art wird auch Schwabenspätzle genannt.
Zubereitungszeit 20 Min.

Wädenswiler Apfeltorte Rezept Seite 150

Pariser Lauchsuppe

Endivien- und Randensalat

Geschnetzeltes Schweinefleisch
an Champignonrahmsauce
Rösti
★
Brombeeren mit Schlagrahm

Potage parisienne

Salade de scarole et betterave

Emincé de porc
aux champignons à la crème
Pommes sautées
★
Mûres Chantilly

Pariser Lauchsuppe

20 g	Butter
400 g	Lauch, blättrig geschnitten (paysanne)
100 g	Kartoffeln, blättrig geschnitten
10 g	Mehl, 1 l Gemüsebouillon
	Salz, Pfeffer, gehackte Kräuter
2 dl	Rahm, 1 Eigelb

Lauch in der Butter lange anschwitzen. Kartoffeln beigeben und mitschwitzen. Mit Mehl stäuben und umrühren. Bouillon zugeben, aufkochen. Während 20 Minuten leicht sieden lassen. Suppe abschmecken, vom Feuer nehmen. Mit Rahm und Eigelb verfeinern. Gehackte Kräuter darüberstreuen.
Zubereitungszeit 40 Min.

Endiviensalat

Rezept Seite 17

Randensalat – *70 kcal p. P.*

400 g	gekochte Randen (rote Bete)
50 g	gehackte Zwiebeln
1 dl	franz. Salatsauce ohne Senf

Randen schälen, in Streifen schneiden, mit Zwiebeln und Salatsauce mischen.

Geschnetzeltes Schweinefleisch an Champignonrahmsauce
für 4 Personen

400 g	zartes (sehnenfreies) Schweinefleisch, von Hand in Scheibchen geschnitten
200 g	Champignons in Scheiben
50 g	feingehackte Zwiebeln
20 g	Butter
1 dl	Weisswein
1 dl	gebundene Bratensauce
1 dl	Rahm
	Salz, Streuwürze, Pfeffer
1/2	Zitrone, gehackte Kräuter

Butter in Flachkasserolle erhitzen, Fleisch darin unter ständigem Wenden andünsten, herausnehmen, dann die Zwiebeln im Bratsatz glasig dünsten.
Kochgefäss mit Weisswein ablöschen und einkochen lassen. Bratensauce darin aufkochen und leicht einkochen lassen. Champignons werden separat mit Zitronensaft zugedeckt, während 3 bis 5 Minuten gedünstet und beigegeben. Sauce mit Rahm verfeinern, vom Feuer nehmen und das Fleisch kurz darin schwenken.
Das einfache Gericht wird sofort auf warme Teller angerichtet und serviert.
Zubereitungszeit 40 Min.

Rösti

Rezept Seite 25

Blätterteigstangen mit Käse

Buntgemischter Salat

Geschnetzeltes Rindfleisch
nach mexikanischer Art
Pilawreis mit Chilibohnen

Zitronencake

Bâtonets au fromage

Salade mêlée
★
Emincé de boeuf mexicaine
Riz pilav aux haricots rouges
★
Cake au citron

Blätterteigstangen mit Käse

150 g	Blätterteig
1	Ei
100 g	Reibkäse

Blätterteig zu Reckteck ausrollen, mit zerquierltem Ei bestreichen und mit Käse bestreuen. Leicht andrücken. Auf Backblech in Streifen schneiden. Backen bei 200° ca. 15 Min.

Geschnetzeltes Rindfleisch nach mexikanischer Art
für 4 Personen – 350 kcal. p. P.

400 g	Rindfleisch vom Bratenstück, in Scheibchen geschnitten
200 g	Zucchetti in Würfeln
100 g	Zwiebeln, in daumennagelgrosse Scheiben geschnitten
100 g	Peperoni, in kleine Würfel geschnitten
200 g	Tomatenwürfel
1 dl	Rotwein

Rindfleisch in wenig Öl anbraten und in feuerfeste gebutterte Platte leeren. Zwiebeln, Peperoni und Zucchetti nacheinander mit dem restlichen Öl anbraten, mit den rohen Tomatenwürfeln mischen und über das Fleisch verteilen. Im Ofen zugedeckt während 15 Minuten garen. Zubereitungszeit 1 Std.

0,5 dl	Chilisauce, Salz, Knoblauch, Cayennepfeffer
$^1/_2$ dl	Sonnenblumenöl
100 g	Frischkäse (Mozzarella, Hüttenkäse oder Bloderkäse) →

Pilawreis
für 4 Personen

250 g	Langkorn Reis oder Brown Rice
50 g	feingehackte Zwiebeln
20 g	Sonnenblumenöl
10 g	Butter
5 dl	Gemüsebouillon
1	kleine Dose Chilibohnen

Zwiebeln in Öl und Butter dünsten, Reis beimischen und einige Male wenden. Mit Bouillon auffüllen, unter Rühren mit Holzlöffel zum Sieden bringen. Zugedeckt bei kleinem Feuer ca. 12 Minuten garen, bis alle Flüssigkeit aufgesogen ist.

Chilibohnen abschütten und locker unter den Reis mischen.

Pilaw von Rohreis
250 g Rohreis, 7,5 dl Gemüsebouillon

Garzeit ca. 40 Minuten.

Zitronencake

siehe Orangencake Seite 154

Gemüsepüreesuppe mit Schnittlauch	Purée garbure à la ciboulette
Chinakohlsalat mit Tomatenschnitzen	Salade de choux chinois aux tomates
Geschnetzeltes Kalbfleisch und Niere an Senfsauce	Emincé de veau et de rognon Robert
Eiernudeln mit frischer Butter	Nouilles au beurre frais
Überbackene Auberginen	Aubergines au gratin
Pflaumenkuchen	Tarte aux prunes

Gemüsepüreesuppe   Rezept Seite 153

Geschnetzeltes Kalbfleisch und Niere an Senfsauce
für 4 Personen – 340 kcal p. P.

300 g	zartes Kalbfleisch, in Scheibchen geschnitten
100 g	Kalbsniere, entfettet, längs geviertelt, den Nierenkelch entfernt, geschnitten
100 g	feingehackte Zwiebeln
30 g	scharfer Senf, Cayennepfeffer
1 dl	Rotwein, Salz
2 dl	gebundene Bratensauce
0,5 dl	Sonnenblumenöl
20 g	Butter

Die Niere wird leicht gesalzen und in rauchheissem Öl ganz kurz angebraten, in ein Sieb geleert und abgetropft.
Die feingehackten Zwiebeln werden in Butter gedünstet, Kalbfleisch und Niere beigegeben und knapp gargebraten. Das Fleisch leert man auf einen kalten Teller. In der Flachkasserolle wird nun der Senf geröstet, bis er hellbraun ist. Dann löscht man mit dem Wein ab und kocht ein. Bratensauce und Gewürze hinzu, aufkochen, vom Feuer nehmen und das Fleisch nochmals kurz schwenken.
Zubereitungszeit 30 Min.
Nudeln: Pro Person 50 g

Überbackene Auberginen   Rezept Seite 144

Pflaumenkuchen – Früchtekuchen   Rezept Seite 157

Niere – vom Kalb, Rind, Schwein oder Lamm
Die Niere, gleich von welchem Tier, wird vom Fett befreit und längs halbiert oder geviertelt. Der fettähnliche Nierenkelch (Urinfilter) wird herausgeschnitten, das Fleisch dann in feine oder dicke Scheiben geschnitten.
Wenig Öl in schwarzer Pfanne stark erhitzen, Niere salzen und kurz anbraten. Sofort in Abtropfsieb schütten, den rosaroten Saft abtropfen lassen, dann die Niere mit kaltem Wasser abspülen. Pfanne auswaschen.
50 g feingehackte Zwiebeln in 30 g Butter andünsten, die vorbereiteten Nierenstücklein mit anbraten, würzen mit Salz oder Streuwürze und Pfeffer und in Serviergeschirr geben. Mit gehackten Kräutern bestreuen oder mit einer Sauce wie bei geschnetzeltem Kalb-, Rind- oder Schweinefleisch übergiessen.

Zwiebelcremesuppe	Crème d'oignons
★	★
Avocado mit Essigkräutersauce	Avocat vinaigrette
★	★
Geschnetzeltes Rindfleisch Stroganow	Emincé de boeuf Stroganov
Weisser Reis	Riz blanc
Glasierte Karotten	Carottes glacées
★	★
Vanillecreme mit Aprikosen	Crème vanille aux abricots

Zwiebelcremesuppe

200 g	feingeschnittene Zwiebeln
20 g	Butter
30 g	Weissmehl
8 dl	Gemüsebouillon
2 dl	Rahm

Zwiebeln in Butter dünsten bis sie gelblich werden. Mit Mehl bestäuben, während 3 Minuten weiterdünsten, dann mit Bouillon auffüllen und aufkochen. Suppe mixen und mit Rahm verfeinern. Kochzeit 15 Minuten.

Geschnetzeltes Rindfleisch Stroganow
für 4 Personen

300 g	zartes, von Hand in grobe Streifen geschnittenes Rindfleisch von der Huft
100 g	feingeschnittene Zwiebeln
200 g	in Weisswein gedünstete Champignons
50 g	Essiggurke, in feine Streifen geschnitten
1 dl	gebundene Bratensauce
2 dl	Rahm
	Salz, Paprika edelsüss, Rosenpaprika (scharf)
0,5 dl	Sonnenblumenöl
10 g	Butter

Öl in einer Lyonerpfanne stark erhitzen. Das Fleisch kurz, aber scharf anbraten, während dem Wenden würzen und sofort auf einen kalten Teller leeren. Bei mässiger Hitze die Butter schmelzen, Zwiebeln und Gurkenstreifen andünsten, Champignons mit Fond und Bratensauce hinzugeben und einkochen lassen. Rahm beigeben, bis zur gewünschten Dicke einkochen, dann die Sauce vom Feuer nehmen, das Fleisch darin wenden. Eventuell nachwürzen.
Es können Peperonistreifen mitgedünstet werden, obwohl diese mit dem Namen Stroganow nicht verbunden sind.
Zubereitungszeit 40 Min.
Reis: Pro Person 50 g

Weisser Reis

Rezept Seite 26

Vanillecreme mit Aprikosen

Rezept Seite 22

Gurkenkaltschale mit Pfefferminze	Crème Doria froide à la menthe
Garnierter Eiersalat	Salade aux oeufs garnie
Geschnetzeltes Rindfleisch an Senfrahmsauce Pilawreis Gebratener Chicoree	Emincé de boeuf Tolstoi Riz pilav Endive meunière
Vanilleglace mit Brombeeren	Glace vanille aux mûres

Gurkenkaltschale   Rezept Seite 268

Eiersalat   Rezept Seite 195

Geschnetzeltes Rindfleisch Tolstoi
für 4 Personen

400 g	zartes Rindfleisch, in Streifen geschnitten
50 g	feingehackte Zwiebeln
50 g	scharfer Senf, eventuell Meerrettichsenf
1 dl	gebundene Bratensauce
1 dl	Sauerrahm
0,5 dl	Sonnenblumenöl, 10 g Butter Salz, frischgemahlener Pfeffer, Paprika edelsüss (sehr wenig), Schnittlauch

Die Zwiebeln und kurz nachher das Fleisch in Öl rasch anbraten und auf kalten Teller leeren. Das Fleisch erst würzen, kurz bevor man es aus der Pfanne nimmt. Die Butter im Bratensatz zergehen lassen und den Senf unter ständigem Umrühren hellbraun rösten. Mit der Bratensauce aufkochen, vom Feuer nehmen und den Sauerrahm unterschwingen. Das Fleisch in der Sauce wenden und mit Schnittlauch bestreuen.
Das klassische Gericht heisst: Filetgulasch Tolstoi. Es muss aber nicht immer Rindsfilet sein!
Zubereitungszeit 30 Min.

Pilawreis   Rezept Seite 30

Gebratener Chicoree

4	Chicoree Mehl
20 g	Butter, Salz und Pfeffer

Chicoree rüsten, längs halbieren und in Mehl wenden. In Pfanne Butter mässig erhitzen, Chicoree darin langsam braten, würzen und zugedeckt während 5 Minuten dünsten.

Vanilleglace   Siehe Seite 20

Peperonisalat

Brennesselcremesuppe
★
Geschnetzeltes Schweinefleisch
nach Tessiner Art
Polenta

Zitronensorbet

Salade de poivrons

Crème d'ortie

Emincé de porc tessinoise
Polenta

Sorbet au citron

Peperonisalat (Paprikasalat)

300 g	Peperoni
50 g	geschnittene Zwiebeln
1 dl	italienische Salatsauce

Peperoni längs halbieren, entkernen und in feine Streifen schneiden. Mit Zwiebeln und Salatsauce mischen. Eventuell auf Salatblätter anrichten.

Brennesselcremesuppe

Rezept Seite 57

Geschnetzeltes Schweinefleisch nach Tessiner Art
für 4 Personen – 360 kcal p. P.

400 g	zartes Schweinefleisch, in Scheibchen geschnitten
200 g	kleine Tomatenwürfel
1 dl	Rotwein
1 dl	gebundene Bratensauce Weissmehl zum Stäuben
50 g	feingehackte Zwiebeln
1	Zehe Knoblauch, in feine Scheiben geschnitten, gehackte Kräuter, Salz, frischgemahlener Pfeffer, Streuwürze
0,5 dl	Olivenöl, 100 g Reibkäse

Zwiebeln und Knoblauch, kurz nachher das Fleisch in Öl rasch anbraten und auf kalten Teller leeren. Das Fleisch kann vor dem Braten mit Mehl leicht gestäubt werden. Bratgefäss mit Rotwein ablöschen, Bratensauce zugeben und etwas einkochen.
Tomatenwürfel in der Sauce aufkochen, diese dann vom Feuer nehmen, Fleisch darin wenden und nachwürzen. Beim Anrichten die gehackten Kräuter darüberstreuen.
Zubereitungszeit 30 Min.
Reibkäse separat servieren.

Polenta (Maisbrei) Rezept Seite 146

Makronenmasse – Haselnussmakronen

250 g	Haselnüsse, fein gemahlen
250 g	Zucker
	wenig Eiweiss zum Anfeuchten und darunterreiben
125 g	Zucker, wenig Eiweiss

125 g Zucker unter die mit Spatel geriebene Masse mengen. Eventuell noch etwas Eiweiss daruntermischen, bis die recht kompakte Masse schwach zusammenläuft. Mit Lochtülle auf Papier dressieren, feucht abtupfen, mit Griesszucker bestreuen. Bei 220° backen, bis auch der Boden hellbraun ist.

Geschnetzeltes Kalbfleisch der Weinfreunde

Gebundene Griessuppe	Potage semoule lié
Löwenzahnsalat	Salade de dents-de-lion
Geschnetzeltes Kalbfleisch der Weinfreunde Eiernudeln in Butter	Emincé de veau des gourmets Nouilles au beurre
Trüffeltorte	Tourte aux truffes

Griessuppe · Rezept Seite 101

Löwenzahnsalat
Salatsaucen

Junger Löwenzahn: 50 g p. P.
Rezepte Seiten 358–360

Geschnetzeltes Kalbfleisch der Weinfreunde
für 4 Personen

300 g	zartes Kalbfleisch, in Scheibchen geschnitten
100 g	gedünstete Champignons
200 g	kleine Tomatenwürfel, mit wenig gehacktem Knoblauch verkocht
1 dl	gebundene Bratensauce
1 dl	Rahm, Weissmehl
	gehackte Petersilie, Salz, Pfeffer, Streuwürze
1 dl	Weisswein
20 g	Butter
50 g	feingehackte Zwiebeln

In der Butter bei mässiger Hitze die Zwiebeln, dann das mit Mehl bestäubte Fleisch leicht anbraten und auf kalten Teller leeren. Das Bratgefäss mit Weisswein ablöschen und einkochen. Bratensauce darin aufkochen, den Rahm und die Champignons beigeben und nochmals zum Siedepunkt bringen. Sauce vom Feuer nehmen, das Fleisch darin wenden und anrichten. Die warm gehaltenen Tomaten kommen als bunte Tupfer darauf, und das Ganze wird mit der gehackten Petersilie bestreut.
Zubereitungszeit 30 Min.
Nudeln: Pro Person 50 g

Trüffeltorte
Biskuit

Rezept Seite 321

Biskuit in Ringform auf Pergamentpapier backen. Auskühlen lassen, Papier abziehen, dann Biskuitboden auf Kartonteller wieder in die Ringform legen. Mit Zuckerwasser und Kirsch leicht tränken.

Trüffelcreme

200 g	Blockschokolade (Couverture) handwarm auflösen
6 dl	Rahm
50 g	Schokoladeflocken oder -streusel

Rahm steif schlagen. Flüssige Schokolade daruntermischen.
Creme sofort auf Bisquit in Ringform leeren und glattstreichen. Mit Schokoladeflocken bestreuen. Vor dem Schneiden kühl stellen.

Fleischbrühe mit Griessklösschen	Bouillon bavaroise
★	★
Cicorino-Salat an französischer Sauce	Salade de Trévise à la française
★	★
Geschnetzeltes Kalbfleisch nach Zürcher Art Rösti	Emincé de veau zurichoise Pommes sautées
★	★
Pfirsich Melba	Pêche Melba

Fleischbrühe Rezept Seite 371
Griessklösschen Rezept Seite 251

Cicorino-Salat 50 g pro Person
Französische Salatsauce Rezept Seite 358

Geschnetzeltes Kalbfleisch nach Zürcher Art
für 4 Personen

400 g	zartes Kalbfleisch, in Scheibchen geschnitten	
50 g	feingehackte Zwiebeln oder Schalotten	
	Weissmehl zum Stäuben des Fleisches vor dem Braten	
1 dl	Weisswein – am besten Riesling-Sylvaner (Müller-Thurgau)	
1 dl	Rahm	
30 g	Butter	
	Salz, frischgemahlener Pfeffer, gehackte Petersilie	

In der Butter bei mässiger Hitze die Zwiebeln, dann das Fleisch anbraten und auf kalten Teller leeren. Das Bratgefäss mit Weisswein ablöschen und wenig einkochen. Den Rahm und den Fleischsaft vom Teller beigeben, aufkochen, vom Feuer nehmen und das Fleisch darin wenden. Anrichten und mit der gehackten Petersilie bestreuen.
Zubereitungszeit 30 Min.
Über das Geschnetzelte nach Zürcher Art gibt es wohl eine Fülle von Rezepten – und alle wollen die einzig echten sein, man hört von Bratensauce, Rotweinsauce, Paprika, Champignons und Kalbsnieren.
Versuchen Sie immerhin dieses Rezept – Sie werden begeistert sein!

Rösti Rezept Seite 25

Pfirsich Melba Rezept Seite 325

Apfelsalat mit frischer Ananas	Salade de reinettes à l'ananas frais
★	★
Klare Ochsenschwanzsuppe	Oxtail clair
★	★
Kalbsröllchen in Paprikarahmsauce	Paupiettes de veau à la hongroise
Eiernudeln mit zerlassener Butter	Nouilles au beurre fondu
Gefüllte Tomate mit Champignons	Tomate farcie aux champignons
★	★
Gebrannte Creme	Crème brûlée

Apfelsalat Rezept Seite 249

Klare Ochsenschwanzsuppe Rezept Seite 96

Kalbsröllchen in Paprikarahmsauce
für 4 Personen

8	Kalbsschnitzel zu je 60 g
200 g	Kalbsbrät
2 dl	gebundene Bratensauce
1 dl	Rahm
	Paprika edelsüss, Rosenpaprika (scharf) oder Cayennepfeffer, Salz, Streuwürze, Zitronensaft, gehackte Kräuter
0,5 dl	Sonnenblumenöl
200 g	feingehackte Zwiebeln
	Weissmehl

Kalbsschnitzel flachklopfen, mit Brät bestreichen, satt rollen, mit Zahnstocher heften. Die Röllchen in Mehl wenden, im Öl rundum anbraten. Das Kochgeschirr, am besten eine Flachkasserolle, vom Feuer nehmen, die Zwiebeln kurz mitdünsten, Paprika, wenig Zitronensaft und Bratensauce zugeben. Aufkochen und bei kleinem Feuer zugedeckt ca. 20 Minuten garen. Die Röllchen herausnehmen und anrichten. Die Sauce mit dem Rahm verfeinern, über die Röllchen giessen und mit gehackten Kräutern bestreuen.
Zubereitungszeit 1 Std.

Gebrannte Creme

3 dl	Milch
100 g	Zucker
30–40 g	Vanillecremepulver
0,5 dl	Wasser
20 g	Zucker
3 dl	geschlagener Rahm

2 dl Milch zum Siedepunkt bringen. 1 dl Milch mit 20 g Zucker und Vanillecremepulver kalt aufrühren. Heisse Milch unter Rühren in die kalte Milch giessen, zurück in die Kasserolle leeren, unter ständigem Rühren während 5 Minuten kochen.

100 g Zucker mit 0,5 dl Wasser unter Rühren zum Sieden bringen, auf kleinem Feuer einkochen lassen, bis der Zucker dunkelbraun gefärbt ist und einen leicht bitteren Rauch abgibt. Diesen Zucker mit einem Schneebesen in die warme Creme schlagen. Unter öfterem Umrühren ganz auskühlen lassen. Geschlagenen Rahm unter die Creme ziehen, indem man das erste Drittel des Rahmes kräftig untermischt und den Rest sorgfältig darunterhebt. Die Creme darf mit einem guten Cognac parfümiert werden.
Zubereitungszeit 1 Std.

Haferflockensuppe

Weinkraut garniert
Geschwellte Kartoffeln

Emmentaler Käse mit Birne

Crème aux flocons d'avoine

Choucroute au vin blanc garnie
Pommes en robe

Fromage d'Emmental et poire

Haferflockensuppe – Hafercreme
für 4 Personen

80 g	Haferflocken
1 l	Gemüsebouillon
½ dl	Rahm, gehackte Kräuter

Bouillon zum Siedepunkt bringen. Haferflocken einrühren, ca. 15 Min. sieden lassen. Mit Rahm verfeinern, Kräuter darüberstreuen.

Weinkraut garniert
für 4–8 Personen

600 g	Siedfleisch
1,5 l	Bouillon
300 g	Bauernwurst
4	Scheiben gekochter Schinken zu ca. 60 g.
1 kg	Weinkraut

Das Siedfleisch wird separat gegart.
Das Siedfleisch wird in die siedende Bouillon gelegt, bei ca. 80° gegart, in Scheiben geschnitten und mit dem geschnittenen Schinken und Wurstscheiben auf das Weinkraut garniert.
Zum Sieden des Weinkrautes kann ein Teil der Bouillon verwendet werden.
Schinken und Wurst können mit dem Weinkraut mitgesotten werden.
Zubereitungszeit 2 Std.

Geschwellte Kartoffeln

1 kg	Kartoffeln

Kartoffeln in der Schale werden gründlich gewaschen und in leicht gesalzenem Wasser weichgesotten. Neue Kartoffeln brauchen anschliessend nicht geschält zu werden.
Eine originelle Art, geschwellte Kartoffeln (Pellkartoffeln) zu servieren: im Brotkörbchen, mit Stoff- oder Papierserviette ausgelegt.

Weinkraut

Rezept Seite 41

Sardine auf Toastbrot
★
Hühnerbrühe mit Fideli
★
Wädli
Weinkraut
Salzkartoffeln
★
Ananassorbet

Sardine sur toast

Bouillon de poule aux vermicelles

Pied de porc salé
Choucroute au vin blanc
Pommes nature
★
Sorbet à l'ananas

Sardinen auf Toast

4	Toastbrotscheiben
20 g	Butter
8	Sardinen
4	Salatblätter
8	Tomatenschnitze
1	kleine Zwiebel

Brotscheiben toasten und mit Butter bestreichen. Salatblätter, dann Sardinen auflegen. Diese einfassen mit je 2 Tomatenschnitzen. Aus der Zwiebel feine Ringe schneiden. Sardinen damit belegen.

Hühnerbrühe – ohne Nudeln

50 g	Lauch
30 g	Fideli

Rezept Seite 92
Lauch quer in feine Streifen schneiden und während 10 Min. in der Brühe sieden. Fideli zugeben, nochmals 2 Min. sieden lassen.

Wädli (Eisbein)

1	Wädli pro Person und
100 g	Kartoffeln

Wädli sind gesalzene Schweinshaxen mit Schwarte und werden in Wasser gesotten, wobei man erst kurz vor dem Garpunkt feststellt, ob noch Salz zugegeben werden muss.
Kochzeit ca. 1½ Std.
Dazu reicht man verschiedene Senfsorten und eventuell Senffrüchte.

Weinkraut

1 kg Weisskohl

Sehr mildes Sauerkraut mit Weisswein. Wird kein mildes Sauerkraut angeboten, kann man frisches Weinkraut herstellen:

Weisskohl wird gehobelt, leicht gesalzen und mit einem guten Weisswein zugedeckt geschmort. Mit einem Schuss Kräuteressig kann es nachgewürzt werden. Soll Weinkraut etwas fetter sein, wird Gesalzenes oder Wurst darin mitgekocht. Kochzeit 30 Min.

Salzkartoffeln

Rezept Seite 254

Ananassorbet

Rezept Seite 204

Portugiesische Tomatensuppe

Buntgemischter Salat

Schweinshaxe nach Zigeunerart
Pilawreis

Apfel im Schlafrock

Crème portugaise

Salade mêlée

Jarret de porc zingara
Riz pilav

Pomme en cage

Portugiesische Tomatensuppe   Rezept Seite 212

Buntgemischter Salat   Rezept Seite 361
Salatsaucen   Rezept Seiten 358–360

Schweinshaxe nach Zigeunerart
für 4 Personen

4	Schweinshaxen zu je 200 g
100 g	feingeschnittene Zwiebeln
1	Essiggurke, in feine Streifen geschnitten
50 g	Rindszunge, in feine Streifen geschnitten
100 g	farbige Peperoni, in feinen Streifen
10 g	gehackte Kräuter
1 dl	Rotwein
0,5 dl	Sonnenblumenöl
30 g	Butter
2 dl	gebundene Bratensauce
1 dl	Sauerrahm, Weissmehl

Haxen in Mehl wenden und in Öl rundum anbraten.
Zungen- und Gemüsestreifen kurz mitdünsten, mit Rotwein ablöschen. Mit Bratensauce auffüllen, aufkochen und im Ofen zugedeckt schmoren (ca. 1/2 Std.). Sauce zum Schluss mit der Butter verfeinern und mit den Streifen über die Haxen geben. Den Sauerrahm darübergiessen, mit gehackten Kräutern bestreuen.
Zubereitungszeit 1 1/2 Std.

Pilawreis   Rezept Seite 30

Apfel im Schlafrock

150 g	Blätterteig
4	Äpfel
1	Ei
100 g	Mandelmasse
50 g	Aprikosenmarmelade
50 g	Fondant oder Glasur aus Staubzucker und Zitronensaft

Blätterteig ausrollen und in 4 gleichgrosse Quadrate schneiden. Geschälte, entkernte Äpfel mit Nuss- oder Mandelmasse füllen, auf die Teigquadrate stellen, alle 4 Teigecken nach oben ziehen und so die Äpfel einpacken. Teig mit Ei bestreichen. Backzeit 25–30 Minuten bei 200°. Anschliessend mit Aprikosenmarmelade bestreichen, mit Glasur überziehen.
Zubereitungszeit 1 1/2 Std.   →

Fleischbrühe mit Ei

Siedfleisch mit
Preiselbeersauce
Lauch und Karotten
Salzkartoffeln

Zwetschgenschiffli

Bouillon à l'oeuf

Boeuf bouilli
Airelles rouges
Poireau et carottes
Pommes nature

Barquette aux prunes

Fleischbrühe

1 Eigelb pro Person

Rezept Seite 371

Siedfleisch
für 4 Personen

1 kg	Rindfleisch zum Sieden
4	Markknochen
500 g	gebleichter Lauch
400 g	Karotten
400 g	Kartoffeln
2 l	Gemüsebouillon
100 g	Preiselbeeren, mit Wasser verdünnt

Fleisch und Knochen in siedende Bouillon geben und bei 80° bis 90° zwei Stunden ziehen lassen. Das Gemüse während einer knappen Stunde, die Kartoffeln während 40 Minuten mitsieden.
Zubereitungszeit 2 Std.

Zwetschgenschiffli

150 g	Blätterteig
100 g	Mandelbackmasse
16	Zwetschgenhälften
1	Ei
50 g	Aprikosenmarmelade
50 g	Fondant oder Staubzuckerglasur

Blätterteig zu einem Rechteck ausrollen, in 4 rechteckige Felder teilen.
Mandelmasse in Mehl zu 4 Würstchen rollen, diagonal auf den Teig legen.
Zwetschgenhälften dicht nebeneinander auf die Mandelmasse legen und andrükken.
Teigränder mit aufgeschlagenem Ei bestreichen, die Ecken von beiden Seiten über die Zwetschgen legen.
Die rollenförmigen Schiffchen werden mit Ei bestrichen, im Kühlschrank eine halbe Stunde ruhen gelassen und bei 200° während ca. 20 Minuten gebacken.
In noch heissem Zustand bestreicht man sie mit Aprikosenmarmelade und anschliessend mit weicher Fondant-Masse oder weisser Glasur aus Eiweiss oder Zitronensaft und Staubzucker.
Zubereitungszeit 1 Std.

Fleischbrühe mit Fideli   Bouillon aux vermicelles
★   ★
Bohnensalat mit Tomatenschnitzen   Salade de haricots verts aux tomates
·★   ★
Schweinshaxe nach Jägerart   Jarret de porc chasseur
Gebratene Eierschwämme   Chanterelles sautées
Hausgemachte Spätzli   Frisettes maison
★   ★
Gugelhopf   Gugelhopf

Fleischbrühe
mit 30 g Fideli

Rezept Seite 371
Kochzeit ca. 2 Minuten

Bohnensalat

Rezept Seite 21

Schweinshaxe nach Jägerart
für 4 Personen

4	Schweinshaxen zu je 200 g
200 g	Eierschwämme (Pfifferlinge)
100 g	feingehackte Zwiebeln
1 dl	Weisswein
2 dl	gebundene Bratensauce
1 dl	Rahm
0,5 dl	Sonnenblumenöl
10 g	Butter
	Weissmehl
10 g	gehackte Kräuter
600 g	Spätzli

Haxen in Mehl wenden und in Öl rundum anbraten.
Die Hälfte der Zwiebeln kurz mitdünsten, mit Weisswein ablöschen, mit der Bratensauce auffüllen und aufkochen. Im Ofen zugedeckt schmoren. Kurz vor Ende der Garzeit die längs aufgeschnittenen Eierschwämme mit den restlichen Zwiebeln in Butter dünsten. Zum Schluss der eingekochten Sauce beigeben und mit Rahm verfeinern.
Gehackte Kräuter über das fertige Gericht streuen.
Zubereitungszeit 1½ Std.

Spätzli

Rezept Seite 28

Gugelhopf

Rezept Seite 256

Orangensalat

8	Orangen
50 g	Zucker

Orangen mit dem Messer sauber schälen. Quer in Scheiben schneiden, in Glasschälchen anrichten, mit Zucker bestreuen.

Selleriesalat mit Walnüssen
★
Badische Lauchsuppe
★
Rindshackroulade
mit Pilzfüllung
Risotto
Grüne Bohnen mit Speck
★
Aprikosenschnitte

Salade de céleri aux noix
★
Crème aux poireaux badoise
★
Rôti de boeuf hâché,
farci aux champignons
Risotto
Haricots verts au lard
★
Mille-feuilles aux abricots

Selleriesalat   Rezept Seite 169

Badische Lauchsuppe

100 g	geschnetzelte Zwiebel
200 g	Lauchstreifen
30 g	Butter
100 g	Rohschinken in feinen Streifen
30 g	Mehl
6 dl	Gemüsebouillon
1 dl	Weisswein
1 dl	saurer Rahm, 2 Eigelb
40 g	Reibkäse, gehackte Kräuter

Zwiebeln, dann Lauch und Rohschinken in Butter dünsten, mit Mehl stäuben und mit der Bouillon auffüllen. Unter stetem Rühren aufkochen, bei kleinstem Feuer 15 Minuten garen. Weisswein zugeben, Rahm mit dem Eigelb verquirlen und einrühren. Nicht mehr aufkochen. Suppe in Tassen anrichten, mit Käse bestreuen und im Ofen oder Salamander mit starker Oberhitze leicht überbacken. Mit den gehackten Kräutern bestreuen.
Zubereitungszeit 40 Min.

Rindshackroulade mit Pilzfüllung
für 4 Personen

600 g	gehacktes Rindfleisch
1	Eigelb
	Paniermehl zum Bestreuen
10 g	gehackte Kräuter
200 g	gedünstete Champignons
200 g	feingehackte Zwiebeln
0,5 dl	Öl
40 g	Butter
2 dl	gebundene Bratensauce

Das gehackte Rindfleisch mit Salz, Pfeffer, Eigelb und Kräutern vermengen. 4 gleich grosse Kugeln formen, am besten mit nassen Händen.
Fleischkugeln auf Paniermehlunterlage zu dünnen rechteckigen Plätzen drücken. Feingeschnittene, gut ausgedrückte Champignons darauf verteilen und zu festen Rouladen zusammenrollen, diese in Öl und Butter allseitig anbraten.
Im Bratsatz die gehackten Zwiebeln dünsten. Mit Champignonfond und Bratensauce ablöschen und aufkochen. Die Rouladen wieder hineingeben, zudecken und auf kleinstem Feuer ca. 10 Minuten garen. Zubereitungszeit 30 Min.

Risotto Rezept Seite 322

Aprikosenschnitten   Mit Vanillecreme auf Blätterteig   →

Pfälzer Zwiebelsuppe	Crème allemande aux oignons
Wirsingsalat mit Karottenstreifen	Salade de choux verts aux carottes
Gesottene Schweineschulter	Epaule de porc bouillie
Kräuterkartoffeln	Pommes aux fines herbes
Grüne Bohnen	Haricots verts
Cremeschnitte	Mille-feuilles

Pfälzer Zwiebelsuppe

250 g	Zwiebelringe
30 g	Butter
20 g	Mehl
5 dl	Fleischbrühe
1 dl	Weisswein
2 dl	Rahm
2	Eigelb
	Salz, Pfeffer, Muskatnuss, Schnittlauch

Zwiebeln in der Butter glasig dünsten. Mit Mehl bestäuben und schwitzen, bis die Zwiebeln gelblich werden. Fleischbrühe dazugiessen, unter ständigem Rühren aufkochen und während ca. 15 Minuten leicht köcheln lassen. Vom Feuer nehmen, erst den Weisswein, dann Eigelb und Rahm einrühren, anrichten und mit Schnittlauch bestreuen.
Zubereitungszeit 40 Min.

Wirsingsalat mit Karotten

1/2	Wirsing (krauser Kohl)
100 g	Karotten
1 dl	französische Salatsauce (358)

Wirsing durch den Kern in Viertel schneiden. Hobeln oder in feine Streifen schneiden. Karotten schälen, raffeln oder in feine Streifen schneiden. Mit Wirsing und Salatsauce mischen.

Gesottene Schweineschulter
für 4 Personen

1 kg	Schweinefleisch von der Schulter
2 l	Gemüsebouillon
2	Lorbeerblätter, 1 Gewürznelke,
5	zerdrückte Pfefferkörner,
1	Zwiebel, 1 Knoblauchzehe

Gemüsebouillon zum Siedepunkt bringen, das Fleisch zugeben und rasch aufkochen. Zwiebel und Knoblauch zugeben und Feuer zurückstellen, so dass das Fleisch bei ca. 90° während 2 Stunden ziehen kann. Die Gewürze während der letzten halben Stunde mitziehen lassen.

Kräuterkartoffeln

Rezept Seite 161

Grüne Bohnen

Rezept Seite 373

Cremeschnitte

Rezept Seite 72

Lauchcremesuppe   Crème de poireaux

Cicorino-Salat   Salade de Trévise

Rindfleischvogel in Rotweinsauce   Paupiette de boeuf au vin rouge
Hausgemachte Spätzli   Frisettes maison
Überbackener Fenchel   Fenouil au gratin

Zwetschgenkuchen mit Schlagrahm   Tarte aux prunes Chantilly

Lauchcremesuppe
für 4 Personen

200 g	Lauch (Porree)
20 g	Butter
20 g	Mehl
6 dl	Gemüsebouillon
2 dl	Rahm
1	Eigelb
	Gehackte Kräuter

Lauch längs aufschneiden, waschen und quer in feine Streifen schneiden. Butter in Kasserolle schmelzen, Lauch darin dünsten. Mit dem Mehl bestäuben, umrühren und mit Bouillon auffüllen. Unter Rühren aufkochen. Kochzeit ca. 15 Min.
Suppe vom Feuer nehmen, Eigelb mit Rahm verquirlen und einrühren.
Mit Kräutern bestreuen.
Zubereitungszeit 40 Min.

Cicorino-Salat
Salatsaucen

50 g pro Person.
Rezepte Seiten 358–360

Rindfleischvogel in Rotweinsauce
(Rindfleischroulade) für 4 Personen

4	Rindsschnitzel zu je 120 g, dünn geklopft
100 g	geschnittene, in 10 g Butter gedünstete Zwiebeln
100 g	Kalbsbrät
2 dl	Rotwein
3 dl	gebundene Bratensauce
100 g	gehacktes Gemüse: Sellerieknolle, Zwiebeln und Karotten
0,5 dl	Öl, Weissmehl, Salz, Pfeffer

Die Rindsschnitzel mit Brät bestreichen, Zwiebeln darauf verteilen.
Schnitzel rollen und mit Bindfaden sorgfältig zusammenbinden.
Die Rouladen in Mehl wenden und in wenig Öl allseitig anbraten, das gehackte Gemüse beigeben und kurz mitdünsten.
Ablöschen mit Rotwein, dann Bratensauce zugeben und aufkochen.
Zugedeckt bei kleinem Feuer ca. 1 Stunde schmoren.
Mit Salz und Pfeffer abschmecken.
Zubereitungszeit 1¹/₂ Std.

Spätzli

Rezept Seite 28

Fenchel

Rezept Seite 373

Zwetschgenkuchen

Rezept Seite 157

Fleischbrühe mit Eierfäden   Bouillon Xavier

Lattichsalat   Salade de laitue romaine

Chinesische Kalbsröllchen   Paupiettes de veau à la chinoise
Weisser Reis   Riz blanc
★
Orientalischer Orangensalat   Salade d'oranges à l'orientale

Fleischbrühe   Rezept Seite 371
Eierfäden   Eier aufschlagen, dann mit Schneebesen
                            in die siedende Bouillon rühren. Nach ei-
  2   Eier   ner Minute die obenauf schwimmenden
       Gehackte Petersilie Eier nochmals unterrühren. Mit Petersilie
                            bestreuen.

Lattichsalat   Rezept Seite 211
Salatsaucen   Rezept Seiten 358–360

Chinesische Kalbsröllchen   Kalbsschnitzel mit Sojasauce würzen.
für 4 Personen – 270 kcal p. P. 100 g Sojakeime darauf verteilen, rollen
                                und mit Zahnstocher heften. Röllchen in
400 g Kalbsschnitzel, 8 Stück, dünn Öl rundum anbraten, mit 1 dl Wasser ablö-
       geklopft   schen und zugedeckt ca. 30 Minuten leise
0,5 dl Sojasauce   schmoren lassen. Unterdessen das Ge-
250 g Sojakeime   müse im restlichen Öl dünsten, mit Soja-
250 g Lauch, quer in Streifen geschnit- sauce, Streuwürze und Ingwer würzen.
       ten   Auf Servierplatte anrichten. Kalbsröllchen
100 g rote Peperoni, in Streifen aus dem Topf nehmen und auf das Gemü-
       geschnitten   se geben. Restlicher Fleischsaft mit Es-
0,5 dl Sonnenblumenöl   sig, Zucker und Sojasauce mischen. Mit
  1   Schuss Weinessig   angerührter Maisstärke binden und ab-
  1   Prise Zucker   schmecken. Wenig von der süss-sauren
 10 g Maisstärke, in wenig kaltem Sauce über die Fleischröllchen giessen,
       Wasser angerührt   restliche Sauce separat servieren.
                                Zubereitungszeit 1 Std.   →

Weisser Reis   Rezept Seite 26

Orientalischer Orangensalat Orangen mit Messer schälen und quer in
                                Scheiben schneiden. Mit Streifen von Fei-
  4   Orangen   gen, Mandelsplittern und Ingwer mischen.

Melone mit Portwein

Kraftbrühe mit Eierstich

Kalbsröllchen mit Rohschinken
Kartoffelstock mit Rahm

Frischer Fruchtsalat

Melon au porto

Consommé royale

Paupiette de veau au jambon cru
Pommes mousseline

Salade de fruits frais

Melone mit Portwein

Zuckermelone, Honigmelone oder Netzmelone wird je nach Grösse in 6 bis 8 Sektoren geschnitten. Die Schale kann mit einem Messer leicht gelöst werden, wird aber mitserviert. Ein Gläschen Portwein separat.
Kleine Melonen werden quer halbiert, entkernt und mit Portwein gefüllt.

Kraftbrühe *20 kcal p. P.*
Eierstich *85 kcal p. P.*

1	Ei
1 dl	Milch, Salz
5 g	Butter

Rezept Seite 229
Ei in kleiner Schüssel aufschlagen. Heisse Milch dazusieben, leicht salzen und durchrühren. In mit Butter bestrichene Auflaufform giessen, dann in vorgewärmtem Wasserbad im Ofen bei 150° garen bis die Masse fest ist. Erkalten lassen, stürzen, in Rhomben schneiden.

Kalbsröllchen mit Rohschinken
für 4 Personen

4	Kalbsschnitzel zu je 120 g flachklopfen
2 dl	gebundene Bratensauce
2 dl	Rotwein

Füllung:
4	Scheiben Rohschinken
50 g	geriebener Sbrinz
100 g	feine Gemüsestreifen von Karotten, Sellerie und Zwiebeln

Die Füllung in dieser Reihenfolge auf die Schnitzel geben. Schnitzel satt zusammenrollen, mit Bindfaden zusammenbinden oder mit Zahnstocher heften, in Mehl wenden.
Rouladen in Öl bei mittlerer Hitze rundum hellbraun braten. Bratfett abgiessen, mit Rotwein ablöschen und mit Bratensauce auffüllen, Rouladen weichschmoren.
Kochzeit 30 Min.
Sauce zur gewünschten Dicke einkochen, mit Salz und Pfeffer abschmecken und über die auf der Platte angerichteten Rouladen giessen. Zubereitungszeit 1¼ Std.

Kartoffelstock mit Rahm (Sahne)   Rezept Seite 163

Frischer Fruchtsalat   Rezept Seite 9

Gulaschsuppe	Gulyás
★	★
Kopfsalat	Salade de laitue
★	★
Überbackene Lauchwickel mit Speck	Gratin de poireau au lard
★	★
Aprikosencreme mit Barack	Crème aux abricots au barack

Gulaschsuppe
für 10 Personen

400 g	Rindfleisch vom Schenkel in kleinen Würfeln
400 g	grob gehackte Zwiebeln
50 g	Schweineschmalz oder Öl
1 l	Bouillon
	Salz, Rosenpaprika, Paprika edelsüss
250 g	geschälte Kartoffeln in kleinen Würfeln
200 g	kleine Tomatenwürfel

Zwiebeln im Bratfett gelblich dünsten. Fleisch zugeben, würzen, zugedeckt 40 Min. ziehen lassen – gelegentlich wenden. Heisse Bouillon zugeben, aufkochen, Kartoffeln hineingeben. Sobald sie weich sind, auch die Tomaten wenige Minuten mitkochen.
Gulaschgewürz beim Servieren darüberstreuen – nicht mitkochen:
1 Streifen Zitronenschale, Kümmel, 1 Knoblauchzehe, Petersilie – alles zusammen fein gehackt.
Zubereitungszeit 1¹/₂ Std.

Kopfsalat
Salatsaucen

50 g gerüsteter Salat pro Person
Rezepte Seiten 358–360

Überbackene Lauchwickel
für 4 Personen

1 kg	gebleichter Lauch
200 g	Kochspeck in Scheiben
4 dl	weisse Sauce (Béchamel oder Fertigprodukt)
100 g	geriebener Käse
50 g	Paniermehl, 40 g Kochbutter

Lauchgemüse waschen, in ca. 8 cm lange Stücke schneiden und in siedendem Salzwasser aufkochen.

Mit kaltem Wasser übergiessen, abtropfen lassen, dann je zwei Stangen in eine Speckscheibe einwickeln.
Die Wickel in gebutterte, feuerfeste Form legen und mit wenig Wasser im Ofen ca. 10 Minuten garen.
Weisse Sauce unterdessen fertigmachen, Lauchwickel damit überziehen, Käse, Paniermehl und Butterflocken darüber geben und das Ganze während zehn Minuten heiss überbacken.
Zubereitungszeit 1 Std.

Barack

Ungarisches Aprikosen-Destillat, im Eichenfass gelagert.

Aprikosencreme

Rezept Seite 22

Portugiesische Tomatensuppe

Chicoreesalat nach französischer Art

Kalbsschnitzel Valencia
Spanischer Reis
Gedämpfter Broccoli

Schwarzwälder Torte

Crème portugaise

Salade d'endives à la française

Escalope de veau Valenciennes
Riz à l'espagnole
Brocoli étuvé

Tourte Forêt-Noire

Portugiesische Tomatensuppe   Rezept Seite 212

Chicoreesalat nach französischer Art

4	Chicoree (Brüsseler)	
2 dl	französische Salatsauce (358)	

Chicoree gut waschen, längs vierteln. Salatsauce in 4 Wassergläser verteilen, Chicoree hineinstellen. Wird von Hand gegessen.

Kalbsschnitzel Valencia
für 4 Personen

400 g	Kalbsschnitzel
100 g	gehackte Zwiebeln
0,5 dl	Olivenöl
	Salz, Pfeffer, Paprika
1 dl	Rotwein
1 dl	gebundene Bratensauce

Kalbsschnitzel in Mehl wenden, in Öl scharf anbraten. Herausnehmen. Zwiebeln dünsten, Bratsatz mit Mehl bestäuben, bei kleinem Feuer anschwitzen, dann den Paprika hineinstreuen, umrühren, dann Rotwein und Bratensauce darüberleeren. Während 5 Minuten sieden, pikant abschmecken.
Zubereitungszeit 30 Min.   →

Spanischer Reis

100 g	grob gehackte Zwiebeln
30 g	Olivenöl
200 g	Peperoni in kleinen Würfeln
1	Knoblauchzehe in Scheiben
250 g	Reis, 5 dl Gemüsebouillon
20 g	Butter, 5 gefüllte Oliven

Zwiebeln in Öl andünsten, Peperoni mitdünsten. Knoblauch und Reis beimischen, mit Bouillon auffüllen. Zugedeckt sieden, bis die Flüssigkeit aufgesogen ist. Butter und Olivenscheiben untermischen. Kochzeit 15 Min.

Garnitur

100 g	Speckstreifen (Lardons)
100 g	Champignonköpfe
100 g	Bratwürstchen in Scheiben
100 g	feine Erbsen
20 g	Butter, Salz, Streuwürze

Zutaten in dieser Reihenfolge in eine heisse Pfanne geben. Locker wenden, bis ein herrlich duftendes Durcheinander entstanden ist.

Schwarzwälder Torte   Rezept Seite 280

Mexikanische Bohnensuppe Soupe aux haricots mexicaine

Eiersalat mit Spargelspitzen Salade d'oeufs aux pointes d'asperges
 ★
Panierte Kalbsbrustschnitten Tranche de poitrine de veau panée
Makkaroni mit Tomatensauce u. Reibkäse Macaroni napolitaine
Zucchetti mit Zwiebeln Courgettes aux oignons
★
Roulade mit Konfiture Biscuit roulé à la confiture

Mexikanische Bohnensuppe
für 4–8 Personen

30 g	Butter
100 g	grob gehacktes Rindfleisch
150 g	gehackte Zwiebeln
100 g	Lauch, in feine Ringe geschnitten
100 g	Peperoni, in feine Würfel geschnitten
200 g	rote Bohnen (ev. Dose)
6 dl	Gemüsebouillon
	Chilipulver, Salz, Streuwürze, Zucker, gehackte Kräuter

Hackfleisch in der Butter anbraten. Zwiebeln, Lauch und Peperoni mitdünsten. Bohnen ohne Flüssigkeit zugeben, würzen, mit Bouillon auffüllen und unter leichtem Rühren aufkochen. Kochzeit ca. 15 Minuten. Nach dem Anrichten die Kräuter über die süsslich-pikante Suppe streuen.
Zubereitungszeit 40 Min.

Eiersalat mit Spargelspitzen

Pro Person ein gekochtes Ei in Scheiben schneiden, gefällig auf Salatblätter anrichten, mit dünner, würziger Mayonnaise überziehen und mit Spargelspitzen garnieren.

Panierte Kalbsbrustschnitten
für 4 Personen

1 kg Kalbsbrust vom dicken Teil

Kalbsbrust in Gemüsebouillon pochieren, dann abkalten lassen. Das Fett so gut wie möglich wegschneiden.
Schnitten von ca. 2 cm Dicke schneiden, panieren und in Butter leicht braten.
Kochzeit 1½ Std.

Makkaroni Rezept Seite 281
Tomatensauce Rezept Seite 145

Zucchetti Rezept Seite 272

Roulade mit Konfiture Rezept Seite 321

Brennesselcremesuppe

Eisbergsalat mit Quarksauce

Kalbsschnitzel nach Jägerart
Hausgemachte Spätzli
Überbackene Auberginen

Meringue mit Schlagrahm
und Preiselbeeren

Crème d'ortie

Iceberg-laitue au séré

Escalope de veau chasseur
Frisettes maison
Aubergines au gratin

Meringue Chantilly
aux airelles rouges

Brennesselcremesuppe

100 g	Brennesseln (Spitzen junger Brennesseln)
40 g	Butter
60 g	Mehl
1 l	Gemüsebouillon, 1 dl Vollrahm

Mehl in Butter anschwitzen, Bouillon mit Schneebesen dazurühren, aufkochen, Brennesseln ca. 5 Minuten mitkochen. Suppe mixen und mit Rahm verfeinern. Zubereitungszeit 30 Min.

Eisbergsalat

1	mittlerer Kopf
2 dl	Quarksauce (Seite 359)

Eisbergsalat sieht dem Kabis ähnlich, ist knackig und zart. Man schneidet ihn in Viertel und übergiesst diese mit reichlich dicker Salatsauce. Er kann auch gerüstet und wie Kopfsalat serviert werden.

Kalbsschnitzel nach Jägerart
für 4 Personen – 220 kcal p. P.

4	Kalbsschnitzel zu je 100 g
30 g	Butter
	Salz, Pfeffer
200 g	Eierschwämme
100 g	gehackte Zwiebeln
1 dl	Weisswein
2 dl	gebundene Bratensauce
	gehackte Kräuter

Kalbsschnitzel in Butter kurz anbraten, würzen und warm stellen. Zwiebeln in der Bratbutter kurz dünsten, Eierschwämme zugeben und auf grossem Feuer wenden. Mit Weisswein ablöschen, einkochen lassen, dann die Sauce mit der Bratensauce fertig machen. Über die Schnitzel giessen, mit den Kräutern bestreuen. Zubereitungszeit 30 Min.

Spätzli

Rezept Seite 28

Überbackene Auberginen

Rezept Seite 144

Meringue

Rezept Seite 164

Avocado mit Geflügelsalat

Gemischter Salat

Gefülltes Rindssteak mit Rohschinken
und Leberterrine
Gebratene Kartoffelwürfel
Tomate mit Blattspinat
★
Erdbeertorte

Avocat à la salade de volaille

Salade assortie

Steak de boeuf Cordon rouge
Pommes Parmentier
Tomate florentine

Gâteau aux fraises

Avocado mit Geflügelsalat

2	reife Avocados, längs halbiert, entkernt, mit Zitronensaft beträufelt.
150 g	Cocktailsauce
200 g	gegartes Geflügelfleisch in kleinen Würfeln oder Streifen
1	hartgekochtes Ei in Scheiben gehackte Kräuter Einige Salatblätter

Cocktailsauce

100 g	Mayonnaise,
30 g	Ketchup Cognac, Zitronensaft, Streuwürze, Cayenne-Pfeffer und Schlagrahm sorgfältig mischen.

Geflügelfleisch damit anmachen, in die Avocadohälften füllen und mit einer Eischeibe garnieren. Auf Salatblätter anrichten.

Gemischter Salat

Rezepte Seite 361

Rindssteak Cordon Rouge
für 4 Personen

4	Rindssteaks von der Huft zu je 150 g, ca. 2 cm dick.
4	dünne Scheiben Rohschinken
100 g	Leberterrine

Quer seitwärts Tasche in die Steaks schneiden, Hohlraum würzen.
Leberterrine, in die 4 Scheiben Rohschinken eingepackt, seitwärts in die Steaks schieben, etwas flachdrücken. Öffnung mit Zahnstocher schliessen.
Die Steaks mit Öl bepinseln, auf heissem Rost auf jeder Seite ungefähr 2 Minuten grillieren. Mit Grillgewürz bepinseln, nochmals auf dem Feuer wenden.
Zubereitungszeit 40 Min.   →

Grillgewürz
(ausser Sie haben schon selbst eines zusammengestellt):

Streuwürze, frischgemahlener Pfeffer, Zitronensaft, zerstossene Zimtstangen, zerstossener Knoblauch, Öl.

Tomate mit Blattspinat

Rezept Seite 266

Erdbeertorte

Rezept Seite 75

Fleischbrühe mit Flädli	Bouillon Célestine
Roher Champignonsalat mit Tomatenscheiben und Kopfsalat	Salade de champignons crus, garnie de tomates et laitue
Cordon bleu vom Schweinsnierstück Neue Bratkartoffeln Blattspinat mit Knoblauch	Steak de porc Cordon bleu Pommes nouvelles rissolées Epinards en feuilles à l'ail
Vanillepudding mit Aprikosen	Pouding à la vanille aux abricots

Fleischbrühe   Rezept Seite 371
Flädli (Pfannkuchenstreifen)   Rezept Seite 121

Roher Champignonsalat   Rezept Seite 90

Cordon bleu
für 4 Personen

500 g	Schweinsnierstück, zu 8 dünnen Schnitzeln geschnitten und geklopft
100 g	gekochter Schinken, zu 4 halben Scheiben geschnitten
120 g	Emmentalerkäse in Scheiben
	Salz, Mehl, 2 Eier
	Blech oder Wanne mit Paniermehl
0,5 dl	Sonnenblumenöl
20 g	Butter
4	Sträusschen Petersilie, 4 Zitronenschnitze zum Garnieren

4 Schnitzel mit Schinkenscheiben belegen. Käse auf den Schinken legen und damit einpacken. Zweites Schnitzel oben auflegen, so dass die Ränder frei sind und zusammengedrückt werden können.
Gefüllte Schnitzel durch Mehl, dann durch die aufgeschlagenen Eier ziehen und mit viel Paniermehl panieren. Je stärker das Paniermehl angedrückt wird, desto trockener werden die Schnitzel nach dem Braten sein.
Zubereitungszeit 40 Min.

Neue Bratkartoffeln

800 g	neue Kartoffeln
2 l	siedendes Salzwasser
20 g	Butter
20 g	Sonnenblumenöl

Kartoffeln waschen und schälen. In Salzwasser geben, aufkochen, dann abschütten. In Bratpfanne bei mässiger Hitze in Öl und Butter unter öfterem Wenden gar braten bis sie goldbraun sind.
Pommes Parmentier: Kartoffelwürfel auf die selbe Art im Ofen gebraten.

Blattspinat   Rezept Seite 16

Vanillepudding mit Aprikosen   Rezept Seite 22

Hafercremesuppe	Crème d'avoine
Eisbergsalat mit Salatmayonnaise	Iceberg-laitue en salade à l'américaine
Linsen mit Speck, Knoblauchwurst und Siedfleisch Kräuterkartoffeln	Lentilles au lard Saucisse à l'ail et boeuf bouilli Pommes aux fines herbes
★	★
Eieröhrchen	Merveille

Haferflockensuppe

Rezept Seite 40
Wird diese Suppe gesiebt, bleibt eine etwas weniger wertvolle Hafercremesuppe.

Eisbergsalat

Rezept Seite 57

Linsen mit Speck (Linsentopf)
für 4 Personen

500 g	Linsen in kaltem Wasser eingeweicht
300 g	Kochspeck
500 g	Siedfleisch
1	Knoblauchwurst, ca. 200 g

Siedfleisch und Kochspeck in Gemüsebouillon knapp weichgaren.
Kochzeit ca. 2 Std.
Einen Teil der Brühe mit den gut abgetropften Linsen aufkochen.
Kochzeit ca. 30 Min.
Knoblauchwurst zu den Linsen geben. Bevor diese ganz gar sind, das geschnittene Siedfleisch und den geschnittenen Kochspeck obendrauf geben und fertiggaren.
Die Knoblauchwurst beim Servieren schräg in Scheiben schneiden.

Kräuterkartoffeln

Rezept Seite 161

Eieröhrchen (auch Chilbichüechli, Fasnachtschüechli)

500 g	Mehl
3	Eier
0,5 dl	Rahm
30 g	Zucker, 1 Prise Salz

Alle Zutaten zu festem Teig kneten. Kleine Stücke davon dünn ausrollen, nach allen Seiten von Hand ziehen, um eine Radform zu bekommen.
Bei 180° in Öl schwimmend backen, abtropfen lassen, mit Staubzucker bestreuen, luftig aufschichten.

Gebackener Mozzarella

Gurkensalat mit Joghurtsauce

Rumpsteak Mexicana
Tortillas
Peperonata
★
Orangensalat

Mozzarella frite

Salade de concombres au yoghourt

Rumpsteak mexicaine
Galettes de maïs
Peperonata

Salade d'oranges

Gebackener Mozzarella　　　　　Rezept Seite 190

Gurkensalat　　　　　Rezept Seite 361

Rumpsteak Mexicana
für 4 Personen – 240 kcal p. P.

4	Steaks von der Rindshuft zu je 120 g
10 g	Olivenöl
4	Scheiben frische Ananas
0,5 dl	Chilisauce – Salz

Steaks (Steïks) in Öl scharf anbraten, würzen, mit Ananas belegen. Die Chilisauce ins Loch inmitten der Ananasscheiben füllen, Fleisch warmstellen.
Zubereitungszeit ca. 10 Min.

→

Tortillas

100 g	Maisgriess
2 dl	Gemüsebouillon
1 dl	kalte Milch
5	Eier
40 g	Butter

Mais in siedende Bouillon schütten. Aufkochen und umrühren, bis der Brei anfängt zu quellen. Mit kalter Milch mischen und gut mixen. Die Eier und zum Schluss 20 g flüssige Butter hineinschlagen. Mit restlicher Butter in heisser Pfanne flache Fladen, ähnlich kleinen Pfannkuchen, beidseitig goldbraun braten.

Peperonata
für 4 Personen – 90 kcal p. P.

100 g	Zwiebeln in Würfeln
	Salz, Streuwürze, Chilipulver
100 g	bunte Peperoni in Würfeln
2	zerstossene Knoblauchzehen
20 g	Olivenöl
500 g	Tomatenwürfel

Zwiebeln und Peperoni in Öl dünsten, scharf würzen. Knoblauch zugeben. Kochzeit 5 Min.
Sobald das Gemüse knapp gar ist, die Tomatenwürfel beimischen und das Ganze nochmals zum Siedepunkt bringen. Mit Salz und den restlichen Gewürzen abschmecken.

Orangensalat　　　　　Rezept Seite 45

Champignoncremesuppe

Kabissalat mit Peperoni

Rumpsteak mit grünem Pfeffer
Pilawreis
Süss-saurer Kürbis
★
Zitronensorbet

Crème de champignons

Salade de choux aux poivrons

Rumpsteak au poivre vert
Riz pilav
Potiron aigre-doux

Sorbet au citron

Champignoncremesuppe
für 4 Personen

60 g	Mehl
40 g	Butter
100 g	Champignons
1 l	Gemüsebouillon
2 dl	frischer Rahm
1	Eigelb, gehackte Kräuter

Champignons in feine Scheiben schneiden. In Butter dünsten, Flüssigkeit einkochen lassen. Mit Mehl bestäuben, gut umrühren, dann Bouillon zugeben und unter ständigem Rühren aufkochen. Kochzeit ca. 10 Minuten. Suppe vom Feuer nehmen, Eigelb mit Rahm aufschlagen und in die Suppe rühren. Mit Kräutern bestreuen.

Rumpsteak mit grünem Pfeffer
für 4 Personen

4	Rindshuft-Steaks zu je 120 g
10 g	Sonnenblumenöl, 30 g Butter
50 g	gehackte Zwiebeln
20 g	grüne Pfefferkörner
10 g	Mehl, 0,5 dl Rotwein
1 dl	gebundene Bratensauce
0,5 dl	Rahm, 20 g gehackte Kräuter

Steaks in Öl scharf anbraten, würzen. Butter zum restlichen Öl geben. Zwiebeln darin dünsten. Pfefferkörner hineinstreuen, wenden, mit Mehl bestäuben. Rotwein, Bratensauce und Wasser zu den Pfefferkörnern hineingiessen. Während 3 Minuten sieden lassen, mit Rahm verfeinern, dann die Kräuter daruntermischen. Zubereitungszeit 15 Min.

Süss-saurer Kürbis
für 5 Einmachgläser zu 7 dl

2 kg	Kürbisfleisch in Würfeln von 2 cm
1 l	Apfelessig
1 kg	Zucker
	Zitronengelb von einer Zitrone
3	Zimtstangen
5	Gewürznelken

Essig, Zucker, Zitronengelb und Gewürze in grossem Kochgeschirr aufkochen. 1 kg Kürbiswürfel darin kochen, bis sie glasig sind. Würfel mit einer Friturekelle herausheben, abtropfen lassen und in die Gläser verteilen. Mit dem zweiten Kilo Kürbiswürfel ebenso verfahren. Den Saft während 5 Minuten einkochen, Gewürze entfernen. Den kochendheissen Saft über die Kürbisstücke füllen, bis sie davon bedeckt sind. Die Gläser sofort schliessen.

Zitronensorbet
Rezept Seite 204

Hühnerbouillon mit Fideli	Bouillon de poule aux vermicelles
★	★
Chicoreesalat mit Quarksauce	Salade d'endives au séré
★	★
Rumpsteak mit Tomaten und Zwiebelringen Gebratene Kartoffelwürfel	Rumpsteak tyrolienne Pommes Parmentier
★	★
Ananastörtchen mit Kirschcreme	Tartelette à l'ananas à la crème au kirsch

---

Hühnerbouillon – ohne Nudeln
30 g Fideli (Fadennudeln)

Rezept Seite 92
Kochzeit 2 Minuten

Chicoreesalat: 1 Stück pro Person

Quarksauce Rezept Seite 359

Rumpsteak nach Tiroler Art
für 4 Personen

4	Steaks von der Rindshuft zu je 120 g
10 g	Sonnenblumenöl
	Salz, Pfeffer
10 g	Butter
200 g	geschälte Tomaten, in kleine Würfel geschnitten
20 g	gehackte Zwiebeln
1	zerstossene Knoblauchzehe
10 g	gehackte Petersilie
100 g	Zwiebeln, in grobe Ringe geschnitten
	Salz, Mehl, Backteig, Backöl

Steaks in Öl scharf braten, würzen. Die Butter zum Bratsatz geben, Zwiebeln dünsten, Tomaten mitdünsten, würzen, Knoblauch beigeben, dann einkochen. Zwiebelringe mit Salz bestreuen, in Mehl und anschliessend in Backteig wenden. Schwimmend in Öl knusprig backen. Die Steaks werden mit den eingekochten Tomaten verziert. Die Zwiebelringe legt man obendrauf.

Backteig

Rezept Seite 98, 231

Bratkartoffeln

Rezept Seite 60

Ananastörtchen – Früchtetörtchen
Kirschcreme

Rezept Seite 85
Rezept Seite 10

Zürcher Choschtsuppe
Kopfsalat mit Zitronensauce
Heisser Fleischkäse
Überbackene Bouillonkartoffeln
Rosenkohl mit Zwiebeln

Meringue mit Schlagrahm und Himbeeren

Kostsuppe
Salade de laitue au citron
Fromage d'Italie chaud
Pommes savoyarde
Choux de Bruxelles aux oignons
Meringue Chantilly aux framboises

Zürcher Choschtsuppe (Kostsuppe)
für 4 Personen

1 l	Gemüsebouillon
50 g	Gerste
50 g	weisse Bohnen (über Nacht eingeweicht)
200 g	Kochspeck oder geräuchertes Kuheuter
100 g	Zwiebeln, in ganz kleine Würfel geschnitten
200 g	Gemüse, feinblättrig geschnitten: Sellerie, Karotten, Lauch Salz, Pfeffer
20 g	Butter

Speck oder Euter in Gemüsebouillon sieden. Bei halber Garzeit die Brühe in die Gerste, Bohnen und Gemüse leeren, die in Butter während 5 Minuten gedünstet worden sind. Das Fleisch in der Suppe fertig garen, herausnehmen, in Würfel oder Streifen schneiden und der Suppe wieder beigeben.
Kochzeit 1¼ Std.
Wenn nötig, wird Wasser nachgegossen – die Suppe soll aber dick sein.
Begleitet von Bauernbrot, Käse und Früchten gilt die Kostsuppe als urwüchsige, komplette Mahlzeit.

Kopfsalat
Zitronensauce

50 g pro Person
Rezept Seite 358

Heisser Fleischkäse

800 g – 1 kg zum Selberbacken, ist in Alu-Formen erhältlich.

Garzeit 1½ Std. bei 120°
500 g fertiger Fleischkäse in 4 Scheiben, wird in Butter gebraten oder mit wenig Brühe gewärmt.

Überbackene Bouillonkartoffeln
für 4 Personen

800 g Kartoffeln

Kartoffeln schälen, in Scheiben schneiden und lamellenartig (à cheval) in feuerfeste, mit Butter bestrichene Platte schichten. Mit Bouillon bedecken und im Ofen garen. Nach der halben Garzeit mit Reibkäse bestreuen und fertigbacken.
Garzeit 1 Std.

Rosenkohl

Rezept Seite 374

Fischmayonnaise
auf Kopfsalat

Klare Suppe mit Tortellini

Überbackene Auberginen
mit Schinken und Käse

Himbeeren mit Schlagrahm

Mayonnaise de poisson
sur salade de laitue
★
Bouillon aux tortellini
★
Aubergines gratinées
au jambon cuit et fromage
★
Framboises Chantilly

Fischmayonnaise

50 g	Fisch pro Person
1 kl	Kopfsalat
½ dl	Mayonnaise

Garnitur: Eischeiben, Spargelspitzen, Zitronenschnitz, Tomatenschnitz, kleine Maiskolben, gehackte Kräuter.

Gesottenen kalten Fisch entgräten und in kleine Stücke zerteilen. Auf Salatblätter anrichten und mit würziger, dünner Mayonnaise überziehen.

Mayonnaise
für 4–6 Personen

1	Eigelb
1	Essl. Weissweinessig, evt. Zitronensaft
	wenig Senf, Streuwürze, Salz
	flüssige Würze nach Belieben
2 dl	Sonnenblumenöl

Eigelb mit allen Gewürzen in einer grösseren Schüssel aufschlagen. Öl tropfenweise dazuschlagen, bis eine kompakte Sauce entstanden ist. Mit warmem Wasser verdünnen, die Mayonnaise wird dadurch hell und cremig.

Klare Suppe – Gemüsebouillon
Tortellini

Rezept Seite 371
im Handel bezogen

Überbackene Auberginen mit Schinken und Käse

1	grosse Aubergine pro Person
1	Scheibe Schinken
1	Scheibe Greyerzerkäse

Aubergine waschen, Stiel lösen und Aubergine längs halbieren, Schnittfläche mit Zitrone abreiben, mit Salz und Pfeffer würzen und mit weicher Butter bepinseln. Die Hälften mit der Schnittfläche nach oben im Ofen auf einem mit Butter bestrichenen Bratblech ca. 10 Minuten vorgaren.
Mit Scheiben von gekochtem Schinken und Greyerzerkäse belegen. Während 5 Minuten goldgelb überbacken.
Zubereitungszeit 40 Min.

Fleischbrühe mit Käseschnittchen	Bouillon aux diablotins
Bohnensalat mit Tomatenschnitzen	Salade de haricots verts aux tomates
Pariser Schnitzel vom Schweinsnüssli	Escalope de porc parisienne
Überbackener Kartoffelstock	Pommes Mont d'Or
Glasierte Karotten	Carottes glacées
Ofenküchlein mit Vanillerahm	Chou Chantilly à la vanille

Fleischbrühe
Käseschnittchen

2	Brotscheiben
10 g	Butter
50 g	Reibkäse
1	Eigelb, Paprika

Rezept Seite 371
Brotscheiben in Butter anrösten. Käse mit Eigelb und Gewürz verrühren und auf die Brote streichen. Heiss überbacken. Brote ohne Rinde in kleine Rechtecke schneiden.

Bohnensalat

Rezept Seite 21

Pariser Schnitzel
für 4 Personen

400 g	Schnitzel von der Schweinsnuss
	Salz, Mehl
2	Eier, zerquirlt
30 g	Butter
2 dl	Gebundene Bratensauce
0,5 dl	Weisswein

Schnitzel salzen und im Mehl wenden. Mehl mit der flachen Hand anklopfen. Durch die Eier ziehen, dann in Butter beidseitig goldbraun braten. Fleisch anrichten und mit dem Kartoffelstock garnieren. Warmstellen. Wein und Bratensauce im Bratsatz zum Kochen bringen, separat servieren.

Kartoffelstock überbacken

Rezept Seite 21

Glasierte Karotten

Rezept Seite 373

Ofenküchlein
Vanillerahm

3 dl	Rahm
20 g	Zucker
20 g	Vanillecremepulver zum kalt Anrühren

Rezept Seite 134
Rahm in einer Schüssel steif schlagen. Zucker und Cremepulver darunterrühren. Diese Creme sofort abfüllen, da sie rasch stockt.

Russisches Ei

Fleischbrühe mit Gemüsestreifen

Schweinsfilet mit Calvados
Eiernudeln in Butter
Gedämpfter Lattich

Kleiner Pfannkuchen mit Erdbeeren

Oeuf à la russe

Bouillon Julienne

Filet de porc au calvados
Nouilles au beurre
Laitue étuvée

Crêpe aux fraises

Russisches Ei

Rezept Seite 314

Fleischbrühe
Gemüsestreifen

Rezept Seite 371
Hinweis Seite 17

Schweinsfilet mit Calvados
für 4 Personen

500 g	Schweinsfilet, in Medaillons geschnitten
	Mehl
40 g	Butter
	Salz, Pfeffer
30 g	feingehackte Zwiebeln
1	geschälte Tomate, entkernt und in feine Streifen geschnitten
1 dl	Calvados
1 dl	gebundene Bratensauce
1 dl	Rahm, gehackte Petersilie

Schweinsmedaillons in Mehl wenden. In Butter beidseitig anbraten und würzen. Zwiebeln zugeben und kurz mitdünsten. Calvados über das Fleisch giessen und – falls am Tisch der Gäste gekocht wird – diesen anzünden (flambieren). Das Fleisch wird jetzt angerichtet. Tomatenstreifen unter die Zwiebeln mischen. Bratensauce und etwas später den Rahm dazugiessen, abschmecken und über das Fleisch giessen. Mit Petersilie bestreuen. Zubereitungszeit 30 Min.

Zum Flambieren

Das Flambieren gibt grundsätzlich keinen anderen Geschmack als den des verwendeten Alkohols. Beim Anzünden mit dem Streichholz verbrennt der verdampfende Alkohol in der Luft und ergibt für die Gäste ein Schauspiel.

Eiernudeln

Rezept Seite 141

Gedämpfter Lattich

Rezept Seite 374

Kleine Pfannkuchen

Rezept Seite 244
Abbildung Seite 123

Geräucherter Lachs auf Toast

Fleischbrühe mit Ravioli

Eisbergsalat mit Essigkräutersauce
★
Schweinsfilet mit Camembert
Kartoffelkroketten

Erdbeer-Rahmglace

Saumon fumé sur toast

Bouillon aux ravioli

Iceberg-laitue vinaigrette

Filet de porc au Camembert
Pommes croquettes

Glace aux fraises

Geräucherter Lachs

200 g	Lachs
4	Scheiben Toast
10 g	Butter
20 g	gehackte Zwiebeln
4	kleine Zitronenscheiben

Lachs gegen das Kopfende zu in dünne Scheiben schneiden. Toastscheiben dünn mit Butter bestreichen, Lachs darauflegen und mit Zwiebeln garnieren. Zitrone separat. Wird Lachs gegen das Schwanzende geschnitten sind die Scheiben fester im Biss.

Fleischbrühe
12 kleine Ravioli

Rezept Seite 371
Während ca. 5 Minuten in der Suppe garen.

Eisbergsalat
Essigkräutersauce (Vinaigrette)

Rezept Seite 57
Rezept Seite 359

Schweinsfilet mit Camembert
für 4 Personen

500 g	Schweinsfilet, zu 8 Medaillons geschnitten
40 g	Butter
1 dl	Weisswein
2 dl	gebundene Bratensauce
1 dl	Rahm
100 g	reifer Camembert-Käse, in 8 Scheiben geschnitten Salz, Pfeffer

Die Schweinsmedaillons in Mehl wenden und in Butter beidseitig anbraten. Das Fleisch aus der Pfanne herausnehmen, den Bratsatz mit Weisswein ablöschen. Bratensauce beigeben, einkochen, mit dem Rahm verfeinern. Die Sauce wird bis zur gewünschten Dicke eingekocht. Käsescheiben auf das gewürzte Fleisch legen und diese kurz überbacken. Die Sauce auf eine Platte leeren und die mit dem Käse bedeckten Medaillons darauf anrichten. Zubereitungszeit 30 Min.

Kartoffelkroketten

Rezept Seite 223

Erdbeer-Rahmglace

Rezept Seite 329

Fleischbrühe mit Mark	Bouillon à la moelle
★	★
Gemischter Salat	Salade assortie
★	★
Schweinsfilet im Kartoffelmantel	Filet de porc piémontaise
mit Blattspinat und Duxelles	aux epinards et Duxelles
Tomatensauce und Reibkäse	Sauce tomate et fromage râpé
★	★
Trüffeltorte	Tourte aux truffes

Fleischbrühe mit Mark

Hinweis Seite 149

Schweinsfilet im Kartoffelmantel
für 4 Personen

400 g	Schweinsfilet, in 4 grosse Medaillons geschnitten
30 g	Sonnenblumenöl
	Salz, Pfeffer
20 g	Butter
1	zerstossene Knoblauchzehe
200 g	Blattspinat
20 g	Butter
50 g	gehackte Zwiebeln
200 g	gehackte Champignons
1 dl	gebundene Bratensauce

Schweinsfilets mit Mehl bestäuben, in Öl beidseitig anbraten und würzen. Abkühlen lassen. In Bratsatz Butter schmelzen lassen, Knoblauch und Blattspinat darin heiss werden lassen, würzen und herausnehmen. In derselben Pfanne die Zwiebeln in Butter dünsten. Champignons beimischen und einkochen. Mit Bratensauce aufkochen und eindicken (Duxelles). Der Spinat wird auf 4 dünn ausgerollte Teigplätze verteilt. Die Medaillons setzt man auf den Spinat und überzieht sie mit der Duxelles. Der Teigrand wird mit Ei bestrichen, das Ganze fest verschlossen. Die entstandenen Krapfen werden in flachem Kochgefäss im Salzwasser 10 Min. gegart, herausgenommen, auf mit Butter bestrichenes Plättchen angerichtet, mit italienischer Tomatensauce überzogen, mit Reibkäse bestreut und überbacken. Zubereitungszeit 1½ Std.

Kartoffelteig

400 g	Kartoffeln
2	Eier
200 g	Mehl

Geschwellte Kartoffeln, heiss geschält, durch das Sieb treiben. Eier daruntermischen, Masse würzen. Mehl unter die fast kalte Masse kneten. Auf gut gemehlter Fläche so dünn wie möglich ausrollen.

Italienische Tomatensauce

Rezept Seite 145

Trüffeltorte

Rezept Seite 37

Avocadosalat mit Essigkräutersauce	Salade d'avocats vinaigrette
Gemüsebouillon mit Teigwaren	Bouillon de légumes aux pâtes
Schweinsfilet mit Sommergemüse	Filet de porc à la macédoine de légumes
Cremeschnitte	Mille-feuilles

Avocadosalat   Rezept Seite 94

Gemüsebouillon   Rezept Seite 371
30 g Teigwareneinlage   Kochzeit 2–5 Minuten

Schweinsfilet mit Sommergemüse
für 4 Personen – 380 kcal p. P.

400 g	Schweinsfilet in Medaillons	
	Mehl	
10 g	Öl	
20 g	Butter, Salz, Pfeffer	
800 g	Sommergemüse, tiefgekühlt	
2 dl	Wasser, Salz	
300 g	kleine Tomatenwürfel	
100 g	Reibkäse, vollfett	

Fleisch in Mehl wenden, dann im Fettstoff beidseitig anbraten und herausnehmen. Sommergemüse im Salzwasser sieden. Salzwasser für die Suppe verwenden. Fleisch und Gemüse anrichten. Die rohen Tomatenwürfel würzen und über das Gemüse verteilen, mit Käse bestreuen und im Ofen kurz überbacken.
Zubereitungszeit 1 Std.

Cremeschnitten
6–10 Stück

300 g	Blätterteig
5 dl	dicke Vanillecreme
50 g	Zucker
1 dl	Aprikosenmarmelade
1	Zitronensaft
200 g	Staubzucker

Blätterteig dünn zu Rechteck ausrollen, mit Zucker bestreuen und mit Gabel stechen. Auf dem Backblech während 30 Min. im Kühlschrank ruhen lassen, dann bei 180° wärend ca. 20 Minuten backen. Diesen Boden leicht flachdrükken und in 3 gleichgrosse Bänder schneiden. Diese mit Marmelade bestreichen. Der erste Boden wird mit der Hälfte der Creme bestrichen, der zweite Boden draufgelegt und mit der restlichen Creme bestrichen. Der dritte Boden wird draufgelegt, angedrückt und mit Glasur aus Staubzucker und Zitronensaft überglänzt. Vor dem Schneiden mit einem Sägemesser lässt man das Ganze während 15 Minuten im Kühlschrank ruhen.
Zubereitungszeit insgesamt ca. 1½ Std.

Gemüsesuppe	Potage fermière
Buntgemischter Salat	Salade mêlée
Schweinsfilet mit Steinpilzen an Rahmsauce Risotto Überbackene Schwarzwurzeln	Filet de porc aux cèpes à la crème Risotto Scorsonères au gratin
Caramelcreme mit Rahmhüppe	Crème Beau-Rivage

Gemüsesuppe   Rezept Seite 109

Schweinsfilet mit Steinpilzen
für 4 Personen

400 g Schweinsfilet in Medaillons
 40 g Butter, Mehl
 50 g gehackte Zwiebeln
300 g Steinpilze in Scheiben
  1 dl Weisswein
  1 dl gebundene Bratensauce
  2 dl Rahm
         gehackte Petersilie
         Salz, Streuwürze, Pfeffer

Schweinsfilets durch das Mehl ziehen. In Butter beidseitig anbraten, würzen und herausnehmen. Zwiebeln im Bratfett dünsten. Steinpilze auf grossem Feuer zugeben, schwenken, würzen. Mit Weisswein ablöschen. Bratensauce zugeben, während kurzer Zeit kochen, dann den Rahm beimischen, zum Siedepunkt erhitzen und über das angerichtete Fleisch geben. Gehackte Petersilie darüberstreuen. Zubereitungszeit 40 Min.

Risotto   Rezept Seite 322

Überbackene Schwarzwurzeln
für 4 Personen

  1 kg Schwarzwurzeln
  2 dl Wasser
 10 g Butter
         Salz
 30 g Paniermehl
 10 g Reibkäse
 10 g Butter

Schwarzwurzeln mit Sparschäler fleckenlos schälen.
Damit die Hände vom harzigen Saft nicht

schwarz werden, kann man sie mit Melkfett eincremen. Schwarzwurzeln waschen und auf die gewünschte Länge zuschneiden. Im leichten Salzwasser mit Butter während 20 Minuten garen, der Deckel soll gut schliessen.
Feuerfeste Platte mit Butter bestreichen, Schwarzwurzeln daraufschichten, wenig vom Kochwasser darübergeben, mit Paniermehl und Käse bestreuen. Wenig Butter obendrauflegen, dann im Ofen bei ca. 200° während 10 Minuten überbacken. Zubereitungszeit 1 Std.

Caramelcreme   Rezept Seite 249

Chicoreesalat mit Bananen
an Salatmayonnaise

Blumenkohlcremesuppe

Schweinskotelett vom Rost
mit Kräuterbutter
Pommes frites
Bohnen mit Knoblauch
★
Aprikosentörtchen

Salade d'endives aux bananes

Crème Dubarry

Côte de porc grillée maître d'hôtel
Pommes frites
Haricots verts à l'ail

Tartelette aux abricots

Chicoreesalat mit Bananen

Rezept Seite 170

Blumenkohlcremesuppe

100 g	Blumenkohl
1 l	Gemüsebouillon
60 g	Mehl
40 g	Butter
2 dl	frischer Rahm

Blumenkohl in Röschen zerteilen. Diese in der Bouillon gar sieden. Mehl in Butter anschwitzen, Bouillon dazusieben, unter Rühren aufkochen und während 5 Min. sieden lassen. Rahm hineinrühren, nicht mehr kochen, Blumenkohl hineingeben.

Schweinskotelett vom Rost
für 4 Personen – 390 kcal p. P.

4	Schweinskoteletten zu je 200 g
10 g	Öl
	Salz, frischgemahlener Pfeffer

Koteletten werden leicht geklopft und damit alle auf die gleiche Dicke gebracht. Koteletten in Öl wenden, während 10 Minuten liegen lassen.
Auf heissem Rost grillieren, indem man jedes Fleischstück dreimal wendet und ein Gittermuster erhält. Kurz bevor das Fleisch gar ist, wird gewürzt.
Garzeit ca. 20 Min.

Kräuterbutter

Fast jeder Küchenchef hat seine eigene Mischung. Zu beachten ist dabei: Die Butter sollte geschmeidig genug sein, damit sie gerührt oder schaumig geschlagen werden kann.
Man mischt mit Salz, Pfeffer, Zitronensaft, Streuwürze.

Kräuter nach Belieben: gehackte Petersilie, Schnittlauch, Liebstöckel, Estragon, Basilikum oder auch fertige Gewürzmischungen.
Cognac, Rum, Armagnac etc.
Oft wird die Buttermischung leicht gebunden oder verfeinert mit Rahm, Eigelb oder ganzen Eiern.

Grüne Bohnen

Rezept Seite 373

Aprikosentörtchen

Rezept Seite 85 (Früchtetörtchen)

Cremesuppe mit geschnittenen Makkaroni	Crème Bagration
★	★
Nüsslisalat mit gehacktem Ei	Salade de mâches Mimosa
★	★
Schweinskotelett mit Senfsauce Gebratene Kartoffelwürfel Überbackener Blumenkohl	Côte de porc Robert Pommes Parmentier Chou-fleur au gratin
★	★
Erdbeerschnitte	Tarte aux fraises

Cremesuppe
30 g kurzgeschnittene Makkaroni

Rezept Seite 74, ohne Blumenkohl vorgekocht, als Einlage

Nüsslisalat,
Feldsalat mit gehacktem Ei

Rezept Seite 101

Schweinskotelett mit Senfsauce
für 4 Personen

4	Schweinskoteletten zu je 200 g
10 g	Öl, 20 g Butter
50 g	gehackte Zwiebeln
1 dl	Weisswein
1 dl	gebundene Bratensauce
40 g	französischer Senf
	Zitronensaft von $1/2$ Zitrone
	Salz, Streuwürze, Pfeffer

Koteletten in Mehl wenden und anklopfen. In Öl beidseitig hellbraun braten, würzen mit Salz und Pfeffer, warmstellen. Butter zum Bratsatz geben, Zwiebeln darin dünsten. Mit Weisswein ablöschen, Bratensauce zugeben und kurze Zeit kochen lassen. Senf und Zitronensaft einrühren, abschmecken.
Um eine sämige Senfsauce zu erhalten, kann sie zum Schluss gemixt werden. Garzeit ca. 20 Min.

Gebratene Kartoffeln

Rezept Seite 60

Blumenkohl überbacken

Rezept Seite 273

Erdbeerschnitten

Rezept von Erdbeertörtchen Seite 85

Ein rundes oder rechteckiges Kuchenblech wird mit dem ausgerollten Teig belegt. Im Kühlschrank ca. 30 Min. ruhen lassen, dann bei 188° ca. 20 Min. backen.

Mit Vanillecreme bestreichen, dicht mit Früchten belegen und mit Erdbeergelee überglänzen. Vor dem Schneiden lässt man die Torte während einer halben Stunde im Kühlschrank abstehen. Zubereitungszeit ca. 2 Std.

Kraftbrühe mit Eierstich und Blumenkohlröschen	Consommé Dubarry
★	★
Buntgemischter Salat	Salade mêlée
★	★
Schweinskotelett nach Zigeunerart Weisser Reis	Côte de porc zingara Riz blanc
★	★
Pfirsichsalat	Salade de pêches

Kraftbrühe　　　　　　　　　　Rezept Seite 229
Eierstich　　　　　　　　　　　Rezept Seite 52

Buntgemischter Salat　　　　　Rezept Seite 361

Schweinskotelett nach Zigeunerart
für 4 Personen

4	Schweinskoteletten zu je 200 g
	Mehl
10 g	Olivenöl
	Salz, Pfeffer, Paprika
20 g	Butter
100 g	geschnittene Zwiebeln
100 g	geschnittene Champignons
100 g	bunte Peperoni, in Streifen geschnitten
1 dl	Tomatenjus
1 dl	gebundene Bratensauce
200 g	kleine Tomatenwürfel
100 g	Rindszunge in feinen Streifen gehackter Liebstöckel

Koteletten in Mehl wenden und anklopfen. In Öl beidseitig hellbraun braten, würzen, herausnehmen und warmstellen. Butter zum restlichen Öl geben, auf grossem Feuer Zwiebeln, Champignons und Peperoni darin schwenken. Tomatenjus dazugeben, unter Wenden einkochen lassen. Bratensauce zugeben und aufkochen. Zungenstreifen und die rohen Tomatenwürfel daruntermischen. Abschmecken.
Zubereitungszeit 40 Min.

Weisser Reis　　　　　　　　　Rezept Seite 26

Pfirsichsalat　　　　　　　　　Rezept Seite 180

Schweinsschnitzel der Weinfreunde

Französische Zwiebelsuppe

Blumenkohlsalat mit Salatmayonnaise
★
Schweinsschnitzel der Weinfreunde
Nudeln mit Basilikum und Schlagrahm
★
Roulade mit Marmelade

Soupe à l'oignon

Salade de chou-fleur à l'américaine

Escalope de porc des gourmets
Nouilles Chantilly au basilic

Biscuit roulé à la marmelade

Französische Zwiebelsuppe

500 g	geschnetzelte Zwiebeln (in Streifen)
50 g	Butter
6 dl	Gemüsebouillon
2 dl	französischer Rotwein
4	dünne Röstbrotscheiben
50 g	Reibkäse, Salz, Pfeffer gehackte Petersilie

Zwiebeln in Butter hellbraun dünsten. Mit Rotwein ablöschen, mit der Bouillon auffüllen und während 5 Minuten leicht kochen lassen. Mit Salz und Pfeffer abschmecken und in 4 Suppentassen füllen. Je 1 Röstbrot, dann Käse obendraufgeben. Bei starker Oberhitze überbacken. Petersilie zum Schluss darüberstreuen. Zubereitungszeit 40 Min.

Blumenkohlsalat

Rezept Seite 252

Schweinsschnitzel der Weinfreunde (Gourmets)
für 4 Personen

400 g	zarte Schweinsschnitzel Mehl
20 g	Sonnenblumenöl Salz, Pfeffer
200 g	geschnittene Champignons
1 dl	Weisswein
1 dl	gebundene Bratensauce
2 dl	Rahm
300 g	kleine Tomatenwürfel
10 g	Butter
30 g	gehackte Zwiebeln
1	zerstossene Knoblauchzehe Salz, Pfeffer, gehackte Petersilie

Schweinsschnitzel in Mehl wenden, leicht anklopfen und in Öl und Butter beidseitig braten. Würzen, herausnehmen und warmstellen.
Die Champignons im Bratsatz schwenken, mit Weisswein ablöschen, würzen und einkochen. Bratensauce hineinleeren, aufkochen, dann den Rahm daruntermischen.
In separater Kasserolle Butter schmelzen, Zwiebeln und Knoblauch dünsten, Tomaten hineinleeren, würzen und auf kleinem Feuer einkochen.
Die Schnitzel mit Rahmsauce überziehen. Die Tomaten kommen als Häufchen in die Mitte obendrauf und werden mit Kräutern bestreut. Zubereitungszeit 40 Min.

Nudeln mit Basilikum

Rezept Seite 88, ohne Käse

Roulade mit Marmelade

Rezept Seite 321

Pizza-Brötchen

Buntgemischter Salat
mit italienischer Sauce

Schweinsschnitzel nach Mailänder Art
Spaghetti
★

Weinschaum mit Marsala

Petits pains pizza ·

Salade mêlée
à l'italienne

Escalope de porc milanaise
Spaghetti

Sabayon au marsala

Pizza-Brötchen

4	Brötchen oder Semmeln
150 g	gek. Schinken in Streifen
100 g	gedünstete Champignons
150 g	Reibkäse
30 g	Olivenöl
1 dl	Rahm
	Salz, Pfeffer, Oregano
50 g	geriebener Emmentaler Käse

Brötchen quer halbieren, Schnittflächen in Butter rösten. Die Zutaten zu einer Masse rühren und auf die Schnittflächen der Brötchen verteilen. Mit dem Emmentalerkäse bestreuen.

Bei 200° ca. 10 Minuten backen.
Zubereitungszeit 30 Min.

Schweinsschnitzel nach Mailänder Art
für 4 Personen

400 g	zarte Schweinsschnitzel
	Salz, Mehl
2	aufgeschlagene Eier
	Paniermehl
20 g	Sonnenblumenöl
40 g	Butter
50 g	gehackte Schalotten
100 g	geschnittene Champignons
100 g	gekochter Schinken in Streifen
1 dl	Tomatenjus
1 dl	Weisswein
2 dl	gebundene Bratensauce
	gehackte Petersilie, Estragon

Schweinsschnitzel flachklopfen, würzen, in Mehl und in Ei wenden und panieren. In Öl und 20 g Butter beidseitig goldbraun braten. Schalotten mit 20 g Butter dünsten, Champignons mitdünsten, mit Weisswein und Tomatenjus auffüllen und etwas einkochen. Schinkenstreifen beimischen, mit Bratensauce nochmals aufkochen und mit den gehackten Kräutern mischen.
Zubereitungszeit 40 Min.

Spaghetti

Rezept Seite 296

Weinschaum

Rezept Seite 304

Gemüsebouillon mit Ei	Bouillon de légumes à l'oeuf
★	★
Kopfsalat	Salade de laitue
★	★
Schweinssteak Primavera	Steak de porc printanière
Makkaroni mit frischer Butter	Macaroni au beurre frais
★	★
Apfelsorbet	Sorbet aux reinettes

Bouillon mit Ei   Rezept Seite 167

Kopfsalat   50 g pro Person
Salatsaucen   Rezepte Seiten 358–360

Schweinssteak Primavera
für 4 Personen

Schweinssteaks in Mehl wenden, leicht anklopfen. In Öl und Butter beidseitig anbraten, würzen und warmstellen.

4	Schweinssteaks zu je 120 g	
	Mehl	
20 g	Öl	
10 g	Butter	
	Salz, Pfeffer, Streuwürze	
100 g	grob gehackte Zwiebeln	
20 g	Butter	
200 g	Zucchetti, in kleine Würfel geschnitten	
1	zerstossene Knoblauchzehe	
200 g	Zwiebelwürfel	
100 g	Kräuterbutter	

Zum Bratsatz 20 g Butter zugeben und die Zwiebeln darin dünsten. Zucchetti, wenig später auch die Tomaten mitdünsten. Nach 5 Minuten den Deckel abheben und den entstandenen Saft auf grossem Feuer einkochen lassen. Wenn nötig nachwürzen.
Das Gemüse auf den Schweinssteaks anrichten, mit Kräuterbutterscheiben belegen und im Ofen kurz überbacken, bis die Butter zu fliessen beginnt.
Zubereitungszeit 40 Min.

Kräuterbutter   Rezept Seite 74

Makkaroni   Rezept Seite 9

Apfelsorbet   Rezept Seite 204

Ochsenschwanzsuppe	Oxtail lié
★	★
Blumenkohlsalat mit Salatmayonnaise	Salade de chou-fleur à l'américaine
★	★
Kalbsbraten nach provenzalischer Art	Rôti de veau provençale
Bäckerinkartoffeln	Pommes boulangère
Gedämpfter Lattich	Laitue étuvée
★	★
Kleiner Pfannkuchen mit Früchten	Crêpe aux fruits

Ochsenschwanzsuppe   Rezept Seite 180

Blumenkohlsalat   Seite 252

Kalbsbraten nach provenzalischer Art
für 4 Personen

1 kg	Kalbsbraten (von der Laffe oder vom Hals)	
0,5 dl	Olivenöl	
100 g	Zwiebeln, in Würfel geschnitten	
100 g	Karotten, in Würfel geschnitten	
50 g	Sellerie, in Würfel geschnitten	
	Salz, Pfeffer, Lorbeer, 1 Nelke	
30 g	Tomatenpüree	
1 dl	Weisswein	
4 dl	Wasser	
4	Tomaten, quer halbiert und mit dem Daumen eingedrückt	
100 g	geriebenes Weissbrot	
1	zerstossene Knoblauchzehe	
30 g	Butter	
	gehackte Petersilie	

Kalbsbraten im Öl rundum gut anbraten. Würzen, Gemüse beigeben und kurze Zeit mitrösten. Tomatenpüree unter das Gemüse mischen und dünsten, bis es bräunlich wird.

Mit Weisswein ablöschen, Wasser dazugiessen, aufkochen, zudecken, im Ofen unter öfterem Begiessen garen. Entfetten. Garzeit 1 Std.

Der Braten wird mit der Sauce überglänzt, herausgenommen und die Sauce abgeschmeckt und separat serviert.

Tomates provençale um den aufgeschnittenen Braten legen:

Butter erhitzen, Knoblauch und Weissbrotkrume darin anrösten. Auf die Tomatenhälften verteilen, mit Petersilie bestreuen.

Zubereitungszeit 1¹/₂ Std.

Bäckerinkartoffeln   Rezept Seite 194

Gedämpfter Lattich   Rezept Seite 374

Kleiner Pfannkuchen   Rezept Seite 244
200 g geschnittene Kompottfrüchte

Gazpacho – Gemüsekaltschale	Gazpacho
Buntgemischter Salat	Salade mêlée
Kalbsbraten Valencia – mit Paprikasauce	Rôti de veau Valenciennes
Spanisches Reisgericht	Riz à l'espagnole
Überbackenes Kürbisgemüse	Potiron au gratin
	★
Rahmgefrorenes mit Orangen	Mousse glacée à l'orange

Gazpacho Rezept Seite 264

Kalbsbraten Valencia
für 4 Personen

800 g	Kalbsbraten von der Schulter
0,5 dl	Olivenöl,
	Salz, Pfeffer, Paprika
200 g	Zwiebeln, in kleinen Würfeln
1 dl	Weisswein
2 dl	Wasser
2 dl	gebundene Bratensauce

Kalbsbraten in Öl rundum gut anbraten. Würzen. Zwiebeln mitdünsten, mit Paprika würzen, mit Weisswein ablöschen und auffüllen mit Bratensauce und Wasser. Braten im Ofen zugedeckt garen, ab und zu mit der Sauce übergiessen. Fleisch herausnehmen, 10 Minuten ruhen lassen, dann schneiden und anrichten. Sauce abschmecken und separat servieren. Zubereitungszeit 1½ Std.

Spanisches Reisgericht

150 g	Reis, 3 dl Wasser
100 g	Peperoniwürfelchen
100 g	Zwiebeln, gehackt
200 g	Erbsen
100 g	Tomatenwürfel
	gehackte Kräuter

Peperoniwürfelchen und gehackte Zwiebeln in Olivenöl dünsten, dann Reis dazumischen, würzen und auffüllen mit Wasser. Zugedeckt bei kleinem Feuer garen, bis das Wasser aufgesogen ist. Vorgegarte Erbsen und kleine Tomatenwürfel daruntermischen. Mit gehackten Kräutern bestreuen. Garzeit 20 Min.

Überbackenes Kürbisgemüse

1 kg	Kürbis
2	zerstossene Knoblauchzehen
30 g	Butter, Salz, Pfeffer
2 dl	Béchamel
50 g	Paniermehl
50 g	geriebener, vollfetter Käse

Kürbis schälen, entkernen und in Würfel von 2 cm schneiden. Kürbis und Knoblauch in Butter anbraten, würzen, mit weisser Sauce vermischen und in mit Butter bestrichene feuerfeste Platte leeren. Paniermehl und Käse darüberstreuen. Im Ofen während 10 Minuten überbacken. Zubereitungszeit 30 Min.

Rahmgefrorenes mit Orangen Rezept Seite 240

Haferflockensuppe mit Gemüsewürfelchen Kopfsalat mit Zitronensauce Wiener Schnitzel aus Kalbfleisch Pommes frites Gedämpfte Karotten Apfelroulade	Crème aux flocons d'avoine brunoise Salade de laitue au citron Escalope de veau viennoise Pommes frites Carottes Vichy Roulade aux pommes

Haferflockensuppe

Rezept Seite 40

Kopfsalat
Zitronensauce

50 g pro Person
Rezept Seite 358

Wiener Schnitzel
für 4 Personen

4	Kalbsschnitzel zu je 120 g, sehr dünn geklopft Salz, Mehl
2	aufgeschlagene Eier Paniermehl in einer Wanne. Es soll viel Paniermehl vorhanden sein! Erdnussöl zum schwimmend backen
4	Petersilienbüschel
4	Zitronenschnitze

Kalbsschnitzel beidseitig mit Salz bestreuen, tüchtig in Mehl wenden und das
Mehl anklopfen. Die Schnitzel anschliessend sorgfältig durch die aufgeschlagenen Eier ziehen, leicht abstreifen und
nacheinander ins Paniermehl legen, mit
reichlich Paniermehl bedecken und dieses kaum andrücken. Schnitzel sorgfältig
herausnehmen und bei ca. 180° schwimmend backen, bis sie hellbraun sind und
die knusprige Hülle grosse Blasen aufweist. Einige Butterflocken auf das angerichtete Fleisch verteilen, diese im Ofen
mit starker Oberhitze aufschäumen lassen, mit Petersilie und Zitrone garnieren
und sofort servieren. →

Pommes frites
für 4 Personen

1,2 kg grosse Kartoffeln
Backöl (Friture)
Salz

Die Kartoffeln werden nach dem Schälen
exakt in Stäbchen geschnitten. Bei ca.
160° vorbacken, abtropfen lassen, bei
180° knusprig ausbacken. Auf Salzblech,
unter Schütteln im Friturekorb, salzen.

Apfelroulade

Rezept Seite 183

Geflügelcremesuppe

Eisbergsalat mit Salatmayonnaise

Gefüllte Kalbsbrust
Kleine Bratkartoffeln
Bunte Gemüsemischung
★
Schuhsohle – Blätterteiggebäck mit
Schlagrahm

Crème à la reine

Iceberg-laitue en salade à l'américaine

Poitrine de veau farcie
Pommes rissolées
Macédoine de légumes

Semelle Chantilly

Geflügelcremesuppe

60 g	Mehl
40 g	Butter
1 l	Geflügelbouillon
100 g	gegartes Geflügelfleisch
2 dl	Rahm, gehackte Kräuter

Mehl in Butter anschwitzen, Bouillon zugeben und unter Rühren aufkochen. Kochzeit 5 Minuten, Suppe vom Feuer nehmen, mit Rahm verfeinern, Geflügelfleisch und Kräuter beigeben.

Eisbergsalat
Salatsauce

Rezept Seite 57
Rezept Seite 360

Gefüllte Kalbsbrust
für 8 Personen

1 kg	zugeschnittene Kalbsbrust
400 g	Kalbsbrät
100 g	Schinkenwürfel
30 g	gesottene, geschälte Pistazien

Die flache Hälfte einer Kalbsbrust wird zugeschnitten, die Naht geöffnet, so dass eine Tasche entsteht.

Für die Füllung verwendet man mit Vorteil Kalbsbrät, vermischt mit Schinkenwürfeln und Pistazien oder anderer Garnitur. Die offene Seite wird zugenäht, die Brust in eine flache Form gebracht, angebraten, mit Weisswein abgelöscht. Dazu kommt klare Bratensauce, in der man die Kalbsbrust unter öfterem Begiessen zugedeckt weichschmort (glasiert).
Garzeit ca. 1 Std.

Bratkartoffeln

Rezept Seite 60

Schuhsohlen
ca. 8 Stück

| 200 g | Blätterteig |
| 200 g | Zucker |

Blätterteig im Zucker ausrollen. Die gewünschte Anzahl Plätze mit dem Rädchen schneiden, überzuckern, zusammenlegen und jeden einzelnen Plätz nochmals in reichlich Zucker ausrollen, so dass eine ovale Form entsteht. Bei mittlerer Hitze backen, wobei der Zucker an der Oberfläche karamelisiert.

Lauchcremesuppe

Gedämpfter Kabissalat

Kalbsbrust nach Münchner Art
Schlosskartoffeln
Überbackene Schwarzwurzeln
★
Erdbeertörtchen

Crème de poireaux

Salade de choux étuvés

Poitrine de veau bavaroise
Pommes château
Scorsonères au gratin

Tartelette aux fraises

Lauchcremesuppe

Rezept Seite 49

Kalbsbrust nach Münchner Art
für 4–6 Personen

1 kg	Kalbsbrust, die Naht in der Mitte gelöst, so dass eine Tasche entsteht.

Füllung:
200 g	Weissbrot ohne Rinde
0,5 dl	Milch zum Einweichen des Brotes
100 g	gehackte Zwiebeln
1	zerstossene Knoblauchzehe
30 g	Butter – gehackte Petersilie

Zwiebeln und Knoblauch in Butter dünsten, vor dem Beimischen abkühlen.
Alle Zutaten zu dickflüssiger Masse rühren, in die Brust einfüllen. Verschluss zunähen und Brust flachdrücken, damit die Füllung gut verteilt ist.
Die Brust in wenig Öl beidseitig anbraten, mit Weisswein und klarer Bratensauce ablöschen, dann zugedeckt unter öfterem Begiessen schmoren.
Garzeit ca. 1 Std.

Schlosskartoffeln

Rezept Seite 166

Schwarzwurzeln überbacken

Rezept Seite 73

Erdbeertörtchen – Früchtetörtchen
Zuckerteig für ca. 30 Böden in Alu-Förmchen:

250 g	Butter
250 g	Zucker
500 g	Mehl – 2 Eier, Prise Salz, Zitronengelb

Butter und Zucker zusammen schaumig schlagen und mit den restlichen Zutaten zu einem lockeren Teig kneten. Zugedeckt im Kühlschrank 30 Minuten abkühlen lassen. Dünn ausrollen, dann Förmchen damit belegen.
Böden nach dem Backen abkühlen lassen, mit flüssiger Blockschokolade ausstreichen und an kühlem Ort aufbewahren. Backzeit bei 180° ca. 15 Min.
Gewünschte Anzahl Förmchen mit Vanillecreme füllen. Kompottfrüchte, Erdbeeren, Himbeeren oder Johannisbeeren obendrauf verteilen, mit dem entsprechenden Gelee überziehen und stocken lassen.

Weisse Bohnensuppe

Chicoree mit Orangen

Glasierter Kalbsrollbraten
Emmentaler Kartoffeln
★
Ofenküchlein mit Preiselbeeren

Potage faubonne

Salade d'endives à l'orange

Roulade de veau glacée
Pommes emmentaloise

Chou Chantilly aux airelles rouges

Weisse Bohnensuppe
für 4 Personen

20 g	Butter
100 g	Zwiebeln, Lauch
150 g	eingeweichte weisse Bohnen
50 g	Kartoffeln
1 l	Gemüsebouillon
1/2 dl	Rahm

Zwiebeln und Lauch in kleine Würfel schneiden. In Butter dünsten, Bohnen und Kartoffeln kurz mitdünsten. Mit Bouillon auffüllen und während ca. 1 1/2 Stunden leicht sieden. Mit Mixer zerkleinern, mit Rahm verfeinern.

Chicoree mit Orangen

Rezept Seite 170
statt der Bananen mit Orangen

Glasierter Kalbsrollbraten
für 4 Personen

1 kg	Kalbsrollbraten von der Brust oder vom Hals
0,5 dl	Sonnenblumenöl
	Salz, Pfeffer
400 g	Gemüsewürfel von Karotten, Sellerie und Zwiebeln
1 dl	Weisswein
3 dl	klare Bratensauce
1 dl	Tomatenjus

Kalbsbraten rundum in Öl anbraten, würzen. Gemüsewürfel kurz mitbraten. Mit Weisswein ablöschen, Tomatenjus und Bratensauce dazugiessen, aufkochen und im Ofen zugedeckt, unter öfterem Begiessen, schmoren. Garzeit ca. 1 Std. Vor dem Aufschneiden lässt man den Braten während 10 Minuten ruhen, entfernt den Bindfaden und schneidet dicke Scheiben. Die Sauce wird entfettet, abgeschmeckt und mit den Gemüsewürfeln um die Bratenscheiben gegossen.

Emmentaler Kartoffeln
(Duchesse-Masse: Rezept Seite 21)

Mit Dressiersack und Sterntülle hohe Häufchen dressieren, je eine kleine Scheibe Emmentalerkäse (Schweizerkäse) darauflegen und überbacken.

Ofenküchlein (Windbeutel) mit Preiselbeeren

Rezept Seite 134

Fleischbrühe mit Teigwaren	Bouillon aux pâtes
Fenchelsalat mit französischer Sauce	Salade de fenouil à la française
★	
Rindsbraten nach Burgunder Art Kartoffelstock	Boeuf braisé bourguignonne Pommes purée
★	
Birnentorte mit Vanillecreme	Tarte aux poires à la crème vanille

---

Fleischbrühe

30 g Suppenteigwaren

Rezept Seite 371
Kochzeit 2–5 Minuten.

Fenchelsalat

500 g Fenchel
¼ Zitrone
2 dl französische Salatsauce

Fenchel waschen, fein hobeln und mit Zitronenwasser mischen. Mit Salatsauce anmachen.

Rezept Seite 358

Rindsbraten nach Burgunder Art
für 4 Personen

800 g gespickter Rindsbraten, während 2 Tagen mariniert mit Rotwein und Cognac
0,5 dl Sonnenblumenöl
3 dl Burgunder Wein
2 dl gebundene Bratensauce
3 dl Wasser, 1 Kalbsfuss
300 g Gemüse: Karotten, Sellerie, Lauch, mit Bindfaden zusammengebunden; 1 Lorbeerblatt, 1 Nelke, 1 zerquetschte Knoblauchzehe, 5 zerdrückte Pfefferkörner

Rindsbraten in Öl rundum anbraten. Wein, dann auch Wasser und Bratensauce dazugiessen, würzen und aufkochen. Gemüsebündel dazulegen, erst aus der Sauce nehmen, wenn das Gemüse gar ist. Es wird abgekühlt und wiederum als Garnitur mitserviert.
Braten im Ofen zugedeckt weichschmoren, dabei häufig mit der Sauce übergiessen. Entfetten.
Vor dem Aufschneiden wird der Braten an mässig warmem Ort während 10 Minuten ruhen gelassen. Die Sauce wird entfettet und, wenn nötig, eingekocht und nachgewürzt.
Garzeit ca. 1½ Std.

Kartoffelstock

Rezept Seite 163

Birnentorte mit Vanillecreme

Biskuitboden auf Kartonteller in Ringform legen, mit bayrischer Creme oder fester Vanillecreme ca. 2 cm dick auffüllen. Kompottbirnen lamellenartig schneiden und auflegen. Mit Kirschen garnieren und mit hellem Fruchtgelee überglänzen.

Kopfsalat
★
Nudeln Alfredo
★
Rindsbraten mit Kalbsfüssen
Schmelzkartoffeln
★
Birne mit Käse

Salade verte
★
Nouilles Alfredo
★
Boeuf braisé à la mode
Pommes fondantes
★
Poire et fromage

Kopfsalat
Salatsaucen

50 g pro Person.
Rezepte Seiten 358–360

Nudeln Alfredo
für 4 Personen

250 g	Mehl
2	Eier
10 g	Öl
20 g	Butter
150 g	Reibkäse (vollfett)
1 dl	Rahm
	Pfeffer, Basilikum, Salz

Hausgemachte Nudeln: Mehl, Eier und wenig Öl zu festem Teig kneten. Dünn ausrollen, nochmals mit Mehl bestäuben, zusammenlegen und 1 cm breite Nudeln schneiden. Diese sofort in siedendem Salzwasser während 2 Minuten kochen. Wenig kaltes Wasser ins Kochwasser schütten, Nudeln in ein Sieb leeren und abtropfen lassen. Im Kochgeschirr Butter schmelzen, Nudeln zurückleeren, würzen mit frischgemahlenem Pfeffer, Basilikum und Salz.
Vollfetten Reibkäse und geschlagenen Rahm locker unter die heissen Nudeln mischen, sofort auf heisse Teller anrichten.
Zubereitungszeit 40 Min.

Rindsbraten mit Kalbsfüssen

Rindsbraten mit Kalbsfüssen wie Rindsbraten nach Burgunder Art, Seite 87. Kalbsfüsse vom Knochen lösen, in Würfel schneiden und in die Sauce zurückgeben.
Zubereitungszeit 2 Std.

Schmelzkartoffeln

800 g	mittlere Kartoffeln
20 g	Butter
2 dl	Gemüsebouillon

Kartoffeln regelmässig schälen, in mit Butter bestrichene feuerfeste Form legen, mit der Bouillon übergiessen, mit Butter bepinseln. Im Ofen garen, öfters mit dem Fond bepinseln.

Grapefruitcocktail	Cocktail de pamplemousse
★	★
Gemüsesuppe nach Hausfrauenart	Potage bonne femme
★	★
Rindssauerbraten	Rôti de boeuf mariné
Spätzli in Butter	Frisettes au beurre
Rotkraut mit Kastanien	Choux-rouges aux marrons
★	★
Aprikosenkuchen	Tarte aux abricots

Grapefruitcocktail (239) 100 g ausgelöste Frucht pro Person

Gemüsesuppe nach Hausfrauenart
für 4 Personen

20 g	Butter
100 g	Lauch
200 g	geschälte Kartoffeln
1 l	Gemüsebouillon
1 dl	Rahm
	kleine Röstbrotscheiben
	gehackte Petersilie

Lauch und Kartoffeln feinblättrig schneiden. In der Butter während 5 Minuten dünsten. Mit Bouillon auffüllen und garkochen, ca. 15 Min. Mit Rahm verfeinern, Röstbrot und Petersilie obendrauf. Zubereitungszeit 40 Min.

Rindssauerbraten
für 4 Personen

1 kg	Rindsbraten von der Schulter
3 dl	Rotwein
1 dl	Rotweinessig
	Lorbeer, Nelken, zerdrückte Pfefferkörner, in Würfel geschnittenes Gemüse.
0,5 dl	Sonnenblumenöl
	Marinade vom Rindsbraten, separat aufgekocht, abgesiebt
2 dl	gebundene Bratensauce
100 g	Silberzwiebeln

Rindsbraten in Steinguttopf an kühlem Ort während 14 Tagen marinieren.
Rindsbraten in Öl allseitig anbraten, mit der Marinade ablöschen und mit der Bratensauce auffüllen. Im Ofen zugedeckt schmoren. Kurz vor dem Garpunkt die Silberzwiebeln mitschmoren. Entfetten. Zubereitungszeit 2 Std.

Spätzli Rezept Seite 28

Rotkraut mit Kastanien Rezept Seite 93

Aprikosenkuchen Rezept Seite 157

Roher Champignonsalat mit Eischeiben

Hühnerbrühe mit Gemüsestreifen

Chow mein – chinesisches Nudelgericht

Kiwi-Sorbet

Salade de champignons crus
garnie de lamelles d'oeufs durs

Bouillon de poule Julienne

Chow mein – nouilles à la chinoise

Sorbet aux kiwis

Champignonsalat
für 4 Personen

250 g	Champignons
1	Zitrone
0,5 dl	Sonnenblumenöl
	Salz, Pfeffer
20 g	gehackte Petersilie
1	kleiner Kopfsalat
1 dl	französische Salatsauce
2	hartgekochte Eier

Champignons in viel kaltem Wasser waschen, aus dem Wasser ziehen (die Erde sinkt im Wasser) und sogleich in Scheiben schneiden. Mit dem Saft einer Zitrone mischen, dann würzen und mit dem Öl mischen. Auf fertigen Kopfsalat anrichten.

Hühnerbrühe

Rezept Seite 92, Nudeln weglassen.

Chow mein
für 4 Personen

300 g	feine Eiernudeln, knapp gargekocht
0,5 dl	Sonnenblumenöl
	Knoblauch
20 g	frischer, geriebener Ingwer
200 g	gegrilltes Schweinefleisch, in Scheibchen geschnitten
200 g	Chinakohl, in kleine Scheiben geschnitten
200 g	Sojabohnenkeime
100 g	Frühlingszwiebeln, geviertelt
1 dl	Wasser, Sojasauce, ca. 5 g Maisstärke

Nudeln mit ganz wenig Öl in Pfanne heiss machen. In Wok oder grosser Pfanne das restliche Öl erhitzen. Fleisch, dann das Gemüse und die Gewürze leicht anbraten, fortwährend wenden, bis alles heiss ist. Auf dem Boden des Wok Platz freimachen, um das Wasser mit Sojasauce und angerührter Maisstärke einzurühren. Alles locker mischen, abschmecken und auf den Nudeln servieren.
Anstelle von Schweinefleisch kann auch anderes, schon gegartes Fleisch oder Geflügel verwendet werden.
Anmerkung: Chow (sprich: tschau) heisst bewegen oder rühren.
Zubereitungszeit ca. 20 Min.   →

Kiwi-Sorbet

Rezept Seite 204

Nudelsuppe mit Huhn

Stangensellerie mit Essigkräutersauce

Glasierter Schweinsbraten
Rosmarinkartoffeln
Blattspinat
★
Weichkäse mit Birne und Nüssen

Nudelsuppe mit Huhn

Céleri en branches vinaigrette

Rôti de porc glacé
Pommes rissolées au romarin
Epinards en feuilles

Fromage à pâte molle, poire et noix

Nudelsuppe mit Huhn
für 10 Personen

1	Suppenhuhn
2 l	Gemüsebouillon
100 g	Nudeln
400 g	Gemüsestreifen
	Salz, Pfeffer
	gehackte Kräuter

Suppenhuhn oder Hühnerteile in Gemüsebouillon garen. Etwas abkalten lassen,

Knochen und Haut entfernen, das Fleisch in kleine Stücke zerteilen. Garzeit ca. 30 Min., bei Suppenhuhn ca. 2 Std.
Abgesiebte Bouillon unterdessen wieder aufsetzen, diesmal mit Gemüsestreifen. Kurzgeschnittene Nudeln darin knapp weich kochen, Hühnerfleisch beigeben, abschmecken und mit gehackten Kräutern servieren.
Die Bouillon sollte nie stark kochen und gut abgefettet werden.

Stangensellerie
Essigkräutersauce

Rezept Seite 117
Rezept Seite 359

Glasierter Schweinsbraten
für 4 Personen

800 g	Schweinebraten von der Laffe
0,5 dl	Sonnenblumenöl
	Salz, Pfeffer, Lorbeerblatt,
	1 zerquetschte Knoblauchzehe
200 g	in Würfel geschnittenes Gemüse
	(Karotten, Sellerie, Zwiebeln)
1 dl	Tomatenjus
1 dl	Weisswein
2 dl	gebundene Bratensauce

Schweinefleisch in Öl rundum anbraten, würzen.
Gemüsewürfel kurz mitdünsten, mit Tomatenjus ablöschen und einkochen. Weisswein und Bratensauce zugeben. Zugedeckt im Ofen unter öfterem Begiessen garen und überglänzen.
Zubereitungszeit 1¼ Std.

Rosmarinkartoffeln

Rezept Seite 166
mit frischem Rosmarin

Blattspinat

Rezept Seite 16

Schweinsbraten nach schwedischer Art

Brennesselcremesuppe	Crème d'ortie
★	★
Gemischter Salat	Salade assortie
★	★
Schweinsbraten nach schwedischer Art	Rôti de porc suédoise
Herzoginkartoffeln	Pommes duchesse
Rotkraut	Choux-rouges
★	★
Gebrannte Creme	Crème brûlée
Preussen	Prussien

Brennesselcremesuppe — Rezept Seite 57

Gemischter Salat — Rezept Seite 361

Schweinsbraten nach schwedischer Art
für 4 Personen

800 g	Schweinsbraten vom Nierstück
100 g	getrocknete, in Wasser eingeweichte und entsteinte Pflaumen
100 g	kleine Zwiebeln
1 dl	Weisswein
2 dl	gebundene Bratensauce

Mitten durch den Braten mit schmaler Messerklinge ein Loch stechen, dieses mit dem Abziehstahl erweitern, dann das Pflaumenfleisch hineinfüllen. In Öl anbraten, Zwiebeln dazugeben und leicht dünsten. Weisswein und Bratensauce dazuleeren. Zugedeckt im Ofen unter öfterem Übergiessen glasieren.
Garzeit ca. 1 Std.

Herzoginkartoffeln
(Duchesse-Masse: Seite 21)

Mit Dressiersack und Sterntülle hohe Rosetten dressieren, mit Butterflocken obendrauf im Ofen backen.

Rotkraut

1 kg	gehobeltes Rotkraut
1	Zwiebel, fein gehackt
½ dl	Öl oder Schweinefett
1 dl	Rotwein
1	Essl. Rotweinessig
2	Äpfel, feingeschnitten
100 g	Kastanien (ev.)

Zwiebeln im Öl andünsten, Rotkraut zugeben und zugedeckt während 10 Min. mitdünsten. Rotwein, Essig, Salz und Äpfel beigeben und mischen. Zugedeckt weichschmoren. Kastanien werden während den letzten 15 Min. mitgeschmort.
Garzeit ca. 1 Stunde.

Gebrannte Creme — Rezept Seite 39

Avocadosalat mit Essigkräutersauce

Kraftbrühe mit Sherry

Chili con carne – mexikanischer Eintopf
Weisser Reis
★
Ananassalat mit Rum

Salade d'avocats vinaigrette

Consommé au sherry

Chili con carne
Riz blanc

Salade d'ananas au rhum

Avocado
Grüne birnenförmige Tropenfrucht, enthält einen grossen runden Stein, der beim Halbieren der Frucht entfernt wird. Das weiche Fleisch kann mit einem Löffel aus der ledernen Aussenhaut gestochen und, mit Meerfrüchten vermischt, als Salat serviert werden.

Avocadosalat

Halbe entsteinte Avocado, auf Salatblätter angerichtet, mit Essigkräutersauce übergossen.

Kraftbrühe mit ¹/₂ dl Sherry

Kraftbrühe Rezept Seite 229

Chili con carne
für 4 Personen – 260 kcal p. P.

400 g	mageres Rindfleisch, in kleine Würfel geschnitten
20 g	Sonnenblumen- oder Olivenöl
1 dl	Fleischbrühe
	Jamaikapfeffer, Chilipulver, Salz
1	Knoblauchzehe, in feine Scheiben geschnitten
100 g	Zwiebeln, in daumennagel- grosse Stücke geschnitten
200 g	Peperoni, geschnitten wie die Zwiebeln
300 g	Tomaten, in groben Würfeln
100 g	rote Bohnen

Bohnen über Nacht in kaltem Wasser einweichen. Das Fleisch im Öl anbraten, mit Fleischbrühe übergiessen und zugedeckt schmoren.
Nach halber Garzeit die Bohnen, Knoblauch und Gewürze dazugeben. Zwiebeln und Peperoni im restlichen Öl anbraten. Mit den rohen Tomaten zum Fleisch geben. Einige Minuten ziehen lassen, mischen und würzen.
Zubereitungszeit 1 Std.

→

Weisser Reis

Rezept Seite 26

Annanassalat

In kl. Stücken mit Zucker und Bacardi.

Grüner Bohnensalat mit
Sardellenfilets und Oliven

Klare Ochsenschwanzsuppe

Schweinsfilet mit Paprika
Eiernudeln in Butter
Gebratene Auberginen

Exotischer Fruchtsalat

Salade de haricots verts à l'oeuf,
filets d'anchois et olives

Oxtail clair
★
Filet de porc au paprika
Nouillettes au beurre
Aubergines parisienne

Salade de fruits exotiques

Klare Ochsenschwanzsuppe
für 20 Personen
Diese Suppe bereitet man am besten zu, wenn wieder einmal Ochsenschwanzragout gewünscht wird.

2 kg	Ochsenschwanz, in Ragoutstükke geschnitten
1 dl	Sonnenblumenöl
100 g	Zwiebelwürfel
50 g	Tomatenpüree – Salz, Pfeffer, Streuwürze, 1 Nelke, Lorbeer, Rosmarin
6 l	Wasser

Ochsenschwanz langsam anbraten, bis die Stücke hellbraun sind. Zwiebeln beifügen, wenden, mit Tomatenpüree vermischen und langsam weiterrösten, bis das Tomatenpüree braun geworden ist. Bratfett so gut wie möglich abschütten, mit Wasser auffüllen, gut würzen, aufkochen und während einer halben Stunde auf dem Siedepunkt garen. – Das Fleisch, das für Ragout gebraucht wird, herausnehmen und weiterverarbeiten. Restliche Stücke weitersieden lassen, bis sie gar sind. Suppe öfters abschäumen und entfetten, eventuell nachwürzen. Fleisch herausnehmen, auslösen, wenn möglich in warmem Zustand pressen und erkalten lassen. Kleine Würfel schneiden.
Aus Karotten und Sellerieknolle feine Würfelchen schneiden, in der nach Art einer Kraftbrühe (S. 229) geklärten Ochsenschwanzsuppe weichsieden. Fleisch zugeben.
Zubereitungszeit ca. 3 Std.

Schweinsfilet mit Paprika
für 4 Personen

400 g	Schweinsfilet, in 8 gleich schwere Stücke geschnitten, leicht geklopft
120 g	Kochspeck, in 8 Scheiben geschnitten
20 g	Butter, Mehl, süsser Paprika, Salz, Streuwürze, Pfeffer
100 g	gehackte Tomaten
2 dl	geschlagener Rahm

Schweinsmedaillons mit je einer Speckscheibe umwickeln, nochmals flachdrücken, beidseitig in Mehl wenden, mit Paprika bestreuen, dann in mässig heisser Butter beidseitig anbraten. Würzen. Fleischstücke in feuerfeste Platte legen, mit geschlagenem Rahm bedecken und mit den gehackten Tomaten bestreuen. Würzen mit Streuwürze, Pfeffer und wenig Paprika. Im Ofen während 5 Minuten heiss überbacken.
Zubereitungszeit 25 Min.

Hafersuppe mit Gemüsewürfelchen	Crème aux flocons d'avoine brunoise
★	★
Kopfsalat mit Kräutersauce	Salade verte aux fines herbes
★	★
Kalbsfrikassee mit Frühlingszwiebeln	Fricassé de veau aux petits oignons
Kartoffelstock	Pommes purée
Broccoli mit gehobelten Mandeln	Brocoli aux amandes effilées
★	★
Kleiner Pfannkuchen mit Äpfeln	Crèpe normande

Hafersuppe Rezept Seite 40

Kalbsfrikassee mit Frühlings-zwiebeln

für 4 Personen

600 g	Kalbfleisch in Ragoutwürfeln
0,5 dl	Sonnenblumenöl
20 g	Weissmehl
1 dl	Weisswein
	Salz, Pfeffer, Streuwürze,
	2 Lorbeerblätter, 1 Nelke
200 g	kleine, geschälte Zwiebeln
2 dl	Wasser
1 dl	Rahm
	gehackte Petersilie

Das Kalbfleisch im Öl bei schwacher Hitze andünsten, würzen und die Zwiebeln beigeben und mitdünsten.
Mit Mehl bestäuben, sorgfältig umrühren und das Mehl während 5 Minuten anschwitzen.
Mit Wasser und Weisswein auffüllen, dann das Fleisch garsieden.
Garzeit ca. 1 Std.
Fleisch und Zwiebeln in Servierschüssel anrichten.
Die Sauce, wenn nötig, einkochen, mit Rahm verfeinern und durch ein feines Sieb über das Fleisch giessen. Kräuter darüberstreuen.

Kartoffelstock Rezept Seite 163

Broccoli Rezept Seite 373

Kleine Pfannkuchen mit Äpfeln

4	Äpfel, geschält, entkernt, in kleine Scheiben geschnitten
10 g	Zitronensaft
50 g	Zucker
30 g	eingeweichte Weinbeeren
	Zimt, Calvados
10 g	Butter

Butter in einer Kasserole schmelzen, dann Äpfel und alle Zutaten beigeben. Locker wenden, bis die Masse heiss ist. 4 Pfannkuchen offen auf eine Platte legen, die Apfelmasse darauf verteilen. Pfannkuchen rollen oder zweimal zusammenlegen, mit viel Puderzucker bestreuen und auf der Platte im Ofen heiss überbacken.
Sauce: Verdünnte Aprikosenmarmelade.

Geflügelcremesuppe	Crème à la reine
Warmes Backei auf Salat	Oeuf frit en croûte sur salade verte
Landschäftler Ochsenschwanzragout	Ragoût de queue de boeuf bâloise
Kartoffelkuchen	Pommes macaire
Birnenkompott mit Kirschen	Compôte de poires aux cerises

Geflügelcremesuppe   Rezept Seite 84

Warmes Backei auf Salat

4   gekochte, abgekühlte Eier

Eier schälen, dann in Mehl und in Bierteig wenden, leicht abstreifen. In Paniermehl wälzen. Bei ca. 160° in Öl schwimmend backen.
Halbieren, mit Schnittflächen nach oben auf Salat anrichten.
Eventuell mit Tartare-Sauce servieren (Seite 236).   →

Bierteig

3,3 dl   Bier (1 kleine Flasche)
230 g   Mehl, 1 Prise Salz

Kann nach dem Mischen aller Zutaten sofort verwendet werden.

Landschäftler Ochsenschwanzragout
für 4 Personen

1,2 kg   Ochsenschwanzragout
40 g   Mehl
1 dl   Rotwein
150 g   weiche Tomaten
1 l   Wasser
100 g   kleine Zwiebeln
0,5 dl   Öl
20 g   Butter
Salz, Pfeffer

Ochsenschwanzstücke in Öl anbraten, dann mit Mehl stäuben und weiterrösten, bis das Mehl gut angeschwitzt ist. Mit Rotwein ablöschen. Zerdrückte Tomaten beigeben.
Die Sauce so gut wie möglich glattrühren. Das Wasser dazugiessen, das Fleisch wird zugedeckt weichgeschmort. Garzeit ca. 2 Std.
Zwiebeln in Butter leicht anbraten und während einigen Minuten mit dem Fleisch mitkochen, mit Salz und Pfeffer würzen. Ochsenschwanz und Zwiebeln in Servierschüssel anrichten. Die Sauce zur gewünschten Dicke einkochen, durch ein Sieb auf das Fleisch giessen.

Kartoffelkuchen   Rezept Seite 253

Birnenkompott   Rezept Seite 100

Kartoffelsuppe mit Röstbrotwürfeln

Endiviensalat mit Kräutersauce

Kalbsragout nach Zigeunerart
Gebratene Maisschnitten

★

Kompottbirne mit Schokoladencreme

Purée Parmentier aux croûtons

Salade de scarole aux fines herbes

Sauté de veau zingara
Gnocchi de maïs

Poire Suchard

Kartoffelsuppe
für 4 Personen

10 g	Butter
100 g	gehackte Zwiebeln
100 g	weisser Lauch in Streifen
1 l	Gemüsebouillon
200 g	geschälte Kartoffeln

Zwiebeln und Lauch in Butter dünsten. Kartoffeln in feine Scheiben schneiden und beigeben. Mit Bouillon auffüllen und ca. 20 Minuten sieden. Mit Stabmixer mässig fein mixen. Zubereitungszeit 30 Min.

Endiviensalat

Hinweis Seite 17

Kalbsragout nach Zigeunerart
für 4 Personen – 260 kcal p. P.

600 g	Kalbfleisch in Ragoutwürfeln
20 g	Olivenöl
	Salz, Pfeffer, Rosenpaprika, Knoblauch
2 dl	gebundene Bratensauce
200 g	geschnittene Zwiebeln
100 g	Peperoni in Streifen
200 g	Tomaten in kleinen Würfeln
10 g	Butter, gehackter Liebstöckel

Das Kalbfleisch im Öl anbraten, würzen und in der Bratensauce garen. Peperoni und Zwiebeln in Butter dünsten, Tomatenwürfel beigeben und würzen. Mit dem Fleisch nochmals mischen, aufkochen und mit Liebstöckel bestreuen. Garzeit ca. 1 Std.

Maisschnitten

Rezept Seite 146

Fruchtkompott

100 g	Zucker
2 dl	Wasser
800 g	Früchte
$1/2$	Zitrone

Wasser und Zucker unter Rühren aufkochen. Geschälte Früchte schneiden, hineingeben, mit Zitrone beträufeln, dann zugedeckt während ca. 10 Minuten leicht kochen. (Für Birnen, Äpfel, Aprikosen, Zwetschgen, Rhabarber)

Schokoladencreme

Rezept Seite 338

Griessuppe mit Lauchstreifen	Potage semoule aux poireaux
Nüsslisalat mit gehacktem Ei	Salade de mâches Mimosa
Filetgulasch an Paprikarahmsauce, mit Kartoffeln und Karotten	Goulache hongroise à la minute aux pommes et carottes
Vermicelles mit Schlagrahm	Vermicelles Chantilly

Griessuppe mit Lauchstreifen
für 4 Personen

20 g	Butter
100 g	Lauchstreifen
30 g	Griess
1 l	Gemüsebouillon

Lauch in Butter während 5 Minuten dünsten. Griess beigeben und auf dem Feuer mehrmals wenden. Mit Bouillon auffüllen, umrühren. Kochzeit ca. 20 Minuten.

Nüsslisalat (Feldsalat)

200 g	Salat
2 dl	Salatsauce (358–360)
2	hartgekochte Eier

Salat in letzter Minute mit der Sauce mischen. Die Eier hacken und darüberstreuen.

Filetgulasch an Paprikarahmsauce
für 4 Personen

400 g	Rindsfiletspitzen, in Würfel oder dicke Streifen geschnitten
50 g	Butter
1 dl	gebundene Bratensauce
1 dl	Rahm
	Paprika edelsüss, Rosenpaprika, Salz, Streuwürze, gehackte Kräuter
200 g	geschälte Kartoffeln, in Würfel geschnitten
200 g	Karotten, in Stäbchen geschnitten
	Zitronensaft
50 g	fein gehackte Zwiebeln

Die Kartoffeln in wenig Salzwasser knapp garen. Das Wasser der Kartoffeln wird für die Griessuppe weiterverwendet.
Die Karotten in 10 g Butter und 1/2 dl Wasser mit wenig Salz dämpfen.
Rindsfiletspitzen in 20 g Butter anbraten, im letzten Moment würzen, herausnehmen.
Die Zwiebeln im Bratsatz andünsten, mit einigen Tropfen Zitronensaft beträufeln. Die Bratensauce darin aufkochen. Die Kartoffeln in der restlichen Butter schwenken und beigeben, ebenso die Karotten. Die Sauce mit Rahm verfeinern, dann das Fleisch daruntermischen und das Ganze mit Kräutern bestreuen.
Zubereitungszeit ca. 40 Min.

Vermicelles

Mit Milch und Zucker gekochte Kastanien, durch ein Sieb getrieben mit Kirsch und Rahm verfeinern.

Hühnerbouillon mit Sherry	Bouillon de poule au sherry
Lattichsalat mit Lauchstreifen	Salade de laitue aux poireaux
Schweinefleisch süss-sauer /	Porc à l'aigre-doux
Gwoo lo yook	Gwoo lo yook
Weisser Reis	Riz blanc
★	★
Mandarinen-Schaumgefrorenes	Mousse glacée aux mandarines

Hühnerbouillon mit ½ dl Sherry　　　　Rezept Seite 92

**Schweinefleisch süss-sauer
(chinesisch)**
für 4 Personen

400 g	zartes Schweinefleisch ohne Fett
	Sojasauce, Pfeffer, Fünf-Gewür-
	ze-Pulver
200 g	Weissmehl
1,5 dl	warmes Wasser,
	wenig Erdnussöl
1	Eischnee
	Öl zum Ausbacken

Das Fleisch in dicke Streifen oder Würfel
schneiden. In Sojasauce, Pfeffer und Ge-
würzpulver wenden und kühlstellen.
Mit Mehl und warmem Wasser einen glat-
ten Teig rühren, Öl daruntermischen und
30 Minuten ruhen lassen. In dieser Zeit
kann die Sauce zubereitet werden. Nach
30 Minuten das steif geschlagene Eiweiss
und Streuwürze in den Teig mischen. Die
Fleischstücke im Teig wälzen, dann bei
mittlerer Hitze schwimmend ausbacken
und auf Küchenpapier abtropfen lassen.
Fleisch und Sauce mischen, sofort servieren. Zubereitungszeit ca. 1 Std.　　→

Sauce

0,5 dl	Sojasauce manis (süss)
0,5 dl	trockener Sherry
1 dl	Tomatenjus, wenig Essig,
	1 zerdrückte Knoblauchzehe,
	geriebener Ingwer
0,5 dl	Wasser, 5 g Maisstärke
100 g	kleine Zwiebeln, geviertelt
100 g	Wasserkastanien in Scheiben
100 g	Peperoni in Würfeln
0,5 dl	Sonnenblumenöl oder Butter
200 g	Melonenwürfel oder Litschis

Sojasauce, Sherry, Tomatenjus und Essig
zusammen aufkochen. Maisstärke mit kaltem Wasser anrühren, um die Sauce damit zu binden. Öl erhitzen, Knoblauch,
Ingwer und alle Gemüse zugeben und
andünsten. Die Sauce einrühren, dann die
Melonenwürfel, Ananas oder Litschis untermischen.

Weisser Reis　　　　Rezept Seite 26

Mandarinen-Schaumgefrorenes　　　　Rezept Seite 26

Weisses Kalbsvoressen mit Schnittlauch

Gelberbssuppe mit Röstbrotwürfeln	Purée Victoria aux croûtons
★	★
Kabissalat mit Peperoni und Kümmel	Salade de choux aux poivrons et cumin
★	★
Weisses Kalbsvoressen mit Schnittlauch	Blanquette de veau à la ciboulette
Pilawreis	Riz pilav
Blattspinat mit Knoblauch	Epinards en feuilles à l'ail
★	★
Ofenküchlein mit Preiselbeeren	Chou Chantilly aux airelles rouges

---

Gelberbssuppe Rezept Seite 187

Kabissalat mit Peperoni und Kümmel
für 4 Personen – 80 kcal p. P.

300 g	fein gehobelter Weisskohl
100 g	Peperoni in Streifen
50 g	Zwiebeln in Streifen
20 g	Sonnenblumenöl, Essig
	Salz, Streuwürze, Kümmel

Weisskohl, Peperoni und Zwiebeln mit Öl, wenig Essig, Salz und Streuwürze anmachen. Nach ca. 10 Minuten kann nachgewürzt werden. Wenig Kümmel untermischen.
Kümmel wirkt Blähungen entgegen, ist aromatisch und steigert das Wohlbefinden.

Weisses Kalbsvoressen mit Schnittlauch
für 4 Personen

600 g	Kalbfleisch in Ragoutwürfeln
1	geschälte Zwiebel, gespickt mit Lorbeerblatt und Nelke
3 dl	Wasser
	Salz, Streuwürze, Pfeffer
1 dl	Weisswein
1 dl	Rahm
1	Eigelb
20 g	fein geschnittener Schnittlauch
20 g	Weissmehl
20 g	Butter

Kalbfleisch und Zwiebel in heisses Wasser geben, aufkochen und würzen. Weissmehl mit Butter in Kasserolle schwitzen. Sobald das Fleisch knapp gar ist, wird der entstandene Fond unter Rühren in die kalte Mehlschwitze geleert, der Weisswein beigegeben und mit Rahm und dem Eigelb verfeinert. Garzeit ca. 1 Std.
Das Fleisch kann nun in der Servierschüssel angerichtet werden. Durch ein Sieb wird die Sauce darübergegossen und mit Schnittlauch bestreut.

Pilawreis Rezept Seite 30

Blattspinat Rezept Seite 16

Ofenküchlein (Windbeutel) Rezept Seite 134

Hafercremesuppe mit Lauch	Crème d'avoine aux poireaux
★	★
Nüsslisalat mit gehacktem Ei	Salade de mâches Mimosa
★	★
Rindsragout mit Curry und Zimt	Sauté de boeuf à l'orientale
Reisküchlein	Galettes de riz
Gedämpfte Karotten	Carottes Vichy
★	★
Apfel im Schlafrock	Pomme en cage

Hafercremesuppe   Rezept Seite 40

Nüsslisalat (Feldsalat)   Rezept Seite 101

Rindsragout mit Curry und Zimt (orientalisches Rindsragout)

für 4 Personen

600 g	Rindfleisch in Würfeln, ca. 30 g
0,5 dl	Sonnenblumenöl
200 g	saure Äpfel in kleinen Scheiben
200 g	feingeschnittene Zwiebeln
100 g	Bananen in Scheiben
	Salz, Streuwürze, Currypulver, Zimtpulver
3 dl	Wasser
1 dl	Rahm oder 1 dl Kokosmilch

Rindfleisch in Öl dünsten. Würzen. Zwiebeln, dann Äpfel und Bananen mitdünsten.
Zudecken, das Feuer kleinstellen und ab und zu wenden. Sobald die Zwiebeln und Früchte zu Brei verkocht sind, kann man nachwürzen, mit Wasser auffüllen und das Fleisch zugedeckt garen.
Fleisch mit Gabel herausstechen und anrichten. Sauce mit Rahm oder Kokosmilch verfeinern und mit Stabmixer durcharbeiten.
Dieses Rezept ergibt ein geschmacklich unvergleichliches, pikantes Gericht.
Zubereitungszeit 2 Std.

Kokosmilch

200 g	Kokosflocken
2 dl	Milch

Kokosflocken werden mit siedend heisser Milch übergossen. Den entstandenen Brei gut mixen und auspressen. Ergibt 1 dl dicke Kokosmilch.
Übergiesst man dieselben Flocken nochmals mit 2 dl heisser Milch und mixt tüchtig, ergibt das Auspressen 1½ dl dünne Kokosmilch.

Reisküchlein   Rezept Seite 206

Gedämpfte Karotten   Rezept Seite 373

Apfel im Schlafrock   Rezept Seite 42

Klare Gemüsesuppe

Endiviensalat mit Peperoni

Rindsragout an Rotweinsauce
Polentaschnitten
Erbsen nach französischer Art
★
Zuppa inglese

Bouillon de légumes

Salade de scarole aux poivrons

Sauté de boeuf au vin rouge
Gnocchi de maïs
Petits pois à la française
★
Zuppa inglese

Rindsragout an Rotweinsauce
für 4 Personen

600 g   Rindfleisch in Würfeln, ca. 30 g
0,5 dl Sonnenblumenöl
400 g   Gemüsewürfel: Sellerie,
        Karotten, Zwiebeln
 20 g   Butter
  2 dl Rotwein
  2 dl gebundene Bratensauce
  1 dl Tomatenjus
        Salz, Pfeffer, Lorbeer,
        1 Nelke, 1 Zehe Knoblauch

Rindfleisch in Öl anbraten. Mit Rotwein ablöschen. Auffüllen mit Tomatenjus und Bratensauce. Zugedeckt auf kleinem Feuer weichschmoren.
Eine halbe Stunde vor Ende der Garzeit das Gemüse in der Butter dünsten und zusammen mit den Gewürzen beigeben. Vor dem Servieren die Nelke und den Lorbeer aus der Sauce nehmen.
Garzeit ca. 1$\frac{1}{2}$ Std.

Polentaschnitten (Maisschnitten)

Rezept Seite 146

Zuppa inglese
Rezept für 2 rechteckige Biskuitböden

125 g   Mehl
125 g   Staubzucker
  3   Eiweiss
  2 dl Rahm
  3 dl Milch
  3 dl Mascarpone
        Schokoladenstreusel
        Schokoladenpulver

Mehl und Zucker mischen, mit Rahm verdünnen, bis die Masse schwach zusammenläuft. Eiweiss zu nicht allzu steifem Schnee schlagen, sorgfältig unterziehen. Masse auf mit Butter bestrichenes Blech dressieren, bei 220° während 20 Minuten backen. Biskuitböden erkalten lassen. Mit Johannisbeergelee bestreichen.
Vanillecreme aus 3 dl Milch kochen, erkalten lassen, mit 3 dl Mascarpone aufschlagen, den ersten Boden bestreichen, den zweiten obenauf legen und ebenfalls mit dem Rest der Creme bestreichen. Mit Schokoladenstreusel und Schokoladenpulver überpudern. Im Tiefkühler anfrieren lassen, damit schöne Rechtecke geschnitten werden können.
Zubereitungszeit ca. 2 Std.   →

Tomatencremesuppe

Esterhazy-Salat

Rindsragout mit Kalbsfüssen
Makkaroni mit geriebenem Käse

Trüffelroulade

Crème de tomate

Salade Esterhazy

Sauté de boeuf à la mode
Macaroni au Sbrinz

Biscuit roulé aux truffes

Tomatencremesuppe

50 g	gehackte Zwiebeln
20 g	Butter, 30 g Mehl
1	zerstossene Knoblauchzehe
500 g	Pelati, Salz, Pfeffer
2 dl	Rahm, 2 dl Wasser

Zwiebeln in Butter anschwitzen. Knoblauch zugeben, mit Mehl bestäuben. Wasser zugeben, aufkochen, glattrühren, würzen, dann mit den Tomaten aufkochen. Mit Rahm verfeinern. Zubereitungszeit 20 Min. (Pelati = Tomaten aus der Dose)

Esterhazy-Salat

Rezept Seite 330

Rindsragout mit Kalbsfüssen
für 4 Personen

600 g	Rindfleisch in Würfeln, ca. 30 g
0,5 dl	Sonnenblumenöl
200 g	fein geschnittene Zwiebeln
1	Zehe Knoblauch, Lorbeer, 1 Nelke
1 dl	Tomatenjus, 1 dl Rotwein
2 dl	gebundene Bratensauce
400 g	Kalbsfüsse

Das Rindfleisch wird im Öl angebraten, mit Salz und Pfeffer gewürzt. Zwiebeln und Knoblauch beigeben, andünsten, dann mit Rotwein ablöschen. Mit Tomatenjus und Bratensauce auffüllen, aufkochen, Kalbsfüsse beigeben, zugedeckt weichschmoren. Garzeit ca. 2 Std.
Die gallertartige Schicht der Kalbsfüsse wird sorgfältig gelöst, in kleine Würfel geschnitten und der Sauce wieder beigegeben.

Makkaroni

Rezept Seite 9

Gallerte und ihre Bedeutung für unsere Gelenke

Gallerte enthält für die Gelenke wichtige Substanzen. Kalbskopf, Kalbsfüsse, aber auch dasselbe vom Schwein enthalten diese für uns unentbehrlichen Substanzen. Gallerte wird durch starkes Anbraten zerstört, sollte also so schonend wie möglich ausgesotten werden.
Und für Leute, die keine Kalbsfüsse mögen: Durch das Mitkochen ist ein Teil der Gallerte aus den Kalbsfüssen bereits in die Sauce übergegangen. Damit ist Ihnen schon geholfen, selbst wenn Ihr Hund schliesslich die Füsschen frisst!

Trüffelroulade

Bisquit Rezept Seite 321
Creme Rezept Seite 37

Minestrone	Minestrone
Buntgemischter Salat	Salade mêlée
Kaninchenragout an Kräutersauce	Sauté de lapin aux fines herbes
Polenta	Polenta
Gartenerbsen mit Butter	Petits pois frais au beurre
Gebrannte Creme	Crème brûlée

Gemüsesuppe

300 g	Gemüse
20 g	Butter
1 l	Wasser
	Salz, Pfeffer
20 g	Mehl (ev.), angerührt mit
1 dl	Wasser: Für ‹Potage paysanne›

heisst auf italienisch Minestra.
Blättrig geschnittenes Gemüse (Lauch, Zwiebeln, Karotten, Sellerie) werden in Butter gedünstet, mit Wasser aufgefüllt, gewürzt und knapp gar gekocht.
Gemüsesuppen werden auch mit Mehl gebunden, ev. mit Rahm verfeinert oder von Röstbrotscheiben begleitet.
Zubereitungszeit ca. 40 Min.

Minestrone

Beim Dünsten des Gemüses zusätzlich Tomatenpüree. Als Einlage kurz geschnittene Teigwaren, körniger Reis.

Verfeinern vor dem Servieren mit Spickspeck-Knoblauch-Petersilie, die zusammen püriert wurden.

Kaninchenragout an Kräutersauce
für 4 Personen

1 kg	Kaninchenragout mit Knochen
0,5 dl	Sonnenblumenöl
100 g	fein gehackte Zwiebeln
	Salz, Pfeffer
2 dl	Weisswein
2 dl	gebundene Bratensauce
1 dl	Tomatenjus
1	Zweig Wacholder, Zitronen-schale, Petersilie, Basilikum

Kaninchenragout im Öl anbraten. Würzen. Zwiebeln beigeben und andünsten. Ablöschen mit Weisswein. Auffüllen mit Bratensauce und Tomatenjus, anschliessend zugedeckt weichschmoren. Zum Schluss die gehackten Kräuter unter die Sauce mischen und nochmals abschmecken.
Garzeit ca. 1 Std.

Polenta (Maisbrei)

Rezept Seite 146

Gebrannte Creme

Rezept Seite 39

Kristina-Salat	Salade «Kristina»
Fleischbrühe mit Eierstich	Bouillon royale
Wiener Gulasch	Goulache de veau viennoise
Nudeln in Butter	Nouillettes au beurre
Gedämpfte Erbsen	Petits pois étuvés
★	
Malakow-Torte	Tourte Malakov

Kristina-Salat (schwedisch) Rezept Seite 118

Fleischbrühe Rezept Seite 371
Eierstich Rezept Seite 52

Wiener Gulasch
für 4 Personen

Zwiebeln in Öl andünsten. Kalbfleisch daruntermischen, kräftig würzen, mit Weisswein ablöschen und bei kleinem Feuer zugedeckt dünsten. Die Sauce wenn nötig etwas einkochen lassen. Den Rahm sorgfältig dazumischen. Garzeit ca. 1 Std.

600 g Kalbfleisch in Würfeln
400 g grob gehackte Zwiebeln
0,5 dl Sonnenblumenöl
       Salz, Paprika, Rosenpaprika
1 dl Weisswein, 1 dl Rahm

Nudeln Rezept Seite 141

Malakow-Torte – 435 kcal pro Stück
(ergibt 12 grosse Tortenstücke)

Tortenscheibe in Ringform mit Löffelbiskuits belegen. Dem Ring entlang rundum Biskuits stellen. – Eigelb mit Zucker schaumig schlagen. Gemahlene Mandeln, die kalt sein müssen, mit Rahmhalter vermischen. Mascarpone aufrühren, mit Eigelb und Mandeln mischen, mit Rum parfümieren. – Bis auf halbe Höhe einfüllen. Wieder eine Lage Löffelbiskuits obendrauflegen, dann mit der restlichen Füllung zudecken und glattstreichen. Mit geschlagenem Rahm verzieren – dieser Rahm kann auch mit Rahmhalter gefestigt werden. Mit Schokoladenpulver bestreuen, Rahm eventuell mit Kirschen garnieren. Zubereitungszeit 1 Std. →

60   kleine Löffelbiskuits mit 2 dl
      Milch und ½ dl Rum tränken
500 g Mascarpone
150 g Zucker
5   Eigelb
      Rum nach Geschmack
3   Briefchen Rahmhalter zum
      Festigen der Creme
250 g fein gemahlene, geröstete
      Mandeln, abgekühlt
2 dl geschlagener Rahm zum
      Garnieren
      Schokoladenpulver zum
      Überpudern

Kartoffelsuppe mit Tomaten	Purée Malakov
★	★
Italienischer Gemüsesalat	Salade italienne de légumes
★	★
Schweinspfeffer nach alter Art	Civet de porc à l'ancienne
Hausgemachte Spätzli	Frisettes maison
★	★
Apfelkuchen	Tarte aux reinettes

Kartoffelsuppe
Rezept Seite 100

| 1 dl | Tomatenpulpe aus der Dose | Einlage in die Suppe geben, zum Siede- |
| 50 g | gehackte Spinatblätter | punkt bringen. |

Italienischer Gemüsesalat
(auch russischer Salat)

Rezept Seite 314
aber ohne geräucherten Fisch

Schweinspfeffer nach alter Art
für 4 Personen

800 g	Schweinefleisch in groben Würfeln
0,5 dl	Sonnenblumenöl
1 dl	Tomatenjus
2 dl	gebundene Bratensauce
0,5 dl	frisches Schweineblut
100 g	kleine Zwiebeln, konserviert oder mit den Champignons gedünstet
50 g	Speckstreifen
100 g	geviertelte, gedünstete Champignons
10 g	Butter
	gehackte Kräuter, Salz, Pfeffer

Das Schweinefleisch wird während 8 bis 14 Tagen gebeizt.
Beize: 4 dl säuerlicher Rotwein, Karotten und Zwiebeln in Würfeln, Lorbeerblätter, Nelken, zerdrückte Pfefferkörner.

Fleisch in Auffangschüssel abtropfen lassen, in Öl so heiss wie möglich anbraten. Die Beize (der abgetropfte Rotwein) wird separat aufgekocht und sorgfältig über das Fleisch gesiebt. Tomatenjus und Bratensauce beigeben, aufkochen und bei kleiner Hitze im Ofen zugedeckt schmoren. Das Fleisch mit einer Gabel herausstechen und in Kochgeschirr warmhalten. Garzeit 1 Std.
Die Sauce nötigenfalls etwas einkochen, abschmecken und genau auf dem Siedepunkt vom Feuer nehmen. Blut einrühren. Die Sauce unter ständigem Umrühren zum Siedepunkt bringen, über das Fleisch sieben.
Speckstreifen in Lyonerpfanne rösten. Butter beigeben. Die Zwiebeln und Champignons zum Speck geben, schwenken und über das angerichtete Fleisch geben. Kräuter darüberstreuen.

Spätzli
Rezept Seite 28

Apfelkuchen
Rezept Seite 157

Fleischbrühe mit Spinat und Champignons	Bouillon aux épinards et champignons
Frühlingsrolle	Rouleau de printemps
Su Dung-Po – Schweinefleisch nach Art des chinesischen Dichters Dung-Po Weisser Reis	Su Dung-Po Riz blanc
Banane mit Honig und Vanilleglace	Banane au miel et à la glace vanille

---

Fleischbrühe

30 g   Spinatblätter, grob gehackt
30 g   Champignons in Scheiben

Rezept Seite 371

Einlage in der Brühe aufkochen.

Frühlingsrollen

Rezept Seite 242

Su Dung-Po
für 4 Personen – 280 kcal p. P.

600 g   mageres Schweinefleisch in Würfeln
20 g   Sonnenblumenöl
0,5 dl   Sojasauce
        geriebener Ingwer, Chilisauce
1 kg   gehobelter Weisskohl
        Salz oder Streuwürze, Koriander

Fleisch in Öl leicht anbraten. Würzen mit Sojasauce, Chilisauce und Ingwer. Zugedeckt auf kleinem Feuer knapp weichdünsten. Garzeit ca. 40 Min. Wenn nötig Wasser nachgiessen. Weisskohl mit Streuwürze und Koriander mischen und zum Fleisch geben. Unter öfterem Mischen zugedeckt mitdünsten, bis der Kohl halbgar und zart ist. Zubereitungszeit ca. 1 Std. Dieses Gericht ist auf wundersame Art pikant und verträgt beim Essen immer wieder einen Löffel Reis. Dazu trinkt man am besten ein kühles Bier.

Weisser Reis

Rezept Seite 26

Bananen mit Honig

4   Bananen
20 g   Butter
100 g   Bienenhonig

Bananen längs und einmal quer halbieren, so entstehen Viertel. Bananen in der mässig heissen Butter wenden, dazu eignet sich eine Flambierpfanne am besten. Honig beigeben, heiss machen, Bananen darin nochmals wenden. Resthonig aus der Pfanne beim Servieren über die Bananen verteilen.

Vanilleglace

Hinweis Seite 20

Orientalischer Pouletsalat

Fleischbrühe mit Eierfäden

Maisschnitten mit Bologneser Sauce
Zucchetti mit Tomaten und Knoblauch

Orangencake

Salade de poulet orientale

Bouillon Xavier

Gnocchi de maïs bolonaise
Ratatouille niçoise

Cake à l'orange

Orientalischer Pouletsalat

2 Portionen – als Vorspeise für
4 Personen

300 g	gegartes Pouletfleisch ohne Haut und ohne Knochen, in kleine Stücke zerlegt
1 dl	dicke Mayonnaise (67) Streuwürze, Currypulver, Zitronensaft, eventuell Ananassaft
0,5 dl	geschlagener Rahm
100 g	Kompottfrüchte: Ananas, Birnen, Pfirsiche
100 g	Kirschen, Ananas Kopfsalatblätter, Pinienkerne

Mayonnaise würzen, mit Rahm mischen, Fleisch und Früchte sorgfältig daruntermischen.
Salat auf Kopfsalatblätter anrichten, mit ausgewählten Früchten garnieren.

→

Fleischbrühe mit Eierfäden

Rezept Seite 50

Bologneser Sauce

für 4 Personen

300 g	Rindfleisch, kleinwürflig geschnitten)
100 g	gehackte Zwiebeln
1	Zehe Knoblauch
20 g	Olivenöl. 10 g Butter
1 dl	Rotwein
2 dl	gebundene Bratensauce Salz, Pfeffer, Oregano, 2 Lorbeerblätter
100 g	Reibkäse separat

Rindfleisch und Zwiebeln in Öl und Butter anrösten. Mit dem Rotwein ablöschen. Bratensauce dazugeben, aufkochen, Gewürze beigeben, bei kleinem Feuer zugedeckt garen.
Garzeit ca. 20 Min.

Maisschnitten Rezept Seite 146

Zucchetti mit Tomaten

Rezept Seite 272

Orangencake

Rezept Seite 154

Fleischbrühe mit Griessklösschen

Chicoree und Tomaten
an Essigkräutersauce

Szegediner Gulasch
Kräuterkartoffeln
★
Ofenküchlein mit Vanillerahm

Bouillon bavaroise

Salade d'endives
et de tomates vinaigrette

Goulache szegedinoise
Pommes aux fines herbes

Chou Chantilly à la vanille

Fleischbrühe   Rezept Seite 371
Griessklösschen   Rezept Seite 251

Chicoreesalat

4	Stück Chicoree
2	Tomaten
2 dl	Essigkräutersauce (359)

Chicoree waschen, quer in Streifen schneiden. Tomaten in feine Schnitze schneiden, mit Chicoree und Sauce locker mischen.

Szegediner Gulasch
für 4 Personen

600 g	Schweinefleisch in Würfeln
300 g	geschnittene Zwiebeln
0,5 dl	Sonnenblumenöl
200 g	Sauerkraut (mildes)
	Salz, Paprika edelsüss,
	Rosenpaprika
100 g	roh geriebene Kartoffeln
	Gulaschgewürz
1 dl	Sauerrahm

Zwiebeln in Öl andünsten. Schweinefleisch dazumischen und würzen. Zugedeckt bei kleinem Feuer dünsten. Nach halber Garzeit das Diätsauerkraut daruntermischen. Vor Ende der Garzeit mit den geriebenen Kartoffeln binden. Garzeit ca. 1 Std. Separat auf den Tisch: Gulaschgewürz (Petersilie, Zitronenschale, Knoblauch und Kümmel, zusammen gehackt), Sauerrahm

Ofenküchlein (Windbeutel)   Rezept Seite 134

Semmelknödel

4	altbackene Brötchen in dünne Scheiben geschnitten
2 dl	heisse Milch
2	Eier
	Salz, Pfeffer, Muskat
30 g	Griess,
2 l	kochendes Salzwasser
40 g	Butter

Brötchen in der heissen Milch einweichen. Eier und Gewürze zugeben und zu dickem Brei rühren. Nach dem Erkalten werden Kugeln von 3 cm Durchmesser geformt. Griess falls die Knödel zu locker sind. Diese im Salzwasser knapp unter dem Siedepunkt während 15 Min. garen. Butter heiss machen, Knödeln darin wenden und sogleich servieren.

Nudelsuppe mit Huhn

Stangensellerie an Essigkräutersauce

Schweinsragout nach italienischer Art
Polenta – Maisbrei mit frischer Butter
Zucchetti mit Liebstöckel

Mandarinensorbet

Nudelsuppe mit Huhn

Céleri en branches vinaigrette

Sauté de porc à l'italienne
Polenta au beurre frais
Courgettes à la livèche

Sorbet aux mandarines

Nudelsuppe mit Huhn   Rezept Seite 92

Stangensellerie
für 4 Personen

| | | Stangensellerie rüsten und in ca. 10 cm lange Stücke schneiden. In Kochtopf mit gut schliessendem Deckel in wenig Salzwasser dämpfen. Erkalten lassen, mit Sauce übergiessen. Garzeit ca. 15 Min. |

600 g Stangensellerie
  2 dl Essigkräutersauce (359)

Schweinsragout nach italienischer Art
für 4 Personen

600 g Schweinefleisch in Würfeln
0,5 dl Olivenöl, 4 Knoblauchzehen
100 g kleine Zwiebeln, am besten
       Silberzwiebeln
300 g Tomaten in kleinen Würfeln
 50 g gefüllte Oliven, Oregano
  1 dl klare Bratensauce
       Salz, Streuwürze, Pfeffer,

Schweinefleisch in Öl leicht anbraten. Knoblauch und Zwiebeln mit dem Fleisch zusammen zugedeckt dünsten. Bratensauce dazugiessen.
Bevor das Fleisch ganz gar ist, Tomaten und Oliven beimischen und nochmals aufkochen. Gehackten Oregano darüberstreuen.
Reibkäse separat servieren.
Garzeit ca. 1 Std.

Polenta   Rezept Seite 146

Mandarinensorbet

  5 dl Wasser
300 g Zucker
  1 kg Mandarinen
 25 g Zitronensaft
  1 Eiweiss

In der Regel werden Sorbets aus dem Handel bezogen, da hausgemachte Produkte ohne Geliermittel schon nach einigen Stunden härten.

Wasser und Zucker zu Sirup kochen und erkalten lassen. Mandarinen schälen. Fruchtfleisch zu Püree mixen und beifügen. Zitronensaft und Eiweiss zur Masse geben. Durch Sieb treiben. In Glacemaschine gefrieren. Sofort servieren.

Kristina-Salat
Salade «Kristina»

Gemüsebouillon mit Backerbsen
Bouillon de légumes aux pois frits

Brätkügelchen an Curryrahmsauce
Pilawreis
Orientalische Beilage

Boulettes à l'indienne
Riz pilav
Garniture orientale

Fruchtsalat mit Kiwi
Salade de fruits aux kiwis

Kristina-Salat (schwedisch)

3	Äpfel in kleinen Würfeln
200 g	Maiskörner aus der Dose
250 g	Thon, Cayenne-Pfeffer
2 dl	Mayonnaise, Ketchup

Alle Zutaten sorgfältig mischen (Mais und Thon gut abgetropft) Cayenne-Pfeffer wird sparsam verwendet. Dieser ausgezeichnete Salat sollte süsslich und würzig schmecken.

→

Brätkügelchen an Curryrahmsauce
für 4 Personen

400 g	Brät, grob oder fein, kann vom Metzger gekauft werden
0,5 l	leicht gesalzenes Wasser auf dem Siedepunkt
20 g	Butter
50 g	fein gehackte Zwiebeln Currypulver
20 g	Weissmehl
1 dl	Rahm Zitronensaft oder nach Geschmack Ananassaft

Das Brät mit zwei in kaltes Wasser getauchten Löffeln zu kleinen Klösschen oder mit nassen Händen zu kleinen Kugeln formen und im Wasser während drei Minuten garen.
Zwiebeln in Butter dünsten, mit Mehl bestäuben und weiterrösten, bis das Mehl eine gelbliche Färbung angenommen hat. Kasserolle vom Feuer nehmen, Currypulver dazumischen, ca. 2 dl Fond vom Brät hineinschwingen und aufkochen. Sobald die Sauce die gewünschte Dicke erreicht hat, Fruchtsaft zugeben, den Rahm und schliesslich die abgetropften Brätkügelchen hineingeben. Zubereitungszeit ca. 30 Min.

Pilawreis

Rezept Seite 30

Orientalische Beilage nach Ihren Ideen

Schnitze von frischen Ananas, feine Streifen von Eieromeletten, Schinkenstreifen, Krupuk (fritiertes Krabbenbrot), süsssaure Früchte, Mango- oder andere Chutneys, Gurkensalat mit Yoghurt.

Fruchtsalat mit Kiwi

Rezept Seite 9

Reissuppe mit Gemüsewürfelchen

Kopf- und Tomatensalat

Ungarisches Gulasch
Spätzli in Butter
★
Orangensalat

Crème Caroline brunoise

Salade verte et de tomates

Goulache hongroise
Frisettes au beurre

Salade d'oranges

Reissuppe mit Gemüsewürfelchen
für 4 Personen

20 g	Butter
100 g	Gemüse, in kleinste Würfel geschnitten
1 l	Gemüsebouillon
30 g	Reis
50 g	Mehl
1 dl	Milch
1 dl	Rahm
20 g	gehackte Petersilie

Gemüse in Butter andünsten, Reis beimischen. Mit Bouillon auffüllen, unter wenden aufkochen und auf kleinstem Feuer sieden lassen, bis der Reis gar ist.
Mehl mit Milch anrühren, in die Suppe rühren, aufkochen, mit Rahm verfeinern. Gehackte Petersilie darüberstreuen.

Ungarisches Gulasch
für 4 Personen – 270 kcal p. P.

600 g	Rindfleisch in Würfeln von 40 g (am besten vom Schenkel)
600 g	grob gehackte Zwiebeln
20 g	Sonnenblumenöl
	Paprika edelsüss, Rosenpaprika, Salz

Zwiebeln im Öl andünsten. Fleisch dazugeben, kräftig würzen. Unter öfterem Wenden zugedeckt zum Siedepunkt bringen. Feuer kleinstellen. Das Gulasch bis zum Garpunkt im eigenen Saft dünsten. Garzeit ca. 1$\frac{1}{2}$ Std.
Was Sie noch daruntermischen dürfen: Karotten, in nicht zu dünne Stäbchen geschnitten; Peperoni, in Würfel oder Streifen geschnitten – aber bitte nichts weiter! Vor dem Servieren darf man das Gulaschgewürz darüberstreuen oder daruntermischen – nicht mehr aufkochen! Gulaschgewürz (Knoblauch, Petersilie, Zitronenschale und Kümmel, alles zusammen feingehackt).
Mit diesem Rezept erhalten Sie von selbst eine kraftvolle, gebundene, braune Sauce, ohne weiteres Dazutun.

Spätzli Rezept Seite 28

Orangensalat Rezept Seite 45

Fleischbrühe mit Flädli	Bouillon Célestine
Buntgemischter Salat	Salade mêlée
★	★
Brätkügelchen an Weissweinsauce im Reisring	Boulettes au vin blanc Bordure de riz
★	
Pfirsichsalat	Salade de pêches

Fleischbrühe   Rezept Seite 371

Flädli – Pfannkuchenstreifen
für 10–20 Personen

4	Eier
150 g	Weissmehl
2 dl	Milch
	Salz, gehackte Kräuter
50 g	flüssige Butter

Mehl, Milch, Salz und Kräuter in einer Schüssel glattrühren. Eier zugeben und aufschlagen. Flüssige Butter in warmem Zustand unter die Masse schlagen. Kleine Bratpfanne aufs Feuer stellen, mit Butter bepinseln, dann dünne, hellbraune Pfannkuchen herstellen. Nach dem Erkalten (nicht aufeinanderschichten, solange sie warm sind) in löffelbreite Streifen schneiden.

Buntgemischter Salat   Rezept Seite 361

Brätkügelchen an Weissweinsauce
für 4 Personen

400 g	Bratwurstbrät
0,5 l	leicht gesalzenes Wasser
20 g	Butter
50 g	fein gehackte Zwiebeln
20 g	Weissmehl
1 dl	Weisswein
1 dl	Rahm
	Streuwürze, Pfeffer, Zitronensaft, gehackte Petersilie

Das Brät mit zwei in kaltes Wasser getauchten Löffeln zu kleinen Klösschen oder mit nassen Händen zu kleinen Kugeln formen und im siedenden Wasser während drei Minuten pochieren – nicht kochen lassen!
Zwiebeln in Butter dünsten, mit Mehl bestäuben und noch etwas weiterrösten. Kasserolle vom Feuer nehmen, Weisswein und ca. 2 dl vom Fond der Brätkügelchen hineinschwingen und aufkochen. Kochzeit ca. 5 Minuten. Rahm dazugeben, abschmecken. Die abgetropften Brätkügelchen werden in die Reisringe gefüllt, mit der Sauce überzogen und mit gehackten Kräutern bestreut.
Zubereitungszeit ca. 30 Min.

Pilawreis   Rezept Seite 30

Pfirsichsalat   Rezept Seite 180

Fleischbrühe mit Gemüsestreifen

Lattichsalat mit Essigkräutersauce

Kalbssteak Pojarski –
aus reinem Kalbfleisch
Zwiebelrahmsauce
Überbackener Kartoffelstock
Blattspinat mit Knoblauch
★
Kleiner Pfannkuchen mit Erdbeeren

Bouillon Julienne

Salade de laitue romaine vinaigrette

Steak de veau Pojarsky
Sauce crème aux oignons
Pommes Mont d'Or
Epinards en feuilles à l'ail

Crêpe aux fraises

Fleischbrühe

Rezept Seite 371

Kalbssteak Pojarski
für 4 Personen

300 g   mageres Kalbfleisch
        Salz, Pfeffer, Streuwürze
100 g   in Butter gedünstete Zwiebeln,
        gut abgekühlt, Butter 10 g
  1 dl eisgekühlter Rahm
 50 g   frisch geriebenes Weissbrot

Kalbfleisch so kalt wie möglich fein hacken. Mit den pürierten Zwiebeln und Gewürzen vermengen, den Rahm darunterarbeiten, zu 4 Koteletten formen und in der Weissbrotkrume wälzen.
Diese Steaks werden ordentlich flachgedrückt und in Butter langsam gebraten.
Wir schreiben: «aus reinem Kalbfleisch», damit unsere Gäste erkennen, dass es sich um gehacktes Kalbfleisch handelt, also von hoher Qualität.

Zwiebelrahmsauce

150 g   gehackte Zwiebeln
 20 g   Butter
 10 g   Mehl
  2 dl Wasser
        Paprika, Rosenpaprika, Salz
½ dl   Rahm

Die gehackten Zwiebeln in Butter dünsten, mit Mehl bestäuben, vom Feuer nehmen, dann erst die Gewürze beimischen. Wir füllen auf mit warmem Wasser, lassen während mindestens 10 Minuten leise kochen und mixen die Sauce, bis sie hell und sämig wird. Rahm kann hier sparsam verwendet werden, da diese pikante Sauce durch die Zwiebeln schon cremig ist.

Überbackener Kartoffelstock

Rezept Seite 21

Blattspinat

Rezept Seite 16

Kleine Pfannkuchen

Seite 244

Grünerbssuppe mit Röstbrotwürfeln	Purée Saint Germain
Chicoreesalat mit Bananen	Salade d'endives aux bananes
Hackbraten nach Grossmutterart	Rôti hâché grand-mère
Zwiebelsauce	Sauce lyonnaise
Kartoffelstock	Pommes purée
Gedämpfte Karotten	Carottes Vichy
★	
Halbgefrorene Rahmschnitte	Mille-feuilles glacé Chantilly

Grünerbssuppe   Rezept Seite 187

Chicoreesalat mit Bananen   Rezept Seite 170

Hackbraten nach Grossmutterart
für 4 Personen

300 g   Bratwurstbrät
300 g   fein gehacktes Rindfleisch
150 g   Weissbrot ohne Rinde,
        in 0,5 dl Milch eingeweicht
2   Eier, gehackte Petersilie,
        Paniermehl, Salz und Pfeffer,
        Sonnenblumenöl und Butter

Alle Zutaten, ausser dem Paniermehl, zu bindender Masse kneten, in Paniermehl wälzen und zugleich formen.
Bratpfanne mit Fettstoff im heissen Ofen vorwärmen, den Hackbraten darin allseitig anbraten. Bei niedriger Temperatur fertigbraten. Garzeit ca. 40 Min.

Zwiebelsauce   Rezept Seite 251

Halbgefrorene Rahmschnitte
ergibt 6–10 Rahmschnitten

300 g Blätterteig dünn zu Rechteck ausrollen, mit Zucker bestreuen, mit Gabel dicht stechen. Auf dem Backblech während 30 Minuten im Kühlschrank ruhen lassen, dann bei 180° während ca. 20 Minuten backen. Den knusprigen, hellbraunen Boden auf Tranchierbrett legen, mit Backblech leicht flachdrücken und in 3 gleichgrosse Bänder schneiden. Diese Böden können mit Aprikosen- oder Himbeermarmelade bestrichen werden.
Der erste Boden wird mit der Hälfte der Füllcreme bestrichen, der zweite Boden daraufgelegt und mit der restlichen Creme bestrichen, der dritte Boden daraufgelegt, angedrückt und mit Staubzucker überpudert oder mit Fondant überglänzt.

Rahm zum Füllen

4 dl   Rahm
30 g   Zucker

Geschlagenen Rahm mit Zucker vermischen. Eventuell Sauerkirschen beigeben. Das Ganze im Tiefkühler anfrieren lassen und mit Sägemesser schneiden.

Maiscremesuppe	Crème Washington
★	★
Grüner Salat mit Tomatenschnitzen	Salade verte aux tomates
★	★
Hamburgersteak mit Spiegelei	Hamburgersteak à l'oeuf
Kartoffel-Chips	Pommes chips
Gebratene Zucchetti mit Speck	Courgettes sautées au lard
★	★
Erdbeeren mit Schlagrahm	Fraises Chantilly

Maiscremesuppe Rezept Seite 209

Grüner Salat: 50 g pro Person Salatsaucen, Rezepte Seiten 358–360

Wissenswertes über Hamburger-steaks:
Hamburgersteak

Aus gehacktem Rindfleisch, in Milch eingeweichtem Weissbrot, gehackter Zwiebel, Ei und Gewürzen.

Deutsches Beefsteak

Aus Rind- und Schweinefleisch, in Milch eingeweichtem Weissbrot, gehackten Zwiebeln, Ei und Gewürzen. Geröstete Zwiebeln als Garnitur.

Amerikanischer Hamburger

Aus gehacktem Rindfleisch und Gewürzen.

Cheeseburger – Käseburger

Amerikanischer Hamburger, mit Käse überbacken.

Kartoffel-Chips

1 kg grosse Kartoffeln
Backöl (Friture)
Salz, evtl. Paprika

Kartoffeln schälen, mit Hobel in feine Scheiben schneiden, mit lauwarmem Wasser waschen, indem man sie mit den Händen im Wasser bewegt. Herausnehmen, abtropfen lassen, mit trockenem Küchentuch möglichst trockenreiben, damit sie locker sind. In Backöl bei 160° in kleinen Partien backen wobei man sie mit der Friturekelle öfters bewegt. Herausschöpfen, abtropfen lassen und würzen.

Gebratene Zucchetti – mit 50 g Speckwürfel Rezept Seite 272

Kreolischer Salat   Salade créole

Rindshackfleisch an Rotweinsauce   Viande de boeuf hâchée au vin rouge

Makkaroni mit Reibkäse und Butter   Macaroni au Sbrinz

Apfelkuchen mit Vanilleglace   Tarte aux pommes à la glace vanille

---

Kreolischer Salat   Rezept Seite 160

Rindshackfleisch an Rotweinsauce
für 4 Personen

400 g	grob gehacktes Rindfleisch
100 g	gehackte Zwiebeln
30 g	Sonnenblumenöl
	Salz, Pfeffer
1 dl	Rotwein
2 dl	gebundene Bratensauce
	gehackte Petersilie

Rindfleisch und Zwiebeln im Öl anrösten, würzen, mit Rotwein ablöschen und mit Bratensauce auffüllen und garen. Die gehackte Petersilie wird vor dem Servieren darübergestreut.

Als Variante können kurz vor dem Garpunkt des Fleisches 100 g kleine Tomatenwürfel mitgekocht werden.

Zubereitungszeit ca. 30 Min.

Makkaroni   Rezept Seite 9

Apfelkuchen mit Vanilleglace   Vanilleglace wird vor dem Servieren auf den ofenwarmen Apfelkuchen dressiert.

Früchtekuchen   Rezept Seite 157

Vanilleglace   Hinweis Seite 20

Berliner Pfannkuchen
ca. 30 Stück

3 dl	handwarme Milch
50 g	Hefe
1 kg	Weissmehl
6	Eier
100 g	Butter
70 g	brauner Zucker
20 g	Salz
	Backöl (Friture)
600 g	Marmelade

Hefe in der Milch auflösen. Alle Zutaten beigeben und zu Teig kneten.

Teig mit Tuch zugedeckt während 30 Min. ruhen lassen, dann 2 cm dick ausrollen, dazu möglichst wenig Mehl verwenden. Mit rundem Ausstecher von 7–10 cm ausstechen. Jeweils 2 Teigstücke aufeinanderlegen. Rand zusammendrücken, zwischen 2 Tüchern aufgehen lassen. Bei 170° schwimmend backen. Vor dem Erkalten seitwärts ein Loch in den Pfannkuchen stechen, durch welches mit Dressiersack und langer Tülle Marmelade eingefüllt wird.

Pariser Lauchsuppe	Potage parisienne
★	★
Nüssli- und Randensalat	Salade de mâches et betterave
★	★
Hackbraten nach Hausfrauenart	Rôti hâché bonne femme
Rahmsauce mit Champignons	Champignons à la crème
Nudeln in Butter	Nouillettes au beurre
Blattspinat	Epinards en feuilles
★	★
Flambierter Pfirsich mit Vanilleglace	Pêche flambée à la glace vanille

---

Pariser Lauchsuppe   Rezept Seite 29

Randensalat (Rote Bete)   Rezept Seite 29

Hackbraten nach Hausfrauenart   Alle Zutaten zu bindender Masse kneten,
für 4 Personen   in Paniermehl wälzen und zugleich for-
                                          men.

200 g	Bratwurstbrät
100 g	fein gehacktes Rindfleisch
100 g	Schinkenwürfeli
100 g	fein gehackte Zwiebeln
50 g	fein geriebene Karotten
	Salz, Pfeffer und Ingwer
150 g	Frangipane, gehackte Petersilie
20 g	Sonnenblumenöl, 10 g Butter
0,5 dl	Weisswein, Paniermehl

Bratpfanne mit Fettstoff im heissen Ofen vorwärmen, den Hackbraten darin allseitig anbraten. Bei niedriger Temperatur fertigbraten, wobei man nach halber Garzeit den Weisswein dazugiesst und den Braten öfters mit dem Bratfett und Weisswein überträufelt.
Garzeit ca. 40 Min.

Frangipane – reiche Panade   Milch, Butter und wenig Salz zum Siedepunkt bringen, Weissmehl mit Holzlöffel

1 dl	Milch
30 g	Butter
	wenig Salz
50 g	Weissmehl
2	Eigelb

einrühren und auf dem Feuer zu Teig rühren. In den heissen Teig 2 Eigelb einrühren. Frangipane muss kalt weiterverarbeitet werden.

Rahmsauce mit Champignons   Rezept Seite 259

Blattspinat   Rezept Seite 16

Flambierter Pfirsich   Rezept Seite 213

Gefüllte Peperoni

Glarner Rahmsuppe	Crème glaronaise
★	★
Buntgemischter Salat	Salade mêlée
★	★
Gefüllte Peperoni mit Rindfleisch und Reis	Poivron farci de boeuf hâché et riz
★	★
Aprikosentörtchen	Tartelette aux abricots

Glarner Rahmsuppe (Käsesuppe)
für 4 Personen

1	gehackte Zwiebel
1	zerdrückte Knoblauchzehe
30 g	Butter
20 g	Mehl
5 dl	Gemüsebouillon
100 g	Schmelzkäse (Schachtelkäse)
1	Ecke grüner Schachtelkäse oder wenig Schabzieger
1 dl	Vollrahm, Salz, Pfeffer, Paprika

Zwiebeln und Knoblauch in Butter andünsten, mit Mehl stäuben, kurz weiterdünsten. Mit Brühe unter Rühren aufkochen, Käse unter Rühren zugeben, Suppe würzen und mit dem Rahm verfeinern.
Zubereitungszeit ca. 30 Min.

Als Eintopfgericht

Doppeltes Rezept.
Als Einlage: in Streifen geschnittene, angedünstete Paprikaschoten und Scheiben von Glarner Kalberwurst.

Buntgemischter Salat

Rezept Seite 361

Gefüllte Peperoni (Paprika)
für 4 Personen

8	Peperoni, gewaschen, Stielpartie herausgeschnitten und entkernt
1 dl	Weisswein
2 dl	Bratensauce
Füllung:	
100 g	vorgekochter Rohreis, kalt
200 g	gehacktes Rindfleisch
100 g	gehackte Zwiebeln Salz, Pfeffer, Paprika, 1 Ei, gehackte Petersilie

Gefüllte Peperoni dicht aneinander in passenden Kochtopf stellen, dessen Boden mit Butter ausgestrichen wurde.
Weisswein und gebundene Bratensauce darübergiessen, aufkochen, zugedeckt während einer halben Stunde auf dem Siedepunkt halten.
Die Peperoni sollten unbedingt nacheinander serviert und gemütlich gegessen werden. Nach diesem Menu werden Sie sich jung und frisch fühlen!

Aprikosentörtchen

Früchtetörtchen Rezept Seite 85

Gurken- und Tomatensalat Salade de concombres et tomates
Rührei auf Toast Oeuf brouillé sur toast
Gefüllte Rindshackroulade / Roulade de boeuf hâché,
mit Äpfeln, Zwiebeln und Curry / farcie de reinettes et oignons au curry
Türkischer Pilaf / Pilaf à la turque

Aprikosenkompott mit Vanilleglace / Compôte d'abricots à la glace vanille

---

Gurken- und Tomatensalat

Rezept Seite 361

Rührei

4	Eier
20 g	Butter
½ dl	Milch oder Rahm
	Salz
4	Toasts

Eier in einer Schüssel zerquirlen. In Kasserolle Butter erhitzen, Eier hineingeben, salzen, dann mit Holzspatel umrühren bis die Eimasse stockt. Kasserolle vom Feuer nehmen, kalte Milch unter das Rührei mischen.

Gefüllte Rindshackroulade
für 4 Personen

500 g	fein gehacktes Rindfleisch
100 g	Weissbrot ohne Rinde, in 0,5 dl Milch eingeweicht
20 g	gehackte Petersilie
1	Ei
	Salz, Streuwürze, Pfeffer

Diese Zutaten zu einem bindenden Teig verarbeiten, ein Blech mit Paniermehl bestreuen, das Fleisch zu einem ca. 1 cm dicken Rechteck formen. Die Füllung darauf verteilen, die Fleischmasse sorgfältig zusammenrollen, im Ofen bei schwacher Hitze und öfterem Begiessen mit Bratfett garen.
Garzeit ca. 40 Min. →

Hackroulade
mit gekochtem Fleisch
von einer Kraftbrühe:

150 g Hackfleisch und 300 g Bratwurstbrät ohne Brot zu Teig verarbeiten.

Füllung:

200 g	geschnittene Zwiebeln
20 g	Butter
100 g	geschälte Äpfel
	Salz, Ingwer, Currypulver

Die Zwiebeln in der Butter dünsten, die Äpfel in Scheiben nur kurz beigeben, würzen, dann die Füllung völlig erkalten lassen.

Türkischer Pilaf

Rezept Seite 284

Früchtekompott

Rezept Seite 100

Kraftbrühe mit Käsestroh	Consommé aux paillettes
Buntgemischter Salat	Salade mêlée
Piccata quattro stagioni	Piccata quatre saisons
Spaghetti mit frischer Butter	Spaghetti au beurre frais
Apfelschnitze mit Zimt	Compôte de reinettes à la cannelle

Kraftbrühe   Rezept Seite 229
Käsestroh   Rezept Seite 30
                        in feine Streifen geschnitten

Buntgemischter Salat   Rezept Seite 361

Piccata quattro stagioni
für 4 Personen

300 g	zartes Kalbfleisch, in kleine, dünne Schnitzel geschnitten Mehl	
2	aufgeschlagene Eier Salz, Pfeffer	
20 g	Olivenöl	
20 g	Butter	
100 g	Zucchini, in ganz kleine Würfel geschnitten	
30 g	gehackte Zwiebeln, Salz, Pfeffer	
1 dl	italienische Tomatensauce (145)	
1 dl	Bologneser Sauce (114)	
100 g	Saisonpilze, in Scheiben geschnitten	
10 g	Butter, Salz, Pfeffer	
1 dl	Cremesauce (277)	
200 g	Mozzarella, in 4 Scheiben geschnitten	

Kalbsschnitzel klopfen, in Mehl wenden, durch die Eier ziehen und in Öl und Butter kurz braten. Auf heisse Spaghettiportionen anrichten. Im Bratfett gehackte Zwiebeln und Zucchini dünsten, würzen und neben die Schnitzel auf die Spaghetti anrichten. Mit Mozzarellascheibe bedecken. Saisonpilze in Butter schwenken, würzen und mit weisser Sauce aufkochen. Bologneser Sauce, Tomatensauce und Pilzsauce nebeneinander rund um die Schnitzel auf die Spaghetti anrichten. Unter dem Salamander oder im heissen Ofen kurz überbacken und heiss servieren.
Zubereitungszeit ca. 1 Std.

Spaghetti   Rezept Seite 296

Apfelschnitze mit Zimt   Früchtekompott Rezept Seite 100
                                    1 Zimtstange wird mitgekocht

Champignoncremesuppe	Crème de champignons
Chicoreesalat mit Bananen	Salade d'endives aux bananes
Koftas – indische Hackplätzli aus Schweinefleisch	
Curryrahmsauce	Koftas – boulettes de porc indiennes
Weisser Reis mit Sultaninen und Pinienkerne	Sauce curry à la crème Riz blanc aux raisins secs et pignons
Grapefruitsorbet	Sorbet à la pamplemousse

Champignoncremesuppe   Rezept Seite 64

Chicoreesalat mit Bananen   Rezept Seite 170

Koftas – indische Hackplätzli

für 4 Personen

400 g	fein gehacktes Schweinefleisch	Alle Zutaten zu bindender Masse kneten, mit 2 in kaltes Wasser getauchten Löffeln werden ovale Klösse geformt. Diese in siedende Curryrahmsauce legen, ca. 5 Minuten ziehen lassen.
50 g	fein gehackte Zwiebeln	
20 g	geriebener Ingwer	
1	gehackte Pfefferschote	
50 g	Milchpulver, 1 Ei	
	Knoblauch, Salz, roter Pfeffer	

Curryrahmsauce für Malai Kofte Curry

Zwiebeln in Butter dünsten, Tomaten zugeben. Nachdem diese verkocht sind, würzen, Korianderblätter und Rahm beimischen, zum Siedepunkt bringen, mixen (am besten mit einem Stabmixer), dann die Koftas sorgfältig hineinlegen.

20 g	Butter
50 g	fein gehackte Zwiebeln
100 g	reife, zerdrückte Tomaten
	gehackte Korianderblätter
15 g	Ingwerpulver
	wenig Currypulver, ebenso wenig roter Pfeffer
1 dl	Rahm

Anmerkung

Diese Koftas kommen ursprünglich aus Kaschmir, wo die Brahmanen niemals Zwiebeln oder Knoblauch essen. Beide stehen dort im Verdacht, niedere Leidenschaften zu entflammen.

Weisser Reis   Rezept Seite 26
50 g Sultaninen, 50 g Pinienkerne   Dem fertigen Reis beimischen

---

Grapefruitsorbet   Rezept Seite 204

Lauchcremesuppe	Crème de poireaux
Buntgemischter Salat	Salade mêlée
★	★
Überbackene Zucchetti mit Bologneser Sauce	Gratin de courgettes bolonaise
★	★
Ofenküchlein mit Rahm und Preiselbeeren	Chou Chantilly aux airelles rouges

---

Lauchcremesuppe   Rezept Seite 49

Buntgemischter Salat   Rezept Seite 361

Überbackene Zucchetti mit Bologneser Sauce
für 4 Personen – 320 kcal p. P.

1 kg	Zucchetti, in Würfel geschnitten
200 g	Zwiebeln, in kleine Würfel geschnitten
3	Knoblauchzehen in Scheiben
200 g	Tomatenwürfel
30 g	Butter, Salz, Pfeffer
50 g	Paniermehl
100 g	vollfetter Reibkäse
6 dl	Bologneser Sauce

Zwiebeln in Butter dünsten, Zucchetti auf grossem Feuer mitdünsten. Knoblauch und Gewürz beimischen.

Sobald die Zucchetti halbwegs gar sind, die Tomatenwürfel roh daruntermischen, das Gemüse in mit Butter ausgestrichene feuerfeste Platte schichten, mit Paniermehl bestreuen, die heisse Bolognesersauce darüber verteilen, mit dem Käse bestreuen, dann während 10 Minuten heiss überbacken.

Zucchetti sind grosse Zucchini, das heisst, über 14 cm lang.

Bologneser Sauce   Rezept Seite 114

Ofenküchlein (Windbeutel)
je nach Grösse 10 bis 20 Stück

5 dl	Wasser
100 g	Butter
1	Prise Salz, 1 Prise Zucker
300 g	Weissmehl
8	Eier

Wasser mit Butter, Salz und Zucker zum Sieden bringen. Mehl sturzartig dazugeben, den entstehenden Brandteig auf dem Feuer mit Holzlöffel abrühren, bis er sich vom Kasserollenrand löst. Die Eier nacheinander tüchtig darunterarbeiten.

Mit Dressiersack Häufchen auf gefettetes Backblech dressieren oder mit nassen Händen Kugeln formen, auf dem Blech absetzen und mit nassem Handballen etwas flach drücken. Bei starker Hitze backen, bis die Küchlein gross und knusprig sind. Der obere Teil wird nach dem Erkalten als Deckel abgeschnitten, der Hohlraum reichlich gefüllt, der Deckel wieder aufgesetzt und mit Staubzucker überpudert.

Wegen der Grösse der Küchlein wiegt man das erste Häufchen genau ab. Backzeit ca. 30 Min.

→

Gerstencremesuppe

Lattichsalat mit Tomatenschnitzen

Krautwickel
Kartoffelküchlein

Schenkeli

Crème d'orge

Salade de laitue romaine aux tomates

Petit chou farci
Pommes bonne-femme

Cuisse-dames

Gerstencremesuppe

20 g	Gerste
20 g	Butter
10 g	Mehl
1 l	Gemüsebouillon
1 dl	Rahm, gehackte Petersilie

Gerste in Butter anschwitzen. Mit Mehl bestäuben. Bouillon dazurühren, unter Rühren aufkochen und während 40 Min. sieden lassen.
Rahm beigeben, mit Petersilie bestreuen.

Lattichsalat

Rezept Seite 211

Krautwickel
für 4 Personen

100 g	italienischer Reis (Risotto), nach Möglichkeit Rohreis oder Brown Rice
4 dl	Milch
200 g	gehacktes Rindfleisch
100 g	gehackte Zwiebeln
	Salz, Pfeffer
1	Kabiskopf
1 dl	Weisswein
2 dl	Bratensauce

Milch aufkochen, Reis beigeben, zugedeckt einen ungewürzten Milchreis kochen. Reis erkalten lassen, mit Fleisch, Zwiebeln und Gewürzen gut mischen. Kabiskopf in Salzwasser aufkochen, dann mit kaltem Wasser abspülen. Die Füllung wird in die Deckblätter eingerollt. Die Krautwickel werden dicht auf den mit Butter ausgestrichenen Boden einer Flachkasserolle gelegt, gewürzt, in Weisswein und in gebundener Bratensauce gegart. Garzeit 40 Min.

Kartoffelküchlein

Rezept Seite 162

Schenkeli – Cuisses-dames
je nach Grösse 10–20 Stück

3	Eier mit 200 g Zucker verrühren
80 g	weiche Butter dazugeben
50 g	geriebene Mandeln
300 g	Mehl
	wenig Kirsch, wenig Treibsalz

Alle Zutaten zu Teig verarbeiten. Würstchen formen. In frischem Öl bei 170° ausbacken.

Piccata nach Mailänder Art

Tomatensalat mit Thon und Zwiebeln	Salade de tomates au thon et oignons
Kraftbrühe mit Gemüsestreifen	Consommé Julienne
Piccata nach Mailänder Art	Piccata milanaise
Risotto mit Safran	Risotto au safran
Gebackene Zucchini	Courgettes frites
★	
Saisonfrucht	Fruit de saison

Tomatensalat mit Thon (Thunfisch)

4	Tomaten
200 g	Thon
1	Zwiebel
1 dl	Essigkräutersauce
1	kleiner Kopfsalat

Tomaten ausstechen, in Schnitze schneiden. Zwiebel hacken, mit Thon, Tomaten und Sauce mischen. Auf Salatblätter anrichten.

Kraftbrühe mit 50 g Gemüsestreifen

Rezept Seite 229

Piccata nach Mailänder Art
für 4 Personen

400 g	zartes Kalbfleisch, in kleine, dünne Schnitzel geschnitten Mehl
2	aufgeschlagene Eier Salz, Pfeffer
20 g	Olivenöl
20 g	Butter
50 g	Schinkenstreifen
50 g	gekochte Rindszunge in Streifen
100 g	gedünstete, geschnittene Champignons
1 dl	Rotwein, 1 dl Tomatenjus
1 dl	gebundene Bratensauce gehackte Kräuter

Kalbsschnitzel klopfen, in Mehl wenden, durch die Eier ziehen und in Öl und Butter kurz braten. Auf Servierplatte anrichten. Im Bratsatz Schinken, Zunge und Champignons schwenken, mit Rotwein ablöschen, Tomatenjus und Bratensauce zugeben und zur gewünschten Dicke einkochen.
Ganz wenig Sauce mit Garnitur über das Fleisch träufeln und mit gehackten Kräutern bestreuen, den Rest der Sauce separat servieren.
Zubereitungszeit ca. 30 Min.

Risotto – mit 1 Stäubchen Safran

Rezept Seite 322

Gebackene Zucchini

Zucchini in kleine Würfel schneiden, in Öl (Friture) unter ständigem Wenden hellbraun backen, abtropfen lassen, würzen.

Italienischer Fleischsalat mit Peperoncini

Geflügelbouillon mit Klösschen
und Brunoise

Piccata locanda ticinese
Grüne Nudeln
Zucchini mit Knoblauch

Trauben

Salade de charcuterie à l'italienne

Bouillon Demidov

Piccata «Locanda ticinese»
Nouilles vertes
Courgettes à l'ail

Raisins

Italienischer Fleischsalat
Vorspeise für 4 Personen

100 g	gekochter Schinken
100 g	Aufschnittwurst, Braten etc.
50 g	Essiggurke
1 dl	pikante Mayonnaise

Zutaten in feine Streifen schneiden, mit Mayonnaise mischen.
Garnieren mit Peperoncini, Eischeiben, Sardellen, Oliven, Kapern.

Geflügelbouillon – ohne Nudeln

50 g	Geflügelhackfleisch oder Brät
30 g	Brunoise

Rezept Seite 92
Zu Klösschen geformt.
Feinste Gemüsewürfelchen

Piccata locanda ticinese
für 4 Personen

300 g	kleine Kalbsschnitzel
2	aufgeschlagene Eier, Mehl
50 g	Parmesan, Salz, Pfeffer
20 g	Olivenöl, 20 g Butter
100 g	Schinkenstreifen
0,5 dl	Rotwein
1 dl	gebundene Bratensauce
100 g	gehackte Tomaten
	gehackte Petersilie

Kalbsschnitzel klopfen, in Mehl wenden, durch die Eier, die mit Parmesan verklopft wurden, beidseitig durchziehen und abstreifen, dann in Öl und Butter kurz braten.
Fleisch auf grüne Nudeln anrichten. Schinkenstreifen in der Bratbutter wärmen, mit Schaumkelle herausnehmen und auf die Schnitzel verteilen.
Bratsatz mit Rotwein ablöschen, Bratensauce und Tomaten darin aufkochen und über die Schinkenstreifen giessen. Gehackte Petersilie darüberstreuen.
Zubereitungszeit 1 Std. →

Grüne Nudeln

Rezept Seite 88
In den Teig kommt zusätzlich 30 g feingehackter Spinat.

Zucchini

Rezept Seite 272

Gemüsesuppe	Potage fermière
★	★
Nüsslisalat	Salade de mâches
★	★
Piccata Napoli	Piccata napolitaine
Spaghetti mit frischer Butter	Spaghetti au beurre frais
Tomatensauce	Sauce tomate
★	★
Orangencake	Cake à l'orange

Gemüsesuppe   Rezept Seite 109

Nüsslisalat (Feldsalat) mit Ei   Rezept Seite 101

Piccata Napoli
für 4 Personen

400 g zartes Kalbfleisch, in kleine, dünne Schnitzel geschnitten
Mehl
2 aufgeschlagene Eier
Salz, Pfeffer
20 g Olivenöl
20 g Butter
4 gefüllte Oliven in Scheiben
50 g Parmesan
gehackte Kräuter
2 dl italienische Tomatensauce

Kalbsschnitzel klopfen, in Mehl wenden, durch die Eier ziehen und in Öl und Butter kurz braten. Auf heisse Spaghetti anrichten. Im Bratfett die Olivenscheiben heiss machen, den Parmesan darin wenden und heiss über die Piccata verteilen. Gehackte Kräuter obendrauf. Wenig italienische Tomatensauce kann rund um die Piccata gegeben und der Rest separat serviert werden.
Zubereitungszeit 40 Min.

Spaghetti   Rezept Seite 296

Italienische Tomatensauce   Rezept Seite 145

Orangencake   Rezept Seite 154

Gemüsebouillon mit Kräutern	Bouillon de légumes aux fines herbes
★	★
Gemischter Salat	Salade assortie
★	★
Piccata mit Zitronensauce	Piccata au citron
Eiernudeln mit frischer Butter	Nouillettes au beurre frais
★	★
Erdbeerschnitte	Tranche aux fraises

Gemüsebouillon   Rezept Seite 371

Gemischter Salat   Rezept Seite 361

Piccata mit Zitronensauce
für 4 Personen

Kalbsschnitzel klopfen, in Mehl wenden, durch die Eier ziehen und in Butter beidseitig leicht braten. Auf heissen Nudelportionen anrichten. Bratensatz mit Weisswein ablöschen, einkochen, mit klarer Bratensauce auffüllen und aufkochen. Zitronengelb und Zitronenmelisse beimischen. Sobald die Sauce kräftig genug ist, vom Feuer nehmen und die Butter unterschwingen. Die Sauce wird ausreichen, um die Piccata schön zu überglänzen.
Zubereitungszeit 40 Min.

400 g	zartes Kalbfleisch, in kleine, dünne Schnitzel geschnitten
	Mehl
2	aufgeschlagene Eier
	Salz, Pfeffer
40 g	Butter
	abgeriebenes Zitronengelb einer halben Zitrone
1 dl	Weisswein
20 g	gehackte Zitronenmelisse
1 dl	Bratensauce
40 g	Butter

Nudeln, hausgemachte   Rezept Seite 88

Nudeln
für 4 Personen

Nudeln ins kochende Wasser streuen. Unter Wenden mit Kochlöffel aufkochen. Während ca. 10 Min. leicht kochen lassen. Ein halber Liter kaltes Wasser ins Kochwasser leeren (abschrecken). Nudeln in ein Abtropfsieb schütten. Kochtopf kalt ausspülen, Nudeln wieder hineinschütten, mit Butter und ev. wenig Rahm vermischen und sogleich servieren.

2 l	kochendes Salzwasser
200 g	Nudeln
	wenig Öl
20 g	Butter
	ev. wenig Rahm

Erdbeerschnitte   Rezept Seite 75

Mille fanti – Kraftbrühe mit Einlage

Consommé mille fanti

Cicorino-Salat

Salade de Trévise

Piccata parmigiana
Gedünstete Tomatenwürfel
Spaghetti mit Basilikum

Piccata parmigiana
Tomates concassées
Spaghetti au basilic

★

★

Cassata mit Himbeersirup

Cassata au sirop de framboises

Kraftbrühe – Mille fanti

2	Eier
10 g	Paniermehl
10 g	Parmesankäse, Oregano

Rezept Seite 229
Alle Zutaten in einer Schüssel aufschlagen, in die siedende Brühe rühren, nach 2 Minuten nochmals leicht umrühren.

Cicorino-Salat
Salatsaucen

50 g pro Person
Rezepte Seiten 358–360

Piccata parmigiana
für 4 Personen

300 g	zartes Kalbfleisch, in kleine, dünne Schnitzel geschnitten
	Mehl
10 g	Olivenöl
10 g	Butter
	Salz, Pfeffer
4×2	Eier, für jede Portion separat aufgeschlagen, mit Streuwürze gewürzt
4×10 g	Butter
600 g	feingewürfelte, geschälte Tomaten, Butter, gehackte Zwiebeln, Knoblauch Salz und Pfeffer

Kalbsschnitzel klopfen, in Mehl wenden, in Öl und Butter ganz kurz und heiss anbraten, sofort herausnehmen und würzen.
In sauberem Pfännchen 10 g Butter heiss machen, 2 Eier zu flacher Omelette backen, die, oben noch flüssig, mit einer Portion Schnitzel belegt wird. Omelette sorgfältig rollen und auf heisse Spaghetti-portion anrichten. Quer dazu gedünstete Tomatenwürfel darauf garnieren. Mit den andern Eiern und Schnitzeln ebenso verfahren. Restliche gedünstete Tomatenwürfel separat servieren.
Zubereitungszeit 50 Min.

→

Spaghetti

Rezept Seite 296

Cassata

Italienische Eisspezialität, die meist im Handel bezogen wird. Es gibt sie in Stangen- oder Bombenform, wobei zwei Eissorten die äusseren Schichten bilden. Der Kern ist in der Regel aus geschlagenem Rahm mit gehackten, kandierten Früchten, Nusssplittern, Schokoladebrocken und Zucker oder Likör.

Tomatenremesuppe	Crème de tomate
Karotten- und Kopfsalat	Salade de carottes et laitue
Saltimbocca nach römischer Art	Saltimbocca romaine
Marsalasauce	Sauce marsala
Griessgaletten	Gnocchi romaine
Gebratene Auberginen	Aubergines sautées
★	
Vanilleglace mit Amaretti	Glace vanille aux amaretti

Tomatencremesuppe   Rezept Seite 108

Karottensalat (Möhren)   Rezept Seite 361

Saltimbocca nach römischer Art
für 4 Personen

Kalbsschnitzel flachklopfen, mit Salbeiblatt und Rohschinken belegen, würzen, in Mehl wenden und kräftig andrücken. Schnitzel in Butter kurz braten und auf Servierplatte oder vorgewärmte Teller anrichten.
Bratsatz mit Marsala ablöschen, mit Bratensauce aufkochen. Wenig Sauce über die Saltimbocca träufeln, den Rest separat servieren.
Zubereitungszeit 50 Min.

8	Kalbsschnitzel zu 50 g
	frische Salbeiblätter
8	Rohschinkenscheiben
	Mehl
	Salz, Pfeffer
40 g	Butter
0,5 dl	Marsala
2 dl	gebundene Bratensauce

Griessgaletten – Griessnocken   Rezept Seite 331

Gebratene Auberginen
für 4 Personen

Aubergine schräg in Scheiben schneiden. Diese in Mehl wenden, durch das Ei ziehen, in Butter bei kleinem Feuer beidseitig braten und zugleich würzen. Garzeit 5 Min.
Zum Überbacken: Mit Paniermehl bestreuen, Butterflocken obendrauf, im heissen Ofen nochmals 5 Min. überbacken.

1	Aubergine
1	zerquirltes Ei
20 g	Butter, Mehl, Salz
50 g	Paniermehl
20 g	Butter

Vanilleglace   Hinweis Seite 20
Amaretti   Rezept Seite 325

Fritto misto

Minestrone

Gemischter Salat

Fritto misto –
Kalbskopf, Kalbszunge und
verschiedene Gemüse im Backteig
Italienische Tomatensauce
★
Frischer Fruchtsalat

Minestrone

Salade assortie

Fritto misto –
tête de veau, langue de veau et légumes
divers à la pâte à frire
Sauce tomate à l'italienne

Salade de fruits frais

Minestrone — Rezept Seite 109

Gemischter Salat — Rezept Seite 361

Fritto misto
für 4 Personen

800 g	Kalbskopf, mit Kalbszunge zusammen in Gemüsebouillon knapp weichgesotten, Kochzeit 1½ Std.
200 g	Rosenkohl, vorgekocht
200 g	Karotten, in dicke, kurze Stäbe geschnitten, vorgekocht
200 g	Tomaten, während 7 Sekunden in siedendes Wasser getaucht, geschält, entkernt, in grosse Stücke geschnitten. Salz, Streuwürze

Für Fritto misto den Kalbskopf und die Zunge in Würfel schneiden. Fleisch und Gemüse mit Mehl bestäuben, durch den Backteig ziehen und in Öl schwimmend backen. Fritto misto wird auf warme Teller mit Papier angerichtet. Die Tomatensauce steht für jede Person separat daneben – die knusprig gebackenen Stücke werden hineingetaucht und sofort zum Mund geführt.
Vorbereitungszeit 2 Std.
Backzeit ca. 3 Min.

Italienische Tomatensauce

50 g	gehackte Zwiebeln
1	zerstossene Knoblauchzehe
20 g	Olivenöl
1 dl	gebundene Bratensauce
500 g	Tomatenpulpe oder Pelati aus der Dose

Zwiebeln und Knoblauch im Öl dünsten. Bratensauce beigeben, einkochen, Tomaten zugeben, aufkochen, abschmecken mit Salz, Streuwürze und Pfeffer.
Zubereitungszeit 15 Min.

Backteig — Rezept Seite 98 oder Seite 231

Frischer Fruchtsalat — Rezept Seite 9

Lauchcremesuppe	Crème de poireaux
Cicorino-Salat	Salade de Trévise
Überbackene Polentaschnitten nach Tessiner Art Bologneser Sauce	Gnocchi de maïs tessinoise Sauce bolonaise
Orangencake	Cake à l'orange

Lauchcremesuppe

Rezept Seite 49

Cicorino-Salat
Salatsaucen

Pro Person 50 g
Rezepte Seiten 358–360

Polenta
für 4 Personen

200 g	Maisgriess
1 l	Gemüsebouillon
20 g	Butter

Die Bouillon wird zum Sieden gebracht, der Mais eingestreut, gerührt bis er bindet, dann zugedeckt gar gekocht. Die Butter daruntermischen. Kochzeit ca. 1 Std.

Überbackene Polentaschnitten

	Polenta von 200 g Maisgriess
2 dl	Cremesauce (277)
200 g	vollfetter Käse in Scheiben

Den Maisbrei auf Blech mit Rand streichen, erkalten lassen und in gleichmässige Schnitten schneiden – der abgekaltete Mais lässt sich zu diesem Zweck gut auf ein Brett stürzen.
Die Maisschnitten werden in Butter langsam angebraten, auf feuerfeste Platte angerichtet, mit wenig weisser Sauce überzogen und mit Käse überbacken.
Zubereitungszeit der Maisschnitten
20 Min.   →

Bologneser Sauce

Rezept Seite 114

Orangencake

Rezept Seite 154

Steinpilzcremesuppe	Crème de bolets
Eisbergsalat mit Salatmayonnaise	Iceberg-laitue en salade à l'américaine
Kalbsmilkenschnitzel mit Spargelspitzen Makkaroni	Ris de veau princesse Macaroni
★	
Meringue mit Erdbeeren und Schlagrahm	Meringue Chantilly aux fraises

Steinpilzcremesuppe
für 4 Personen

100 g	Steinpilze, frisch oder gefroren
1	kleine Zwiebel
20 g	Butter
30 g	Mehl
8 dl	Gemüsebouillon
1 dl	Rahm
1	Eigelb
	gehackte Petersilie
	Salz oder Streuwürze, Pfeffer

Steinpilze in kleine Würfel schneiden, Zwiebel fein hacken. Erst Pilze in Butter bei mittlerer Hitze dünsten, dann Zwiebeln zugeben und mitdünsten, würzen. Mehl beimischen und während 2 Minuten schwitzen. Mit Bouillon auffüllen, unter stetem Rühren aufkochen. Kochzeit 10 Minuten. Topf vom Feuer nehmen. Eigelb mit Rahm verrühren und in die Suppe schlagen. Petersilie obendrauf.

Eisbergsalat
Salatmayonnaise

Rezept Seite 57
Rezept Seite 360

Kalbsmilkenschnitzel mit
Spargelspitzen
für 4 Personen

500 g	Kalbsmilken, in Salzwasser aufgekocht, Haut und Äderchen entfernt
2	Eier
30 g	Butter
	Salz, Streuwürze, Pfeffer
1 dl	holländische Sauce

Kalbsmilken mit scharfem Messer in Scheiben schneiden, diese im Mehl wenden, würzen, durch das aufgeschlagene Ei ziehen und in der Butter bei schwacher Hitze beidseitig braten.
Spargelspitzen dazu legen, die Spitzen mit holländischer Sauce überziehen.
Zubereitungszeit 40 Min.

Holländische Sauce

Rezept Seite 244

Makkaroni

Rezept Seite 9

Meringue

Rezept Seite 164

Kalbsmilkenschnitzel mit Broccolisauce

149

Russisches Ei	Oeuf à la russe
★	★
Fleischbrühe mit Mark	Bouillon à la moelle
★	★
Kalbsmilkenschnitzel	Escalopes de ris de veau
Broccolisauce	Sauce au brocoli
Pilawreis	Riz pilav
★	★
Fruchtkorb	Corbeille de fruits

Russische Eier   Rezept Seite 314

Fleischbrühe   Rezept Seite 371
Mark, 100 g in Scheiben   in der Fleischbrühe 10 Min. garen.

Kalbsmilkenschnitzel mit
Broccolisauce
für 4 Personen

1 kg	Broccoli, die Röschen abgetrennt, Stiele geschält und geschnitten
0,5 l	leicht gesalzenes Wasser
0,5 dl	Olivenöl
4	gewässerte Sardellenfilets
2	Knoblauchzehen, in feine Scheiben geschnitten
500 g	Kalbsmilken, in Wasser aufgekocht, von Haut und Äderchen befreit, in Scheiben geschnitten
40 g	Butter
50 g	gehackte Zwiebeln
300 g	Uncle Ben's Reis
2 dl	Gemüsebouillon Kochwasser vom Broccoli

Broccoli knapp weich kochen, abschütten, wobei das Wasser aufgehoben wird.
Knoblauch und Sardellenfilets im Olivenöl heiss machen, Sardellen mit Speisegabel zerdrücken. Broccoli beigeben, mit Pfeffer würzen.
Kalbsmilkenscheiben durchs Mehl ziehen, in Butter beidseitig braten.
Die warmgestellten Broccoli auf den Reis verteilen, Milkenschnitzel obendrauf anrichten.
Zubereitungszeit 1 Std.

Pilawreis   Rezept Seite 30

Fruchtkorb

Als Dessert sind hier Früchte aus dem einheimischen Markt gedacht, also Äpfel, Birnen, Trauben.

Dazu kommen Südfrüchte wie Mandarinen, Orangen, Bananen.
Ich empfehle, Fruchtkörbe nur im Herbst und Winter anzubieten.

Kalte Kraftbrühe
★
Warmer Kalbskopf mit Essigkräutersauce
Gemischter Salat
und Bauernbrot
★
Wädenswiler Apfeltorte

Consommé froid
★
Tête de veau vinaigrette
Salade assortie
Pain paysan
★
Tourte aux reinettes et macarons

Kalte Kraftbrühe

Um eine Kraftbrühe kalt servieren zu können, muss sie absolut fettfrei sein. Ideal ist, wenn man sie in Suppentassen abfüllen kann, bevor sie ganz kalt ist. Im Kühlschrank geliert sie dann leicht und wird mit einem Gartenkräutchen oder gar mit einem Dekor verziert.

Kraftbrühe

Rezept Seite 229

Warmer Kalbskopf

1 kg	Kalbskopf
5 dl	Gemüsebouillon
	Lorbeer
1	Nelke
5	zerdrückte Pfefferkörner

Der in Gemüsebouillon gesottene Kalbskopf wird in grosse Würfel geschnitten und noch lauwarm aufgetragen. Kochzeit $1\frac{1}{2}$ Std.
Kalter Kalbskopf geliert stark und ist nicht angenehm zu essen. Gerade diese Gallerte ist es aber, die wir in noch warmem Zustand als köstlich empfinden.

Gemischter Salat

Rezepte Seite 361

Wädenswiler Apfeltorte

Ein Kuchenblech wird mit auf einen halben Zentimeter dick ausgerolltem Linzerteig belegt, mit Makronenmasse gefüllt

und mit frisch geschnittenen Apfelwürfeln bestreut.
Beim Backen geht die Makronenmasse auf, und die Äpfel versinken. Nach 35 Minuten bei 200° ist die Torte hellbraun gebacken und wird vor dem Erkalten mit Aprikosenmarmelade bepinselt. →

Linzerteig

Rezept Seite 336

Makronenmasse

Rezept Seite 36

Klare Gemüsesuppe

Nüssli- und Tomatensalat

Kalbskopf in pikanter Madeirasauce
Röstbrotscheibe, Eihälfte und Essiggurke
Kräuterkartoffeln
★
Törtchen mit Schokoladen-Mousse

Potage fermière

Salade de mâches et tomates

Tête de veau au madère
Croûton, oeuf dur et concombre
Pommes aux fines herbes
★
Tartelette à la mousse au chocolat

Klare Gemüsesuppe   Rezept Seite 109

Nüsslisalat (Feldsalat)   30 g pro Person
Salatsaucen   Rezepte Seiten 358–360
Tomatensalat   Rezept Seite 361

Kalbskopf in pikanter Madeirasauce   Silberzwiebeln in Butter anbraten, mit
für 4 Personen   Mehl bestäuben und mit Wein ablöschen.
                                           Auffüllen mit Bouillon und Bratensauce,
1 kg Kalbskopf, in Gemüsebouillon   würzen und bis zur gewünschten Dicke
      gesotten, in Würfel geschnitten   und Würze einkochen lassen.
100 g Silberzwiebeln   Kalbskopf in die Mitte des Tellers anrich-
20 g Butter   ten, mit Sauce überziehen und mit Peter-
      Mehl zum Bestäuben   silie bestreuen. Rundum gefällig garnie-
0,5 dl Rotwein   ren mit Kräuterkartoffeln, in Butter gerö-
0,5 dl Madeirawein   steter, herzförmiger Brotscheibe, Eihälfte
2 dl Bouillon vom Kalbskopf   auf Salatblatt und Essiggurke, die zu ei-
1 dl gebundene Bratensauce   nem Fächer geschnitten wurde.
1   Lorbeerblatt   Zubereitungszeit 2–2½ Std.
1   Nelke, Cayennepfeffer,
      gehackte Petersilie

Kräuterkartoffeln   Rezept Seite 161

Schokoloden-Mousse   Rezept Seite 262
Böden für Törtchen   Rezept Seite 85

Kalbsmilken mit Rahmsauce

Gemüsepüreesuppe

Chicoreesalat mit Orangen
★
Kalbsmilken mit Rahmsauce
Feine Eiernudeln
★
Gebrannte Creme

Purée garbure

Salade d'endives aux oranges

Ris de veau à la crème
Nouillettes

Crème brûlée

Gemüsepüreesuppe
für 4 Personen

100 g	gehackte Zwiebeln
20 g	Butter
10 g	Mehl
8 dl	Gemüsebouillon
200 g	gegartes Gemüse
1 dl	Rahm
100 g	Röstbrotwürfel

Zwiebeln in Butter dünsten, mit Mehl bestäuben, unter öfterem Wenden eine Weile weiterdünsten, dann mit Bouillon auffüllen und zum Sieden bringen. Das Gemüse, ev. Reste vom Vortag, zugeben, nochmals aufkochen und mixen bis eine cremige Suppe entsteht. Mit Rahm verfeinern und mit Röstbrotwürfel servieren. Zubereitungszeit ca. 30 Min.

Chicoreesalat mit Orangen

Rezept Seite 170
mit Orangen statt Bananen

Kalbsmilken mit Rahmsauce (Bries)
für 4 Personen

600 g	Kalbsmilken, in Salzwasser aufgekocht, Haut und Äderchen entfernt
40 g	Butter
1 dl	Weisswein
	Mehl zum Bestäuben
2 dl	gebundene Bratensauce
1 dl	Rahm
	Zitronensaft, Salz, Pfeffer

Kalbsmilken in Butter rundum langsam braten, bis sie hellbraun sind. Milken herausnehmen, Bratsatz mit Mehl stäuben, unter Rühren während 2 Minuten rösten. Mit Weisswein ablöschen, mit der Bratensauce auffüllen. Milken wieder hineinlegen, während 10 Minuten ziehen lassen. Milken in Scheiben schneiden, währenddem man die Sauce zur gewünschten Dicke einkocht und mit Rahm verfeinert.
Zubereitungszeit 1 Std.

Feine Nudeln

Rezept Seite 141

Gebrannte Creme

Rezept Seite 39

Gemüsecremesuppe

Kopfsalat

Kalbskopf im Ei, in Butter gebraten
Nudeln mit Basilikum
Italienische Tomatensauce
★
Orangencake

Crème garbure

Salade de laitue

Tête de veau parisienne
Nouillettes au basilic
Sauce tomate à l'italienne
★
Cake à l'orange

Gemüsecremesuppe | Rezept Seite 153

Kofpsalat, 50 g pro Person | Salatsaucen, Rezepte Seiten 358–360

Kalbskopf im Ei
für 4 Personen

1 kg	Kalbskopf, in Gemüsebouillon gesotten, in Portionenstücke geschnitten, Kochzeit 1½ Std.
3	Eier
100 g	geriebener Sbrinz oder Parmesan
30 g	Butter
	Weissmehl
100 g	Reibkäse separat
2 dl	italienische Tomatensauce
600 g	gekochte Nudeln

Kalbskopfstücke im Mehl wenden, aufgeschlagene Eier mit Reibkäse mischen, Kalbskopf durchziehen, in Butter bei geringer Hitze beidseitig braten.
Auf heisse Teller anrichten, mit Nudeln garnieren und mit der leckeren Tomatensauce, halb über die Nudeln, halb übers Fleisch, verzieren. Reibkäse separat servieren.
Zubereitungszeit 2½ Std.

→

Nudeln | Rezept Seite 141

Italienische Tomatensauce | Rezept Seite 145

Orangencake ca.10 Stück:

100 g	Butter, 2 Eigelb und 200 g Zucker zusammen schaumig rühren.
2	Orangen, Saft und abgeriebene Schale, zufügen
100 g	gemahlene Mandeln
250 g	Mehl
½	Beutel Backpulver (9 g)
2	Eischnee, 1 Prise Salz

Alles abwechselnd unter die Masse ziehen, in gut gebutterte Cakeform füllen, backen bei 180° während ca. 45 Minuten. Gestürzten Cake mit warmer Orangenkonfiture bepinseln.

Salat nach Nizzaer Art	Salade niçoise
★	★
Reiskroketten mit Tomatensauce	Croquettes de riz Sauce tomate
★	★
Kalbszunge nach Chorherrenart Dampfkartoffeln	Langue de veau aux câpres Pommes vapeur
★	★
Berliner Pfannkuchen	Boule de Berlin

Salat nach Nizzaer Art Rezept Seite 310

Reiskroketten
(Vorspeisenportionen)
für 4 Personen

Alle Zutaten tüchtig vermengen, zu Kroketten formen, am besten mit trockenen, mit Mehl bestäubten Händen.

200 g	gekochter Reis
2	Eier
50 g	Weissmehl
	Salz, Streuwürze, Pfeffer, gehackte Petersilie
2	Eier
	Paniermehl
0,5 dl	Sonnenblumenöl
20 g	Butter

Zapfenförmige Reiskroketten erst durch das Ei, dann durch Paniermehl ziehen, in Öl und Butter bei mässiger Hitze rundum hellbraun braten.
Zubereitungszeit 30 Min.

Tomatensauce Rezept Seite 145

Kalbszunge mit Kapernsauce
für 4 Personen

Zwiebeln in Butter dünsten, Kapern beifügen und wenden. Mit Weisswein ablöschen, mit der weissen Sauce auffüllen und kurze Zeit kochen.
Die Kalbszunge längs aufschneiden, auf Servierplatte anrichten, mit der Sauce überziehen und mit Petersilie bestreuen.

800 g	Kalbszunge, in Salzwasser weichgesotten, geschält, Kochzeit 1 Std.
20 g	Butter
30 g	fein gehackte Zwiebeln
30 g	Kapern, 1 dl Weisswein
2 dl	weisse Sauce
0,5 dl	Rahm, gehackte Petersilie

Dampfkartoffeln Rezept Seite 254

Berliner Rezept Seite 126

Spargelcremesuppe	Crème Argenteuil
Karotten- und Kopfsalat	Salade de carottes et laitue
Kutteln nach neapolitanischer Art	Tripes napolitaine
Petersilienkartoffeln	Pommes persillées
★	
Zwetschgenkuchen	Tarte aux prunes

Spargelcremesuppe   Rezept Seite 14

Karottensalat (Möhren)   Rezept Seite 361

Kutteln nach neapolitanischer Art
für 4 Personen

600 g	Kuttelplätze (ev. in Streifen)
0,5 dl	Olivenöl
50 g	gehackte Zwiebeln
2	zerquetschte Knoblauchzehen
500 g	Tomatenpulpe
	Salz, Pfeffer, Oregano

Zwiebeln und Knoblauch in Öl dünsten. Tomatenpulpe beigeben und die vorgekochten Kutteln darin während 20 Minuten bei kleinem Feuer und zugedeckt garen.
Separat dazu können serviert werden: Kümmel oder Reibkäse.
Zubereitungszeit 40 Min.

Zwetschgenkuchen/Früchtekuchen:
1 runder Kuchen (Wähe)

350 g	Kuchenteig
50 g	Haselnüsse gemahlen
200 g	Zucker
1 kg	Zwetschgen

Mit Butter bestrichenes Kuchenblech mit dünn ausgerolltem geriebenem Teig (Kuchenteig) belegen. Mit gemahlenen Haselnüssen und Zucker bestreuen. Zwetschgenhälften mit Schnittflächen nach oben dicht darauflegen. 30 Minuten im Kühlschrank ruhen lassen. Mit reichlich Zucker bestreuen oder Kuchenguss darüberleeren. Backen bei 200°, ca. 40 Min.

Geriebener Teig:
für 3 runde Kuchen
250 g   Butter, 500 g Mehl
10 g   Salz, 3,5 dl kaltes Wasser

Butter und Mehl reiben, mit Wasser und Salz zu zartem Teig kneten.

Kuchenguss:
für 1 runden Kuchen
20 g   Mehl, 1 dl Milch,
50 g   Zucker, 2 Eier

Alle Zutaten zusammen aufschlagen, dann die Eier darunterschlagen.

Französische Zwiebelsuppe	Soupe à l'oignon
Weisser Bohnensalat mit Tomaten	Salade bretonne aux tomates
Kutteln nach Neuenburger Art	Tripes neuchâteloise
Geschwellte Kartoffeln	Pommes en chemise
Verschiedene kalte Saucen	Sauces froides diverses
★	
Ofenküchlein mit Schlagrahm	Chou Chantilly

Französische Zwiebelsuppe　　　Rezept Seite 77

Weisser Bohnensalat mit Tomaten

Zwiebel hacken, in Öl anschwitzen. Bohnen dazugeben, wenden, mit Bouillon auffüllen und zugedeckt weichdämpfen. Mit Essig und Öl anmachen. Nach dem Erkalten Tomatenwürfel daruntermischen, auf Salatblätter anrichten. Nicht eiskalt servieren.

200 g	weisse Bohnen, über Nacht in kaltem Wasser eingeweicht
1	Zwiebel
3 dl	Gemüsebouillon, Essig, Öl
1	kleiner Kopfsalat, 2 Tomaten

Kutteln nach Neuenburger Art
für 4 Personen

600 g	Kuttelplätze
3 dl	Gemüsebouillon
1	grosse Karotte (Möhre)
1	Lauch
1	Zwiebel
500 g	Kartoffeln

Kuttelplätze in Salzwasser ca. 1½ Stunden sieden, dann abschütten. Gemüse in dicke Streifen schneiden, in Gemüsebouillon 10 Min. garen. Kutteln in Gemüsebouillon nochmals aufkochen, in Fonduegeschirr füllen, mit Weisswein und gehackten Kräutern verbessern.
Zubereitungszeit 2½ Std.
Kutteln nach Neuenburger Art gelten als besonderes Festessen!　　　→

Geschwellte Kartoffeln (Pellkartoffeln)　　Kartoffeln, in der Schale gekocht

---

Saucen

Aïoli Sauce, Rezept Seite 234
Cocktailsauce aus Mayonnaise, Tomaten-Ketchup und Rahm, Rezept Seite 58

Calypso Sauce aus Mayonnaise, Orangensaft, Cayennepfeffer
Englische Sauce aus Mayonnaise, Senfpulver und Zitronensaft
Tartare Sauce, Rezept Seite 236
Vinaigrette (Essigkräutersauce), Rezept Seite 359, und Ableitungen

Kreolischer Salat   Salade créole

Gemüsebouillon mit Nudelteigflecken   Bouillon de légumes aux pâtes

Kutteln nach provenzalischer Art
mit Zwiebeln, Peperoni und Tomaten   Tripes provençale
aux oignons, poivrons et tomates

Weintrauben   Raisins

Kreolischer Salat

	Verschiedene Blattsalate
2	Tomaten in Schnitzen
1	Avocado in Schnitzen
50 g	Hobelkäse (Sbrinz)
2 dl	Zitronensauce
	Saft von einer Zitrone
1 dl	Olivenöl
	Knoblauch, Salz, Pfeffer
	gehackte Kräuter

Salat in grosser Schüssel bunt anmachen. Auf Teller anrichten. Hobelkäse darauf verteilen. Restliche Sauce darübergeben.

Gemüsebouillon

Rezept Seite 371

Kutteln nach provenzalischer Art
für 4 Personen

600 g	vorgekochte Kutteln, in Streifen geschnitten
0,5 dl	Olivenöl
2 dl	Wasser
200 g	Zwiebeln, in mittelgrosse Würfel geschnitten
200 g	Peperoni (Paprika), in Würfel geschnitten
4	zerquetschte Knoblauchzehen
500 g	Tomatenwürfel
100 g	Paniermehl
50 g	Parmesan
20 g	Butter
	Salz, Streuwürze, Pfeffer, Paprika

Zwiebeln, Peperoni und Knoblauch in Öl andünsten. Kutteln zugeben, wenden und würzen. Mit Wasser ablöschen, zugedeckt garen. Kochzeit 20 Min.
Tomatenwürfel daruntermischen, nachwürzen und auf mit Butter bestrichene feuerfeste Platte schichten. Paniermehl und Käse darüberstreuen, Butterflocken darüber. Im Ofen 10 Minuten überbacken. Zubereitungszeit 1 Std.

Trauben

Mit einer Schere werden zu grosse Trauben geschnitten, dann werden sie mit kaltem Wasser gewaschen.

Thurgauer Gemüsesuppe

Grüner Bohnensalat

Kutteln nach Zürcher Art
Petersilienkartoffeln
★
Apfel im Schlafrock

Potage fermière à la semoule

Salade de haricots verts

Tripes au vin blanc
Pommes persillées
★
Pomme en cage

Thurgauer Gemüsesuppe
Gemüsesuppe

Rezept Seite 109
mit 30 g Griess. Kochzeit 15 Min.

Grüner Bohnensalat

Rezept Seite 21

Kutteln nach Zürcher Art
für 4 Personen

600 g	vorgekochte Kutteln, in Streifen geschnitten
0,5 dl	Sonnenblumenöl
50 g	gehackte Zwiebeln
20 g	Mehl
1 dl	Weisswein
2 dl	Wasser
1 dl	Rahm
	Salz, Pfeffer, Kümmel

Zwiebeln im Öl dünsten. Mehl dazumischen, während 5 Minuten auf kleinem Feuer schwitzen.
Mit Weisswein ablöschen und mit Wasser auffüllen. Unter ständigem Rühren aufkochen, würzen, Kutteln hineingeben, zugedeckt garen. Sauce zur gewünschten Dikke einkochen, Rahm beigeben.
Kümmel separat servieren.
Zubereitungszeit 40 Min.

Petersilienkartoffeln
für 4 Personen – 180 kcal p. P.

800 g	Kartoffeln
1 l	leichtes Salzwasser
20 g	Butter
20 g	gehackte Petersilie

Kartoffeln schälen, dann in Würfel schneiden oder in die Form von Salzkartoffeln dressieren. Im Wasser knapp gar sieden (ca. 20 Min.). Das Wasser abschütten und aufheben für Suppe oder Sauce. Butter in einer Pfanne schmelzen. Kartoffeln und Petersilie beigeben, dann locker schwenken bis die Kartoffeln glänzen und sich die Petersilie verteilt hat.

Apfel im Schlafrock

Rezept Seite 42

Gemüsebouillon mit Flädli

Tomaten- und Kopfsalat

Geschnetzelte Schweinsleber an
Rotweinsauce
Rösti

Heidelbeeren mit Schlagrahm

Bouillon de légumes Célestine

Salade de tomates et laitue

Foie de porc émincé au vin rouge
Pommes sautées (roesti)

Myrtilles Chantilly

Gemüsebouillon
Flädli (Pfannkuchenstreifen)

Rezept Seite 371
Rezept Seite 121

Tomatensalat
Kopfsalat: 50 g pro Person
Salatsaucen

Rezept Seite 361

Rezepte Seiten 358–360

**Geschnetzelte Schweinsleber an
Rotweinsauce**
für 4 Personen

400 g	von Hand geschnetzelte, tagesfrische Schweinsleber
50 g	gehackte Zwiebeln
50 g	Butter
	Salz, Streuwürze, Pfeffer
1 dl	Rotwein
1 dl	gebundene Bratensauce
	gehackte Petersilie

Zwiebeln in Butter ganz kurz andünsten, Leber beigeben und bei starker Hitze unter ständigem Wenden anbraten. Würzen und herausnehmen. Pfanne mit Rotwein ablöschen, Bratensauce hineingeben, dann die Sauce etwas einkochen. Pfanne vom Feuer nehmen. Leber in der Sauce wenden, mit Petersilie bestreuen und sofort servieren.
Tagesfrische Schweinsleber saugt die Butter beim Braten auf und wird dadurch zart und delikat. Zubereitungszeit 10 Min.

Rösti

Rezept Seite 25

Heidelbeeren
100 g Beeren pro Person

Der Schlagrahm wird auf die Beeren dressiert, Streuzucker wird separat gereicht.

Kartoffelküchlein

1	Zwiebel, fein gehackt
10 g	Butter
1 kg	Kartoffeln
	Salz
50 g	Butter
	gehackte Petersilie

Kartoffeln schälen, in Würfel schneiden, dann in Salzwasser weichsieden. Abschütten, ausdampfen lassen. Zwiebeln in 10 g Butter dünsten, mit Kartoffeln und Petersilie zusammen zerquetschen bis eine Masse entsteht. Küchlein formen, diese in Butter bei mässiger Hitze beidseitig goldbraun braten.

Tomatencremesuppe	Crème de tomate
★	★
Maissalat mit roten Indianerbohnen	Salade de maïs doux aux haricots rouges
★	★
Leberknödel	Noques de foie
Zwiebelsauce	Sauce lyonnaise
Weinkraut	Choucroute au vin blanc
Kartoffelstock	Pommes purée
★	★
Weisse Waadtländer Trauben	Raisins Chasselas

Tomatencremesuppe Rezept Seite 108

Maissalat Rezept Seite 361

Leberknödel
für 4 Personen

200 g	tagesfrische Schweinsleber, in Würfel geschnitten
100 g	geschnittene Zwiebeln, in Butter gedünstet, abgekühlt
50 g	Speck
50 g	Kalbfleisch
50 g	Weissbrot, in 0,5 dl Milch eingeweicht
	Salz und Pfeffer
2	Eier

Alle Zutaten durch Fleischwolf, feine Scheibe, drehen. Masse gut mischen.
Eier dazumengen, wenn nötig mit Paniermehl binden.
Knödel formen, in Gemüsebouillon unter dem Siedepunkt garen und anrichten. Zwiebelsauce und Röstbrotwürfel darübergeben. Garzeit ca. 20 Min.

Zwiebelsauce Rezept Seite 251

Weinkraut Rezept Seite 41

Kartoffelstock (Kartoffelbrei)
für 4 Personen

1 kg	Kartoffeln
3 dl	heisse Milch
20 g	Butter
	Salz, ev. Muskat

Kartoffeln schälen und in Würfel schneiden. In Salzwasser weichsieden, abschütten, durch Sieb treiben. Kartoffeln in den Kochtopf zurückgeben, mit Butter, dann mit der Milch glattrühren.
Kartoffelstock mit Rahm: Pommes mousseline

Kartoffelküchlein Rezept Seite 162

Peperonisalat mit Tomatenschnitzen

Kraftbrühe mit Griessklösschen

Schweinsleberschnitten nach Berliner Art
mit Röstzwiebeln
und Apfelscheiben
Überbackener Kartoffelstock
Gedämpfter Rosenkohl

★

Meringue mit Schokoladerahm

Salade de poivrons et tomates

Consommé bavaroise

Foie de porc
en tranche berlinoise
Pommes Mont d'Or
Choux de Bruxelles étuvés

Meringue Chantilly Suchard

Schweinsleberschnitten nach Berliner Art

für 4 Personen

400 g	Schweinsleberschnitten, unbedingt tagesfrisch!
50 g	Butter
	Salz, Pfeffer
200 g	geschnittene Zwiebeln
30 g	Sonnenblumenöl
	Salz
2	Äpfel, geschält, entkernt, in 1 cm dicke Scheiben geschnitten
1 dl	Weisswein
1	Prise Zucker

Zwiebeln in Öl rösten und leicht salzen. Apfelscheiben zugedeckt in Weisswein dämpfen. Garzeit 3 Min.

Leberschnitten in Mehl wenden, in viel frischer Butter anbraten, würzen.

Die Leberschnitten werden auf einen vorgewärmten Teller angerichtet, mit Röstzwiebeln und Apfelscheiben belegt und sofort serviert.

Zubereitungszeit 30 Min.

Leber wäre für den Menschen im rohen Zustand am gesündesten. Je stärker sie durchgebraten wird, desto weniger kann der Gast von den wundersamen Nähr- und Aufbaustoffen der Leber aufnehmen.

Überbackener Kartoffelstock (-brei)

Rezept Seite 21

Gedämpfter Rosenkohl

Rezept Seite 374

Meringue (Baiser)

Rezept ergibt 30–50 Portionen zu 2 Schalen.

5 dl	Eiweiss
300 g	Zucker
700 g	Zucker

5 dl Eiweiss mit 300 g Zucker mit Rührmaschine mittels Schneebesen richtig steif schlagen. 700 g Zucker sorgfältig daruntermischen. Mit Dressiersack auf Papier in der gewünschten Form dressieren. Im Ofen bei 100–110° während 4–8 Stunden backen (Umluftofen bei 80–90°)

Schokoladerahm

für 4 Personen

2 dl	Rahm
50 g	Couverture od. Blockschokolade

Schokolade knapp handwarm auflösen (32°). Rahm steif schlagen, Schokolade sorgfältig daruntermischen.

Haferflockensuppe mit Gemüseeinlage	Crème aux flocons d'avoine brunoise
Eisbergsalat mit Essigkräutersauce	Iceberg-laitue vinaigrette
★	★
Rindsleberschnitten mit Speckscheiben	Foie de boeuf à l'anglaise
Grüne Bohnen	Haricots verts
Kräuterkartoffeln	Pommes aux fines herbes
Kleiner Pfannkuchen mit Aprikosen	Crêpe aux abricots

Haferflockensuppe
30 g Gemüsewürfelchen

Rezept Seite 40
Während 15 Min. mitsieden.

Eisbergsalat
Essigkräutersauce

Rezept Seite 57
Rezept Seite 359

Rindsleberschnitten mit Speckscheiben (nach englischer Art)
für 4 Personen

400 g	frische Rindsleber
100 g	Speckscheiben
20 g	Butter
	Salz und Pfeffer

Speckscheiben in Lyonerpfanne ohne Fettstoff rösten und herausnehmen. Butter in derselben Pfanne heiss machen, die Leberschnitten im Mehl wenden und bei mittlerer Hitze beidseitig braten und würzen.
Beim Anrichten die Speckscheiben auf die Leberschnitten legen. Leberschnitten sind am zartesten und leicht verdaulich, wenn der Kern eine schöne rosarote Farbe aufweist.
Zubereitungszeit 15 Min.

Grüne Bohnen

Rezept Seite 373

Kräuterkartoffeln

Rezept Seite 161

Kleine Pfannkuchen

Rezept Seite 244

Als Aprikosenfüllung
verwendet man am besten Aprikosenmarmelade, vermischt mit geschnittenen Aprikosen. Dasselbe gilt auch für andere Frucht- oder Beerenfüllungen.

Der gefüllte, zusammengelegte Pfannkuchen wird im Ofen warm gemacht und anschliessend mit Staubzucker überpudert.

Blumenkohlcremesuppe	Crème Dubarry
★	★
Eiersalat auf Salatblättern	Salade aux oeufs sur salade verte
★	★
Zürcher Leberspiessli	Brochette de foie de veau zurichoise
Grüne Bohnen	Haricots verts
Petersilienkartoffeln	Pommes persillées
★	★
Apfel im Schlafrock	Pomme en cage

Blumenkohlcremesuppe   Rezept Seite 74

Eiersalat   Rezept Seite 195

Zürcher Leberspiessli
für 4 Personen

400 g	Kalbsleber, in Würfel geschnitten	Leber mit Salbei mischen. Würfel einzeln in Speckscheiben rollen und 4 Spiesse herstellen.
200 g	Kochspeck, in Scheiben	
	gehackter Salbei	Leberspiessli in Mehl wenden, würzen und in Butter langsam beidseitig braten. Auf Bohnen anrichten, mit Bratensauce leicht überziehen.
	Mehl, Salz, Pfeffer	
20 g	Butter	
2 dl	gebundene Bratensauce	Zubereitungszeit 30 Min.

Grüne Bohnen   Rezept Seite 373

Petersilienkartoffeln   Rezept Seite 161

Apfel im Schlafrock   Rezept Seite 42

Schlosskartoffeln
für 4 Personen

1 kg	mittelgrosse Kartoffeln	Kartoffeln schälen, längs halbieren und in schlanke, längliche Form dressieren. In kochendes Salzwasser geben, aufkochen, dann abschütten (blanchieren). In Öl und Butter im Ofen unter öfterem Wenden goldbraun braten.
2 l	leichtes Salzwasser	
50 g	Sonnenblumenöl	
10 g	Butter	

Zubereitungszeit 40 Min.
Rosmarinkartoffeln: 1 Sträusschen frischen Rosmarin zupfen, während den letzten 10 Minuten mitgaren.

Gemüsebouillon mit Ei

Endiviensalat
★
Rindszunge mit Madeirasauce
Grüne Bohnen
Kräuterkartoffeln
★
Meringue mit Schlagrahm

Bouillon de légumes à l'oeuf

Salade de scarole

Langue de boeuf au madère
Haricots verts
Pommes aux fines herbes

Meringue Chantilly

Gemüsebouillon mit Ei
für 4 Personen

8 dl	Gemüsebouillon
4	Eier
10 g	gehackte Kräuter

Gemüsebouillon zum Sieden bringen. Eier nacheinander aufschlagen, wobei das Eigelb jeweils in eine Suppentasse kommt; das Eiweis, sauber getrennt, bewahrt man in einem geschlossenen Glas für andere Zwecke auf. Die heisse Bouillon sorgfältig über die Eigelb leeren. Gehackte Kräuter darüberstreuen.
Anmerkung: Im Handel gibt es Gemüsebouillon-Pasten, ganz ohne Fleischextrakt, zu kaufen.

Endiviensalat: 50 g pro Person
Salatsaucen

Quer in Streifen geschnitten
Rezepte Seiten 358–360

Rindszunge mit Madeirasauce
für 4 Personen

1	Rindszunge, 1 bis 1,4 kg
50 g	gehackte Zwiebeln
30 g	Butter
1 dl	Madeirawein
2 dl	gebundene Bratensauce

Rindszunge in Wasser garsieden, unter fliessendem kaltem Wasser sorgfältig schälen. Kochzeit: 2–3 Stunden. Zwiebeln in Butter dünsten, mit Madeira ablöschen und mit Bratensauce auffüllen. Bis zur gewünschten Dicke einkochen. Rindszunge in dicke Scheiben schneiden, in mit Butter bestrichener, feuerfester Platte anrichten. Die Madeirasauce über die Zunge leeren, in der Platte nochmals wärmen und servieren.

Grüne Bohnen

Rezept Seite 373

Kräuterkartoffeln

Rezept Seite 161

Meringue (Baiser)

Rezept Seite 164

Geräuchertes Forellenfilet
Zwiebeln und Zitrone
Meerrettichschaum

Kraftbrühe mit Peperonistreifen und Reis

Rindszunge süss-sauer
★
Himbeertörtchen

Filet de truite fumée
Oignons et citron
Raifort Chantilly
★
Consommé Carmen

Langue de boeuf aigre-douce
★
Tartelette aux framboises

Geräucherte Forellenfilets

1	kleine Zwiebel, feingehackt
4	Zitronenschnitze
10 g	Meerrettich, gerieben oder fertig aus dem Glas
1 dl	geschlagener Rahm
4	Salatblätter

Werden im Handel bezogen. Rahm mit Meerrettich mischen. Mit Suppenlöffel neben Forellenfilets dressieren.
Forellenfilets halb auf Salatblatt legen.

Kraftbrühe

Rezept Seite 229

30 g	Peperonistreifen (Paprika)
30 g	gekochter, körniger Reis

Peperoni in der Kraftbrühe während 15 Min. garen.

Rindszunge süss-sauer
für 4 Personen

1	Rindszunge, 1 bis 1,5 kg, in Wasser sieden, sorgfältig schälen
100 g	Silberzwiebeln
200 g	Karotten, in Stäbchen geschnitten
100 g	Champignonköpfe
30 g	Butter
	Salz, Streuwürze, Zucker, Essig, roter Pfeffer
2 dl	gebundene Bratensauce
300 g	Kürbiskugeln oder -würfel
30 g	Zucker
0,5 dl	Weissweinessig
1 dl	Wasser
1/2	Zimtstange, 1 Nelke

Butter erhitzen, erst Silberzwiebeln, dann Karotten und Champignonköpfe darin schwenken und rassig würzen. Bratensauce zugeben, aufkochen.
Zucker mit Essig und Wasser aufkochen. Kürbiskugeln zugeben und aufkochen. Diesen Fond mit den Gewürzen etwas abkalten lassen, dann der Bratensauce beigeben.
Das Ganze über die in Scheiben geschnittene Rindszunge geben und servieren. Kochzeit der Rindszunge ca. 3 Std.

Himbeertörtchen

Früchtetörtchen Rezept Seite 85

Minestrone

Buntgemischter Salat

Risotto mit Geflügelleber und Speck
Marsalasauce

Roulade mit Konfiture

Minestrone

Salade mêlée

Risotto aux foies de volaille et lard
Sauce marsala

Biscuit roulé à la confiture

Minestrone   Rezept Seite 109

Buntgemischter Salat   Rezept Seite 361

Risotto mit Geflügelleber
für 4 Personen

300 g	Geflügelleber in Stücke zerteilen
200 g	Kochspeck in Scheiben
40 g	Butter
20 g	gehackte Zwiebeln
0,5 dl	Marsala
1 dl	gebundene Bratensauce

Kochspeck in heisser Pfanne ohne Fett braten. Butter zum Speckfett geben, die Geflügelleber darin rasch anbraten, würzen und herausnehmen. Zwiebeln im Bratsatz anbraten, mit Marsala ablöschen, Bratensauce dazu und aufkochen. Die Geflügelleber wird auf den Risotto verteilt, mit Speckscheiben garniert und mit Marsalasauce beträufelt.

Risotto   Rezept Seite 322

Roulade mit Konfiture   Rezept Seite 321
Bisquit für Roulade
200 g Marmelade zum Aufstreichen

Selleriesalat mit Äpfeln
für 4 Personen

1	Sellerieknolle, ca. 600 g
1	Apfel, gross und fest
1	Zitrone
2 dl	feste Mayonnaise
1/2 dl	Rahm

Zitrone auspressen. Sellerie mit scharfem Messer schälen und sofort mit Zitronensaft einreiben. Sellerie fein raffeln, dann mit dem Zitronensaft mischen. Äpfel schälen, entkernen und raffeln oder in kleine Würfel schneiden. Mit der Mayonnaise unter die Sellerie mischen. Beliebig mit Rahm verfeinern.

Chicoreesalat mit Bananen	Salade d'endives aux bananes
an Salatmayonnaise	Sauce américaine
Milkengratin Siena	Gratin de ris de veau Siena
★	
Zitronencake	Cake au citron

Chicoreesalat mit Bananen
für 4 Personen

4	Chicoree
2	reife Bananen
1½ dl	Salatmayonnaise (360)
½ dl	Ananas- oder Orangensaft
	Streuwürze

Chricoree quer in 2 cm breite Streifen schneiden. Das harte Ende wird nicht verwendet.
Chicoree kurz in kaltem Wasser waschen, gut abtropfen oder schwingen. Bananen schälen, in nicht zu dünne Scheiben schneiden und beigeben. Das Ganze mit mitteldicker Salatmayonnaise und Fruchtsaft anmachen und würzen.

Milkengratin Siena
für 4 Personen

600 g	Kalbsmilken
50 g	Butter
	Weissmehl
	Salz, Pfeffer, Muskat
800 g	Blattspinat
50 g	gehackte Zwiebeln
2	zerstossene Knoblauchzehen
200 g	Rahmquark
4	Eigelb
	Streuwürze

Kalbsmilken in Salzwasser aufkochen, enthäuten. Milken in Scheiben schneiden, würzen, in Mehl wenden und in 20 g Butter beidseitig anbraten.
Blattspinat in Salzwasser aufkochen, mit kaltem Wasser abkühlen und abtropfen. Gehackte Zwiebeln und Knoblauch mit restlicher Butter im Bratsatz dünsten. Blattspinat darin heiss machen und abschmecken. In mit Butter bestrichener, feuerfester Platte verteilen. Milkenschnitzel obendrauf legen.
Quark, Eigelb und Streuwürze vermischen und über die Milken giessen. Bei starker Oberhitze überbacken.
Zubereitungszeit 1 Std.

Zitronencake

Rezept Seite 154 (Orangen durch Zitronen ersetzen)

Lammchops nach provenzalischer Art

Grünerbssuppe mit Röstbrotwürfeln	Purée Saint-Germain
★	★
Spargelspitzen mit Essigkräutersauce	Pointes d'asperges vinaigrette
★	★
Lammchops nach provenzalischer Art	Chops d'agenau provençale
Überbackene Rahmkartoffeln	Gratin dauphinois
Gedämpfter Lauch	Poireau étuvé
★	★
Ofenküchlein mit Vanillerahm	Chou Chantilly à la vanille

Grünerbssuppe Rezept Seite 187

Spargelspitzen mit Essigkräutersauce Salatsauce Rezept Seite 359

Lammchops nach provenzalischer Art
für 4 Personen

Lammchops schwach einölen, würzen, auf mittelheissem Rost à point ($^3/_4$) grillieren und auf feuerfeste Platte anrichten.

500 g	Lammchops (vom Nierstück, ohne Knochen, entfettet und gut gelagert) Salz, frischgemahlener Pfeffer, Sonnenblumenöl
50 g	frisch geriebenes Weissbrot
20 g	Butter Knoblauch, Thymian, fein gehackte Zwiebeln, gehackte Petersilie
2	Tomaten

Weissbrotkrume und Knoblauch in Butter schwenken, Chops mit der Hälfte davon bestreuen. Unter dem Salamander kurz überbacken und mit Thymian bestreuen. Tomaten inzwischen halbieren, Schnittflächen leicht eindrücken und kräftig salzen. Zwiebeln in der restlichen Butter dünsten, mit restlichem Brot mischen und auf die Tomaten schichten. Unter dem Salamander überbacken, bis die Tomaten knapp gar sind. Mit Petersilie bestreuen. Die Lammchops mit diesen würzigen Tomaten garnieren.
Zubereitungszeit 30 Min.

Überbackene Rahmkartoffeln Rezept Seite 23
Überbackene Milchkartoffeln. Statt Milch wird hier Rahm verwendet.

Gedämpfter Lauch Rezept Seite 374

Ofenküchlein (Windbeutel) Rezept Seite 134
Vanillerahm Rezept Seite 68

Broccolicremesuppe	Crème de brocoli
Endivien- und Randensalat	Salade de scarole et betteraves
Überbackenes Lammragout	Sauté d'agneau gratiné
mit Frühlingsgemüsen	aux primeurs
Kräuterreis	Riz blanc aux fines herbes
Makronentorte mit Trüffelfüllung	Tourte de macarons aux truffes

---

Broccolicremesuppe Rezept Seite 74 (Blumenkohlcreme)

Lammragout überbacken
für 4 Personen

600 g	Lammfleisch von der Schulter, in Würfel geschnitten
0,5 dl	Sonnenblumenöl
	Salz, Pfeffer
1 dl	Rotwein
1 dl	Tomatenjus
2 dl	gebundene Bratensauce
800 g	Frühlingsgemüse – am besten eine tiefgekühlte Mischung

Lammfleisch in Öl anbraten und würzen. Mit Rotwein ablöschen, mit Tomatenjus und Bratensauce auffüllen. Bei kleinem Feuer zugedeckt weichschmoren. Garzeit ca. 1 Std.
Das Gemüse wird angetaut, mit kaltem Wasser abgespült, für 10 Minuten mitgekocht, dann wird das Gericht in eine feuerfeste Platte geleert.
Zum Überbacken bestreuen wir das Ganze mit Paniermehl und reichlich geriebenem Käse.
Zubereitungszeit 1½ Std.

Kräuterreis Rezept Seite 181

Makronentorte
ist gekühlt ca. 1 Woche lagerfähig
Füllung:

300 g	Blockschokolade
3 dl	Vollrahm, Kirsch

Makrone als Deckel:

5	Eiweiss
50 g	Zucker
150 g	Zucker
400	Haselnüsse gemahlen

Boden: aus Kuchenteig (Rezept Seite 264) oder Zuckerteig (Rezept Seite 85)
Rahmganache aus 300 g dunkler Couverture (Blockschokolade) die mit 3 dl Vollrahm aufgelöst, mit Kirsch parfümiert und zu halbweicher Creme gerührt wird.
Dicker Japonais-Boden, der auf gefettetem, mit Mehl bestäubtem Backblech bei 180° ca. 15–20 Minuten gebacken wird:
Eiweiss zu Schnee schlagen, 50 g Zucker sofort einschlagen. 150 g Zucker mit Haselnüssen mischen und locker unter den Eischnee heben.
Diese Masse wird ca. 10 % kleiner als die Tortenform aufs Backblech dressiert, mit der Lochtülle in Schneckenform.

Gemüsebouillon mit Ei	Bouillon de légumes à l'oeuf
Schnittsalat an italienischer Sauce	Salade de Trévise à l'italienne
Gebratene Lammkeule	Gigot d'agneau rôti
Schlosskartoffeln	Pommes château
Zucchetti mit Tomaten	Courgettes aux tomates
★	★
Ofenküchlein mit Heidelbeeren	Chou Chantilly aux myrtilles

Gemüsebouillon mit Ei   Rezept Seite 167

Schnittsalat: 50 g pro Person   Sauce Rezept Seite 358

Gebratene Lammkeule
für 4 Personen

1	Lammkeule von 1,2 bis 1,8 kg, ohne Schlossbein, ganz ohne Fett
3	Knoblauchzehen, in Scheiben geschnitten
	Salz, Pfeffer
0,5 dl	Sonnenblumenöl
1 dl	Weisswein
2 dl	klare Bratensauce

Die Lammkeule rundum durch kleine Einschnitte mit den Knoblauchscheiben spikken.
Würzen und im heissen Öl anbraten. Das Bratgeschirr in den heissen Ofen stellen. Die Keule unter öfterem Begiessen mit dem Bratöl rundum hellbraun braten. Nach ungefähr 15 Minuten vermindern wir die Hitze auf 120 Grad, wenden die Keule ab und zu und warten, je nach Grösse des Stückes, 1/2 bis zu 1 Stunde.
Die Innentemperatur des Fleisches darf 55 Grad erreichen.
Vor dem Tranchieren soll die Keule während 10 Minuten ruhen, beim Aufschneiden ginge sonst viel Saft verloren. Das Fleisch soll im Innern eine zart rosarote Farbe aufweisen. So ist das Lammfleisch für uns am bekömmlichsten.
Das Bratgefäss stellen wir aufs Feuer, lassen den Saft einkochen, damit wir das Bratöl abgiessen können. Mit Weisswein abgelöscht, mit Bratensauce aufgefüllt und eingekocht, bis sie uns kräftig genug erscheint, servieren wir die Bratensauce separat zum Fleisch.

Schlosskartoffeln   Rezept Seite 166

Zucchetti mit Tomaten   Rezept Seite 272

Ofenküchlein   Rezept Seite 134

Selleriesalat mit Äpfeln	Salade de céleri aux reinettes
★	★
Kraftbrühe mit gehackten Tomaten	Consommé madrilène
★	★
Lammkoteletts vom Grill	Côtes d'agneau grillées
Kartoffelkrapfen	Pommes dauphine
Frische Spargel	Asperges fraîches
Holländische Sauce	Sauce hollandaise
★	★
Eiskaffee	Café glacé

Selleriesalat mit Äpfeln   Rezept Seite 169

Kraftbrühe   Rezept Seite 229
100 g gehackte Tomaten

Lammkoteletts vom Grill
für 4 Personen

600 g   Lammkoteletten mit wenig Fett
        Sonnenblumenöl
        frisch gemahlener Pfeffer, Salz

Die Grillstäbe sollen heiss und sauber sein. Die Koteletten werden in Öl gewen-det und 5 Minuten liegen gelassen. Wir mahlen Pfeffer darüber, grillieren beidseitig kurz, streuen Salz darüber und wenden nochmals.
Die Beilagen müssen bereitstehen, denn es wird sofort aufgetragen. Mit Brunnenkresse und einem Zitronenschnitz garniert, präsentieren wir unseren Gästen saftige Koteletten mit Gittermuster.

Kartoffelkrapfen   Rezept Seite 191

Frische Spargel

  1 kg Spargel
  2 l kochendes Salzwasser
 10 g Butter

Die Spargel vom Kopf gegen das Ende sauber schälen. Mit Bindfaden zu 4 Portionen binden. Die Enden grad abschneiden, so weit sie angetrocknet sind.
Butter ins siedende Wasser geben, dann die 4 Spargelbündel. Gar kochen. Kochzeit ca. 15 Min.

Holländische Sauce   Rezept Seite 244

Eiskaffee
Mokkaglace

Hinweis Vanilleglace Seite 20
Eiskaffee kann mit frischem Kaffee übergossen und mit Schlagrahm verziert werden.

Russisches Ei	Oeuf à la russe
Kraftbrühe mit Champignons und Backerbsen	Consommé chasseur
Lammragout – französischer Eintopf mit Kartoffelkugeln und kleinen Zwiebeln	Navarin – ragoût d'agneau aux pommes et oignons
Ofenküchlein mit Preiselbeeren	Chou Chantilly aux airelles

Russische Eier   Rezept Seite 314

Kraftbrühe   Rezept Seite 229
50 g Champignons in Scheiben

Backerbsen
100 g Spätzliteig (28)

Aus Spätzliteig, durch Salatsieb in heisses Öl getropft, schwimmend goldbraun gebacken.

Lammragout
für 4 Personen

600 g	Lammfleisch von der Schulter oder vom Hals in Würfeln
0,5 dl	Sonnenblumenöl
1	Knoblauchzehe
5 dl	gebundene Bratensauce
1 dl	Tomatenjus
150 g	blanchierte (in Salzwasser aufgekochte) Kartoffelkugeln
100 g	kleine Zwiebeln
200 g	Tomaten in Würfeln
	Salz, Pfeffer, Thymian

Fleisch in Öl anbraten. Knoblauch und Zwiebeln kurz mitrösten und würzen. Tomatenjus und Bratensauce beigeben, zudecken und auf kleinem Feuer weichschmoren. Bevor das Fleisch ganz gar ist, werden die Kartoffeln während 10 bis 15 Minuten mitgekocht. Garzeit insgesamt ca. 1 Std.
Die Tomatenwürfel gibt man zum Schluss dazu, wobei die Sauce dadurch verdünnt wird und nochmals abgeschmeckt werden soll.

Ofenküchlein   Rezept Seite 134

Lyonerkartoffeln

400 g	gekochte Kartoffeln
200 g	geschnittene Zwiebeln
20 g	Sonnenblumenöl
20 g	Butter
	Salz, Pfeffer

Kartoffeln in feine Scheiben schneiden. Zwiebeln in Öl anrösten, Kartoffeln zugeben, würzen, unter öfterem Wenden anbraten.
Zum Servieren die Butter in mässig heisse Lyonnerpfanne (schwarze Pfanne) geben, Kartoffeln darin fertigbraten. Zubereitungszeit 1½ Stunden.

Avocado mit Crevetten	Avocat aux crevettes
Fleischbrühe mit Sherry	Bouillon au sherry
Lammcurry nach Kaschmir Art	Curry d'agneau kashmirienne
Weisser Reis	Riz blanc
Orientalische Beilage	Garniture orientale
Flambierte Kirschen mit Vanilleglace	Cerises jubilé à la glace vanille

---

Avocado mit Crevetten

| 4 | halbe, entsteinte Avocados |
| 200 g | Crevetten |

Crevetten auf die Avocados verteilen, mit Calypso-Sauce überziehen.

Calypso-Sauce

Rezept Seite 158

Fleischbrühe

Rezept Seite 371
Mit 50 g Sherry verfeinert

Lammcurry nach Kaschmir Art
für 4 Personen

600 g	entfettetes Lammfleisch, in Würfel geschnitten
0,5 dl	Sonnenblumenöl
200 g	fein geschnittene Zwiebeln
200 g	Bananenscheiben
100 g	weiche Tomaten
	Salz, Streuwürze, Currypulver, geriebener Ingwer
1 dl	dicke Kokosmilch
	Zitronensaft oder Tamarinde

Lammfleisch in Öl leicht anbraten. Zwiebeln, dann Bananenscheiben und zerdrückte Tomaten zugeben und untermischen. Würzen, Feuer klein stellen. Zugedeckt schmoren. Wenn nötig, wenig Wasser hineinleeren. Garzeit ca. 1 Std.
Das Fleisch mit der Gabel herausnehmen und in Servierschüssel anrichten. Die Sauce mixen, Kokosmilch daruntermischen und, wenn nötig, mit Zitronensaft leicht ansäuern.
Kaschmir Curry ist mild, süsslich und voller Harmonie. →

Weisser Reis

Rezept Seite 26

Orientalische Beilagen
Man stellt sie nach Wunsch zusammen:
Feine Streifen von Eieromelette oder hartgekochte gehackte Eier
Schinkenstreifen, gebackene Zwiebeln, Salzmandeln, süss-saure Kürbiswürfel,

Kokosflocken oder geröstete Kokosflocken mit Erdnüssen.
Chapati – Vollkornmehl und Wasser zu Teig, dann zu dünnen Broten gebacken
Mangochutney oder Chutney aus Ananas, Datteln oder andern Exoten.

Flambierte Kirschen

Rezept Seite 213

Französische Zwiebelsuppe	Soupe à l'oignon
Grüner Bohnensalat mit Tomaten	Salade de haricots verts aux tomates
★	★
Gefüllte Lammschulter	Ballotine d'agneau
Überbackene Bouillonkartoffeln	Pommes savoyarde
Geschmorter Lattich	Laitue braisée
Pfirsich in Rotweinsauce	Pêche au vin rouge
mit gehobelten Mandeln	et aux amandes

Französische Zwiebelsuppe   Rezept Seite 77

Grüner Bohnensalat   Rezept Seite 21

Gefüllte Lammschulter
für 6–8 Personen

1	ausgebeinte Lammschulter (wiegt ungefähr 1 kg)
300 g	grobes Brät
50 g	gehackte Zwiebeln
1	gehackte Knoblauchzehe
100 g	Weissbrot ohne Rinde
0,5 dl	Milch (mit Weissbrot zusammen kneten)
	gehackte Petersilie, Salz
0,5 dl	Sonnenblumenöl
100 g	Röstgemüse (Karotten, Sellerie, Zwiebeln in kleinen Würfeln) Gewürz,
1 dl	Weisswein, 2 dl Bratensauce

Lammschulter ausbreiten, würzen. Füllung satt einrollen, sorgfältig binden. In Öl rundum anbraten, würzen. Röstgemüse kurz mitrösten. Ablöschen mit Weisswein, mit Bratensauce auffüllen. Bei kleinem Feuer zugedeckt schmoren, wobei die Schulter mit der Sauce immer wieder übergossen wird, bis sie glänzt (glasieren).

Nach dem Garprozess lassen wir die Schulter 15 Minuten ruhen. Sie wird in dicke Scheiben geschnitten und darf nicht mit Sauce übergossen werden. Zubereitungszeit ca. 2 Std.

Überbackene Bouillonkartoffeln   Rezept Seite 66

Geschmorter Lattich   Rezept Seite 374

Pfirsich in Rotweinsauce

4	Dosenpfirsiche
	Wenig Pfirsichsaft
2 dl	Rotweinsauce (Sauce Bischof)

Pfirsiche im eigenen Saft zum Kochen bringen, Rotweinsauce zugeben, kurz wärmen. Beim Anrichten in Schälchen die Sauce über die Pfirsiche geben.

Rotweinsauce für Süßspeisen   Rezept Seite 179

Fleischbrühe	Bouillon de viande
Cacik – Gurkensalat mit Joghurt, auf Salatblättern	Salade de concombres au yoghourt sur salade verte
Sis Kebab – türkischer Lammspiess mit Zwiebeln Pilawreis Gebratene Auberginen	Sis kebab – brochette d'agneau à la turque Riz pilav Aubergines sautées
Aprikosenglace	Glace aux abricots

Fleischbrühe   Rezept Seite 371

Cacik   Rezept Seite 361

Lammspiess mit Zwiebeln
für 4 Personen – 160 kcal p. P.

400 g	zartes, mageres Lammfleisch, in Würfel geschnitten
200 g	Zwiebeln, in breiten Streifen Zitronensaft mit gehacktem Knoblauch, zerdrückter Pfefferschote und zerquetschter Zimtstange, Sonnenblumenöl, Salz

Das Fleisch wird mit Zwiebelstreifen abwechslungsweise auf den Spiess gesteckt, eingeölt und auf dem Rost oder am offenen Feuer langsam gebraten. Kurz bevor das Fleisch die Garstufe à point erreicht, steckt man eine halbwegs ausgepresste Zitronenhälfte auf eine Gabel, taucht sie in den orientalisch gewürzten Zitronensaft und würzt damit das Fleisch rundum.

Pilawreis   Rezept Seite 30

Gebratene Auberginen   Rezept Seite 144

Aprikosenglace   Rezept Seite 250

Rotweinsauce für Süssspeisen
für 4-6 Personen

2 dl	Rotwein
100 g	Zucker, 1/2 Zimtstengel, 1 Nelke
5 g	Maizena, 1 dl kaltes Wasser
50 g	Korinthen
30 g	gehobelte Mandeln Kirsch, Zitronensaft

Rotwein, Zucker, Zimt und Nelke zusammen aufkochen, die Gewürze wieder entfernen.
Maizena im kalten Wasser anrühren, unter Rühren mit Schneebesen in die kochende Sauce laufen lassen, Korinthen darin aufkochen, Mandeln und Kirsch beigeben. Eventuell mit Zitronensaft abschmecken.

Ochsenschwanzsuppe	Oxtail lié
Tomatensalat mit Basilikum und Mozzarella	Salade de tomates au basilic et Mozzarella
★	
Lammkeulensteak mit Knoblauchbutter Lyonerkartoffeln Grüne Bohnen	Steak de gigot d'agenau au beurre d'ail Pommes lyonnaise Haricots verts
Pfirsichsalat	Salade de pêches

Ochsenschwanzsuppe

200 g Mehl

Nachdem das Tomatenpüree gebräunt ist, mischt man das Mehl bei, schwitzt es

Rezept Seite 96
während 5 Min. mit und füllt dann mit Wasser auf.
Gebundene Ochsenschwanzsuppe enthält in der Regel keine Einlage.

Lammkeulensteak
für 4 Personen

1	Lammkeule, ca. 2 kg = 4 Steaks ca. 200 g	
20 g	Sonnenblumenöl Salz, frisch gemahlener Pfeffer	

Lammkeule ohne Schlossknochen sauber entfetten. Im Tiefkühler während 2 Stunden anfrieren lassen, damit die Steaks in der gewünschten Dicke quer durch das Fleisch gesägt werden können. Ungefähr die Hälfte des Fleisches muss anders verwertet werden, so zum Beispiel für Spiesse, Pie, Ragout, Kebab.
Die Steaks werden leicht eingeölt, gewürzt und grilliert.

Lyonerkartoffeln

Rezept Seite 175

Grüne Bohnen

Rezept Seite 373

Knoblauchbutter

4	Zehen Knoblauch
10 g	Salz, Pfeffer
300 g	Butter, 1 Zitrone

Der Knoblauch wird mit Salz zusammen verrieben. Mit schaumig geschlagener Butter, frischgemahlenem Pfeffer und Zitronensaft entsteht eine herrliche Mischung.

Pfirsichsalat
Pro Person wird ein reifer Pfirsich mit Haut in Schnitze geschnitten, mit Zucker bestreut und während mindestens einer Stunde kühl gestellt.

Vor dem Servieren wird der Salat eventuell parfümiert mit Cognac, Rum, Liqueur und wenig Zitronensaft.

Überbackene Lauchsuppe	Soupe aux poireaux gratinée
Buntgemischter Salat	Salade mêlée
Lammvoressen mit Burgunder Wein Kräuterreis	Sauté d'agneau au bourgogne Riz aux fines herbes
★	
Cremeschnitte	Mille-feuilles

Überbackene Lauchsuppe
für 4 Personen

100 g	Zwiebel, in Streifen geschnitten
200 g	Lauch, quer in Streifen geschnitten
30 g	Butter
6 dl	Gemüsebouillon
1 dl	Weisswein
4	dünne Röstbrotscheiben
40 g	Reibkäse

Zwiebeln und Lauch in Butter dünsten. Mit Bouillon auffüllen und aufkochen. Weisswein nach fünfminütiger Kochzeit beigeben.
Suppe in 4 Tassen füllen, mit Röstbrotscheiben belegen und mit Käse bestreuen. Während fünf Minuten im Ofen überbracken.
Zubereitungszeit 30 Min.

Buntgemischter Salat

Rezept Seite 361

Lammvoressen mit Burgunder Wein
für 4 Personen

600 g	Lammfleisch von Hals oder Schulter, in Würfel geschnitten
20 g	Sonnenblumenöl
200 g	kleine Zwiebeln
1 dl	Rotwein aus dem Burgund
1 dl	Tomatenjus
2 dl	gebundene Bratensauce Salz, Pfeffer, gehackte Kräuter

Das Fleisch in Öl rundum anbraten, würzen, die Zwiebeln kurz mitrösten. Mit dem Rotwein ablöschen, Tomatenjus und Bratensauce zugeben. Auf kleinem Feuer zugedeckt schmoren. Die Sauce entfetten und mit den Kräutern bestreuen.
Garzeit ca. 40 Min.

Kräuterreis
Weisser Reis

Petersilie, Liebstöckel, Estragon, Selleriekraut, Streuwürze
20 g Butter

Rezept Seite 26
Kräuter feinhacken und kurz vor dem Servieren unter den Reis mischen. Reis nachwürzen, Butter daruntermischen.

Cremeschnitte

Rezept Seite 72

Fidelisuppe mit Fleischklösschen

Schwarzwurzeln an Essigkräutersauce

Zucchettitopf mit Lammragout

★

Halbgefrorene Rahmschnitte
mit Sauerkirschen

Bouillon aux vermicelles et quenelles

Scorsonères vinaigrette

Sauté d'agneau aux courgettes

★

Mille-feuilles glacé Chantilly
aux bigarreaux

Fidelisuppe – Fleischbrühe

30 g Fideli
Bratwurstbrät

Rezept Seite 371
Mit Teelöffel kleine Klösschen ausste-
chen, die, wie auch die kurz gebrochenen
Fideli, in der Fleischbrühe gegart werden.

**Schwarzwurzeln an Essigkräuter-
sauce**
für 4 Personen

600 g Schwarzwurzeln
2 dl Wasser
Salz
100 g gerüsteter Kopfsalat
2 dl Essigkräutersauce

Schwarzwurzeln zubereiten (Rezept Seite
73) und erkalten lassen. Salatblätter auf
4 Salatteller verteilen, Schwarzwurzeln
darauf anrichten und mit Essigkräutersauce übergiessen.

Zucchettitopf mit Lammragout
für 4 Personen

600 g Lammfleisch vom Hals, in kleine
Würfel geschnitten
20 g Öl zum Anbraten, Salz, Pfeffer
200 g Zwiebeln, in Würfel geschnitten
600 g Zucchetti, in Würfel geschnitten
300 g Tomaten, in Würfel geschnitten
1 Zehe Knoblauch, Streuwürze
20 g Butter
2 dl Wasser

Das Lammfleisch gut anbraten, würzen,
dann die Zwiebeln kurz mitrösten, mit
Wasser auffüllen und auf kleinem Feuer
zugedeckt schmoren. Die Flüssigkeit so
gut wie möglich entfetten. Zucchetti und
gehackten Knoblauch in Butter dünsten,
dem Fleisch beigeben, ebenso die rohen
Tomaten. Aufkochen, nachwürzen.
Falls die Zucchetti und die Tomaten zuviel
Flüssigkeit abgegeben haben, schöpfen
wir Fleisch und Gemüse mit einer
Schaumkelle in die Servierschüssel, kochen die Flüssigkeit ein und giessen sie
über das farbenfrohe Gericht.
Zubereitungszeit 1^1/$_2$ Std.

Rahmschnitte mit Sauerkirschen

Rezept Seite 124

Hirsesuppe mit Gemüsewürfelchen	Potage au millet brunoise
★	★
Kopfsalat	Salade de laitue
★	★
Balkan Spiess	Brochette d'agneau balkanique
Tomatenreis	Riz tomaté
★	★
Apfelroulade	Roulade aux reinettes

Hirsesuppe

Rezept Seite 186

Kopfsalat
Salatsaucen

50 g pro Person
Rezepte Seiten 358–360

Balkan Spiess
für 4 Personen

100 g	Kochspeck am Stück, ohne Schwarte
200 g	Rauchwurst, Haut abgezogen, in dicke Scheiben geschnitten
200 g	zartes Lammfleisch, in Würfel geschnitten
100 g	Zwiebeln, geviertelt
100 g	fester Schafkäse, in 4 Streifen geschnitten
20 g	Öl
1	gehackte Pfefferschote ohne Kerne
1	zerstossene Knoblauchzehe

An 4 grosse Spiesse werden abwechslungsweise Lamm, Zwiebel, Lamm, Wurst, Zwiebel, Käse, Zwiebel, Wurst und an der Spitze der in vier Stücke geschnittene Kochspeck flach aufgespiesst.
Öl mit Pfefferschote und Knoblauch gut mischen und damit die Spiesse beidseitig bepinseln.
Das Feuer im Grill soll glühen und der Rost heiss sein, wenn die Spiesse aufgelegt werden. Man wendet in der Regel dreimal und streut das Salz erst auf das Lammfleisch, kurz bevor es zu drei Viertel gar gebraten ist.
Garzeit ca. 20 Min.

Tomatenreis

Pilawreis (30), scharf gewürzt, mit 1 dl italienischer Tomatensauce vermischt (Rezept Seite 145)

Apfelroulade: 4 Portionen oder 10 Dessertportionen

500 g	Äpfel, geschält, entkernt, in Scheiben geschnitten
100 g	gemahlene Haselnüsse
100 g	Zucker, vermengt mit 20 g Cremepulver, Zimt
300 g	Blätterteig

Blätterteig zu Rechteck ausrollen, Füllung mischen und darauf verteilen.
Ränder mit Ei bestreichen, flach zusammenrollen. Roulade mit Ei bestreichen, Backen bei 200° während 45 Minuten. Mit Staubzucker bestreuen.

Kartoffelsuppe mit Röstbrotwürfeln	Purée Parmentier aux croûtons
★	★
Buntgemischter Salat	Salade mêlée
★	★
Wurstspiess mit Speck und Zwiebeln	Brochette de saucisses au lard et oignons
Gebratene Kartoffelwürfel	Pommes Maxim
Überbackener Lauch	Poireau au gratin
★	★
Ofenküchlein mit Orangenrahm	Chou Chantilly à l'orange

Kartoffelsuppe   Rezept Seite 100

Buntgemischter Salat   Hinweis Seite 361

Wurstspiess   Tomaten mit Speckscheiben umwickeln.
für 4 Personen   Zwiebeln in die einzelnen Schichten zerle-
                                        gen. Mittelgrosse Würste in dicke Schei-
800 g   Wurst, verschiedene Sorten wie ben schneiden. Grosse Würste in dicke
        Cervelats, Bratwürstchen,   Scheiben, die geviertelt werden.
        Schweinsbratwurst, Zungen-   Alles möglichst bunt auf Spiesse stecken,
        wurst, Balleron   mit Öl und gewünschten Geschmacksträ-
  4   kleine Tomaten   gern bepinseln, nicht sehr heiss grillieren.
  4   Scheiben Kochspeck
  1   Zwiebel, geviertelt
 20 g   Öl, eventuell Knoblauch, Pfeffer,
        gehackte Pfefferschote   →

Bratkartoffeln   Hinweis Seite 60

Überbackener Lauch   Rezept Seite 254
Lauchgemüse   Feuerfeste Platte mit Butter ausstreichen.
                                        Gegarten Lauch in einer dünnen Schicht
 20 g   Paniermehl   hineinlegen, mit Paniermehl und Käse be-
 10 g   Reibkäse   streuen, Butter obendrauf. Im heissen
 20 g   Butter   Ofen während 10 Min. überbacken.

Ofenküchlein   Rezept Seite 134

Orangenrahm   Schlagrahm mit der Schale einer abgerie-
                                        benen Orange und 10% Staubzucker ver-
                                        mischen. Kann mit Orangenlikör parfu-
                                        miert werden.

Fleischbrühe mit Teigwaren	Bouillon aux pâtes
★	★
Chicoreesalat mit Salatmayonnaise	Salade d'endives à l'américaine
★	★
Mixed-Grill mit Kräuterbutter	Mixed-grill maître d'hôtel
Pommes frites	Pommes frites
Grüne Bohnen	Haricots verts
★	★
Warmer Apfelkuchen mit Vanilleglace	Tarte aux pommes tiède à la glace vanille

Fleischbrühe
30 g Suppenteigwaren

Rezept Seite 371
Während 2–5 Min. in der Brühe gegart.

Chicoreesalat mit Salatmayonnaise

Salatmayonnaise

4 Stück Chicoree, quer in Streifen geschnitten.
Rezept Seite 360

Mixed-Grill
150–200 g Fleisch und Wurst
pro Person
Die Garstufen sind leichter einzuhalten, wenn das Rindfleisch dick, das Lamm etwas dünner und das Schweinefleisch dünn geschnitten ist.

Je nach Wunsch kommen in Frage:
Rindshuft, Rindsfilet, Kalbsfilet, Kalbsschnitzel, Kalbsleber, Kalbsniere, Schweinsfilet, Schweinsschnitzel, Speckscheiben, Lammkoteletten, Lammchops, Lammfilet, Bratwürstchen, Pouletteile.

Pommes frites

Rezept Seite 82

Grüne Bohnen

Rezept Seite 373

Früchtekuchen

Rezept Seite 157

Hirsesuppe mit Gemüsewürfelchen
für 4 Personen

Gemüse in Butter dünsten. Mit Gemüsebouillon auffüllen und aufkochen. Hirsegriess einstreuen und garsieden. Kochzeit ca. 10 Minuten. Gehackte Petersilie darüberstreuen.

100 g	Gemüse in feinste Würfel geschnitten (Zwiebeln, Lauch, Karotten)
20 g	Butter
1 l	Gemüsebouillon
60 g	Hirsegriess
20 g	gehackte Petersilie

Grünerbssuppe mit Röstbrotwürfeln

Nüssli- und Randensalat

Überbackenes Rippli nach Teufelsart
Weinkraut mit Riesling
Kräuterkartoffeln

Kleiner Pfannkuchen mit gemischten Früchten

Purée Saint-Germain

Salade de mâches et betteraves

Côte de porc fumée à la diable
Choucroute au Riesling
Pommes aux fines herbes

Crèpe à la macédoine de fruits

Grünerbssuppe – Gelberbssuppe
für 4 Personen
- 20 g Sonnenblumenöl oder Butter
- 100 g Zwiebeln und Karotten in kleinen Würfeln
- 100 g grüne oder gelbe Erbsen, über Nacht in kaltem Wasser eingeweicht.
- 100 g Kartoffeln in kleinen Würfeln
- 1 l Gemüsebouillon (371)
- 1 dl Rahm

Zwiebeln und Karotten im Fettstoff anschwitzen. Erbsen und Kartoffeln beigeben. Während 5 Minuten unter Wenden weiterdünsten, mit Bouillon auffüllen und aufkochen. Kochzeit 1½ Stunden. Suppe mixen, mit Rahm verfeinern.

Röstbrotwürfel
- 2 Scheiben altbackenes Brot
- 20 g Butter

Brot ohne Rinde in kleine Würfel schneiden. Diese in Butter bei mässiger Hitze und unter Wenden goldbraun rösten.

Überbackenes Rippli (Kasseler) nach Teufelsart
für 4 Personen
- 1 kg Rippli (Kasseler) in Wasser bei ca. 80° während 2 Stunden garen
- 1 dl Rotweinsauce
- 20 g brauner Zucker oder Melasse
- 20 g Senfpulver, Cayennepfeffer
- 20 g Butter

Rotweinsauce mit Zucker, Senf sowie Cayennepfeffer aufrühren. Unter Rühren aufkochen, vom Feuer zurückziehen, Butter unterschwingen.
Das Rippli mit der süss-scharfen Sauce rundum bepinseln, im heissen Ofen anziehen lassen, mit der restlichen Sauce überziehen.

Weinkraut
Rezept Seite 41

Kräuterkartoffeln
Rezept Seite 161

Kleine Pfannkuchen
Rezept Seite 244

Kartoffelcreme mit Vermicelles	Crème Jackson
★	★
Endivien- und Tomatensalat	Salade de scarole et tomates
★	★
Backhuhn der Gesellen zur Constaffel	Backhuhn der Gesellen zur Constaffel
Eiernudeln	Nouilles
Grüne Bohnen	Haricots verts
★	★
Apfelkuchen	Tarte aux pommes

Kartoffelcreme Rezept Seite 100

Backhuhn der Gesellen zur Constaffel
für 4 Personen

1	Masthuhn, ca. 1,2 kg
1,5 l	Gemüsebouillon
	Gewürze
100 g	gehackte Zwiebeln
20 g	Butter
100 g	geriebener Sbrinz
	Streuwürze, Pfeffer
4	Eier
100 g	geriebenes Weissbrot
40 g	Butter
1 dl	Tomatenjus
1 dl	klare Bratensauce

Huhn mit den Knochen in seine 4 Stücke zerlegen: 2 Schenkel, 2 Brüste, Rückgrat. In der Gemüsebouillon bei ca. 90° garen.

Im Sud etwas erkalten lassen, dann herausnehmen, die Knochen auslösen und die Haut von allen Stücken abziehen. Die Schenkel in 2 gleichgrosse Stücke schneiden, die Brüste schräg in 2 etwas flachere, grosse Scheiben zerlegen, für jede Person bleibt also ein Stück Schenkel und eine Scheibe Brustfleisch.
Zwiebeln in Butter dünsten und erkalten lassen. Eier aufschlagen, würzen, Sbrinz und Zwiebeln darunterschlagen, dann die Pouletstücke darin wenden und in die Pfanne mit heisser Butter legen, sofort mit Weissbrotkrume dicht bestreuen und beidseitig goldig braten. Die Stücke herausnehmen und anrichten. Die Pfanne mit Tomatenjus ablöschen, diesen mit der Bratensauce kurz kochen lassen.
Zubereitungszeit ca. 40 Min.   →

Nudeln Rezept Seite 141, 88

Grüne Bohnen Rezept Seite 373

Kalbfleisch der Gesellen zur Constaffel

Fertigen Kalbsbraten, ev. vom Vortag, in dicke Scheiben schneiden. Zubereitung wie Backhuhn (siehe oben).
Das Originalrezept schreibt zu diesem Gericht Kartoffelkuchen vor.

Apfelkuchen – Früchtekuchen Rezept Seite 157

Kraftbrühe mit Blumenkohl und Eierstich

Rippli
Weinkraut
Petersilienkartoffeln

Meringue mit Schokoladenglace

Consommé Dubarry

Côte de porc fumée
Choucroute au vin blanc
Pommes persillées

Meringue glacée au chocolat

Kraftbrühe	Rezept Seite 229
Eierstich	Rezept Seite 52

Rippli (Kasseler)
für 4 Personen

1 kg Rippli

Rippli in siedendes Wasser legen. Feuer klein stellen und das Fleisch bei 80° während ca. 2 Stunden ziehen lassen. Bis zum Servieren kann es in der heissen Brühe bei ca. 70° gelassen werden.

Weinkraut

Rezept Seite 41

Petersilienkartoffeln

Rezept Seite 161

Meringue (Baiser)
Schokoladenglace

Rezept Seite 164
Hinweis Vanilleglace Seite 20

Gebackener Mozzarella (Frischkäse)

400 g	Mozzarella
	Mehl
2	aufgeschlagene Eier
	Paniermehl
	Salbei- oder Basilikumblätter
5 dl	Erdnussöl (Friture)
	Salz, Pfeffer

Mozarella in 16–20 Würfel schneiden. Käsewürfel würzen, in Mehl, dann im Ei sorgfältig wenden.
Reichlich Paniermehl in eine Schüssel leeren, die Käsewürfel, die fleckenlos mit Ei überzogen sein müssen, darin wälzen.
Bei 160–180° goldbraun ausbacken. Auf Küchenpapier abtropfen lassen. Mit Salbei garnieren und heiss servieren.
Zubereitungszeit 20 Min.

Basler Mehlsuppe	Potage bâloise
Randen- und Kopfsalat	Salade de betteraves et laitue
★	★
Schinkensteak mit Ananas	Steak de jambon à l'ananas
Grüne Bohnen	Haricots verts
Kartoffelkrapfen	Pommes dauphine
Melonensorbet	Sorbet au melon

Basler Mehlsuppe

200 g	feingeschnittene Zwiebeln
60 g	Röstmehl
30 g	Butter
1 l	Gemüsebouillon (371)
100 g	Reibkäse

Zwiebeln in der Butter hellbraun rösten. Mehl dazumischen, mit Bouillon auffüllen und unter ständigem Rühren aufkochen. Kochzeit ca. 30 Min.
Reibkäse separat servieren.

Schinkensteak mit Ananas
für 4 Personen – 300 kcal p. P.

400 g	Modellschinken (Vorderschinken in rechteckiger Form)
	Mehl
2	aufgeschlagene Eier
30 g	Butter
4	Scheiben frische Ananas
	Zucker
0,5 dl	Chilisauce

Schinken in 4 dicke Scheiben schneiden, in Mehl wenden, durch die Eier ziehen und in Butter bei schwacher Hitze braten.
Die Ananas mit wenig Wasser in einen Kochtopf legen, mit Zucker bestreuen, zudecken und heissmachen.
Ananasscheiben auf die Schinkenscheiben legen. Chilisauce mit dem Ananassaft – es soll sehr wenig sein – vermischen und in die Löcher im Zentrum der Ananasscheiben füllen.

**Kartoffelkrapfen
(Pommes dauphine)**

Brandteig:

2 dl	Wasser
120 g	Mehl
3	Eier
1 kg	Kartoffeln
	Salz

Wasser mit Salz und Butter zum Sieden bringen. Mehl einstreuen, mit Holzlöffel auf dem Feuer abrühren. Vom Feuer nehmen. Eier, eines nach dem andern tüchtig unter die Masse rühren. Kartoffeln schälen, in Würfel schneiden und dämpfen oder sieden.
Abschütten, Wasser für Suppe aufheben, Kartoffeln trocknen lassen, durch Sieb treiben und mit Brandteig vermischen.
Mit Löffel formen und mit nassem Zeigefinger in Backöl streifen. Goldbraun ausbacken bei ca. 180°.

Melonensorbet

Rezept Seite 204

Eisbergsalat mit Essigkräutersauce

Fleischbrühe mit Käseschnittchen

Paniertes Schinkensteak mit
Greyerzerkäse
Schnittlauchsauce
Butterkartoffeln
★
Frischer Fruchtsalat

Iceberg-laitue vinaigrette

Bouillon aux diablotins

Steak de jambon pané au gruyère
Sauce ciboulette
Pommes à l'anglaise

Macédoine de fruits frais

Eisbergsalat   Rezept Seite 57
Essigkräutersauce   Rezept Seite 359

Fleischbrühe   Rezept Seite 371
Käseschnittchen   Rezept Seite 68

Paniertes Schinkensteak mit Greyerzerkäse
für 4 Personen

8	halbe Scheiben Modellschinken zu je 50 g
4	Scheiben Greyerzerkäse zu je 40 g
	Mehl
2	aufgeschlagene Eier
	Paniermehl
50 g	Butter

Käsescheiben je zwischen zwei Schinkenscheiben legen, leicht zusammendrücken, in Mehl wenden, durch die Eier ziehen und panieren. In Butter auf kleinem Feuer hellbraun braten.

Schnittlauchsauce
für 4 Personen

2 dl	weisse Kalbsbrühe
10 g	Butter
10 g	Mehl
1/2 dl	Rahm
30 g	gehackter Schnittlauch

Mehl während 3 Minuten in Butter schwitzen. Erkalten lassen. Heisse Brühe zugeben, mit Schneebesen glattrühren und unter ständigem Rühren aufkochen. Vom Feuer nehmen. Mit Rahm verfeinern, Schnittlauch einrühren.
Zubereitungszeit 15 Min.

Butterkartoffeln   Rezept Seite 161, ohne Kräuter

Frischer Fruchtsalat   Rezept Seite 9

Andalusischer Salat – bunter Reissalat	Salade andalouse
Fleischbrühe	Bouillon de viande
★	★
Schinken mit Trauben	Jambon aux raisins
Weinkraut	Choucroute au vin blanc
Dampfkartoffeln	Pommes vapeur
★	★
Pfirsich Melba	Pêche Melba

Andalusischer Salat

für 4 Personen

200 g	weisser Reis (26)
100 g	bunte Peperoni
50 g	Silberzwiebeln
100 g	Tomaten
4	gefüllte Oliven in Scheiben
2 dl	französische Salatsauce (358)
1	kleiner Kopfsalat
	gehackte Petersilie, Paprika

Der Reis soll weichgekocht und noch nicht ganz kalt sein. Peperoni und Tomaten in kleine Würfel schneiden. Mit Silberzwiebeln, Oliven und Salatsauce unter den Reis mischen.
Salatteller mit Salatblättern belegen. Reis portionenweise darauf anrichten. Mit Petersilie und wenig Paprika bestreuen.

Fleischbrühe

Rezept Seite 371

Schinken mit Trauben

für 4 Personen – 280 kcal p. P.

4	Schinkenscheiben zu je 100 g (Modellschinken, nicht geräuchert, ohne Fettrand)
20 g	Butter
400 g	blaue und weisse Traubenbeeren, halbiert
1½ dl	Weisswein
1	Messerspitze Stärkemehl

Schinkenscheiben in der geschmolzenen Butter heissmachen, ohne zu braten.

Schinken auf vorgewärmten Teller anrichten.
Traubenbeeren in die Butter leeren, mit Wein heiss werden lassen und mit Schaumkelle aus der Flüssigkeit nehmen und über den Schinken verteilen. ½ dl Weisswein mit Stärkemehl anrühren, zum Saft in der Pfanne schütten und unter ständigem Rühren mit dem Schneebesen aufkochen. Würzen mit wenig Zitronensaft und, wenn nötig, etwas Zucker beigeben. Leicht gebundenen Saft über die Trauben träufeln.
Zubereitungszeit 20 Min.

Weinkraut

Rezept Seite 41

Dampfkartoffeln

Rezept Seite 254

Pfirsich Melba

Rezept Seite 325

Gemüsebouillon mit Käseschnittchen	Bouillon de légumes aux diablotins
★	★
Buntgemischter Salat	Salade mêlée
★	★
Sir Henry's chicken	Sir Henry's chicken
Weisser Reis	Riz blanc
★	★
Ananassorbet	Sorbet à l'ananas

Gemüsebouillon   Rezept Seite 371
Käseschnittchen   Rezept Seite 68

Buntgemischter Salat   Rezept Seite 361

Sir Henry's chicken

1	Masthuhn, ca. 1,4 kg, in 4 Teile zerlegen	Hühnerteile bei mittlerem Feuer rundum anbraten, würzen, aus der Pfanne nehmen. Im Bratsatz Butter heiss machen. Nacheinander Zwiebeln, Peperoni und Knoblauch dünsten, mit Mehl bestäuben, wenden, 3 dl Wasser zugeben und unter wenden aufkochen. Huhn beigeben: Kochzeit 10–15 Minuten. Hühnerteile mit Gabel herausnehmen, Knochen auslösen, Fleisch in gefällige Stücke zerlegen und wieder beigeben. Tomatenwürfeli, dann Zitronensaft und Rahm beigeben, abschmecken. Zubereitungszeit 1 Std.
20 g	Öl	
10 g	Butter	
	Salz, Streuwürze, Chilipulver	
50 g	fein geschnittene Zwiebeln	
150 g	bunte Peperoni in Streifen	
1	Knoblauchzehe in Scheiben	
20 g	Mehl	
	gehackte Petersilie	
1/2 dl	Rahm, Zitronensaft	
100 g	kleine Tomatenwürfel	

Weisser Reis   Rezept Seite 26

Ananassorbet   Rezept Seite 204

Bäckerinkartoffeln

600 g	rohe Kartoffeln	Kartoffeln in Scheiben von ca. 3 mm Dicke schneiden. In kochendes Wasser geben, aufkochen und abschütten.
200 g	fein geschnittene Zwiebeln	Auf mittlerem Feuer Zwiebeln in Öl andünsten und beiseite stellen. Kartoffeln ins Öl der Zwiebeln geben und im Ofen unter öfterem Wenden hellbraun braten.
1 l	kochendes Salzwasser	
$^1/_2$ dl	Sonnenblumenöl	Zwiebeln und Butter dazumischen und fertigbraten.
20 g	Butter	

Eiersalat mit Schnittlauch	Salade d'oeufs à la ciboulette
Fleischbrühe mit Backerbsen	Bouillon aux pois frits
★	★
Chicken-Curry	Chicken-curry / Poulet au curry
Weisser Reis	Riz blanc
Orientalische Beilage	Garniture orientale
Orangensalat mit Datteln	Salade d'oranges aux dattes

Eiersalat
für 4 Personen

4	hartgekochte Eier
1	Kopfsalat
1	Essiggurke
2 dl	Mayonnaise
1/2 dl	heisses Wasser oder Rahm
	Streuwürze, Rosenpaprika
	Zitronensaft, Schnittlauch

Eier mit dem Eischneider in Scheiben schneiden.
Auf Salatteller mit Kopfsalatblättern und Streifen von Essiggurken anrichten, mit pikanter, verdünnter Mayonnaise überziehen, mit Schnittlauch bestreuen.

Fleischbrühe

Rezept Seite 371

Chicken-Curry
für 4 Personen

1	Masthuhn, ca. 1,4 kg in 4 Teile zerlegen
20 g	Sonnenblumenöl
10 g	Butter
	Salz, Currypulver, Chilipulver
200 g	fein geschnittene Zwiebeln
200 g	kleine Apfelscheiben
2	reife, zerdrückte Tomaten
1 dl	Wasser
1 dl	dicke Kokosmilch oder Rahm

Hühnerteile in Öl und Butter anbraten, würzen und aus dem Kochtopf nehmen. Im Bratsatz Zwiebeln, Äpfel und Tomaten dünsten, bis ein Püree entsteht. Hühnerteile daruntermischen, Wasser zugeben, nachwürzen, dann zugedeckt auf kleinem Feuer garen.
Hühnerteile herausnehmen, etwas erkalten lassen, die Knochen sauber entfernen, das Fleisch teilen und in feuerfeste Platte anrichten und warmstellen. Der Sauce Kokosmilch untermischen, zum Siedepunkt bringen, gut mixen und über das Fleisch giessen. Garzeit 20 Min.

Weisser Reis

Rezept Seite 26

Orientalische Beilage

Rezept Seite 118, 176, 282

Orangensalat

Rezept Seite 45

Champignoncremesuppe	Crème de champignons
★	★
Eisbergsalat mit Salatmayonnaise	Iceberg-laitue en salade à l'américaine
★	★
Chicken Maryland	Chicken Maryland
Peperonata	Peperonata
Frische Tomatensauce	Sauce portugaise
★	★
Warmer Apfelkuchen mit Vanilleglace	Tarte aux pommes tiède à la glace vanille

Champignoncremesuppe Rezept Seite 64

Eisbergsalat Rezept Seite 57
Salatmayonnaise Rezept Seite 360

Chicken Maryland
für 4 Personen

400 g	Hühnerbrüstchen, ohne Haut und Knochen
	Salz, Streuwürze, Mehl
4	aufgeschlagene Eier
200 g	geriebenes Weissbrot
50 g	Butter
4	feste Bananen, längs halbiert, quer halbiert, ergibt 4 Stücke pro Banane
50 g	Mehl
0,5 dl	Milch
50 g	Süssmaiskörner
	Streuwürze
	Rest der aufgeschlagenen Eier
4	Scheiben Kochspeck
2 dl	portugiesische Tomatensauce

Hühnerbrüstchen würzen, in Mehl wenden, durch die Eier ziehen, gut abstreifen und mit der Weissbrotkrume leicht panieren. In Butter goldgelb braten, herausnehmen und warmstellen. Bananenstücke in Mehl wenden, im selben Ei wie die Brüstchen wenden und in Butter kurz braten. Zu den Brüstchen als Garnitur legen. Aus Mehl, Milch, Maiskörnern, Würze und Eiern einen Pfannkuchenteig mischen. In Butter in kleinen, runden Portionen beidseitig braten. Zu den Brüstchen legen. Speck ohne weiteres Fett in der Pfanne anbraten, über die Brüstchen legen. Das Gericht mit Peperonata garnieren. Zubereitungszeit 1 Std.

Peperonata Rezept Seite 62

Tomatensauce Rezept Seite 145 + 334 (separat servieren).

Apfelkuchen – Früchtekuchen Rezept Seite 157

Geflügelkroketten

Gemüsebouillon mit Fideli	Bouillon de légumes aux vermicelles
★	★
Nüsslisalat mit gehacktem Ei	Salade de mâches Mimosa
★	★
Geflügelkroketten	Croquettes de volaille
Gedünstete Tomatenwürfel	Tomates concassées
Gedämpfte Karotten und Broccoli	Carottes Vichy et brocoli
★	★
Schokoladenglace mit Schlagrahm	Glace au chocolat Chantilly

Gemüsebouillon
30 g Fideli

Rezept Seite 371
In der Bouillon 2 Min. garen.

Nüsslisalat mit gehacktem Ei

Rezept Seite 101

Geflügelkroketten
für 4 Personen

250 g gegartes Geflügelfleisch ohne Haut und Knochen, in Würfel geschnitten (Salpicon)
100 g gedünstete Champignons, in kleine Würfel geschnitten
30 g Schalotten oder gehackte Zwiebeln
10 g Butter
2 dl dicke weisse Sauce
2 Eigelb
Salz, Streuwürze
Paniermehl
Erdnussöl (Friture)

Schalotten in Butter dünsten, Fleisch, Champignons und Sauce beimischen. Unter Rühren mit Holzspatel aufkochen, mit Eigelb binden.
Etwa 2 $\frac{1}{2}$ cm dick auf geöltes Blech streichen, mit Butterpapier decken, nach dem Erkalten auf Brett stürzen und in die gewünschte Form schneiden. Panieren und bei guter Hitze schwimmend backen. Auf Küchenpapier abtropfen lassen.
Backzeit ca. 4 Min.
Zubereitungszeit 2 Std.

Karotten (Möhren) und Broccoli

Rezept Seite 373

Schokoladenglace

Das Pulver wird vom Handel bezogen, die Rezepte werden mitgeliefert.

Schokoladen-Rahmglace

Rezept Seite 289

Thurgauer Gemüsesuppe	Potage fermière à la semoule
★	★
Randen-, Gurken- und Kopfsalat	Salade de betteraves, concombres et laitue
★	★
Geflügelküchlein mit Eimasse Schupfnudeln mit Käsecreme	Beignets de volaille Schupfnudeln Crème de fromage
★	★
Apfelschnitte	Tarte aux pommes

Thurgauer Gemüsesuppe Rezept Seite 109, 161

Randensalat Rezept Seite 29
Gurkensalat Rezept Seite 361

Geflügelküchlein
für 4 Personen

300 g gegartes Geflügelfleisch ohne Haut und Knochen, in kleine Würfel geschnitten
100 g geschnittene Champignons
100 g gekochter Schinken, in kleinste Würfel geschnitten
100 g geriebener Sbrinz, 4 Eier Streuwürze, Pfeffer, gehackte Petersilie
100 g gehackte Zwiebeln, in Butter gedünstet, erkaltet
40 g Butter, 1 dl klare Bratensauce

Zutaten sorgfältig mischen. Häufchenweise in die heisse Butter leeren, wenden, sobald die eine Seite fest geworden ist. Auf der zweiten Seite ebenfalls goldgelb braten.
Die Küchlein neben die Schupfnudeln anrichten, die mit Käsecreme überzogen worden sind. Im Ofen kurz überbacken. Bratensauce separat servieren.
Zubereitungszeit 15 Min.

Schupfnudeln
(Frisettes souabes)

Kartoffelteig (71) von Hand zu 5 cm langen, dünnen Würstchen rollen, die an beiden Enden spitz zulaufen. In Salzwasser aufkochen, abschütten, abtropfen lassen, mit flüssiger Butter vermischen und in feuerfester Platte an die Wärme stellen.

Käsecreme Rezept Seite 290

Apfelschnitte Rezept Seite 222

Überbackene Lauchsuppe	Soupe aux poireaux gratinée
★	★
Kopfsalat mit Zitronensauce	Salade de laitue au citron
★	★
Weisses Geflügelvoressen mit Schnittlauch	Blanquette de volaille à la ciboulette
Nudeln in Butter	Nouilles au beurre
Blattspinat mit Knoblauch	Epinards en feuilles à l'ail
★	★
Meringue mit Glace	Meringue glacée

Lauchsuppe   Rezept Seite 181

Überbackene Suppen

In der Regel werden Röstbrotscheiben auf die in Portionen angerichtete Suppe gelegt.

Diese werden mit Reibkäse bestreut und unter dem Salamander kurz überbacken. Cremesuppen werden mit einer Haube von geschlagenem Rahm versehen und heiss überbacken.

Kopfsalat   50 g pro Person
Zitronensauce   Rezept Seite 160

Weisses Geflügelvoressen
für 4 Personen – 330 kcal p. P.

600 g	Geflügelfleisch ohne Haut und Knochen (Pouletschenkel, Trutenschenkel)
4 dl	Gemüsebouillon
	Gewürze
15 g	Butter
20 g	Mehl
1 dl	Weisswein
1 dl	Rahm
	Zitronensaft
	fein geschnittener Schnittlauch

Geflügelfleisch in Würfel von ca. 2 cm schneiden. Mit Gewürzen in der Bouillon bei 80–90° garen. Garzeit 30 Min.
Butter und Mehl auf kleinem Feuer zu Mehlschwitze rühren. Mit Weisswein und einem Teil der Bouillon auffüllen und zu gebundener Sauce kochen. Mit Rahm und Zitronensaft verfeinern. Geflügelfleisch mit dieser herrlichen Sauce mischen, Schnittlauch obendrauf streuen. Zubereitungszeit 45 Min.

Nudeln   Rezept Seite 141

Blattspinat   Rezept Seite 16

Meringue   Rezept Seite 164

Spargelcremesuppe

Gedämpfter Stangensellerie
mit Essigkräutersauce

Im Ofen gebratenes Hähnchen
Pommes frites
Glasierte Karotten
★
Gugelhopf

Crème Argenteuil

Céleri en branches étuvé vinaigrette

Poulet de grain rôti au four
Pommes frites
Carottes glacées

Gugelhopf

Spargelcremesuppe   Rezept Seite 14

Stangensellerie   Rezept Seite 117
Essigkräutersauce   Rezept Seite 359

Im Ofen gebratenes Hähnchen
für 4 Personen

2	Hähnchen zu je 800 g
	Salz
10 g	Butter
1	Knoblauchzehe
	Salz, Paprika, Zitronensaft,
	ev. Streuwürze, Ingwer
	Curry
	Rosmarin

Hähnchen ohne Innereien nach Belieben aussen und in der Bauchhöhle würzen, in passendem Bratgefäss mit wenig Öl im Ofen rundum goldbraun braten. Während des Bratprozesses öfters mit dem Bratfett begiessen. Bratzeit ca. 30 Min.
Um zu prüfen, ob das Hähnchen gar ist, sticht man mit der Fleischgabel seitwärts zwischen Ober- und Unterschenkel und hebt das Hähnchen aus dem Bratgefäss. Tritt nur noch klarer Saft aus der Bauchhöhle, ist der Garpunkt erreicht.
Gewürzt wird nach Ihrem Geschmack:
mit Salz und eventuell Zitronensaft,
mit Salz, Paprika, Zitronensaft, eventuell Streuwürze, Curry oder Ingwerpulver,
mit Salz und Rosmarin, wobei Rosmarin und ein Stück Butter in die Bauchhöhle gestopft werden – oft wird eine Knoblauchzehe dazugegeben.

Pommes frites   Rezept Seite 82

Glasierte Karotten (Möhren)   Rezept Seite 373

Gugelhopf   Rezept Seite 256

Bündner Gerstensuppe	Potage des Grisons
Gurken- und Tomatensalat	Salade de concombres et tomates
Hähnchen nach Grossmutterart	Poulet de grain grand-mère
Haselnusskartoffeln	Pommes noisettes
★	
Melonenglace	Glace au melon

Bündner Gerstensuppe   Rezept Seite 20

Salate   Rezepte Seite 361

Hähnchen nach Grossmutterart
für 4 Personen

1	Masthahn, ca. 1,4 kg oder 2 Hähnchen zu je 800 g
100 g	Speck, in dicke Streifen geschnitten (Lardons)
200 g	kleine Zwiebeln
200 g	kleine Champignonköpfe
20 g	Sonnenblumenöl
10 g	Butter
400 g	ausgestochene Kartoffelkugeln
100 g	Brotwürfel ohne Rinde, in Butter geröstet

Der Masthahn wird poeliert, das heisst mit dem Speck, Zwiebeln und Champignons in einen Römertopf gestellt, mit wenig flüssiger Butter übergossen und bei 140–160° im Ofen dicht verschlossen gedünstet. Der Hahn wird mit dem entstandenen Saft öfters begossen. Sobald er gar ist, wird die Ofentemperatur auf 220° erhöht, der Topf ohne Deckel in den Ofen geschoben und der Masthahn gebräunt. Garzeit ca. 40 Min.

Die Haselnusskartoffeln werden in Butter geschwenkt, bis sie eine goldene Farbe angenommen haben.

Für den Service verwenden wir vorgewärmte Kokotten, legen eine Portion des tranchierten Hahns auf dessen Boden, verteilen einen Teil der Garnitur, Haselnusskartoffeln und Röstbrotwürfel darauf und bestreuen mit Petersilie.

Haselnusskartoffeln
für 4 Personen

2 kg	grosse Kartoffeln
1 l	Salzwasser
20 g	Sonnenblumenöl
10 g	Butter

Die Kartoffeln werden geschält, dann sticht man mit dem Noisettes-Löffel kleine Kugeln aus (Grössere Kugeln werden zu pommes parisienne). Kartoffelkugeln in siedendes Salzwasser geben, aufkochen und abschütten (blanchieren). Im Ofen in Öl und Butter unter öfterem Wenden goldbraun braten. Zubereitungszeit 1½ Std.

Melonenglace   Rezept Seite 250

Überbackene Lauchsuppe

Esterhazy-Salat

Mole poblano – mexikanisches Hähnchen
Tortillas – feine Maispfannkuchen
Peperonata
★
Bananenküchlein

Soupe aux poireaux gratinée

Salade Esterhazy

Mole poblano
Tortillas de maïs
Peperonata

Beignets aux bananes

Überbackene Lauchsuppe   Rezept Seite 181

Esterhazy Salat   Rezept Seite 330

Mole poblano
für 4 Personen

1,2 kg Hähnchen, in 4 Teile zerlegt
20 g Olivenöl
100 g grob gehackte Zwiebeln
3 zerquetschte Knoblauchzehen
Salz, Streuwürze, Chilipulver, für
Liebhaber auch Mole-Gewürz
300 g reife Tomaten, in kleine
Würfel geschnitten
1 Mangofrucht, in kleine Würfel
geschnitten

Hähnchenteile in Öl langsam anbraten. Zwiebeln und Knoblauch zugeben, während 5 Minuten mitdünsten, würzen, Tomatenwürfel beimischen. Zugedeckt bei kleinem Feuer sieden lassen, bis die Hähnchen gar sind. Hähnchenteile herausnehmen, etwas erkalten lassen, dann die Knochen auslösen. Sauce mixen, Mangowürfel darin aufkochen, nachwürzen, Fleisch wieder beigeben.
Die Sauce ist süsslich, fruchtig und sehr pikant.
Zubereitungszeit 1½ Std.
In Mexiko wird auf den Märkten eine Molepaste angeboten. Die wird in obiger Sauce aufgelöst und färbt das Gericht dunkelbraun.

Tortillas   Rezept Seite 62

Peperonata   Rezept Seite 62

Bananenküchlein   Rezept Seite 317

Gelberbssuppe	Purée Victoria
	★
Tomaten- und Kopfsalat	Salade de tomates et laitue
	★
Hähnchen in Weissweinsauce	Poulet de grain au vin blanc
Pilawreis	Riz pilav
	★
Weichkäse und Birne	Fromage à pâte molle et poire

Gelberbssuppe   Rezept Seite 187

Tomatensalat   Rezept Seite 361

Hähnchen in Weissweinsauce
für 4 Personen

1,2 kg	Masthuhn in 4 Teile zerlegt (oder 2 Hähnchen zu je 700 g)
4 dl	Gemüsebouillon
	Gewürze
20 g	Mehl
20 g	Butter
1 dl	Rahm
1	Eigelb
1 dl	Weisswein

Hühnerteile in Bouillon mit Gewürzen bei 90° ziehen lassen. Sobald sie gar sind, lässt man sie etwas abkalten, um sämtliche Knochen auszulösen.
Garzeit ca. 40 Min.
Butter in Kasserolle schmelzen, Mehl einrühren und während 3 Minuten schwitzen.
Mit Weisswein ablöschen, etwas von der Geflügelbouillon beifügen und auf die gewünschte Dicke und Kraft einkochen.
Mit Rahm und Eigelb – zusammen aufgeschlagen – verfeinern und über die angerichteten Geflügelteile giessen.
Zubereitungszeit 1½ Std.

Pilawreis   Rezept Seite 30

Wie kann ich mich auf ein Hähnchen freuen.
Haben Sie schon gehört, dass Hähnchen Keimträger sind? Nun, lassen Sie sich nicht verunsichern, Hähnchen werden doch gegart und haben somit auf dem Speisetisch keine Keime mehr. Auch Schlachtfleisch (Rind-, Kalb-, Schweine-, Schaf- und Pferdefleisch) hat Keime, und das in der Regel an der Oberfläche. Gegart ist das Fleisch «sauber».
Wo können dann noch Keime sein? An Ihren Händen und auf der Arbeitsfläche, wo das Hähnchen zerteilt, gesalzen, eingeölt und gewürzt wurde. Also, Hände und Arbeitsfläche waschen und trocknen – kein Problem! Aber wem sage ich das überhaupt? Das haben wir doch immer so gemacht.

Hähnchen an Zitronensauce

Fleischbrühe mit Gemüsestreifen	Bouillon Julienne
Buntgemischter Salat	Salade mêlée
Hähnchen an Zitronensauce	Poulet de grain au citron
Weisser Reis	Riz blanc
Erbsen nach französischer Art	Petits pois à la française
	★
Aprikosensorbet	Sorbet aux abricots

Fleischbrühe   Rezept Seite 371

Hähnchen an Zitronensauce
für 4 Personen

2	junge Poulets zu je 600 g, küchenfertig
2	kleine Zitronen, sauber gewaschen, die Schale mit Gabel eingestochen
2 dl	Gemüsebouillon
20 g	Olivenöl
10 g	gehackte Zitronenmelisse
10 g	Butter

Je eine Zitrone in den Bauch der Poulets schieben. Ins Innere etwas Bouillon giessen. Öl in Bratgefäss erhitzen und mit den Poulets in den auf 180° vorgeheizten Ofen schieben. Unter öfterem Begiessen schwach garbraten. Zum Schluss die Ofentemperatur auf 250° erhöhen, damit die Poulets eine schöne Farbe bekommen. Bratgefäss aus dem Ofen nehmen, Öl abgiessen, dann mit der restlichen Bouillon ablöschen.
Die Poulets werden tranchiert und angerichtet und mit je einer halbierten Zitrone garniert.
Die Sauce wird mit Butter aufgeschwungen und mit Zitronenmelisse gewürzt.
Zubereitungszeit ca. 40 Min.

Weisser Reis   Rezept Seite 26

Erbsen nach französischer Art   Rezept Seite 215

Früchtesorbet

4 dl	Wasser
200 g	Zucker
5 dl	Fruchtmark
$1/2$	Zitronensaft
1	Eiweiss
30 g	Sorbit (Zuckersirup)

Wasser und Zucker aufkochen, abkühlen, Fruchtmark, Zitronensaft und Sorbit zugeben. Masse in Glacemaschine gefrieren. Eiweiss leicht schaumig schlagen und vor dem Festwerden des Sorbets zugeben. Sorbet wird frisch aus der Maschine serviert.

Für Zitronensorbet
1 dl. Zitronensaft, 4 dl Wasser

Abgeschälte Zitronenschale mit Zuckersirup aufkochen, dann sieben.

Fleischbrühe mit Eierfäden	Bouillon Xavier
★	★
Buntgemischter Salat	Salade mêlée
★	★
Chinesisches Huhn mit Frühlingsgemüsen	Poulet à la chinoise aux primeurs
Weisser Reis	Riz blanc
★	★
Litschis mit Vanilleglace	Litchis à la glace vanille

Fleischbrühe mit Eierfäden Rezept Seite 50

Buntgemischter Salat Rezept Seite 361

Chinesisches Huhn
für 4 Personen – 380 kcal p. P.

1	Masthuhn von ca. 1,2 kg, von Knochen und Haut befreit, in kleine Stücke geschnitten Chilipulver, Streuwürze, Sherry, Sojasauce, Ingwerpulver
20 g	Öl
600 g	Frühlingsgemüse (Zucchetti, Zwiebeln, junge Kefen)
20 g	Butter
1 dl	Wasser
30 g	süsse Sojasauce
1	Teelöffel Maisstärke
50 g	Mandelstifte, goldig geröstet

Hühnerstücke mit den Gewürzen vermengen und während 10 Minuten marinieren. In Öl während 5 Minuten unter Wenden anbraten.
Gemüse in Butter andünsten. Wasser mit Maisstärke, Soja und Streuwürze anrühren und über das Gemüse giessen. Sobald es knapp gar ist, werden die Hühnerstücke daruntergemischt und die gerösteten Mandeln darübergestreut.
Zubereitungszeit 30 Min.

Weisser Reis Rezept Seite 26

Litschis Frische Litschis gleichen grossen Himbeeren mit harter Haut, die von Hand abgeschält wird. Auch der Kern lässt sich leicht lösen.

Vanilleglace Hinweis Seite 20

Kartoffelsuppe mit Schnittlauch	Purée Parmentier
★	★
Lattichsalat mit Eischeiben	Salade de laitue romaine à l'oeuf
★	★
Hühner-Frikassee	Fricassée de poule
Reisküchlein	Galettes de riz
Tomate mit Blattspinat	Tomate florentine
★	★
Meringue mit Schlagrahm und Erdbeeren	Meringue Chantilly aux fraises

---

Kartoffelsuppe Rezept Seite 100

Lattichsalat Rezept Seite 211

Hühner-Frikassee
für 4 Personen

1,2 kg	Masthuhn (oder 2 kleinere Poulets) in seine 8 Teile zerlegen	
200 g	gehackte Zwiebeln	
	Salz, Pfeffer, Streuwürze	
30 g	Butter	
20 g	Mehl	
1 dl	Weisswein	
5 dl	Wasser	
1 dl	Rahm	
	Zitronensaft	

Butter in flacher Kasserolle schmelzen. Hühnerteile und anschliessend Zwiebeln zugeben, würzen und dünsten. Mit Mehl bestäuben, während 5 Minuten weiterdünsten, dann mit Wein und Wasser auffüllen.
Zugedeckt etwa 40 Minuten auf schwachem Feuer sieden lassen. Fleisch herausnehmen. Sobald es etwas abgekaltet ist, die Knochen auslösen. Sauce mixen. Rahm beigeben und mit Zitronensaft abschmecken. Die Geflügelteile wieder in die Sauce geben.
Zubereitungszeit ca. 1¼ Std.

Reisküchlein

400 g	gegarter Reis (Pilaw-, weisser Reis oder Risotto)
2	Eier
100 g	gehackte, in Butter gedünstete Zwiebeln, erkaltet
50 g	Mehl
	gehackte Petersilie, Streuwürze, Pfeffer nach Wunsch

Zutaten gut mischen. Flache Küchlein auf mit Paniermehl bestreutem Blech formen. In Butter langsam braten.
Reisküchlein können auch aus Resten von Nasi goreng, aus spanischem Reisgericht, aus Tomatenreis, aus serbischem Reisfleisch oder türkischem Pilaf hergestellt werden.
Zubereitungszeit 15 Min.

Tomate mit Blattspinat Rezept Seite 266

Meringue Rezept Seite 164

Grünerbssuppe mit Tapioka	Potage Lamballe
Cicorino-Salat mit italienischer Sauce	Salade de Trévise à l'italienne
Hühner-Frikassee mit Steinpilzen	Fricassée de poule aux cèpes
Weisser Reis	Riz blanc
Gedämpfte Karotten	Carottes Vichy
★	★
Apfel-Quarktorte	Tourte aux reinettes au séré

Grünerbssuppe mit Tapioka-Einlage   Rezept Seite 187

Cicorino-Salat, Salatsaucen   Rezepte Seiten 358–360

Hühner-Frikassee   Rezept Seite 206

Hühner-Frikassee mit Steinpilzen

Steinpilze in Scheiben schneiden, in Butter dünsten, mit Salz und Pfeffer würzen
und dem Hühner-Frikassee beigeben, sobald die Sauce gemixt oder gesiebt ist.

200 g Steinpilze
 20 g Butter

Weisser Reis   Rezept Seite 26

Gedämpfte Karotten   Rezept Seite 373

Apfel-Quarktorte
für 12 grosse Stücke

Butter, Zucker, Vanillezucker und Eier
schaumig schlagen, Mehl locker daruntermischen, auf gefettetes Kuchenblech verteilen und glattstreichen.
Quark, Zucker, Ei, Zitronensaft und Rahm
zusammen aufschlagen, mit Äpfeln mischen und auf dem dickflüssigen Boden
sorgfältig verteilen. Backen bei 190° während 45 Min.

125 g Butter
125 g Zucker
 1 Briefchen Vanillezucker (8 g)
 2 Eier
150 g Mehl
250 g Speisequark
100 g Zucker
 1 Ei
    Saft von einer halben Zitrone
0,5 dl Rahm
800 g grob geraffelte Äpfel

Italienischer Fleischsalat

Fleischbrühe mit Eierstich

Pollo Alfredo –
Hähnchen in pikanter Eimasse
Italienische Tomatensauce
Hausgemachte Nudeln mit Basilikum und
Schlagrahm
Zucchetti mit Tomaten und Auberginen

Cassata

Salade de charcuterie à l'italienne

Bouillon royale

Poulet Alfredo –
poulet à l'oeuf
Sauce tomate à l'italienne
Nouilles maison Chantilly au basilic
Ratatouille

Cassata

Italienischer Fleischsalat   Rezept Seite 138

Fleischbrühe   Rezept Seite 371
Eierstich   Rezept Seite 52

Pollo Alfredo
für 4 Personen

1 kg	Masthuhn, in seine 4 Teile zerlegt, die Knochen ausgelöst, Haut abgezogen
	Weissmehl
	Salz, Pfeffer
30 g	Butter
100 g	gehackte Zwiebeln
100 g	gekochter Schinken, in kleine Würfel geschnitten
100 g	gedünstete Champignons, fein geschnitten
4	Eier
100 g	Parmesan
	Streuwürze, gehackte Pfefferschote, gehackte Salbeiblätter
30 g	Butter

Geflügelteile in Mehl wenden, in heisser Butter anbraten und würzen. Die rundum leicht angebratenen Stücke auf Blech legen. In der Bratbutter werden die Zwiebeln gedünstet, herausgenommen und abgekühlt.
Aus Zwiebeln, Schinken, Champignons, Eiern, Käse und den Gewürzen eine dickflüssige Eimasse herstellen.
Butter in der Pfanne zergehen lassen, die Hühnerteile in der Eimasse wenden und sorgfältig in die Butter legen. Beidseitig hellbraun braten.
Beim Essen dieses Gerichts mit seinen Nudeln werden Sie sich nicht mehr wundern, warum Alfredo aus Rom weltberühmt wurde.
Zubereitungszeit ca. 1 Std.

Italienische Tomatensauce   Rezept Seite 145

Hausgemachte Nudeln   Rezept Seite 88

Cassata   Hinweis Seite 142

Maiscremesuppe	Crème Washington
Waldorf-Salat	Salade Waldorf
Grilliertes Poulet nach amerikanischer Art	Poulet grillé à l'américaine
Kartoffel-Chips	Pommes chips
Speckscheiben	Tranches de lard
Gedämpfte Tomate	Tomate étuvée
★	
Orangencake	Cake à l'orange

Maiscremesuppe

6 dl	kräftige Bouillon
60 g	Maisgriess
50 g	Whisky (Bourbon)
50 g	Portwein
100 g	Maiskörner
2 dl	Rahm

Maisgriess in siedende Bouillon einrühren, aufkochen, Whisky und Porto beifügen und auf kleinem Feuer zugedeckt ca. 20 Minuten kochen lassen.

Suppe mixen, dann Maiskörner und Rahm beigeben.

Diese Cremesuppe ist süsslich, blumig und mild.

Waldorf Salat

Rezept Seite 210

Grilliertes Poulet nach amerikanischer Art
für 4 Personen

2	Poulets zu je 600–800 g Rückgrat mit scharfem Messer herausschneiden, Poulet aufklappen und an einem Stück flachdrücken
10 g	Öl
	Salz, Senfpulver, Cayennepfeffer Weissbrotkrume
20 g	Butter
4	Speckscheiben
4	Tomaten

Poulets salzen, mit Öl bestreichen und unter öfterem Wenden und zeitweisem Bestreichen mit Butter auf dem Rost knapp fertiggrillieren. Butter, Senfpulver und Cayennepfeffer mischen. Die Poulets damit rundum bepinseln, mit Weissbrotkrume (Mie de pain) bestreuen und fertig garen, am besten im heissen Ofen. Zubereitungszeit 45 Min.

Kartoffel-Chips

Rezept Seite 125

Orangencake

Rezept Seite 154

Kalte Kraftbrühe	Consommé froid
Zwiebelsalat mit Maiskölbchen, auf Kopfsalat	Salade d'oignons aux épis de maïs sur salade verte
Poulet Marengo – ein abenteuerliches Masthuhn	Poulet Marengo
★	
Melonenglace	Glace au melon

Kalte Kraftbrühe   Rezept Seite 229 und 150

Zwiebelsalat   Rezept Seite 361

Poulet Marengo
für 4 Personen

1,4 kg	Geflügelteile vom Masthuhn
20 g	Olivenöl
	Salz
1 dl	Weisswein
100 g	kleine, gedünstete Champignonköpfe
1	zerquetschte Knoblauchzehe
2 dl	gebundene Bratensauce
100 g	reife Tomaten, in kleine Würfel geschnitten
4	herzförmige Röstbrotscheiben, in Butter beidseitig gebraten
4	gebackene Eier
4	Krebse, gesotten, die Schwänze geschält
	gehackte Petersilie

Geflügelteile in Öl rundum anbraten, würzen und mit Weisswein ablösen. Champignons und Knoblauch zugeben, dann die Bratensauce und Tomaten. Auf kleinem Feuer zugedeckt garen.
Poulet in Portionen anrichten. Garnieren mit Röstbrotscheiben mit je einem gebackenen Ei und je einem Krebs, dessen Scheren gegen den Tellerrand gerichtet sind.
Die Sauce wird mit gehackter Petersilie bestreut.
Zubereitungszeit 1 Std.
Krebse werden in wallend kochendes Salzwasser getaucht und während 15 Minuten auf dem Siedepunkt gegart. Dem Wasser kann wenig Essig oder Weisswein beigegeben werden.

Melonenglace   Rezept Seite 250

===

Waldorf-Salat

1	kleine Sellerieknolle
2	säuerliche Äpfel
100 g	feste Mayonnaise
50 g	Rahm, Saft von 1 Zitrone
	Baumnusskerne, Ananas

Sellerie mit Messer schälen, sofort im Zitronensaft wenden. In feine Streifen (Julienne) schneiden. Mit Zitronensaft mischen. Die Äpfel schälen, entkernen und in kleine Würfel schneiden oder grob raffeln. Alles mit der Mayonnaise und Rahm anmachen, anrichten und garnieren.

Pouletfleisch an Weissweinrahmsauce

Pariser Lauchsuppe   Potage parisienne

Kopfsalat mit Tomatenschnitzen,   Salade de laitue aux tomates,
Zwiebeln und Peperonistreifen   oignons et poivrons

★
Geschnetzeltes Pouletfleisch   Eminé de poulet au vin blanc
an Weissweinrahmsauce   Nouilles au beurre
Eiernudeln in Butter   Brocoli étuvé
Gedämpfter Broccoli

Eieröhrchen   Merveille

Pariser Lauchsuppe   Rezept Seite 29

Buntgemischter Salat   Rezept Seite 361

Geschnetzeltes Pouletfleisch an   Butter in einer Flachkasserolle erhitzen.
Weissweinrahmsauce   Pouletfleisch darin unter stetigem Wen-
für 4 Personen – 260 kcal p. P.   den leicht anbraten, sofort herausneh-
                                               men. Im Bratsatz die Zwiebeln dünsten,
400 g   geschnetzeltes Pouletfleisch   mit Mehl bestäuben und kräftig würzen.
 30 g   Butter   Mit Weisswein auffüllen, während ca. 5
 50 g   fein gehackte Zwiebeln   Minuten kochen lassen. Sauce mit Rahm
 20 g   Mehl   verfeinern, Fleisch darin schwenken und
        Salz, Pfeffer, Paprika   anrichten.
  1 dl Weisswein   Zubereitungszeit 20 Min.
  1 dl Rahm
        gehackte Petersilie

Nudeln   Rezept Seite 141

Broccoli   Rezept Seite 373

Eieröhrchen (Fasnachtschüechli)   Rezept Seite 61

Lattichsalat   Lattich waschen, quer in Streifen schnei-
für 4 Personen   den, wobei der Strunk weggelassen wird.
                                               Rezepte Seiten 358–360
  1   Lattich
  2 dl Salatsauce, evtl.
  2   Tomaten in Schnitzen

Portugiesische Tomatensuppe

Roher Blumenkohlsalat garniert mit
Kopfsalat und Tomatenscheiben

Anatolischer Pouletschenkel
★
Flambierte Banane und Kirschen
Vanilleglace

Crème portugaise

Salade de chou-fleur cru
garnie de salade verte et tomates

Cuisse de poulet anatolienne

Banane et cerises flambées
Glace vanille

Portugiesische Tomatensuppe
für 4 Personen
  50 g   gehackte Zwiebeln
  1   zerstossene Knoblauchzehe
  20 g   Olivenöl
  30 g   Mehl
500 g   Tomatenpulpe aus der Dose
  5 dl   Gemüsebouillon
           Salz, Pfeffer, Petersilie

Erst Zwiebeln, dann auch Knoblauch im Öl anschwitzen. Mit Mehl bestäuben und weiterschwitzen, bis das Mehl gelblich wird. Mit Bouillon auffüllen, aufkochen und unter gelegentlichem Umrühren 10 Min. sieden lassen. Tomaten beigeben, aufkochen, würzen, gehackte Petersilie darüberstreuen.

Roher Blumenkohlsalat
  1   weisser Blumenkohl
  1 dl   Salatmayonnaise
           gehackte Petersilie
  1   kleiner Kopfsalat
  2   Tomaten, Salz

Blumenkohl hobeln und sofort mit Salatsauce mischen. Salatteller mit Salatblättern belegen. Blumenkohlsalat darauf anrichten, mit Petersilie bestreuen, mit Tomatenscheiben garnieren.

Anatolische Pouletschenkel
für 4 Personen
  4   grosse Pouletschenkel mit fein
           eingeschnittener Haut (ziseliert)
0,5 dl   Olivenöl
           Salz, Streuwürze, roter Pfeffer
100 g   gehackte Zwiebeln
  1   zerquetschte Knoblauchzehe
100 g   farbige Peperoni, in Streifen
           geschnitten
300 g   Langkornreis
  6 dl   Gemüsebouillon
150 g   Maiskörner aus der Dose mit Saft
  50 g   Sultaninen
           gehackte Petersilie

Pouletschenkel im Öl während 10 Minuten langsam anbraten, würzen und herausnehmen. Im Bratsatz Zwiebeln, Knoblauch und Peperoni andünsten, dann Reis daruntermischen.
Mit Bouillon auffüllen, aufkochen, Pouletschenkel zugeben, bei kleinem Feuer zugedeckt garen, bis die Bouillon aufgesogen ist. Maiskörner und Sultaninen unter das orientalische Reisgericht mischen, Petersilie darüberstreuen.
Zubereitungszeit 40 Min.

Flambierte Früchte   Rezept Seite 213

Gerstencremesuppe	Crème d'orge
★	★
Kopfsalat	Salade de laitue
★	★
Gebratener Pouletschenkel	Cuisse de poulet rôtie
Pommes frites	Pommes frites
Zucchetti mit Zwiebeln und Tomaten	Ratatouille niçoise
★	★
Schokoladencreme	Crème au chocolat

Gerstencremesuppe Rezept Seite 136

Gebratener Pouletschenkel
für 4 Personen

4	Pouletschenkel zu je 250 g
	Salz, ev. Streuwürze, Paprika
¹/₂ dl	Öl

Pouletschenkel werden gewürzt wie Hähnchen (Seite 200). In Lyonerpfanne mit wenig heissem Öl beidseitig anbraten und auf kleinem Feuer fertigbraten oder in mässig warmen Ofen stellen, bis der Garpunkt erreicht ist. Zur Kontrolle kann auf der Unterseite des Schenkels ein kleiner Schnitt ins Gelenk gemacht werden. Zu knapp gegarte Pouletschenkel zeigen im Gelenk eine rosarote Färbung.
Garzeit ca. 20 Min.

Pommes frites Rezept Seite 82

Zucchetti Rezept Seite 272

Flambierte Früchte

20 g	Butter
30–100 g	Zucker
1 dl	Fruchtsaft
¹/₂	Zitrone
	Früchte, z. B. Pfirsiche aus der Dose
	Liqueur oder Cognac

Flambieren ist ein Schauspiel und hinterlässt, ausser dem des beigeschütteten Alkohols, keinerlei Geschmack. Flambiert wird also nur vor den Augen der Gäste!

Flambierpfanne vorwärmen, Butter darin zergehen lassen. Je nach Süsse der Früchte Zucker in der Butter gelb werden lassen. Mit wenig Fruchtsaft ablöschen, aufkochen, ständig rühren (mit Zitronenhälfte, die an einer Gabel steckt), weiteren Fruchtsaft beigeben, Zuckerknollen ganz auflösen.
Feste Früchte beigeben, im Sirup aufkochen, Liqueur oder Cognac darüberträufeln, anzünden. Feuer unter der Flambierpfanne bitte sofort löschen.

Schokoladencreme Rezept Seite 338

Grünerbssuppe mit Röstbrotwürfeln ★	Purée Saint-Germain ★
Nüsslisalat mit gehacktem Ei ★	Salade de mâches Mimosa ★
Pouletschenkel Kiew – mit Kräuterbutter gefüllt Herzoginkartoffeln Weisse Bohnen mit Tomaten ★	Cuisse de poulet Kiew farcie de beurre épicé Pommes duchesse Haricots blancs aux tomates ★
Waffel mit Konfiture	Gaufrette à la confiture

Grünerbssuppe   Rezept Seite 187

Nüsslisalat   Rezept Seite 101

Pouletschenkel Kiew

für 4 Personen

4	grosse Pouletschenkel, Oberschenkelknochen entfernt	Kräuterbutter in die Oberschenkel füllen, Fleisch sorgfältig darüberlappen und mit Bindfaden zubinden.
100 g	Kräuterbutter, vermischt mit 2 Eigelb	In Öl scharf anbraten, im Ofen bei schwacher Hitze fertigbraten. Garzeit ca. 15 Min.

Herzoginkartoffeln   Rezept Seite 93

Weisse Bohnen mit Tomaten

200 g	weisse Bohnen	Bohnen über Nacht in kaltem Wasser einweichen. In Bouillon garsieden, Kochzeit
3 dl	Gemüsebouillon	ca. 1½ Std. Bouillon einkochen, Knoblauch und Tomaten beifügen, aufkochen,
1	Knoblauchzehe gehackt	mit Petersilie bestreuen.
1 dl	Tomatenpulpe aus der Dose	

Waffeln

Das Rezept ergibt ca. 20 Waffeln

250 g	Butter	Butter in grosser Schüssel rühren, bis sie geschmeidig ist. Mehl und Eier (Zimmertemperatur) abwechslungsweise darunterrühren und Rahm und Salz beigeben und kräftig durchrühren.
250 g	Mehl	
6	Eier	
2½ dl	Rahm	Waffeleisen vorheizen und leicht fetten.
	Salz	Waffeln goldbraun backen, wobei das Waffeleisen nicht stark zusammengepresst wird.
200 g	Zucker	
12 g	Zimt	Die fertigen Waffeln werden mit Zimtzucker bestreut, mit einem Kaffeelöffel voll
100 g	Konfiture für 4 Personen	Konfiture und eventuell mit wenig geschlagenem Rahm belegt.

Kartoffelcreme mit Sauerampfer	Purée santé
★	★
Karottensalat mit Sauerrahmsauce	Salade de carottes à la crème aigre
★	★
Überbackener Pouletschenkel	Cuisse de poulet à la diable
Pilawreis	Riz pilav
Erbsen nach französischer Art	Petits pois à la française
★	★
Schokoladentorte	Tourte au chocolat

Kartoffelcremesuppe Rezept Seite 309

Karottensalat – Sauerrahmsauce Rezept Seite 360, 361

Überbackener Pouletschenkel
für 4 Personen

4	grosse Pouletschenkel, die Haut längs fein eingeschnitten (ziseliert)
	Zitronensaft, Pfeffer, Streuwürze, Salz
20 g	Sonnenblumenöl
20 g	Butter
	Cayennepfeffer, Senfpulver, wenig Bienenhonig
50 g	frisch geriebenes Weissbrot

Pouletschenkel mit Zitrone, Pfeffer und Würze einreiben. In Öl langsam beidseitig während 10 Min. braten. Butter mit Cayenne, Honig und Senfpulver vermengen. Die Schenkel damit gut einstreichen, mit Weissbrotkrume bestreuen und im heissen Ofen während 5 Minuten überbacken.

Pilawreis Rezept Seite 30

Erbsen nach französischer Art

400 g	Gartenerbsen
2 dl	Wasser
20 g	Butter
	Salz, Zucker
100 g	kleine Zwiebeln
10 g	Öl
5 g	Mehl
50 g	Kopfsalat

Erbsen in Wasser, Butter, Salz und Zucker aufkochen. Abschütten, das Wasser dabei in kleine Kasserolle giessen. Zwiebeln in Öl andünsten, mit Mehl bestäuben, wenden, ins Erbsenwasser geben und während 10 Min. garen. Erbsen beimischen. Kopfsalat in feine Streifen schneiden und unter das Gemüse mischen. Eventuell nachwürzen mit Salz, Streuwürze oder Zucker. Zubereitungszeit 20 Min.

Schokoladentorte – Trüffeltorte Rezept Seite 37

Salat nach Nizzaer Art	Salade niçoise
★	★
Fleischbrühe mit Mark	Bouillon à la moelle
★	★
Entenbrust mit Pfirsichsauce	Magret de canard «Chez Maxim's»
Mandelkartoffeln	Pommes duchesse aux amandes
Rotkrautköpfchen	Petit chou rouge
★	★
Coupe Hawai	Coupe Hawai

Salat nach Nizzaer Art Rezept Seite 310

Fleischbrühe Rezept Seite 371
100 g Markscheiben Während 10 Min. in der Bouillon gegart

Entenbrust mit Pfirsichsauce
für 4 Personen

400 g	Entenbrust (magret de canard), Fett bis auf ⅓ weggeschnitten	
20 g	Sonnenblumenöl	
	Salz, Cayennepfeffer	
1 dl	gebundene Bratensauce	
4	halbe Pfirsiche	
20 g	Butter	

Pfirsiche in Rotwein mit wenig Zucker während 5 Min. pochieren (ziehen lassen). Entenbrüste in Öl heiss anbraten, würzen, dann bei kleinem Feuer à point braten, das heisst bis das Fleisch im Innern rosafarben ist. Fett aus der Pfanne abschütten. Bratensauce im Bratsatz aufkochen, Pfirsichsaft zugeben, abschmecken und mit Butter aufschwingen.
Entenbrüste nach Art eines Chateaubriands schräg in Scheiben schneiden, anrichten, garnieren mit halbem Pfirsich und Beilagen. Wenig Sauce um das Fleisch giessen (nicht darüber!). Rest der Sauce separat servieren.
Zubereitungszeit 30 Min. →

Mandelkartoffeln Herzogin-Kartoffeln mit gehobelten Mandeln und einer Butterflocke darauf, im mittelheissen Ofen gebacken. →

Herzogin-Kartoffeln sind aus Kartoffelpüree und Eigelb dres-
(Pommes duchesse) sierte Kartoffelhäufchen, mit Sterntülle hochgezogen und überbacken.

Rotkrautköpfchen Rezept Seite 342

Coupe Hawai Eisbecher mit Ananas

Gemüsebouillon mit Lauchstreifen

Buntgemischter Salat

Trutenroulade mit Estragon
Kartoffelstock
Tomate, mit Salbei
und Käse überbacken
★
Apfelkuchen

Bouillon de légumes aux poireaux

Salade mêlée

Roulade de dinde à l'estragon
Pommes purée
Tomate gratinée à la sauce
et au fromage

Tarte aux pommes

Gemüsebouillon   Rezept Seite 371

Buntgemischter Salat   Rezept Seite 361

Trutenroulade mit Estragon
für 4 Personen

4	Trutenschnitzel zu je 100 g, flachgeklopft
200 g	Bratwurstbrät
	Mehl
10 g	Sonnenblumenöl
20 g	Butter
	Salz, roter Pfeffer
1 dl	Weisswein
2 dl	klare Bratensauce
20 g	scharfer Senf
1 dl	Rahm
50 g	frischer, gehackter Estragon

Trutenschnitzel mit Brät bestreichen, zusammenrollen und mit Zahnstocher heften.
Rouladen in Mehl wenden, in Öl und Butter leicht anbraten, würzen. Mit Weisswein und Bratensauce auffüllen, zugedeckt auf kleinstem Feuer, ohne kochen zu lassen, 20 Minuten garen.
Rouladen anrichten, Sauce mit Senf und Rahm aufkochen, gehackten Estragon hineinmischen und über die Rouladen giessen. Jede Roulade mit Estragonsträusschen verzieren.
Zubereitungszeit 40 Min.

Kartoffelstock   Rezept Seite 163

Tomaten mit Salbei
für 4 Personen

2	Tomaten
	Salz
2	Salbeiblätter
50 g	Mozzarella
5 g	Butter

Tomaten ausstechen, dann quer halbieren und auf mit Butter bestrichenen feuerfesten Teller legen. Schnittflächen mit Salz bestreuen. Salbei hacken, daraufstreuen, mit dünnen Mozzarellascheiben belegen, dann während 5 Minuten überbacken.

Apfelkuchen – Früchtekuchen   Rezept Seite 157

Wiener Backhendl

Fleischbrühe mit Leberklösschen	Bouillon aux noques de foie
★	★
Tomaten- und Gurkensalat	Salade de tomates et concombres
★	★
Wiener Backhendl	Backhendl viennoise
Pommes frites	Pommes frites
Erbsen mit Karotten	Carottes Clamart
★	★
Apfelstrudel	Stroudel aux pommes

Fleischbrühe   Rezept Seite 371
Leberklösschen, Masse   Rezept Seite 163

Tomaten- und Gurkensalat   Rezept Seite 361

Wiener Backhendl

für 4 Personen

Hühnerteile würzen, in Mehl gut wenden, Mehl anklopfen, durch die Eier ziehen und in viel Paniermehl panieren, ohne stark anzudrücken.

1,4 kg	Masthuhn, in 8 Teile zerlegt
	Salz, Pfeffer, Zitronensaft
	Mehl
2	Eier
1	Wanne mit Paniermehl
	Erdnussöl zum schwimmend
	Backen

In mässig heissem Öl backen, bis alle Teile mittel- bis dunkelbraun sind.
Backzeit 8–10 Min.

Variante

Die Hühnerteile werden von Haut und Knochen befreit, in grobe Streifen geschnitten und fertiggemacht wie Wiener Backhendl.
Backzeit ca. 3 Min.

Pommes frites   Rezept Seite 82

Erbsen und Karotten   Rezept Seite 373

Apfelstrudel   Rezept Seite 326

Bouillon mit Gemüsewürfelchen	Bouillon de légumes brunoise
★	★
Gurkensalat mit Kräutersauce	Salade de concombres aux fines herbes
★	★
Rotzunge Barcelona	Limande-sole Barcelone
Kräuterkartoffeln	Pommes aux fines herbes
★	★
Orangensalat	Salade d'oranges

Gemüsebouillon
50 g Gemüsewürfelchen

Rezept Seite 371
Garzeit 10 Min.

Gurkensalat
Kräutersauce

Rezept Seite 361
Rezept Seite 359

Rotzunge Barcelona
für 4 Personen – 290 kcal p. P.

600 g	küchenfertige Rotzungen
	Mehl, Salz, Pfeffer
30 g	Butter
10 g	Öl
200 g	kleine Zwiebeln, vorgegart
200 g	geschnittene Champignons
200 g	geschälte Tomaten, in Würfel
	geschnitten
	gehackte Petersilie
4	gefüllte Oliven in Scheiben

Rotzungen würzen, in Mehl wenden. In Butter und Öl langsam anbraten, herausnehmen und warmstellen. Zwiebeln, dann Champignons im Bratfett garen, Tomaten zugeben, würzen, schwenken, als Garnitur zum Fisch geben und mit Petersilie bestreuen. Olivenscheiben obendrauf legen.
Zubereitungszeit 20 Min.

→

Kräuterkartoffeln – *180 kcal p. P.*

Rezept Seite 161

Orangensalat

Rezept Seite 45

Blumenkohlsalat mit Salatmayonnaise

Gemüsebouillon mit Fideli

Rotzungenfilets mit Kräuterbutter
Dampfkartoffeln
★
Apfelschnitte

Salade de chou-fleur à l'américaine

Bouillon de légumes aux vermicelles

Filets de limande-sole maître d'hôtel
Pommes vapeur

Mille-feuilles normande

Blumenkohlsalat

Rezept Seite 252

Gemüsebouillon
Fideli – 30 g

Rezept Seite 371
In der Bouillon 2 Min. garen.

Rotzungenfilets mit Kräuterbutter
für 4 Personen

400 g	Rotzungenfilets
	Mehl,
30 g	Butter
	Salz, Pfeffer, Zitronensaft
100 g	Kräuterbutter, mit warmem Messer in feine Scheiben geschnitten

Fischfilets mit Zitronensaft und Pfeffer während 5 Minuten marinieren. In Mehl wenden, in der Butter auf schwachem Feuer leicht braten, salzen. Auf Teller anrichten.
Kräuterbutterscheiben auf die Fischfilets legen, im Ofen überbacken, bis die Butter zu fliessen beginnt.
Zubereitungszeit 20 Min.

Dampfkartoffeln – ohne Butter

Rezept Seite 254

Apfelschnitte

100 g	Blätterteig
100 g	Zucker
2	mittelgrosse Äpfel, geschält, entkernt
	Aprikosenmarmelade

Blätterteig zu Rechteck von ca. 20×15 cm ausrollen, in 4 Felder teilen. Mit reichlich Zucker bestreuen. Äpfel längs halbieren, Scheiben schneiden, die nicht auseinanderfallen dürfen. Die Scheiben von je einem halben Apfel flachdrücken, so dass Lamellen entstehen.
Die Apfelscheiben auf die Blätterteigrechtecke heben, mit Zucker bestreuen, im Kühlschrank 30 Minuten ruhen lassen, bei 200° während 20 Minuten backen. Noch im heissen Zustand mit Aprikosenmarmelade bestreichen.
Zubereitungszeit 1¼ Std.

Gemüsebouillon mit Käseschnittchen

Eisbergsalat mit Salatmayonnaise
★
Dorschfilet im Ei, in Butter gebraten
Kräuterkartoffeln
★
Rahmschnitte

Bouillon de légumes aux diablotins

Iceberg-laitue en salade à l'américaine

Filet de morue fraîche parisienne
Pommes aux fines herbes

Mille-feuilles Chantilly

Gemüsebouillon   Rezept Seite 371
Käseschnittchen   Rezept Seite 68

Eisbergsalat   Rezept Seite 57
Salatmayonnaise   Rezept Seite 360

Dorschfilet im Ei
für 4 Personen – 200 kcal p. P.

400 g	Dorschfilets (Dorsch ist die Jugendform vom Kabeljau, weissfleischig) Zitronensaft, Pfeffer, Worchestersauce, Streuwürze, Salz, Mehl
2	aufgeschlagene Eier
10 g	Sonnenblumenöl
20 g	Butter

Dorschfilets mit Zitronensaft und Gewürzen marinieren, das heisst darin wenden und etwa 5 Minuten liegen lassen, Salz vorerst weglassen.
Fischfilets würzen, in Mehl wenden, durch die Eier ziehen und bei mittlerer Hitze in Öl und Butter beidseitig goldbraun braten. Pfanne sofort vom Feuer nehmen, Fische auf vorgewärmte Teller anrichten, mit dem Bratfett, das nicht verbrannt sein darf, übergiessen.
Zubereitungszeit 20 Min.

Kräuterkartoffeln   Rezept Seite 161

Halbgefrorene Rahmschnitte   Rezept Seite 124

Kartoffelkroketten

500 g	geschälte Kartoffeln Salzwasser
2	Eigelb
2	Eier
	Mehl
	Paniermehl
	Friture (Backöl)

Kartoffeln in grobe Würfel schneiden. Im Salzwasser kochen. Abschütten, ausdampfen lassen, dann durch ein Sieb treiben. Eigelb daruntermischen. 2 cm dicke Stangen spritzen (Dressiersack ohne Tülle) 3 cm lange Stücke schneiden, durch Mehl, Ei und Paniermehl ziehen. Panierte Kroketten auf dem Tisch in saubere Form rollen. Schwimmend backen bei 160°.

Waldorfsalat

Gemüsebouillon mit Griess

Dorschfilet nach Florentiner Art
Kräuterkartoffeln
★
Roulade mit Aprikosenmarmelade

Salade Waldorf

Bouillon de légumes à la semoule

Filet de morue fraîche florentine
Pommes aux fines herbes

Biscuit roulé à la marmelade d'abricots

Waldorfsalat

Rezept Seite 210

Gemüsebouillon
30 g Griess

Rezept Seite 371
In der Bouillon garen.
Kochzeit ca. 15 Minuten.

Dorschfilets nach Florentiner Art
für 4 Personen

400 g	Dorschfilets
10 g	Butter
	Salz, Pfeffer
2 dl	Weisswein
1 dl	Rahm
500 g	Blattspinat
50 g	gehackte Zwiebeln
1	zerstossene Knoblauchzehe
20 g	Sonnenblumenöl
	Salz, Pfeffer

Flachkasserolle mit Butter bestreichen, leicht salzen, Fischfilets eines neben das andere hineinlegen, mit $1^1/_2$ dl Weisswein begiessen, wenig Salz darüberstreuen, mit Butterpapier oder dicht schliessendem Deckel zudecken. Bei kleinem Feuer garen, ohne kochen zu lassen, Garzeit ca. 5 Minuten. Fische auf vorgewärmte Servierplatte anrichten, mit dem Butterpapier zudecken.
$^1/_2$ dl Weisswein mit einem knappen Teelöffel Mehl verrühren, in den Sud einrühren, aufkochen lassen, dann mit dem Rahm verfeinern und abschmecken. Diese Weissweinsauce wird über die Fischfilets gegeben.
Unterdessen den Blattspinat fertigmachen, mit den Kartoffeln zum Fisch garnieren. Zubereitungszeit ca. 40 Minuten.

Kräuterkartoffeln

Rezept Seite 161

Roulade mit Aprikosenmarmelade Bisquit

Rezept Seite 321

200 g	warme Marmelade zum Aufstreichen

Überbackene Dorschfilets

Avocado mit Essigkräutersauce	Avocat vinaigrette
★	★
Fleischbrühe mit Spätzli	Bouillon aux frisettes
★	★
Überbackenes Dorschfilet mit Champignons Blattspinat Weisser Reis	Filet de morue fraîche au gratin Epinards en feuilles Riz blanc
★	★
Apfelroulade	Roulade aux pommes

Avocado
Essigkräutersauce
Rezept Seite 94
Rezept Seite 359

Fleischbrühe
Spätzli
Rezept Seite 371
Rezept Seite 28

Überbackene Dorschfilets
für 4 Personen

400 g	Dorschfilets
30 g	Butter
	Salz, Pfeffer
1 dl	Weisswein
1 dl	Cremesauce
1 dl	Rahm
30 g	Paniermehl
500 g	Blattspinat
50 g	gehackte Zwiebeln
1	zerstossene Knoblauchzehe
20 g	Sonnenblumenöl
	Salz, Pfeffer

Flachkasserolle mit Butter bestreichen, leicht salzen, Fischfilets, eines neben das andere, hineinlegen, mit Weisswein begiessen, wenig Salz und Pfeffer darüberstreuen, mit Butterpapier oder dicht schliessendem Deckel zudecken. Bei kleinem Feuer garen, ohne kochen zu lassen. Garzeit ca. 5 Minuten. Fische auf vorgewärmter Servierplatte mit Spinatsockel anrichten, mit dem Butterpapier zudekken.
Weisse Sauce im Sud zur gewünschten Dicke einkochen, mit Rahm verfeinern. Fischfilets mit der Sauce überziehen, mit Paniermehl bestreuen, Butterflocken obendrauf verteilen. Bei starker Oberhitze kurz überbacken.
Zubereitungszeit ca. 30 Min.

Blattspinat
Rezept Seite 16

Weisser Reis
Rezept Seite 26

Apfelroulade
Rezept Seite 183

Geflügelsalat mit Grapefruit

Gemüsebouillon mit Teigwaren

Panierte Flunderfilets mit Colbert-Butter
Herzoginkartoffeln

Melonensorbet

Salade de volaille à la pamplemousse

Bouillon de légumes aux pâtes

Filets de flet Colbert
Pommes duchesse

Sorbet au melon

Geflügelsalat mit Grapefruit
für 4 Personen

200	gegartes Geflügelfleisch
2	grosse Grapefruits
2 dl	dicke Mayonnaise
	Streuwürze, Pfeffer
1	kleiner Kopfsalat

Geflügelfleisch in nicht zu kleine Stücke schneiden. Grapefruits mit dem Messer schälen, Schnitze herauslösen, in Stücke schneiden. Alles mit Mayonnaise mischen, nachwürzen, auf Salatblätter anrichten.

Gemüsebouillon
30 g Suppenteigwaren

Rezept Seite 371
Kochzeit ca. 5 Minuten.

Panierte Flunderfilets mit Colbert-Butter
für 4 Personen

400 g	Flunderfilets
	Zitronensaft, Pfeffer, Streuwürze
	Mehl
3	aufgeschlagene Eier
	Paniermehl
40 g	Butter
100 g	Colbert-Butter

Flunderfilets in Zitronensaft mit Streuwürze und Pfeffer wenden und während 5 Minuten marinieren (liegen lassen). In Mehl wenden, durch die Eier ziehen und panieren. In Butter beidseitig goldbraun braten, auf vorgewärmte Teller anrichten. Mit Kräuterbutterscheiben belegen, mit Kartoffeln garnieren.
Zubereitungszeit ca. 30 Min.

Herzoginkartoffeln

Rezept Seite 93

Colbert-Butter
100 g	Butter, schaumig geschlagen
	Zitronensaft, Salz, Pfeffer, gehackte Petersilie, gehackter Estragon, eventuell Streuwürze

Es ist vorteilhaft, Buttermischungen in grösseren Mengen herzustellen. In Folie eingerollt, lassen sie sich problemlos tiefgekühlt aufbewahren.

Melonensorbet

Rezept Seite 204

Karottencremesuppe	Crème Crécy
★	★
Buntgemischter Salat	Salade mêlée
★	★
Flunderfilets mit Mandeln	Filets de flet aux amandes
Dampfkartoffeln	Pommes vapeur
★	★
Husarenkrapfen	Husarenkrapfen

Karottencremesuppe

20 g	Butter
50 g	gehackte Zwiebeln
30 g	Risotto
300 g	Karotten in Scheiben
1 l	Gemüsebouillon, 1 dl Rahm

Zwiebeln in Butter anschwitzen. Reis beimischen. Mit Bouillon auffüllen und aufkochen. Karotten zugeben und garsieden. Kochzeit ca. 30 Min. Suppe mixen und mit Rahm verfeinern.

Buntgemischter Salat

Rezept Seite 361

Flunderfilets mit Mandeln
für 4 Personen

400 g	Flunderfilets
	Zitronensaft, Salz, Pfeffer
50 g	Butter
	Mehl
50 g	gehobelte Mandeln
	gehackte Petersilie

Flunderfilets mit Salz, Pfeffer und Zitronensaft würzen. In Mehl wenden und in 30 g Butter bei kleinem Feuer hellbraun braten. Auf vorgewärmte Teller anrichten. Mandeln und restliche Butter in die Bratbutter, die nicht verbrannt sein darf, mischen.
Mandeln leicht rösten und über die Fische leeren.
Zubereitungszeit ca. 20 Min.

Dampfkartoffeln

Rezept Seite 254

Husarenkrapfen

200 g	Butter
100 g	Zucker
2	Eier
1 P.	Vanillezucker
300 g	Mehl
100 g	gemahlene Haselnüsse
1	Prise Salz
200 g	heisse Aprikosenmarmelade

Alle Zutaten zu einem Teig verarbeiten, eine lange Rolle formen und in Folie im Kühlschrank während 2 Stunden ruhen lassen.
Gleichmässige Scheiben davon schneiden, mit dem Zeigefinger in jede eine Vertiefung drücken. Bei 180° während 12–15 Minuten backen, mit Puderzucker bestreuen, mit der heissen Marmelade füllen und erkalten lassen.
Die Marmelade trocknet während 1–2 Tagen, bevor die Krapfen in eine Dose geschichtet werden.

Brennesselcremesuppe	Crème d'ortie
★	★
Nüsslisalat mit gehacktem Ei	Salade de mâches Mimosa
★	★
Felchenfilets nach Grossmutterart	Filets de féra grand-mère
Butterkartoffeln	Pommes à l'anglaise
★	★
Apfel im Schlafrock	Pomme en cage

Brennesselcremesuppe   Rezept Seite 57

Nüsslisaslat   Rezept Seite 101

Felchenfilets nach Grossmutterart
für 4 Personen – 180 kcal p. P.

400 g	Felchenfilets
	Mehl
20 g	Butter
2 dl	Weisswein
20 g	fein gehackte Zwiebeln
	Salz, Pfeffer
50 g	gehackte Kräuter: Petersilie, Schnittlauch, Liebstöckel

In Flachkasserolle Butter schmelzen, Zwiebeln darin dünsten. Felchenfilets in Mehl wenden, hineinlegen, würzen, Liebstöckel darüberstreuen. Weisswein darübergiessen, mit Butterpapier zudecken, auf kleinem Feuer garen, ohne kochen zu lassen.

Fische auf vorgewärmte Servierplatte oder Teller anrichten. Sud mit Salz und Pfeffer würzen. Petersilie und Schnittlauch beigeben und sofort über die Fische giessen.

Butterkartoffeln   Rezept Seite 161, ohne Kräuter

Apfel im Schlafrock   Rezept Seite 42

Kraftbrühe mit Gemüsewürfelchen	Consommé brunoise
Kopfsalat mit gehacktem Ei	Salade de laitue Mimosa
Felchenfilets nach Zuger Art Dampfkartoffeln	Filets de féra zougoise Pommes vapeur
Meringue mit Schokoladenrahm	Meringue Chantilly au chocolat

Kraftbrühe – ein neuer Weg
für 4 Personen – 20 kcal p. P.

400 g	mageres, gehacktes Rindfleisch
200 g	gehacktes Gemüse: Zwiebeln, Karotten, Sellerieknolle, Lauch
2	Lorbeerblätter, 1 Nelke, frischgemahlener Pfeffer, ev. Muskat
1,2 l	kalte Bouillon
50 g	Gemüsewürfelchen (Brunoise) Garzeit 10 Min.

Gehacktes Rindfleisch und Gemüse mischen, mit kalter Bouillon verrühren und, wenn möglich über Nacht, im Kühlschrank stehen lassen.

In Kasserolle langsam zum Sieden bringen, wobei man die Gewürze in einem Tee-Ei beigibt und öfter mit einem Holzlöffel wendet.

Während 40 Minuten leicht sieden lassen, dann das Tee-Ei herausnehmen, Feuer ganz abdrehen, das Fleisch absinken lassen, Kraftbrühe absieben und abschmekken. Gehacktes Fleisch mit Gemüse sofort abkühlen und in den Kühlschrank stellen.

Kopfsalat: 50 g pro Person.

Saucen Rezept Seite 358–360

Felchenfilets nach Zuger Art
für 4 Personen

400 g	Felchenfilets
10 g	Butter
	Salz, Pfeffer
2 dl	Weisswein
30 g	gehackte Kräuter: Petersilie, Liebstöckel, Zitronenmelisse
20 g	Mehlbutter (10 g Butter mit 10 g Mehl vermischt)
2 dl	Rahm

Flachkasserolle mit Butter bestreichen und mit wenig Salz bestreuen. Fischfilets, eines neben das andere, hineinlegen, mit Salz und Pfeffer würzen. Weisswein darübergiessen, Liebstöckel und Zitronenmelisse darüberstreuen. Mit Butterpapier oder gut schliessendem Deckel zudecken und bei kleinem Feuer garen ohne kochen zu lassen. Fische anrichten.

Fischsud mit Mehlbutter unter starkem Rühren mit dem Schneebesen aufkochen. Mit Rahm verfeinern, abschmecken. Gehackte Kräuter unter die Sauce rühren. Fische mit der Sauce überziehen.
Zubereitungszeit 30 Min.

Meringue mit Schokoladenrahm   Rezept Seite 164

Gemüsebouillon mit Ei	Bouillon de légumes à l'oeuf
★	★
Kopfsalat	Salade de laitue
★	★
Fischspiess vom St. Petersfisch	Brochette de saint-pierre
Warme Dillsauce	Sauce tiède à l'aneth
Salzkartoffeln	Pommes nature
★	★
Pfirsichsalat	Salade de pêches

Bouillon mit Ei   Rezept Seite 167

Kopfsalat: 50 g pro Person.   **Saucen** Rezepte Seiten 358–360

Fischspiess
für 4 Personen – 170 kcal p. P.

Fischfilets in Würfel schneiden, auf die 4 Spiesse stecken, marinieren, in Öl wenden, auf sauberem, heissem Rost grillieren.

600 g	Filets vom St. Petersfisch
	Zitrone, Salz, Pfeffer,
	Streuwürze
20 g	Öl
4	Holzspiesse

Dillsauce

Senf und Weisswein zusammen verrühren, kräftig würzen, unter Rühren aufkochen.
Gehackten Dill hineinstreuen, sobald die Sauce glatt und glänzend ist. Vom Feuer nehmen, Rahm und Eigelb hineinschlagen.
Nicht weiter erwärmen, Butter unter die Sauce schwingen und abschmecken.

30 g	englischer Senf
2 dl	Weisswein
	Salz, Streuwürze, Pfeffer
30 g	gehackter Dill
1 dl	Rahm
1	Eigelb
50 g	Butter

Salzkartoffeln   Rezept Seite 254

Pfirsichsalat   Rezept Seite 180

<table>
<tr><td align="center">Grünerbssuppe mit Fideli und
Sauerampfer
★
Grüner Salat
★
Kabeljaufilets im Bierteig
Kräuterkartoffeln
Tomatensauce
★
Erdbeer-Rahmglace</td><td align="center">Potage sport
★
Salade verte
★
Filets de cabillaud Orly
Pommes aux fines herbes
Sauce tomate
★
Glace aux fraises</td></tr>
</table>

Grünerbssuppe	Rezept Seite 187

Grüner Salat **Salatsaucen**	50 g pro Person. Rezepte Seiten 358–360

Kabeljaufilets im Bierteig
für 4 Personen

400 g	Kabeljaufilets, in längliche, nicht zu dicke Stücke geschnitten, Zitronensaft, Pfeffer, Salz Mehl	Fischfilets in Zitronensaft wenden, mit Pfeffer würzen. 5 Minuten liegen lassen. Mit Salz bestreuen, in Mehl wenden, durch Backteig ziehen und zwischen Zei-
400 g	Backteig Backöl (Friture) in hoher Pfanne auf dem Herd oder in Friteuse	ge- und Mittelfinger einer Hand durchzie- hen, damit der Teig um die Fischstücke eine dünne, regelmässige Schicht bildet. Schwimmend in Öl bei ca. 180° knusprig, mittelbraun ausbacken. Zubereitungszeit 1 Std.

Bierteig, (Backteig) klassische Art

100 g	Mehl	Mehl, Bier, Öl und Salz locker zu einem dickflüssigen Teig mischen, Eischnee
1 dl	Bier	sorgfältig darunterheben.
	wenig Salz	Backteig kann mit Weisswein anstelle von
1 dl	Sonnenblumenöl	Bier hergestellt werden.
2	Eiweiss, zu Schnee geschlagen	Wird der Vorteig zu sehr gemischt, wird er zäh und schwer zu verarbeiten.

Bierteig, moderne Art	Rezept Seite 98

Kräuterkartoffeln	Rezept Seite 161

Tomatensauce	Rezept Seite 145

Erdbeer-Rahmglace	Rezept Seite 329

Reiscremesuppe	Crème Caroline
Nüssli-, Tomaten- und Chicoreesalat	Salade de mâches, tomates et endives
Lachspastete mit Blattspinat	Pâté de saumon aux épinards
Pikante Rotweinsauce	Sauce piquante
Spargelspitzen	Pointes d'asperges
Weichkäse und Nüsse	Fromage à pâte molle et noix

Reiscremesuppe Rezept Seite 120

Salate Rezept Seite 361

Lachspastete mit Blattspinat
für 4 Personen

400 g	geriebenen Teig
400 g	Blattspinat (16)
400 g	rohe Lachsfilets, ohne Gräten, in flache Tranchen geschnitten
	Salz, Pfeffer
2 dl	Rahm
1 dl	Weisswein
4	Eigelb
1	aufgeschlagenes Ei

Teig dünn ausrollen, auf gefettetes Kuchenblech auslegen, Blattspinat auf den Teigboden verteilen, etwas flachdrücken. Lachsfilets würzen, nahtlos auf den Spinat verteilen. Rahm, Weisswein und Eigelb aufschlagen, mit Salz würzen und über den Fisch giessen.
Pastete mit einer dünnen Lage Teig zudecken, die Ränder werden vorher mit Ei bestrichen und angedrückt. Das Ganze mit Ei bestreichen, im Kühlschrank 30 Minuten ruhen lassen. Bei 220° in den Ofen schieben, bei fallender Hitze während 30 Minuten backen.
Zubereitungszeit ca. 1½ Std.

Pikante Rotweinsauce

2 dl	gebundene Bratensauce
½ dl	Rotwein
30 g	gehackte Zwiebeln
10 g	Butter
	Pfeffer, 1 Lorbeerblatt
1	gehacktes Cornichon
	wenig gehackter Estragon

Zwiebeln in Butter anschwitzen, mit Rotwein ablöschen und mit der Bratensauce auffüllen. Gewürze in dieser Sauce während 10 Minuten mitköcheln lassen. Sauce sieben, Cornichons und Estragon beimischen. Ev. Cayenne-Pfeffer zugeben.

Spargelspitzen

10 g	Butter

Aus der Dose möglichst dicke Spitzen, während der Spargelsaison die vordere Hälfte der Spargel. Der hintere Teil wird für Suppe, ev. Spargelragout verwendet.

Gemüsesuppe	Potage fermière
★	★
Tomatensalat mit Mozzarella und Basilikum	Salade Capri
★	★
Riesenkrevetten mit Melone und Lauch Rohreis	Crevettes géantes au melon et poireau Riz complet
★	★
Meringue mit Glace	Meringue glacée

Gemüsesuppe   Rezept Seite 109

Tomatensalat mit Mozzarella (Insalata caprese)

8	Tomaten
300 g	Mozzarella in Scheiben
	frischer, gehackter Basilikum, Salz, Pfeffer aus der Mühle, Olivenöl oder
1 dl	italienische Salatsauce (358)

Tomaten in Scheiben schneiden, leicht salzen. Abwechslungsweise mit Mozzarellascheiben auf Salatteller anrichten, mit Basilikum bestreuen. Pfeffer und Olivenöl darübergeben oder mit italienischer Salatsauce beträufeln.

Riesenkrevetten mit Melone und Lauch
für 4 Personen

400 g	geschälte Riesenkrevetten
200 g	gebleichter Lauch, quer in feine Streifen geschnitten
50 g	gehackte Zwiebeln
100 g	Kochbutter
2 dl	Sherry
1 dl	Rahm
	Cayennepfeffer, Salz, Streuwürze
200 g	Melone, in kleine Würfel schneiden oder Kugeln ausstechen

Gehackte Zwiebeln, kurz nachher die Lauchstreifen in 50 g Butter andünsten. Krevetten während 3 Minuten mitdünsten, pikant würzen, mit Sherry ablöschen. Rahm und Melone beimischen, kurz aufkochen und gleich wieder vom Feuer nehmen. Vor dem Anrichten die restliche Butter unter die Sauce schwenken.
Zubereitungszeit 30 Min.

Rohreis   Rezept Seite 30
Erklärung Seite 330

Meringue   Rezept Seite 164
Rahmglace   Rezept Seite 70

Geräuchertes Forellenfilet
Meerrettichschaum

Lattichsalat

Riesenkrevetten am Spiess
Aïoli-Sauce
Weisser Reis mit Erbsen

Frischer Fruchtsalat

Filet de truite fumée
Raifort Chantilly

Salade de laitue romaine

Brochette de crevettes géantes
Sauce aïoli
Riz blanc aux petits pois

Salade de fruits frais

Geräuchertes Forellenfilet

Rezept Seite 168

Lattichsalat: 50 g pro Person
Salatsaucen

Lattich quer in Streifen geschnitten.
Rezepte Seiten 358–360

Riesenkrevetten am Spiess
für 4 Personen

400 g	geschälte Riesenkrevetten
	Zitronensaft, frischgemahlener
	Pfeffer
4	Spiesse
20 g	Öl

Riesenkrevetten flach aufspiessen, so dass die Enden der halbrunden Schwänze gegen den Griff des Spiesses gerichtet sind. Krevetten in Öl wenden, mit Pfeffer würzen.
Bei mittlerer Hitze grillieren oder in grosser Pfanne mit wenig Öl braten. Während des Garprozesses leicht salzen.
Garzeit 10 Min.

Aïoli-Sauce

1	mittlere geschwellte Kartoffel, handwarm geschält
2	Eigelb
	Salz, Pfeffer, Zitronensaft
3	zerstossene Knoblauchzehen
1 dl	Sonnenblumenöl, 0,5 dl Rahm

Diese pikante Sauce wird öfters von der Mayonnaise abgeleitet.

Hier zur Abwechslung ein Originalrezept:
Zerdrückte Kartoffel mit Eigelb, Knoblauch und Gewürzen mixen. Öl während dem Mixen nach und nach beigeben. Mit Rahm verfeinern, pikant nachwürzen.
Falls die Sauce zu dick wird, kann sie mit Wasser im Mixer verdünnt werden. Das Resultat ist eine cremige Sauce.

Weisser Reis mit Erbsen
Weisser Reis
100 g Erbsen

Rezept Seite 26
Während 5 Minuten in wenig Salzwasser gekocht, abgeschüttet und mit dem Reis vermischt.

Frischer Fruchtsalat

Rezept Seite 9

Kartoffelsuppe mit Tomaten und Spinat	Purée Malakov
★	★
Kopfsalat	Salade de laitue
★	★
Gedämpfte Rotbarschfilets mit Gemüsen	Filets de rascasse du nord étuvés aux petits légumes
★	★
Ofenküchlein	Chou Chantilly

Kartoffelsuppe

1 dl	Tomatenpulpe aus der Dose
50 g	grob gehackter Blattspinat

Rezept Seite 100
Einlagen mit der fertigen Kartoffelsuppe vermischen und nochmals zum Siedepunkt bringen.

Kopfsalat: 50 g pro Person
Salatsaucen

Rezepte Seiten 358–360

Gedämpfte Rotbarschfilets mit Gemüsen
für 4 Personen – 170 kcal p. P.

400 g	Rotbarschfilets
100 g	kleine Zwiebeln
150 g	Karotten, in Stäbchen geschnitten (Möhren)
150 g	Lauch, in Salzwasser aufgekocht, in 5 cm lange Stücke geschnitten, längs halbiert (Porree)
150 g	Schwarzwurzeln oder kleine, längs geviertelte Kartoffeln
1 dl	Wasser
	Salz, Pfeffer, Zitronensaft, gehackte Petersilie
10 g	Butter

Gemüse bukettweise im Dampfkochtopf oder Steamer mit wenig Wasser vorgaren. Flaches Kochgeschirr mit Butter bestreichen. Fischfilets in die Mitte dicht nebeneinander legen. Gemüse um die rohen Fischfilets dressieren, auf bunte Reihenfolge achten.
Salz oder Streuwürze über Fische und Gemüse streuen. Die Fische mit Zitronensaft beträufeln und leicht pfeffern. 1 dl Wasser einfüllen, mit schwerem, gut schliessendem Deckel zudecken. Bei mittlerem Feuer während 5 Minuten dämpfen. Kochgeschirr, (z.B. Paellapfanne) den Gästen präsentieren.
Zubereitungszeit ca. 25 Min.
Dieses Gericht entspricht dem kreolischen «Poisson gros sel».

Ofenküchlein

Rezept Seite 134

Gelberbssuppe

Tomaten-, Gurken- und Kopfsalat

Paniertes Seelachsfilet
Kartoffelsalat
Tartare-Sauce

Zitronensorbet

Purée Victoria

Salade de tomates, concombres et laitue
★
Filet de lieu noir pané
Salade de pommes de terre
Sauce tartare

Sorbet au citron

Gelberbssuppe   Rezept Seite 187

Salate   Rezept Seite 361

Panierte Seelachsfilets
für 4 Personen
400 g	Seelachsfilets
	Zitrone, Pfeffer, Salz, Mehl
2	aufgeschlagene Eier
	Paniermehl, 40 g Butter

Fischfilets, wenn nötig, in flache Stücke schneiden. Mit Zitrone und Pfeffer während 5 Minuten marinieren. Mit Salz bestreuen, in Mehl wenden, durch das Ei ziehen und panieren. In Butter bei mässiger Hitze beidseitig goldbraun braten.

Kartoffelsalat

1 kg	Kartoffeln
100 g	gehackte Zwiebeln
1 dl	kräftige Bouillon
1 dl	Öl
0,5 dl	Essig
20 g	scharfer Senf

Kartoffeln mit Schale kochen. In warmem Zustand schälen und in Scheiben schneiden. Öl, Essig und Senf mit heisser Bouillon aufrühren. Kartoffeln und Zwiebeln mit der warmen Sauce mischen, während 10 Minuten ziehen lassen.
Kartoffelsalat mit würziger Mayonnaise eignet sich fürs Hors-d'oeuvre.

Tartare-Sauce   Mayonnaise mit gehackten Eiern, Essiggurken und Kräutern.

Tatar- oder Tartare-Sauce?
Das Wort Tatar leitet sich von dem Namen eines mongolischen Volkes ab, hat somit einen älteren historischen Zusammenhang als die aus dem Mittellateinischen stammende Bezeichnung Tartare.
Nach dem Einfall der Mongolen in Russland wurde die Tartarei (heutiges Kirgisien) gegründet (griechisch tartaros, lateinisch tartarus für den Begriff Unterwelt oder Eindringlinge).
Ich habe mich für Tartare entschieden, weil mir diese Geschichte lebendiger und die Begründung weniger simpel erscheint.

Zitronensorbet   Rezept Seite 204

Rehragout mit Eierschwämmen

Chicoreesalat mit Bananen, an Salatmayonnaise	Salade d'endives aux bananes à l'américaine
Pariser Lauchsuppe	Potage parisienne
Rehragout mit Eierschwämmen Spätzli in Butter	Sauté de chevreuil mariné forestière Frisettes au beurre
★	
Ananastörtchen mit Kirsch	Tartelette à l'ananas au kirsch

Chicoreesalat mit Bananen Rezept Seite 170

Pariser Lauchsuppe Rezept Seite 29

Rehragout mit Eierschwämmen
für 4 Personen

Wein und Essig mit Rehfleisch und Zutaten gut mischen, zudecken, im Kühlschrank während 8 Tagen ziehen lassen. Rehfleisch gut abtropfen lassen. Wein in Schüssel auffangen, aufkochen, absieben. Fleisch in heissem Öl anbraten, würzen, mit abgesiebter Marinade ablöschen. Bratensauce zugeben, Fleisch, auf kleinem Feuer, zugedeckt garen. Fleisch mit Gabel herausnehmen. Sauce wenn nötig etwas einkochen, vom Feuer nehmen, mit Rahm verfeinern, auf angerichtetes Fleisch sieben.
Garzeit ca. 1½ Std.

800 g Rehfleisch, in Würfel geschnitten
2 dl Rotwein
0,5 dl Rotweinessig
1 Lorbeerblatt,
1 Nelke,
2 Knoblauchzehen
100 g Karotten in Würfeln
100 g Zwiebelwürfel
0,5 dl Sonnenblumenöl
2 dl gebundene Bratensauce
0,5 dl Rahm
Salz, Pfeffer
200 g Eierschwämme, grosse Pilze längs geviertelt,
20 g Butter
20 g gehackte Zwiebeln
Salz, Pfeffer

Zwiebeln in Butter kurz andünsten, Eierschwämme zugeben und bei grossem Feuer anbraten, bis sie springen. Würzen, nochmals wenden und über das Ragout verteilen.

Spätzli Rezept Seite 28

Ananastörtchen Rezept Seite 85
Pro Törtchen eine Ananasscheibe, garniert mit einer Kirsche.

½ dl Kirsch in die Creme

Waldorfsalat

Fleischbrühe mit Gartenkräutern
★
Rehpfeffer nach Jägerart
Hausgemachte Nudeln

Flambierter Pfirsich mit Vanilleglace

Salade Waldorf

Bouillon aux fines herbes
★
Civet de chevreuil chasseur
Nouilles fraîches

Pêche flambée à la glace vanille

Waldorfsalat Rezept Seite 210

Fleischbrühe Rezept Seite 371

Rehpfeffer nach Jägerart
für 4 Personen

800 g	Rehfleisch beizen (237)
0,5 dl	Sonnenblumenöl
2 dl	gebundene Bratensauce
	Salz, Pfeffer
0,5 dl	Blut, kann in der Metzgerei gekauft werden. Blut lässt sich gut einfrieren.

Rehfleisch nach 8 Tagen abschütten, gut abtropfen lassen, Wein in Schüssel auffangen, aufkochen, absieben.

Rehfleisch in Öl scharf anbraten, mit der heissen Marinade ablöschen. Bratensauce zugeben. Fleisch auf kleinem Feuer zugedeckt garen. Fleisch mit Gabel herausnehmen, Sauce durch Haarsieb über das Fleisch giessen. Sauce genau auf den Siedepunkt bringen, vom Feuer nehmen, Blut einrühren, nochmals zum Siedepunkt bringen, ohne kochen zu lassen, und sofort etwas abkühlen. Garzeit ca. 1½ Std.
Ganz abgekühlt verträgt diese Sauce ein nochmaliges Aufwärmen bis zum Siedepunkt ohne weiteres.

Garnitur:

100 g	Kochspeck, in dicke Streifen geschnitten (Lardons)
100 g	Röstbrotwürfel
100 g	Champignons, geviertelt
30 g	Butter
	Salz, Pfeffer

In heisser Pfanne den Speck braten, bis etwas Fett ausgetreten ist. Speck herausnehmen.
20 g Butter zum Speckfett mischen, Brotwürfel darin rösten und herausnehmen. Restliche Butter heiss machen und die Champignons darin dünsten und würzen. Speck und Brot wieder beigeben, schwenken und über den Rehpfeffer leeren.

Hausgemachte Nudeln Rezept Seite 88

Flambierte Früchte Rezept Seite 213

Grapefruitcocktail	Cocktail de pamplemousse
★	★
Omelette mit Kräutern	Omelette aux fines herbes
★	★
Rehpojarski mit Zwiebelrahmsauce	Pojarsky de chevreuil Soubise
Hausgemachte Spätzli	Frisettes maison
Rotkraut mit Kastanien	Choux-rouges aux marrons
★	★
Himbeerschiffli	Barquette aux framboises

Grapefruitcocktail

4   Grapefruits

Grapefruits mit dem Messer schälen. Die Schnitze auslösen, den Saft aus dem Gehäuse darüberpressen. Ev. Süsstoff darüberstreuen.

Französische Omelette
für 1 Person

3   Eier
10 g   Butter
      Salz

Eier mit Salz zerquirlen. In kleiner schwarzer Pfanne die Butter schmelzen. Eier bei mittlerer Hitze hineingeben, mit Essgabel ständig rühren, bis die Eimasse zu stokken anfängt. Die Omelette mit der Gabel rollen und formen, dann auf vorgewärmten Teller stürzen.

Rehpojarski mit Zwiebelrahmsauce
für 4 Personen

400 g	gehacktes Rehfleisch
50 g	Zwiebeln
1	Eigelb
30 g	Paniermehl
	Salz, Pfeffer
50 g	Butter
100 g	geschnittene Zwiebeln
1 dl	gebundene Bratensauce
1 dl	Weisswein
0,5 dl	Rahm

Rehfleisch mit Zutaten tüchtig mischen. Blech mit Paniermehl bestreuen, darauf runde, flache Pojarski formen.
Pojarski in Butter à point braten, sie dürfen innen noch rot sein. Zwiebeln im Bratsatz anbraten, mit Weisswein und Bratensauce verkochen, mixen, würzen und mit Rahm verfeinern.

Zubereitungszeit ca. 40 Min.

Spätzli

Rezept Seite 28

Rotkraut

Rezept Seite 93

Himbeerschiffli

Törtchen aus Zuckerteig in Barkettenform
Rezept Seite 85

Fleischbrühe mit Portwein

Rehschnitzel Baden-Baden
mit Birne, Kirschen und Wildrahmsauce
Eiernudeln mit frischer Butter
Rosenkohl mit Kastanien

Eisauflauf mit Marie-Brizard

Bouillon au porto

Escalopes de chevreuil Baden-Baden
Sauce poivrade à la crème
Nouilles au beurre frais
Choux de Bruxelles aux marrons

Soufflé glacé Marie-Brizard

Fleischbrühe – mit ½ dl Portwein

Rezept Seite 371

Rehschnitzel Baden-Baden
für 4 Personen

400 g	Rehschnitzel
	Mehl, Salz, Pfeffer
30 g	Butter
0,5 dl	Rotwein
2 dl	Wildsauce oder gebundene
	Bratensauce
1 dl	Rahm
4	halbe Kompottbirnen
100 g	Kompottkirschen

Rehschnitzel in Mehl wenden. In Butter beidseitig kurz anbraten, würzen, aus der Pfanne nehmen. Bratsatz mit Rotwein ablöschen, Wildsauce beimischen und bis zur gewünschten Dicke einkochen. Mit Rahm verfeinern.
Fleisch in der heissen Sauce wenden, neben die Nudeln auf Servierplatte anrichten, mit wenig Sauce übergiessen, Kompottfrüchte im Birnensaft wärmen. Schnitzel damit garnieren. Restliche Sauce separat servieren.

Nudeln

Rezept Seite 141

Rosenkohl

Rezept Seite 374

Rahmgefrorenes
für 10 Personen

3	Eier
5	Eigelb
200 g	Zucker
5 dl	Schlagrahm

Eier und Eigelb mit Zucker auf kleinem Feuer warm schlagen, bis eine dickflüssige Creme entsteht.
Schlagrahm und entsprechenden Liqueur sorgfältig darunterheben. Sofort in eisgekühlte Töpfchen füllen und gefrieren. Gefrierzeit mind. 4 Std.

Eisauflauf
Kleine Töpfchen, in denen der Eisauflauf serviert werden soll, oben am Rand mit Papierstreifen umkleben, so dass die Streifen die Töpfchen um 2 cm überragen. Töpfchen im Tiefkühler gut kühlen, Masse bis zuoberst einfüllen. Zum Servieren den Papierstreifen entfernen. Liqueur in die Masse mischen, eventuell auf der Oberfläche eine Vertiefung drücken und weiteren Liqueur einfüllen. Die Aufläufe werden mit Schokoladepulver bestreut.

Pergedel goreng –
indonesische Rindfleischbällchen

Chinesischer Salat mit Reisnudeln

Dadar isi –
pikante Omelette mit Meerfrüchten

Orangensalat mit Feigen und Datteln

Pergedel goreng –
boulettes de boeuf

Salade chinoise

Dadar isi –
Omelette piquante aux fruits de mer

Salade d'oranges aux figues et dattes

Pergedel goreng   Rezept Seite 243

Chinesischer Salat

400 g	gemischtes Gemüse
100 g	Reis-Vermicelles (Mi fun)
	Sojasauce manis
	Zitronensaft
1	Prise Ingwer
1/2 dl	Sonnenblumenöl

Reis-Vermicelles in Salzwasser aufkochen, abkühlen und abschütten. Sie können auch nur eingeweicht werden: Eine Stunde in lauwarmem Wasser.
Gemüse in Streifen: Karotten, Palmherzen, Bambussprossen, Kopfsalat in grobe Streifen geschnitten.
Gedämpfte Gemüse: Kefen, Peperoni, Zwiebeln. Alle Zutaten mischen, mild würzen.

Dadar isi
für 4 Personen

400 g	Meerfrüchte (Krevetten, Muscheln, Fischstreifen etc.)
50 g	gehackte Zwiebeln
40 g	Butter
1 dl	Reiswein, Weisswein oder wenig Zitronensaft
400 g	Gemüse in Streifen (Karotten, Sellerie, Zwiebeln, Sojakeime) Sojasauce, Streuwürze, Ingwerpulver, Sambal ulek
10 g	Maisstärke, mit wenig kaltem Wasser angerührt
	4×3 Eier, jedesmal separat aufgeschlagen, das ergibt 3 Eier für ein Omelette
	Streuwürze
	4×10 g Butter

Zwiebeln in Butter andünsten, Meerfrüchte zugeben, würzen, mit Wein ablöschen und während 4 Minuten zugedeckt leise garen. Gemüsestreifen in Butter andünsten, würzen, mit Fond der Meeresfrüchte mischen und während 5 Minuten zugedeckt dämpfen. Saft vom Gemüse mit angerührter Maisstärke binden, Gemüse mit Meerfrüchten leicht mischen.
4 mal eine französische Omelette herstellen, das heisst: 10 g Butter in kleiner Lyonerpfanne erhitzen, drei aufgeschlagene, gewürzte Eier hineinleeren, mit Speisegabel auf mittlerem Feuer ständig umrühren, bis eine weiche, kompakte Masse entstanden ist.
Diese soll den ganzen Pfannenboden bedecken, kann jetzt mit Meerfrüchten gefüllt und gerollt werden. Auf warme Teller gestürzt, gibt man einen Rest Meerfrüchte und Sauce quer über die Mitte der Omelette. Zubereitungszeit ca. 40 Min.

Chinesische Eierblumensuppe Buntgemischter Salat Frühlingsrollen mit Geflügelfüllung Süss-saure Sauce Bananen – Rahmgefrorenes

Bouillon chinois à l'oeuf Salade mêlée Rouleaux de printemps à la volaille Sauce aigre-douce Mousse glacée aux bananes

---

Chinesische Eierblumensuppe   Rezept Seite 245

Süss-saure Sauce

100 g	Melonenwürfel	Karottenstreifen, Zwiebel, Tomatenjus, wenig Essig, Zucker und Gewürze mischen und auf kleinem Feuer aufkochen. Maisstärke mit Wasser anrühren und Sauce damit binden. Melonenwürfel zufügen.
10 g	Maisstärke	
1 dl	Wasser	
	Essig, Zucker, Koriander, Ingwerpulver, Sojasauce, Tomatenjus	
100 g	feine Karottenstreifen	
1	feingeschnittene, zarte Zwiebel	

Frühlingsrollen
für 4 Personen

2 Eier
250 g Weissmehl
0,5 dl Rahm

Zutaten zu Nudelteig kneten, diesen auf gemehlter Oberfläche fein ausrollen und in Rechtecke von ca. 10×15 cm schneiden, diese von Hand dünn ausziehen. Ränder mit Ei bestreichen, schwach füllen, rollen, Ränder andrücken, in Öl schwimmend backen, bis der Teig hellbraun und knusprig ist.

Geflügelfüllung

200 g Gemüsestreifen
20 g Butter
    Streuwürze, Sojasauce, Ingwerpulver, 5-Gewürze-Pulver
200 g gegartes Hühnerfleisch
    Sojasauce, Chilipulver

Gemüsestreifen (Karotten, Sellerie, Lauch, Sojakeime, Chinakohl) in Butter dünsten und würzen.
Pouletfleisch in Streifen schneiden, daruntermischen, mit Sojasauce und Chilipulver abschmecken.

Bananen-Rahmgefrorenes   Rezept Seite 70

Fleischbrühe mit Käseschnittchen	Bouillon aux diablotins
Tomaten-, Gurken- und Kopfsalat	Salade de tomates, concombres et laitue
Omelette nach Madrider Art	Omelette madrilène
Erdbeeren mit Schlagrahm	Fraises Chantilly

Fleischbrühe	Rezept Seite 371
Käseschnittchen	Rezept Seite 68

Salate	Rezept Seite 361
Salatsaucen	Rezepte Seiten 358–360

Omelette nach Madrider Art
für 4 Personen

200 g	Tomatenwürfel
100 g	bunte Peperoni in kleine Würfel schneiden
50 g	grob gehackte Zwiebel
1	Knoblauchzehe, fein gehackt
30 g	Butter
200 g	Schweinsleber in kleine Würfel schneiden (unbedingt tagesfrisch)
	Salz, Pfeffer
4x3	Eier
4x10 g	Butter
	Streuwürze

30 g Butter in Lyonerpfanne erhitzen. Die Garnitur: Peperoni, Zwiebeln, Knoblauch, Tomaten und Leber darin schwenken, herausnehmen und würzen. Immer 3 Eier pro Person aufschlagen, Omeletten nacheinander braten. Je 10 g Butter in Lyonerpfanne erhitzen, 3 aufgeschlagene Eier hineinfliessen lassen. Mit Speisegabel einmal umrühren, dann ein Viertel der Garnitur obendrauf streuen. Mit Rahm beträufeln und backen, bis die Oberfläche flockig, aber nicht trocken ist. Die Omelette flach auf vorgewärmten Teller gleiten lassen.

Pergedel goreng
Das Rezept ergibt 20 bis 30 Fleischbällchen

150 g	gehacktes Rindfleisch
1	mittelgrosse Zwiebel, feingehackt
1	gehackte Knoblauchzehe
	Salz, Sambal ulek, Koriander, süsse Sojasauce, Kreuzkümmel
150 g	mehlige Kartoffeln, gekocht, abgekühlt, dann glatt zerdrückt
1	Eigelb

Das Fleisch mit allen Zutaten durchkneten, kleine Fleischbällchen formen, diese für eine Stunde kühlstellen. In einem Kochtopf ca. 3 dl Erdnussöl erhitzen und die Fleischbällchen bei ca. 150° schwimmend ausbacken. Auf Küchenpapier abtropfen lassen.
Pergedel goreng werden im Menu heiss, als Snack kalt serviert.

Italienische Gemüsesuppe

Karottensalat mit Quarksauce

Kleine Pfannkuchen mit Broccoli

Meringue mit Heidelbeeren

Minestrone

Salade de carottes au séré

Crêpes au brocoli

Meringue Chantilly aux myrtilles

Italienische Gemüsesuppe

Rezept Seite 109

Karottensalat (Möhrensalat)
Quarksauce

Rezept Seite 361
Rezept Seite 359

Kleine Pfannkuchen (Crêpes)
für 4 Personen

4	Eier
150 g	Weissmehl
2 dl	Milch
	Salz, gehackte Kräuter
50 g	flüssige Butter

Mehl, Milch, Salz und Kräuter zusammen in einer Schüssel glattrühren. Eier zugeben und aufschlagen. Flüssige oder leicht gebräunte Butter in warmem Zustand unter die Masse schlagen.
Kleine Lyonerpfanne mit Butter auspinseln. Bei mittlerem Feuer dünne Pfannkuchen backen, wobei zum weiteren Backen keine Butter mehr nötig ist.

Kleine Pfannkuchen mit Broccoli

400 g	Broccoli, mit Sparschäler alle Stiele dünn abgeschält
1 dl	Wasser
20 g	Butter
	wenig Salz
2 dl	holländische Sauce

Broccoli in kleine Stücke zerteilen, in kleinem Topf mit gut schliessendem Deckel in Salzwasser mit Butter dämpfen.
Garzeit 5 Min.
Pro Person 2 kleine Pfannkuchen mit fertigem Broccoli füllen, rollen, auf heissen Teller anrichten, mit holländischer Sauce (Hollandaise) überziehen.

Holländische Sauce

2	Eigelb
	wenig Weisswein, Zitronensaft, Salz, Streuwürze, Pfeffer; leicht einkochen
100 g	Butter, eingekocht, bis sie anfängt, Farbe zu nehmen, handwarm stellen

Eimasse in Wasserbad aufschlagen, bis eine leicht schäumende, handwarme Masse entsteht. Butter handwarm, mit Schneebesen nach und nach hineinschlagen. Dabei entsteht eine delikate Sauce, ähnlich der Mayonnaise.

Meringue

Rezept Seite 164

Kartoffelsuppe mit Tomaten und Spinat	Purée Malakov
★	★
Schnittsalat mit Zitronensauce	Salade de Trévise au citron
★	★
Kleine Pfannkuchen mit Geflügelfleisch	Crêpes à la volaille
★	★
Bayerische Creme	Crème bavaroise

Kartoffelsuppe Malakow   Rezept Seite 235

Schnittsalat   50 g pro Person
Zitronensauce   Rezept Seite 160

Kleine Pfannkuchen (Crêpes)   Rezept Seite 244

**Kleine Pfannkuchen mit
Geflügelfleisch**
für 4 Personen

200 g	Geflügelfleisch	
	Zitronensaft	
	Streuwürze, Pfeffer	
2 dl	Cremesauce	
1 dl	Weisswein	
0,5 l	Rahm	

Gegartes Geflügelfleisch in kleine Würfel schneiden, mit Zitronensaft, Streuwürze und Pfeffer marinieren.
Sauce, Weisswein und Rahm zum Siedepunkt bringen, vom Feuer nehmen und Geflügelfleisch beimischen.

Cremesauce   Rezept Seite 277

Bayerische Creme   Vanillecreme, die mit Rahmhalter oder mit Gelatine gefestigt, mit einem Drittel Schlagrahm vermischt ist.
Die luftige, mousse-artige Creme kann mit Kirsch oder Liqueur parfümiert werden.

Chinesische Eierblumensuppe

1 l	Hühnerbrühe
$^1/_2$ dl	trockener Sherry
3	gehackte Frühlingszwiebeln
3	Eier, aufgeschlagen, mit wenig Sojasauce gewürzt

Brühe mit Sherry und Zwiebeln zum Kochen bringen. Die Eier in die siedende Suppe einlaufen lassen. Einmal umrühren und sofort servieren. Die Eier zeigen sich als grossflockige Blumen.

Fleischbrühe mit Röstbrotscheiben　　　　　Bouillon aux croûtons
★　　　　　★
Nüssli- und Selleriesalat　　　　Salade de mâches et céleri
★　　　　　★
Kleine Pfannkuchen mit geschnetzeltem　　Crêpes farcies d'émincé
Kalbfleisch an Weissweinrahmsauce　　　de veau zurichoise
★　　　　　★
Frischer Fruchtsalat　　　　　Salade de fruits frais

Fleischbrühe　　　　　Rezept Seite 371
Röstbrotscheiben
Altbackenes Pariserbrot oder Semmeln　　Brot mit Rinde auf der Maschine sehr
30 g Reibkäse　　　　　dünn aufschneiden, auf Backblech verteilen, mit Käse bestreuen, dann im Ofen bei
mittlerer Hitze goldbraun backen. Luftig
und kühl aufbewahren.

Nüsslisalat　　　　　30 g pro Person
Salatsaucen　　　　　Rezepte Seiten 358–360
Selleriesalat　　　　　Rezept Seite 169

Kleine Pfannkuchen (Crêpes)　　Rezept Seite 244

Geschnetzeltes Kalbfleisch nach　　Rezept Seite 38
Zürcher Art　　　　　Für Crêpes nur 200 g geschnetzeltes
Kalbfleisch für 4 Personen.

Frischer Fruchtsalat　　　Rezept Seite 9

Linsensuppe
★
Kreolischer Salat
★
Kleine Pfannkuchen mit Blattspinat
und Käse
★
Ananas mit Kirsch

Purée Conti
★
Salade créole
★
Crêpes aux épinards et au fromage
★
Ananas au kirsch

Linsensuppe
für 4 Personen

20 g	Butter
50 g	feingeschnittene Zwiebeln
50 g	feingeschnittener Lauch
100 g	Linsen, über Nacht in kaltem Wasser eingeweicht
50 g	Kartoffelwürfel
1 l	Gemüsebouillon
	gehackter Kerbel
1/2 dl	Rahm

Zwiebeln und Lauch in Butter dünsten. Linsen und Kartoffeln zugeben, wenden, mit Bouillon auffüllen und aufkochen. Kochzeit 1 1/2 Stunden.
Kerbel in die Suppe streuen, diese mixen, nochmals zum Siedepunkt bringen, vor dem Servieren mit Rahm verfeinern.

Kreolischer Salat

Rezept Seite 160

Kleine Pfannkuchen

Rezept Seite 244

Kleine Pfannkuchen mit Blattspinat und Käse
für 4 Personen

250 g	Blattspinat
1	Knoblauch, zerdrückt
150 g	Reibkäse
20 g	Butter

Auf diese Pfannkuchen werden je 50 g mit Knoblauch und Butter gedämpfter Blattspinat und 30 g Reibkäse verteilt. Die Pfannkuchen werden locker gerollt, so dass sie als breite Taschen präsentiert werden.

Ananas mit Kirsch

Rezept Seite 24

Gemüsepüreesuppe mit Röstbrotwürfeln	Purée garbure
Buntgemischter Salat	Salade mêlée
Kleine Pfannkuchen mit Schinken und Blattspinat Mornay-Sauce	Crêpes au jambon et aux épinards Sauce Mornay
★	
Gemischtes Kompott	Compôte mixte

Gemüsepüreesuppe　　　　　　Rezept Seite 153
Röstbrotwürfel　　　　　　　Rezept Seite 187

Kleine Pfannkuchen　　　　　Rezept Seite 244

Füllung
für 4 Personen

200 g	dünn geschnittene Schinkenscheiben, je 1 auf die Pfannkuchen	Pfannkuchen locker rollen, auf mit Butter bestrichene feuerfeste Platte anrichten. Die Pfannkuchen mit Mornay-Sauce sorgfältig überziehen und während 5 Minuten heiss überbacken.
400 g	mit Knoblauch gedämpfter Blattspinat, 50 g pro Pfannkuchen.	

Blattspinat　　　　　　　　Rezept Seite 16

Mornay-Sauce ((Béchamel mit Eigelb und Reibkäse)
für 4 Personen

40 g	Butter	Butter in Kasserolle schmelzen. Weissmehl dazustreuen, mit Schneebesen auf kleinem Feuer während 3 Minuten umrühren. Diese Mehlschwitze etwas erkalten lassen. Heisse Milch an die Mehlschwitze giessen und unter ständigem Rühren aufkochen. Würzen mit Salz, eventuell Muskatnuss.
50 g	Weissmehl	
6 dl	heisse Milch	
	Salz	Zubereitungszeit 15 Min.
	Muskatnuss	Diese Sauce heisst Béchamel, vermutlich nach dem französischen Marquis de Nointel LOUIS DE BECHAMEL. Er war Maître d'hôtel beim König Louis XIV. Mornay-Sauce ist eine Béchamel mit Eigelb und Reibkäse.
2	Eigelb	
50 g	Reibkäse	

Früchtekompott　　　　　　Rezept Seite 100

Apfelsalat

Fleischbrühe mit Tomatenwürfeln

Kleine Pfannkuchen mit Steinpilzen
und Rahmsauce
★
Caramelköpfli

Salade de reinettes

Bouillon madrilène

Crêpes aux bolets à la crème

Flan au caramel

Apfelsalat

4	geschälte Äpfel
2	Scheiben Ananas
1 dl	feste Mayonnaise
2 dl	Schlagrahm
	Streuwürze, ev. Zucker

Äpfel entkernen und in kleine Scheiben schneiden. Ananas in Stückchen zugeben, mit Mayonnaise anmachen. Schlagrahm locker daruntermischen, abschmekken und mit Nüssen oder Früchten garnieren.

Fleischbrühe – mit 30 g Tomatenwürfeln

Rezept Seite 371

Kleine Pfannkuchen

Rezept Seite 244

Steinpilze an Rahmsauce

für 4 Personen

600 g	Steinpilze, in Scheiben von 1/2 cm Dicke geschnitten
100 g	gehackte Zwiebeln
1	Knoblauchzehe, fein zerstossen
30 g	Butter, Salz, Streuwürze, Pfeffer Mehl zum Bestäuben
1 dl	Weisswein, Zitronensaft
1 dl	Rahm, gehackte Petersilie

Zwiebeln und Knoblauch in Butter andünsten. Pfanne auf grosses Feuer stellen, Steinpilze zu den Zwiebeln geben, schwenken und würzen. Bevor die Pilze Saft abgeben, bestäubt man sie mit wenig Mehl, rührt nochmals durch, löscht ab mit Weisswein und lässt aufkochen, Rahm dazumischen, zum Siedepunkt bringen und, wenn nötig, mit Zitronensaft abschmecken. Zubereitungszeit 10 Min.

Caramelköpfli – Flan

1	Beutel Flan Caramel
1 l	Milch

10 Plastikformen mit Caramelzucker ausgiessen. Milch mit dem Pulver zum Sieden bringen, heiss in die Formen giessen, erkalten lassen, stürzen.

Klassisches Rezept

300 g	Zucker
1 l	Milch
200 g	Zucker
1	Vanillestengel längs halbiert
8	Eier

Zucker zu Caramel kochen, diesen in 10 Metallförmchen giessen. Milch mit Zucker, Vanille und Eiern unter Rühren auf 80° erhitzen, in die Förmchen füllen, dann im Wasserbad im Ofen bei 130°–150° garen. Erkalten lassen, stürzen.

Fleischbrühe mit Eierfäden	Bouillon Xavier
★	★
Kopfsalat mit Salatmayonnaise	Salade de laitue à l'amèricaine
★	★
Blut- und Leberwurst	Boudins
Weinkraut	Choucroute au vin blanc
Kräuterkartoffeln	Pommes aux fines herbes
★	★
Himbeerglace	Glace aux framboises

Fleischbrühe mit Eierfäden　　　　Rezept Seite 50 + 371

Kopfsalat: 50 g pro Person.
Salatsauce　　　　　　　　　　　Rezept Seite 360

Blut- und Leberwürste　　　　　　Blut- und Leberwürste werden in sieden-
pro Person ca. 200 g Wurst　　　　des, leicht gesalzenes Wasser gelegt und
　　　　　　　　　　　　　　　　　während 20 Minuten unter dem Siede-
　　　　　　　　　　　　　　　　　punkt heissgemacht.

Weinkraut　　　　　　　　　　　Rezept Seite 41

Kräuterkartoffeln　　　　　　　Rezept Seite 161
(Petersilien-Kartoffeln)

Fruchtglace　　　　　　　　　　Fruchtmark mit Zucker mischen und für
　　　　　　　　　　　　　　　　　1 Stunde kaltstellen. Zitronensaft, Milch
500 g　Fruchtmark　　　　　　　　und Wasser beimischen, dann in der Gla-
500 g　Zucker　　　　　　　　　　cemaschine gefrieren. Statt dem Wasser
　5 dl　pasteurisierte Milch　　　　kann der eiskalten Masse Rahm beigege-
　1　　Zitrone　　　　　　　　　　ben werden.
2,5 dl　Wasser oder nach Wunsch　Ohne Glacemaschine stellt man im Ge-
2,5 dl　Rahm　　　　　　　　　　frierfach Rahmglace her. (70)

Für Zitronenglace

　1 dl　Zitronensaft
　4 dl　Wasser
　　　　An Stelle von 500 g Fruchtmark

Fleischbrühe mit Griessklösschen	Bouillon bavaroise
Nüsslisalat mit gehacktem Ei	Salade de mâches Mimosa
Kalbsbratwurst mit Zwiebelsauce Rösti	Saucisse de veau rôtie Sauce lyonnaise Pommes sautées
Weichkäse mit Kirschen	Fromage à pâte molle aux cerises

Fleischbrühe

Rezept Seite 371

Griessklöschen
Als Suppeneinlage oder, mit Mornay-Sauce überbacken, als warme Vorspeise

50 g	Butter
100 g	Griess
1	Ei, Salz, 1 l Bouillon

Butter schaumig schlagen. Griess, Ei und wenig Salz beimengen. Kaltstellen. Mit Mocca- oder Kaffeelöffel Klösschen formen und diese in Bouillon 5 Min. garen. Nicht sieden lassen.

Nüsslisalat mit gehacktem Ei

Rezept Seite 101

Kalbsbratwürste

Bratwürste können in heissem Wasser vorgewärmt werden. Die Haut wird mit der Fleischgabel an mehreren Stellen angestochen, damit sie beim Braten nicht vorzeitig reisst. In heisser Pfanne mit sehr wenig Öl oder auf dem Grill braten.

Zwiebelsauce
für 4 Personen – 120 kcal p. P.

200 g	geschnittene Zwiebeln
20 g	Sonnenblumenöl
10 g	Butter
0,5 dl	Rotwein
2 dl	gebundene Bratensauce

Die Zwiebeln werden in Öl und Butter geröstet, leicht gesalzen, mit Rotwein abgelöscht und mit der Bratensauce kurz aufgekocht.
Zubereitungszeit 15 Min.

Geröstete Zwiebeln

Rezept Seite 259

Rösti

Rezept Seite 25

Klare Suppe mit Teigwaren	Bouillon de légumes aux pâtes
Blumenkohlsalat mit Salatmayonnaise	Salade de chou-fleur à l'américaine
Nürnberger Bratwürste mit Zwiebelsauce Weinkraut Ofenkartoffeln mit Kümmel	Saucisses de Nürnberg Sauce lyonnaise Choucroute au vin blanc Pommes au four au cumin
Frischer Fruchtsalat mit Maraschino	Salade de fruits frais au marasquin

Klare Suppe – Gemüsebouillon
Suppenteigwaren 30 g

Rezept Seite 371
Kochzeit 2–5 Minuten.

Blumenkohlsalat

1	Blumenkohl	
2 l	Salzwasser	
1	kleiner Kopfsalat	
2 dl	Salatmayonnaise (360)	

Blumenkohl grob zerteilen, Strunk längs schneiden. In Salzwasser gar sieden, im Wasser erkalten lassen. Kopfsalat auf die Salatteller verteilen, Blumenkohl darauflegen, mit Salatmayonnaise überziehen.

Nürnberger Bratwürste mit Zwiebelsauce
für 4 Personen

200 g geschnittene Zwiebeln für die Zwiebelsauce

16 oder 24 Stück Nürnberger Bratwürste (Schweins-Chipolata) in sehr wenig Öl langsam braten.

Zwiebelsauce

Rezept Seite 251

Weinkraut

Rezept Seite 41

Ofenkartoffeln mit Kümmel

Pro Person wird eine schöne, mittelgrosse Kartoffel sauber gewaschen, längs halbiert, mit Butter bestrichen, leicht gesalzen und mit Kümmel bestreut. In entsprechendes Bratgefäss wird eine Lage Salz von $1/2$ cm Dicke verteilt, die Kartoffeln mit der Schnittfläche nach oben daraufgesetzt und zugedeckt. Bei mittlerer Hitze im Ofen ca. 25 Minuten garen.
Diese Kartoffeln können auch kalt, anstelle von Brot, gegessen werden.

Waadtländer Lauchkrapfen

Blumenkohlcremesuppe	Crème Dubarry
★	★
Buntgemischter Salat	Salade mêlée
★	★
Waadtländer Lauchkrapfen mit Saucisson	Rissole vaudoise
★	★
Roulade mit Schokoladenglace	Biscuit roulé glacé au chocolat

Blumenkohlcremesuppe Rezept Seite 74

Buntgemischter Salat Rezept Seite 361

Waadtländer Lauchkrapfen
für 4 Personen

200 g	Blätterteig, dünn ausgerollt, in 4 rechteckige Felder geschnitten
1	aufgeschlagenes Ei
400 g	Lauchgemüse, gewaschen, in kochendes Wasser gelegt, aufgekocht, abgetropft, in Stangen von 10 cm Länge geschnitten
400 g	Saucisson (rohe Waadtländer Wurst mit grobem Brät), Haut sorgfältig abgezogen, in dicke Scheiben geschnitten
2 dl	weisse Sauce

Lauch längs halbieren, würzen, auf die eine Hälfte der Blätterteigrechtecke legen. Wurstscheiben nebeneinander auf den Lauch legen, mit abgekühlter weisser Sauce überziehen. Teigränder mit Ei bestreichen, die leere Hälfte über Wurst und Lauch legen und die Ränder aufeinanderlegen und andrücken. Krapfen mit Ei bestreichen, mit Fleischgabel kleine Löcher stechen, 30 Minuten im Kühlschrank ruhen lassen. Bei mittlerer Hitze im Ofen ca. 30 Minuten backen.
Zubereitungszeit ca. 1$\frac{1}{2}$ Std.

Roulade mit Glace Rezept Seite 320

Kartoffelkuchen – Pommes macaire

1 kg	Schalenkartoffeln
	Salz, Pfeffer, gehackte Petersilie
40 g	Butter
20 g	Öl

Kartoffeln mit Schale im Ofen garen. Inhalt in noch warmem Zustand herausnehmen, würzen, mit Butter zerquetschen und zu Kuchen formen. In Öl und Butter beidseitig goldgelb braten.

Tomatensuppe	Crème de tomate
★	★
Buntgemischter Salat	Salade mêlée
★	★
Waadtländer Saucisson	Saucisson vaudois
Dampfkartoffeln	Pommes vapeur
Lauchgemüse	Poireau étuvé
★	★
Aprikosenglace	Glace aux abricots

Tomatensuppe

Rezept Seite 212

Buntgemischter Salat

Rezept Seite 361

Waadtländer Saucisson
für 4 Personen

600 g   Saucisson

Rohwurst mit grobem Brät, die gewöhnlich in siedendes, leicht gesalzenes Wasser gelegt, während ca. 30 Minuten knapp unter dem Siedepunkt gegart wird.

Dampfkartoffeln

800 g   Kartoffeln mittlerer Grösse

Kartoffeln waschen, schälen, längs halbieren, eventuell in gefällige Form schneiden (tournieren).
Im Dämpfer garen, leicht salzen oder im Dampfkochtopf mit wenig Wasser und sehr wenig Salz ca. 5 Min. dämpfen.
Werden diese Kartoffeln in Salzwasser gekocht, nennt man sie *Salzkartoffeln*.

Lauchgemüse
für 4 Personen

  1 kg   gebleichter Lauch
  2 l   siedendes Salzwasser
10 g   Öl oder Butter
       Streuwürze

Lauch längs aufschneiden, waschen, dann in Stücke von ca. 8 cm Länge schneiden. Im Salzwasser aufkochen, abschütten und in gefettete, feuerfeste Platte schichten. Gut schliessenden Deckel darauflegen, dann den Lauch im Ofen bei 180° garen. Garzeit ca. 40 Min.
Anmerkung: Wurst und Kartoffeln können zum Lauch gegeben und mitgedämpft werden.

Fruchtglace

Rezept Seite 250

Klare Ochsenschwanzsuppe	Oxtail clair
Buntgemischter Salat	Salade mêlée
Wurstpfanne mit Sommergemüse	Saucisses aux légumes d'été
Herzoginkartoffeln	en casserole
	Pommes duchesse
	★
Zwetschgenkuchen	Tarte aux prunes

Klare Ochsenschwanzsuppe   Rezept Seite 96

Buntgemischter Salat   Rezept Seite 361

Wurstpfanne mit Sommergemüse
für 4 Personen

200 g	Zwiebeln, in kleine Würfel geschnitten	
200 g	Champignons, längs geviertelt	
30 g	Butter	
500 g	Sommergemüse (tiefgekühlte Mischung) mit warmem Wasser abspülen	
400 g	Wurst, geschält, in Würfel geschnitten (Fleischwurst, Zungenwurst etc.)	
20 g	scharfer Senf	
	Saft einer halben Zitrone	
1 dl	Rahm	
	Salz, Pfeffer	

Zwiebeln und Champignons in Butter dünsten. Angetautes Sommergemüse beigeben, würzen und einige Male schwenken. Wurst zur Mischung geben, auf grossem Feuer gut durchmischen.
Aus Senf, Zitronensaft, Rahm, Salz und Pfeffer einen Guss herstellen, der in die Pfanne gerührt wird. Das Ganze während 10 Minuten zugedeckt garen, in der Pfanne servieren.
Die Herzoginkartoffeln, aus Kartoffelpüree und Eigelb, zu Häufchen dressiert und überbacken, werden separat gereicht.

Herzoginkartoffeln   Rezept Seite 93

Zwetschgenkuchen   Rezept Seite 157

Braten von Steaks:

Rumpsteaks, Entrecôtes oder Rindsfilets in der Gusseisenpfanne:
Das massive Metall wird wesentlich langsamer heiss als dies bei Pfannen aus Leichtmetall der Fall ist. Die Hitze wird entsprechend gespeichert und gibt dem Steak die Kruste, von der Geniesser träumen. Fettarme Steaks können bei dieser Methode ohne weiteres mit Küchenpapier abgetupft werden.

Pfefferterrine mit Melonenschnitzen

Kalte Kraftbrühe

Toast mit Schweinsmedaillons,
an Pilzrahmsauce

★

Gugelhopf

Terrine au poivre vert
garnie aux tranches de melon

Consommé froid

Médaillons de porc sur toast
aux champignons à la crème

Gugelhopf

Pfefferterrine   Rezept Seite 257

Kraftbrühe   Rezept Seite 229

Toast mit Schweinsmedaillons
für 4 Personen

8	Toastscheiben, in Butter leicht geröstet
300 g	Schweinsfilet, in 8 Medaillons geschnitten und leicht geklopft Mehl, Salz, frischgemahlener Pfeffer
30 g	Butter
50 g	gehackte Zwiebeln
1 dl	Weisswein
400 g	Champignons oder Austernpilze
2 dl	Cremesauce (277) gehackte Petersilie
50 g	Reibkäse

Schweinsmedaillons würzen, in Mehl wenden und in Butter leicht braten. Zwiebeln im Bratsatz dünsten, eventuell etwas Butter nachgeben. Pilze in Scheiben schneiden und mitdünsten, mit Weisswein und weisser Sauce auffüllen, etwas einkochen, mit Rahm verfeinern.
Fleisch auf die Toastscheiben legen, mit Pilzsauce überziehen, Reibkäse obendrauf streuen und leicht überbacken.

Gugelhopf mit Backpulver

200 g	Butter
200 g	brauner Zucker, Vanillezucker, Salz,
500 g	Mehl
18 g	Backpulver
1 dl	Milch
20 g	Butter
50 g	Paniermehl

Butter zuerst schaumig schlagen. Brauner Zucker, Vanillezucker und Salz nach und nach dazuschlagen.
Mehl mit Backpulver mischen, absieben. Mehl abwechslungsweise mit Milch zur Butter rühren, bis der Teig reissend vom Löffel fällt.
Gugelhopfform mit Butter ausstreichen, mit Paniermehl bestreuen, Teig locker einfüllen.
Backzeit: 1 Stunde bei 180–200°.

Fleischbrühe mit Gemüsestreifen	Bouillon Julienne
★	★
Nüsslisalat mit gehacktem Ei	Salade de mâches Mimosa
★	★
Schweizertoast	Croûte au fromage suisse
★	★
Ananas mit Kirsch	Ananas au kirsch

Fleischbrühe   Rezept Seite 371

Nüsslisalat mit gehacktem Ei   Rezept Seite 101

Schweizertoast
für 4 Personen

4	grosse Brotscheiben, in Butter leicht geröstet
1 dl	Weisswein
300 g	Emmentaler Käse in dünnen Scheiben
200 g	gekochter Schinken in Scheiben
200 g	Tomatenscheiben
1 dl	Rahm
4	Eier, Salz, Pfeffer

Weisswein über die gerösteten Brotscheiben träufeln, dann kommt eine Lage Käse (Emmentaler oder Greyerzer) direkt auf das Brot, dann Schinkenscheiben, Tomatenscheiben mit Salz und Pfeffer und nochmals eine Lage Käse.
Wenig Rahm darübergiessen und im heissen Ofen backen, bis der Käse zerfliesst. Jeder Toast wird vor dem Servieren mit einem Spiegelei belegt.

Ananas mit Kirsch   Rezept Seite 24

Pfefferterrine
für 10–15 Personen

350 g	Spickspeck (Fettspeck)
600 g	frisches Schweinefleisch
200 g	frische Schweinsleber
1	säuerlicher Apfel in Scheiben
1	Zwiebel, fein geschnitten
20 g	Cognac
1 dl	Rahm
	grüner Pfeffer, Salz, Ingwer
1/2 l	Bouillon (371)
1 dl	Sulze (372)

Gekühlter Speck in kleine Würfel schneiden. In Blitz, Cutter (grosser Mixer oder Fleischwolf) feinhacken und wieder kühlen.
Schweinefleisch in kleine Würfel schneiden. In Bouillon bei 80° während 30 Min. garen. Leber in Streifen schneiden, Adern herausschneiden und zusammen mit Zwiebeln und Apfelscheiben in die Bouillon geben. Aufkochen. Alle Zutaten gut abgetropft heiss in den Blitz geben und zu Püree verarbeiten. Gewürz, Cognac und Rahm beifügen und zuletzt den Speck dazublitzen. In Terrine füllen, glattstreichen. Im Ofen mit Dampf bei 70° 40 Min. haltbar machen. Sulze nach dem Erkalten daraufgiessen.

Kraftbrühe mit Schlagrahm und Curry

Kopf- und Tomatensalat

Prinzessin-Toast mit Kalbsschnitzel
und Spargelspitzen
★
Frischer Fruchtsalat

Consommé Lady Curzon

Salade de laitue et tomates

Toast princesse

Salade de fruits frais

Kraftbrühe   Rezept Seite 229

Kraftbrühe mit Schlagrahm und Curry
(Consommé Lady Curzon)

6 dl	kräftige Kraftbrühe
1 dl	Rahm, steif geschlagen
	Mildes Currypulver

Heisse Kraftbrühe in Tassen abfüllen, Schlagrahm darauf verteilen, mit Currypulver bestreuen und mit starker Oberhitze (Salamander) leicht bräunen.

Kopfsalat: 30 g pro Person. **Saucen**
Tomatensalat

Rezepte Seiten 358–360
Rezept Seite 361

Prinzessin-Toast
für 4 Personen

8	Toastscheiben, in Butter leicht geröstet
300 g	Kalbsschnitzel, zu 8 kleinen Schnitzeln geschnitten
	Mehl
30 g	Butter
1	kleine Dose Spargelspitzen
2 dl	weisse Sauce
100 g	Schachtelkäse oder Schmelzkäse mit Rahm
	Salz, Pfeffer

Kalbsschnitzel in Mehl wenden, in Butter kurz anbraten, würzen und auf die Toastscheiben legen. Spargelspitzen auf das Fleisch verteilen, mit weisser Sauce überziehen und mit dünnen Scheiben vom Schachtelkäse belegen. Unter dem Salamander oder im heissen Ofen überbakken, bis der Käse schmilzt.

Frischer Fruchtsalat   Rezept Seite 9

Bündner Gerstensuppe	Potage des Grisons
★	★
Endiviensalat mit Peperonistreifen	Salade de scarole aux poivrons
★	★
Pilzschnitte mit Rahmsauce	Croûte aux champignons à la crème
★	★
Heidelbeertörtchen mit Schlagrahm	Tartelette aux myrtilles Chantilly

---

Bündner Gerstensuppe   Rezept Seite 20

Endiviensalat – mit 50 g Peperoni   Rezept Seite 17

Pilzschnitten
für 4 Personen

30 g	Butter
4	Brotscheiben
400 g	Waldpilze oder Champignons
20 g	Butter
100 g	gehackte Zwiebeln
	Salz, Pfeffer
10 g	Mehl
1 dl	Weisswein
1 dl	Rahm
20 g	gehackte Kräuter

Brotscheiben in Butter rösten.

Pilze in grobe Scheiben schneiden. Zwiebeln, dann Pilze in Butter rösten bis der Saft verschwunden ist. Würzen. Mit Mehl bestäuben und unter Wenden zwei Minuten weiterrösten. Mit Weisswein ablöschen und zur gewünschten Dicke einkochen. Mit Rahm verfeinern, dann über die Brotscheiben auf warmen Tellern verteilen. Kräuter darüberstreuen.

Heidelbeertörtchen   Rezept Früchtetörtchen Seite 85

Geröstete Zwiebeln

400 g	geschnittene Zwiebeln
1 dl	Backöl
	Mehl, Paprika, Salz

Das Backöl wird in einer Pfanne erhitzt. Die Zwiebeln werden mit Mehl und wenig Paprika bestreut und zwischen den Handflächen kurz gerieben, bevor sie unter ständigem Bewegen im Öl goldbraun gebacken werden. Gut abgetropft auf Küchenpapier, werden sie leicht gesalzen.

Reiscremesuppe	Crème Caroline
★	★
Chicoreesalat mit Karottenstreifen	Salade de scarole aux carottes
★	★
Toast Maharani – mit geschnetzeltem Trutenfleisch, Curryrahmsauce und Früchten	Toast Maharani
★	★
Melonenglace	Glace au melon

Reiscremesuppe   Rezept Seite 120

Chicoreesalat – mit 50 g Karotten   Rezept Seite 116
(Möhren)

Toast Maharani
für 4 Personen

8	Toastscheiben, in Butter leicht geröstet
300 g	geschnetzeltes Trutenfleisch
30 g	Butter
10 g	Mehl
	Streuwürze, Currypulver
1	geschälter Apfel, in kleine Scheiben geschnitten
1	Banane, in dicke Scheiben geschnitten
100 g	frische Ananas, in kleine Stücke geschnitten
50 g	entkernte, längs geviertelte Datteln
	Zitronensaft
1 dl	Wasser
1 dl	dicke Kokosmilch oder Rahm

Trutenfleisch mit Mehl mischen, in Butter kurz anbraten, würzen und aus der Pfanne nehmen. Apfelscheiben im Bratsatz mit wenig Butter kurz dünsten, mit Curry bestreuen, Zitronensaft und Wasser zugeben und aufkochen. Sauce vom Feuer nehmen, Fleisch darin wenden, Früchte beimischen, mit Kokosmilch verfeinern und abschmecken. Currygericht über die Toastscheiben verteilen und mit einigen Früchten garnieren.

Kokosmilch   Rezept Seite 105

Fruchtglace   Rezept Seite 250

Apfel mit Selleriesalat

Klare Suppe mit Nudelteigflecken

Oberländer Käseschnitte
★
Meringue mit Glace

Reinette à la salade de céleri

Bouillon de légumes aux pâtes

Croûte au fromage oberlandaise

Meringue glacée

Äpfel mit Selleriesalat
für 4 Personen

1	kleine Sellerieknolle
1	Zitrone
1 dl	feste Mayonnaise
4	mittlere Äpfel, rotwangig

Jedem Apfel beim Stiel einen Deckel abschneiden, dann die Äpfel vom Stiel her entkernen. Das Fleisch mit kleinem Messer stückweise herausnehmen, ohne das Äussere zu verletzen.
Sellerie mit scharfem Messer schälen, mit Zitronensaft einreiben, dann fein raffeln. Mit Zitronensaft, Apfelstücken und Mayonnaise mischen, in die Äpfel einfüllen und oben auftürmen. Deckel aufsetzen.

Klare Suppe – Gemüsebouillon
Nudelteigflecken, 30 g

Rezept Seite 371
Rechteckig geschnittene, gekochte Nudeln

Oberländer Käseschnitten
für 4 Personen

4	Scheiben Brot
20 g	Butter
20 g	milder Senf
200 g	gekochter Schinken
400 g	Emmentaler Käse in Scheiben
	Paprikapulver
4	Eier
20 g	Butter

Pro Person eine Scheibe Brot in Butter leicht rösten, mit wenig mildem Senf bestreichen, dünne Scheiben von gekochtem Schinken und darüber einige Scheiben Emmentaler Käse legen. Schwach mit Paprika bestreuen, im heissen Ofen überbacken, dann ein Spiegelei obendrauf geben.

Meringue (Baiser)
Rahmglace aus Früchten

Rezept Seite 164
Rezept Seite 70

Gemüsesuppe nach Hausfrauenart	Potage bonne femme
Kabissalat mit Peperoni- und Lauchstreifen	Salade de choux aux poivrons et au poireau
Biedermeier-Krapfen – mit Zungenwurst und Käse Gedämpfte Karotten und Broccoli	Rissole à la saucisse bernoise et au fromage Carottes Vichy et brocoli
Schokoladen-Mousse	Mousse au chocolat

Gemüsesuppe nach Hausfrauenart   Rezept Seite 89

Kabissalat   Rezept Seite 104

Biedermeier-Krapfen
für 4 Personen

200 g	fein geschnittene Zwiebeln	
20 g	Butter	
1 dl	gebundene Bratensauce	
300 g	Zungenwurst, in 4 Scheiben geschnitten	
300 g	Greyerzer Käse in Scheiben	
250 g	Blätterteig, in Mehl zu 4 grossen Plätzen ausgerollt	
1	aufgeschlagenes Ei	

Zwiebeln in Butter anbraten, mit Bratensauce etwas einkochen und erkalten lassen.

Wurst auf die eine Hälfte des Blätterteiges legen, mit Zwiebelsauce bedecken und mit Käse belegen. Teigränder mit Ei bestreichen, zu Krapfen zusammenlegen und mit gezacktem Rädchen der Nahtstelle nach ausschneiden.

Mit Fleischgabel einige Löcher stechen, den Krapfen mit Ei bestreichen, im Kühlschrank während 30 Minuten ruhen lassen, bei mittlerer Hitze im Ofen backen.

Gedämpfte Karotten und Broccoli   Rezept Seite 373

Schokoladen-Mousse
für 10 Personen

400 g	Couverture (ev. gute Blockschokolade)		
1 dl	Rahm		
5	Eigelb		
15 g	Zucker		
5	Eiweiss	3 dl	Schlagrahm
15 g	Zucker	25 g	Cognac

Schokolade auflösen, mit angewärmtem Rahm mischen. Dann restliche Zutaten sofort beimischen: Eigelb und Zucker zusammen schaumig geschlagen, Eiweiss und Zucker zu Schnee geschlagen, Schlagrahm und Cognac.

Sofort in vorgekühlte Form füllen, im Kühlschrank erstarren lassen.

Zum Servieren: Suppenlöffel in heisses Wasser tauchen und damit zwei glänzende Knödel ausstechen und auf Dessertteller gleiten lassen. Halbgeschlagenen Rahm oder Doppelrahm separat.

Kraftbrühe Londonderry	Consommé Londonderry
★	★
Kopfsalat mit Kräutersauce	Salade de laitue
★	★
Blätterteigpastete mit Salm	Feuilleté au saumon
Holländische Sauce	Sauce hollandaise
★	★
Meringue mit Vanilleglace	Meringue glacée à la vanille

Kraftbrühe   Rezept Seite 229

Kraftbrühe Londonderry

6 dl	milde Kraftbrühe
2	Eigelb
1 dl	Rahm
50 g	Sherry, Currypulver

Kraftbrühe auf dem Siedepunkt mit Eigelb und Rahm binden. Sofort vom Feuer nehmen, Sherry zugeben, dann die Suppe mit einem Schneebesen leicht schaumig schlagen und anrichten.
Sparsam mit Curry bestreuen.

Kopfsalat
Kräutersauce

50 g pro Person
Rezept Seite 359

Blätterteigpasteten mit Salm
für 4 Personen

400 g	Salmfilet, ganz entgrätet, in kleine Schnitzel geschnitten
	Zitronensaft, Streuwürze, Pfeffer
200 g	Blattspinat
50 g	gehackte Zwiebeln
20 g	Butter
2	Eigelb, Salz
2 dl	Rahm
2	Eigelb, Streuwürze
250 g	Blätterteig
1	aufgeschlagenes Ei

Blätterteig im Mehl ausrollen. Mit Butter bestrichene Kuchenförmchen damit belegen, mit Fleischgabel einstechen und im Kühlschrank ruhen lassen.
Zwiebeln in Butter schwitzen, Spinat kalt beimischen und würzen. Eigelb daruntermischen und kühlstellen.
Spinat auf Blätterteig verteilen. Gewürzte, rohe Salmfilets sorgfältig darauf verteilen, so dass eine Decke entsteht. Rahm, Eigelb und Streuwürze aufschlagen und darübergiessen.
Teigränder mit Ei bestreichen, Blätterteigdeckel drauflegen, mit Ei bestreichen und mit Gabel einstechen.
Bei 180° ca. 20 Min. backen.

Holländische Sauce   Rezept Seite 244

Meringue
Vanilleglace

Rezept Seite 164
Hinweis Seite 20

Gazpacho – Gemüsekaltschale

Gemischter Salat

Empanadas –
Krapfen mit Hackfleischfüllung
★
Weichkäse und Weintrauben

Gazpacho

Salade composée

Rissoles piquantes au hachis de boeuf

Fromage à pâte molle et raisins

Gazpacho – spanische Gemüsekaltschale

50 g	geschnittene Zwiebeln
1	Zehe Knoblauch
100 g	Gurken in Würfeln
50 g	Tomaten, 50 g Peperoni
6 dl	kalte Gemüsebouillon
	Salz, Pfeffer,
	wenig Olivenöl

Klein geschnittenes Gemüse mischen, würzen, in der Bouillon kalt stellen. Vor dem Servieren Olivenöl beigeben und das Ganze mixen, bis eine cremige Suppe entstanden ist.

Empanadas – Krapfen mit Hackfleischfüllung
für 4 grosse Portionen

300 g	gehacktes Rindfleisch
100 g	gehackte Zwiebeln
2	zerstossene Knoblauchzehen
20 g	Olivenöl
	Salz, roter Pfeffer
100 g	kleine Tomatenwürfel
10 g	Mehl
1 dl	Rotwein
400 g	geriebener Teig, in Mehl dünn ausgerollt, in quadratische Plätze von 10×10 cm geschnitten
2	Eier, aufgeschlagen

Rindfleisch in Öl, unter stetem Lockern mit der Fleischgabel, anbraten. Zwiebeln und Knoblauch dazumischen, scharf würzen. Tomatenwürfel daruntermischen, mit Mehl bestäuben, lockern, dann mit Wein ablöschen und zugedeckt während ca. 10 Minuten sieden lassen.
Total erkaltete Fleischmasse mit einem Suppenlöffel mitten auf die Teigplätze verteilen. Teigränder mit Ei bestreichen, dann diese diagonal zusammenfalten und andrücken. Es entstehen dabei dreieckige Fleischkrapfen. Diese werden mit Ei bestrichen, mit der Gabel eingestochen und im Kühlschrank bis kurz vor Gebrauch ruhen gelassen.
Backzeit im Ofen bei ca. 220° 15–20 Minuten. Schwimmend backen in Öl: bei 160° ca. 3 Minuten.   →

Geriebener Teig (Kuchenteig)

200 g	Mehl
100 g	Butter
0,7 dl	Wasser, 5 g Salz

Mehl und Butter zusammen reiben, bis das Mehl feucht ist. Wasser und Salz dazumischen und zu glattem Teig kneten.

Suppentopf mit Siedfleisch- und
Gemüsestreifen

Weisser Bohnensalat

Blätterteigkrapfen mit Schinken und Käse
Tomate mit Blattspinat

★

Apfelkuchen

Pot-au-feu

Salade bretonne

Croque monsieur à la française
Tomate florentine

Tarte aux pommes

Fleischbrühe   Rezept Seite 371

50 g	Siedfleisch in Streifen
50 g	Gemüse in feinen Streifen

Weisser Bohnensalat   Rezept Seite 158

Blätterteigkrapfen
für 4 Personen

250 g	Blätterteig, in Mehl zu 4 grossen Plätzen ausgerollt
200 g	gekochter Schinken in 4 dicke Scheiben geschnitten
2 dl	dicke Champignonrahmsauce
160 g	Greyerzerkäse, in 4 Scheiben geschnitten.
1	aufgeschlagenes Ei

Die eine Hälfte der Teigplätze mit den Schinkenscheiben belegen. Champignonrahmsauce darauf verteilen und mit den Käsescheiben zudecken. Teigränder mit Ei bestreichen, Teig zusammenlegen und Ränder andrücken. Mit dem Rädchen dem Verschluss entlang halbrund abschneiden.

Krapfen im Kühlschrank 30 Minuten ruhen lassen. In Erdnussöl schwimmend bakken, bis die Krapfen hellbraun und auf die dreifache Dicke aufgegangen sind. – Eine Köstlichkeit für Kenner!

Ein anderer Croque Monsieur, auch Schinken-Käse-Toast genannt, ist heute bekannter als der Blätterteigkrapfen: Zwei Scheiben Schinken und eine Scheibe Käse werden zwischen zwei Scheiben Toastbrot gelegt und getoastet oder im Ofen gebacken.

Tomaten mit Blattspinat

2	grosse Tomaten
100 g	Blattspinat (247)
20 g	Butter, Salz

Tomaten ausstechen, quer halbieren, mit Suppenlöffel Kerne entfernen. Das Innere leicht salzen, dann den Blattspinat auf die Tomaten schichten. Butter obendrauf verteilen, Tomaten in mässig heissem Ofen während 10 Minuten garen.

Apfelkuchen – Früchtekuchen   Rezept Seite 157

Klare Gemüsesuppe	Potage fermière
Chicoree- und Tomatensalat	Salade d'endives et de tomates
Schinkentasche mit Blattspinat im Blätterteig Rahmsauce mit Champignons Überbackene Spargel	Jambon en croûte aux épinards Champignons à la crème Asperges au gratin
★	
Rahmgefrorenes mit Erdbeeren	Mousse glacée aux fraises

Chicoreesalat – ohne Tomaten   Rezept Seite 116
Tomatensalat   Rezept Seite 361

Schinkentaschen
für 4 Personen

Zwiebeln in Butter dünsten, Spinat dazumischen, würzen, Eigelb daruntermischen. Spinat abkühlen.

250 g	Blätterteig, in Mehl zu 4 grossen Plätzen ausgerollt
1	aufgeschlagenes Ei
4	Schinkenscheiben, ca. 250 g
300 g	Blattspinat
50 g	gehackte Zwiebeln
	Salz, Pfeffer
20 g	Butter
2	Eigelb

Schinkenscheiben auf Teigplätze legen. Auf die eine Hälfte des Schinkens kommt Blattspinat, wird mit Schinken und Teig, dessen Ränder mit Ei bestrichen sind, zugedeckt.
Krapfen mit Ei bestreichen, 30 Minuten im Kühlschrank ruhen lassen, dann bei 220° während ca. 25 Minuten im Ofen backen.

Rahmsauce mit Champignons   Rezept Seite 259

Überbackene Spargel

1 kg	Spargel
2 l	Salzwasser
10 g	Butter
	Bindfaden

Spargel vom Kopf nach hinten mit Sparschäler gut schälen. 4 Portionen mit Bindfaden binden, wobei jeder Bund mit den Enden auf dem Tisch bündig geordnet wird. Die angetrockneten Enden werden abgeschnitten. Spargel in kochendem Salzwasser mit Butter ca. 15 Minuten garsieden.
Spargel ohne Bindfaden in mit Butter bestrichener feuerfester Platte ordnen. Die vordere Hälfte mit Sauce überziehen, restliche Butter darauf verteilen. Im Ofen bei 200° während 5 Minuten überbacken.

Zum Überbacken

2 dl	Mornay-Sauce (248)
20 g	Butter

Rahmgefrorenes mit Erdbeeren   Rezept Seite 70

Kalte Gurkensuppe mit Pfefferminze

Gemischter Salat

Schinkentasche mit Broccoli

★

Orangensalat

Crème Doria froide à la menthe

Salade assortie

Jambon en croûte au brocoli

Salade d'oranges

Kalte Gurkensuppe
für 4 Personen – 50 kcal p. P.

3 dl kräftige, kalte Gemüsebouillon
250 g Gurkenscheiben
50 g gehackte Zwiebeln
       grüner Pfeffer, zerdrückt
100 g Joghurt natur
1 Eigelb
   einige Pfefferminzblätter

1 Salatgurke streifenweise schälen, so dass immer ein Streifen Schale an der Gurke bleibt. Längs halbieren und, wenn nötig, entkernen und in Scheiben schneiden.
Alle Zutaten eisgekühlt mixen, jede Suppe mit einem Pfefferminzblatt garnieren und sofort servieren.

Gemischter Salat
Salatsaucen

Hinweis Seite 361
Rezepte Seiten 358–360

Schinkentasche mit Broccoli
für 4 Personen

250 g Blätterteig, in Mehl zu 4 grossen Plätzen ausgerollt
1 aufgeschlagenes Ei
4 grosse Schinkenscheiben
4 Scheiben Greyerzer Käse
400 g Broccoli, Röschen abgeschnitten, Stiele geschält und kurzgeschnitten
10 g Butter
1 dl Gemüsebouillon

Broccoli mit Butter, Salz und Gemüsebouillon dämpfen (im Dampfkocher oder im flachen Kochgefäss mit gut schliessendem, schwerem Deckel). Erkalten lassen.
Schinkenscheiben auf Teig legen. Auf die eine Hälfte des Schinkens wird der Broccoli gelegt. Den Teigrand mit Ei bestreichen, dann Schinken, Käse obendrauf, zusammenfalten, Teigrand andrücken.
Der entstandene Krapfen wird mit dem gezackten Rädchen den Nahtstellen nach geschnitten, mit Ei bestrichen und mit einer Fleischgabel eingestochen. Die Krapfen haben ihren Platz anschliessend im Kühlschrank. Sie werden im Ofen bei 220° während 25 Minuten gebacken.

Orangensalat

Rezept Seite 45

Kalte amerikanische Kartoffelsuppe	Vichyssoise
★	★
Avocado mit Essigkräutersauce	Avocat vinaigrette
★	★
Schweinsfilet mit Spinat im Blätterteig	Filet de porc en croûte aux épinards
Portugiesische Tomatensauce	Sauce portugaise
★	★
Schwarzwäldertorte	Tourte Forêt-Noire

Kalte amerikanische Kartoffelsuppe

300 g	Kartoffelwürfel
150 g	Lauchstreifen
3 dl	kräftige Gemüsebouillon
1 dl	Rahm
	Schnittlauch, Gewürze
20 g	Sonnenblumenöl
1	Eigelb

Lauch und Kartoffeln in Öl dünsten. Mit Bouillon auffüllen und sieden, bis Kartoffeln und Lauch gar sind. Suppe mixen, eventuell durch Sieb treiben und abkühlen. Beim Erkalten Rahm und Eigelb beimischen. Eisgekühlt, garniert mit Schnittlauch, servieren.

Avocadosalat
Essigkräutersauce

Rezept Seite 94
Rezept Seite 359

Schweinsfilet mit Spinat im Blätterteig
für 4 Personen

300 g	Schweinsfilet, in 4 grosse Medaillons geschnitten, leicht flachgeklopft
	Mehl
20 g	Öl
10 g	Butter
300 g	Blattspinat
50 g	gehackte Zwiebeln
	Salz, Pfeffer
200 g	gehackte, gedünstete Champignons
1 dl	gebundene Bratensauce
250 g	Blätterteig, in Mehl in 4 grosse Plätze ausgerollt
1	aufgeschlagenes Ei

Schweinsfilets in Mehl wenden, in Öl und Butter scharf anbraten, kaltstellen. Im Bratsatz Zwiebeln dünsten, Spinat dazumischen und würzen. Kalt stellen. Champignons in kleiner Kasserolle trocken dünsten und mit Bratensauce einkochen. Kaltstellen.
Gehackte Champignons (Duxelles) auf die eine Hälfte der Teigplätze verteilen, Filet darauflegen, Spinat obendrauf. Teigränder mit Ei bestreichen, Krapfen zudecken, Rand andrücken und die Nahtstelle mit gezacktem Rädchen schneiden. Krapfen mit Ei bestreichen, mit Gabel kleine Löcher stechen. Im Kühlschrank 30 Minuten ruhen lassen, bevor die Krapfen bei 220° während 30 Minuten im Ofen gebacken werden.

Schwarzwäldertorte

Rezept Seite 280

Kraftbrühe mit Tomatenwürfeln

Apfel mit Selleriesalat

Schweinsfiletpastete nach Tessiner Art
Polentaschnitten
Italienische Tomatensauce

★

Frische Ananas mit Ananassorbet

Consommé madrilène

Reinette à la salade de céleri

Filet de porc en croûte tessinoise
Gnocchi de maïs
Sauce tomate à l'italienne

Ananas frais et sorbet

Kraftbrühe – mit 50 g Tomatenwürfel   Rezept Seite 229

Apfel mit Selleriesalat   Rezept Seite 261

Schweinsfiletpastete nach
Tessiner Art
für 4 Personen

500 g	Schweinsfilet, sauber ausdressiert. Schweinsfilet in Öl scharf anbraten, würzen und kaltstellen.
30 g	Sonnenblumenöl
	Salz, Pfeffer
400 g	Blattspinat
50 g	gehackte Zwiebeln
2	zerstossene Knoblauchzehen
2	Eigelb
250 g	Blätterteig
1	Ei
100 g	gekochter Schinken in feinen Scheiben

Zwiebeln und Knoblauch im Bratsatz dünsten, Spinat beimischen, würzen, alle Flüssigkeit verdampfen lassen und in heissem Zustand mit den Eigelb binden. Sofort abkühlen.
Blätterteig zu Rechteck ausrollen, mit gezacktem Rädchen einige Streifen abtrennen und zum Verzieren der Pastete einstweilen kaltstellen.
Teig mit Schinkenscheiben belegen. Teigränder mit Ei bestreichen. Spinat in der Länge des Filets und in seiner dreifachen Breite vom unteren Rand her auf den Teig verteilen.
Filet aufsetzen und mit dem Spinat zusammen einrollen. Enden überlappen. Pastete mit Ei bestreichen, mit Teigbändern gitterartig verzieren, dann auch die Bänder mit Ei bestreichen. Pastete mit Gabel einstechen und für 30 Minuten in den Kühlschrank stellen. Im Ofen backen bei 220° während 35 Minuten.   →

Polentaschnitten (Maisschnitten)   Rezept Seite 146

Italienische Tomatensauce   Rezept Seite 145

Ananassorbet   Rezept Seite 204

Kraftbrühe mit Schlagrahm und Curry

Cicorino-Salat mit italienischer Sauce

Schweinsfiletpastete mit Kalbsbrät
Zucchetti mit Knoblauch

Camembert mit Trauben und Nüssen

Consommé Lady Curzon

Salade de Trévise à l'italienne

Feuilleté de filet de porc
Courgettes à l'ail

Camembert et raisins

Kraftbrühe mit Schlagrahm und Curry
(Consommé Lady Curzon)

Rezept Seite 258

Cicorino-Salat
Italienische Salatsauce

50 g pro Person
Rezept Seite 358

Schweinsfiletpastete mit Kalbsbrät
für 4 Personen

500 g	Schweinsfilet, sauber ausdressiert. Schweinsfilet in Öl scharf anbraten, würzen und kaltstellen.
20 g	Sonnenblumenöl
	Salz, Pfeffer
200 g	Kalbsbrät
250 g	Blätterteig
1	Ei

Blätterteig zu Rechteck ausrollen, mit gezacktem Rädchen einige ca. 1 cm breite Streifen abtrennen und zum Verzieren der Pastete einstweilen kaltstellen.
Teigränder mit Ei bestreichen. Brät mit Spatel in der Länge des Filets und in seiner dreifachen Breite vom unteren Rand her auf den Teig streichen. Filet aufsetzen und mit dem Brät zusammen einrollen. Enden überlappen. Pastete mit Ei bestreichen, mit Teigrändern gitterartig verzieren, dann auch die Bänder mit Ei bestreichen. Pastete mit Gabel einstechen und für 30 Minuten in den Kühlschrank stellen. Im Ofen backen bei 220° während 40 Minuten.

Zucchetti mit Knoblauch

1 kg	Zucchetti
1	Zwiebel, feingehackt
1	zerquetschte Knoblauchzehe
1/2 dl	Sonnenblumenöl
	Salz, Pfeffer, ev.
200 g	Tomatenwürfel, ev.
100 g	Auberginenwürfel

Zucchetti waschen, Enden abschneiden, dann Würfel von 2 cm, oder ebensolche Scheiben schneiden. Zwiebeln und Knoblauch im Öl anschwitzen, Zucchetti beigeben und auf grossem Feuer unter öfterem Wenden würzen und garen. Garzeit ca. 10 Minuten.
Will man 100 g Auberginenwürfel zugeben, werden die von Anfang an mitgedünstet. Tomatenwürfel gibt man erst zum Schluss bei.

Fleischbrühe mit Backerbsen	Bouillon aux pois frits
★	★
Gemischter Salat	Salade assortie
★	★
Wurstweggen	Saucisse de veau en croûte
★	★
Vanillepudding mit Aprikosen	Pouding vanille aux abricots

Fleischbrühe　　　　　　　　　Rezept Seite 371
Backerbsen　　　　　　　　　　Rezept Seite 175

Gemischter Salat　　　　　　　Rezept Seite 361
Salatsaucen　　　　　　　　　Rezepte Seiten 358–360

Wurstweggen
für 4 Personen

		Blätterteig in rechteckige Form ausrollen, mit Rädchen in 8 Felder teilen. Teigränder mit Ei bestreichen.
250 g	Blätterteig	Mit Dressiersack mit glatter Tülle Würst-
1	aufgeschlagenes Ei	chen auf die Teigfelder dressieren.
400 g	Kalbsbrät	Zusammenrollen, mit Ei bestreichen, mit
	Garniture	Gabel einstechen und für 30 Minuten im Kühlschrank ruhen lassen.

Im Ofen bei 220° während 20 Minuten backen.
Anrichtweise: 2 Wurstweggen auf leicht vorgewärmten Teller, garniert mit Salatblatt, zu Fächer geschnittener Essiggurke und Eihälfte.

Vanillepudding mit Aprikosen　　Rezept Seite 22

Blumenkohl überbacken

		Blumenkohl ohne grüne Blätter, ganz oder zerteilt, in Salzwasser ca. 20 Min. sie-
1	Blumenkohl	den.
1 l	Salzwasser	Mit Mornay-Sauce überziehen, Butter auf
2 dl	Mornay-Sauce (248)	die Sauce geben, dann im Ofen bei 200°
10 g	Butter	während ca. 10 Min. überbacken.

Bündnerfleisch

Kopfsalat mit Salatmayonnaise

Wurstweggen mit Mangold
★
Frischer Fruchtsalat

Viande séchée des Grisons

Salade de laitue à l'américaine

Saucisse de veau en croûte
à la poirée blonde

Salade de fruits frais

Bündnerfleisch

250 g   in feinsten Scheiben

Gesalzenes, luftgetrocknetes Rindfleisch. Garniert mit Essiggurken, Tomatenschnitzen etc. Brot und Butter.

Kopfsalat
Salatmayonnaise

50 g pro Person
Rezept Seite 360

Wurstweggen mit Mangold
für 4 Personen

250 g   Blätterteig in rechteckige Form ausrollen, mit Rädchen in 4 Felder teilen.
1   aufgeschlagenes Ei. Teigränder damit bestreichen.
400 g   Mangold, in Salzwasser aufkochen, abkühlen, abtropfen lassen.
200 g   geschnittene Zwiebeln, in 20 g Butter angebraten, gewürzt, abgekühlt
50 g   Kochspeck in Scheiben
300 g   Kalbsbrät

Mangold würzen, mit wenig Öl vermischen und diagonal in breiten Streifen auf die Teigfelder legen. Brät mit Dressiersack und glatter Tülle wurstförmig daraufdressieren. Mit den Speckscheiben und anschliessend mit den angebratenen Zwiebeln bedecken.
Felder zusammenrollen, wobei eine Naht entsteht. Mit Eigelb bestreichen, 30 Minuten im Kühlschrank ruhen lassen.
Im Ofen bei 200° während 30 Minuten backen.
Anrichtweise: Je 1 Wurstweggen auf leicht vorgewärmten Teller, garniert mit Salatblatt, Tomatenscheiben und zu Stäbchen geschnittenem Hartkäse.

Frischer Fruchtsalat

Rezept Seite 9

Ochsenschwanzsuppe	Oxtail lié
★	★
Kopfsalat mit Eivierteln	Salade de laitue aux oeufs
★	★
Älpler Magronen	Älpler Magronen
★	★
Trauben und Nüsse	Raisins et noix

Ochsenschwanzsuppe   Rezept Seite 180

Kopfsalat   50 g pro Person
4 hartgekochte Eier
Salatsaucen   Rezepte Seiten 358–360

Älpler Magronen
für 4 Personen

300 g	Kartoffeln, geschält, in kleine Würfel geschnitten	
300 g	Makkaroni	
3	grosse Zwiebeln, geschält, geschnitten, in 50 g Butter goldgelb geröstet	
200 g	Reibkäse	
2 dl	Rahm	

Kartoffeln und Makkaroni zusammen in siedendes Salzwasser streuen und knapp weichkochen. Wasser abschütten, in Schüssel auffangen und für Suppe weiterverwenden. Kartoffeln und Makkaroni in vorgewärmte, mit Butter bestrichene Platte leeren, mit Käse und Rahm mischen und mit den heissen, gerösteten Zwiebeln bedecken. Sofort heiss servieren.
Zubereitungszeit 1 Std.

Werden fertig zubereitete Älplermagronen im Ofen warm gestellt, ist darauf zu achten, dass der Reibkäse nicht aus Emmenthaler besteht. Dieser Käse ist zwar mild und bekömmlich, aber er zieht Fäden, was das Servieren und das Essen erschwert.

Klare Ochsenschwanzsuppe	Oxtail clair
★	★
Buntgemischter Salat	Salade mêlée
★	★
Bahmi goreng – indonesisches Nudelgericht Orientalische Beilage	Bahmi goreng Garniture orientale
★	★
Rujak buah-buah pedis – würziger Fruchtsalat	Salade de fruits frais épicés

---

Klare Ochsenschwanzsuppe Rezept Seite 96

Buntgemischter Salat Hinweis Seite 361

Bahmi goreng
für 4 Personen

250 g	feine Eiernudeln	
200 g	zartes Schweinefleisch, in kleine Würfel geschnitten	
100 g	Krevettenschwänze, vorgekocht	
40 g	Sonnenblumenöl	
100 g	geschnittene Zwiebeln	
1	zerstossene Knoblauchzehe	
1	Pfefferschote, entkernt und gehackt	
100 g	Stangensellerie, fein geschnitten	
200 g	Weisskohl, fein geraffelt	
40 g	Sojasauce	
20 g	geriebener Ingwer	

Nudeln in Salzwasser kochen, mit wenig kaltem Wasser abschrecken und abschütten.
Schweinefleisch in Öl, unter stetem Rühren mit der Fleischgabel, anbraten. Fleisch, falls im Wok gebraten, zur Seite schieben, Zwiebeln in die Mitte geben, mit Knoblauch und Pfefferschote zusammen anbraten und unter das Fleisch mischen.
Fleisch wieder zur Seite schieben, dann in der Mitte Sellerie und Kohl während 2 Minuten braten. Mit Sojasauce mischen. Nudeln einfüllen und alles so lange wenden, bis das Gericht durch und durch heiss ist. In einer Schüssel anrichten, heiss servieren.
Garnitur: Rohe Gurkenscheiben, fein geschnittene Eieromelette, Mango Chutney, Krupuk (Krabbenbrot, in Öl gebacken).

Orientalische Beilagen Seiten 118, 176, 282

Rujak buah-buah pedis Fruchtsalat aus Zitrusfrüchten, Ananas, säuerlichen Äpfeln und Gurkenstücklein, wenig Orangensaft mit süsser Sojasauce, Sambal ulek (scharf) und Zitronensaft daruntergemischt. Während einigen Minuten durchziehen lassen.

Antipasto	Hors d'oeuvre à l'italienne
Fleischbrühe mit Mark	Bouillon à la moelle
Lasagne alla besciamella – Nudelteiggericht mit Rindfleisch, überbacken mit Cremesauce und Mozzarella	Lasagne Béchamel
Orangensalat	Salade d'oranges

Antipasto (italienische Vorspeise)   Rezept Seite 8

Fleischbrühe
100 g Mark in Scheiben

Rezept Seite 371
Während 10 Min. in der Bouillon gegart.

Lasagne
für 4 Personen

400 g   Nudelteig, dünn ausgerollt, in 4 Felder geteilt, in Salzwasser gekocht, in kaltem Wasser abgekühlt und abgetropft.
Füllung
wie bei Cannelloni Seite 278

Feuerfeste Platte mit Butter bestreichen. Eine Lage Teig, eine Lage Füllung, dann wieder Teig, und dies, bis die Füllung aufgebraucht ist und eine Teigschicht obenauf liegt.
Mit 3 dl Cremesauce überziehen, dann mit 300 g Mozzarellascheiben belegen. In mittelheissem Ofen während 20 Minuten backen.
Lasagne können ebenso mit Tomatensauce oder mit Rotweinsauce und Käse überbacken werden.

Besciamella – Béchamel   Rezept Seite 248

Cremesauce (Béchamel mit Rahm)
für 4 Personen

40 g   Butter
50 g   Weissmehl
6 dl   heisse Milch
      Salz, Muskatnuss
1 dl   Rahm

Butter in Kasserolle schmelzen. Weissmehl dazustreuen, mit Schneebesen auf kleinem Feuer während 3 Minuten umrühren. Diese Mehlschwitze (roux) etwas erkalten lassen.
Heisse Milch an die Mehlschwitze giessen und unter ständigem Rühren aufkochen. Würzen mit Salz, eventuell Muskatnuss. Mit Rahm verfeinern.
Zubereitungszeit ca. 20 Min.

Orangensalat   Rezept Seite 45

Hafercremesuppe	Crème d'avoine
Schnittsalat	Salade de Trévise
Cannelloni al forno – Nudelteigrollen mit Rindfleisch Italienische Tomatensauce Reibkäse	Cannelloni au four Sauce tomate à l'italienne Fromage râpé
Flambierte Banane	Banane flambée

Hafercremesuppe Rezept Seite 40

Schnittsalat: 50 g pro Person. **Saucen** Rezepte Seiten 358–360

Cannelloni
für 4 Personen

Fleisch und Zwiebeln in Öl anbraten, würzen. Mit Bratensauce gar sieden, dann vom Feuer nehmen. Käse und Eigelb unter die heisse Masse mischen. Kasserolle in kaltes Wasser stellen. Spinat unter die Masse mischen, mit Kräutern würzen.

400 g Nudelteig, dünn ausgerollt, in 8 rechteckige Felder geteilt, in Salzwasser gekocht, in kaltem Wasser abgekühlt, abgetropft.

Die kalten Teigplätze mit der fast kalten Masse füllen, rollen und in mit Butter bestrichene feuerfeste Platte legen. Mit Tomatensauce überziehen, reichlich Reibkäse darüberstreuen und im heissen Ofen während 10 Minuten backen.

Füllung
200 g gehacktes Rindfleisch
50 g gehackte Zwiebeln
20 g Öl
Salz, Pfeffer
2 dl gebundene Bratensauce
100 g Parmesankäse
2 Eigelb
100 g grob gehackter Spinat
Italienische Kräutermischung
100 g Reibkäse

→

Italienische Tomatensauce Rezept Seite 145

Flambierte Bananen (einfache Art)

Bananen heiss sind, mit Rum begiessen und anzünden.
Dies hat nur einen Sinn, wenn die Gäste es sehen können. Die Flamme kann mit wenig frischgepresstem Orangensaft gelöscht werden.

30 g Butter in Flambierpfanne schmelzen. Geschälte Bananen darin wenden, mit wenig Zucker bestreuen. Sobald die

Gemüsesuppe nach Hausfrauenart	Potage bonne femme
★	★
Gedämpfter Kabissalat	Salade de choux étuvé
★	★
Schwäbische Maultaschen mit Rindfleisch	Ravioli à la mode de Wurtemberg au hâchis de boeuf
★	★
Schwarzwälder Torte	Tourte Forêt-Noire

Gemüsesuppe nach Hausfrauenart   Rezept Seite 89

Kabissalat – ohne Peperoni   Rezept Seite 104
In Kochtopf zugedeckt 5 Min. gegart.

Schwäbische Maultaschen
für 4 Personen

400 g	Nudelteig, dünn ausgerollt, in 8 rechteckige Felder geteilt
1	Ei, aufgeschlagen
200 g	grob gehacktes Rindfleisch
100 g	gehackte Zwiebeln
1 dl	gebundene Bratensauce
	Salz, Pfeffer
20 g	Öl
200 g	geschnittene Zwiebeln
30 g	Butter
100 g	kleine Brotwürfel
20 g	Butter

Rindfleisch und Zwiebeln in Öl anbraten, würzen, mit Bratensauce schmoren. Fleischmasse abkühlen, in Nudelteig einschlagen, dessen Ränder mit Ei bestrichen sind. Nahtstellen zusammendrükken.
Teigtaschen in siedendes Salzwasser mit etwas Öl legen und während 5 Minuten garen. Taschen herausnehmen, abtropfen lassen, auf Teller anrichten. Geschnittene Zwiebeln in Butter schwitzen, bis sie gelblich werden. Brotwürfel in restlicher Butter rösten. Zwiebeln und Röstbrot über die Maultaschen geben.
Zubereitungszeit 1 Std.

Schwarzwälder Torte
Bisquit für 12 Tortenstücke

150 g	Butter
200 g	Zucker
5	Eier
100 g	Weissmehl
50 g	Maizena
100 g	Schokoladenpulver
5 g	Backpulver
5 dl	Rahm steif geschlagen
60 g	Zucker
2 P.	Rahmhalter
100 g	dunkle Schokolade

Butter in einer Schüssel schaumig schlagen, nach und nach werden Zucker und Eier dazugerührt. Weissmehl, Maizena, Schokoladepulver und Backpulver zusammen sieben und löffelweise daruntermischen. Masse in gefettete Form füllen. Backzeit 45 Min. bei 200°.
Das Bisquit wird nach dem Erkalten quer durchgeschnitten, mit warmer Aprikosenmarmelade bestrichen und mit Schlagrahm gefüllt und aussen bestrichen. Bestreuen mit Streuseln aus dunkler Schokolade.

Reiscremesuppe mit Broccoli	Crème Caroline au brocoli
★	★
Chinakohlsalat mit Eischeiben	Salade de choux chinois à l'oeuf
★	★
Makkaroni nach Mailänder Art	Macaroni milanaise
Geriebener Käse	Fromage râpé
★	★
Kirschenkompott mit Vanilleglace	Compôte de cerises à la glace vanille

---

Reiscremesuppe
50 g Broccoli als Einlage

Rezept Seite 120

Chinakohlsalat
Hartgekochte Eier

Rezept Seite 12
Eier in siedendes Wasser mit wenig Essig legen. Kochzeit 8$\frac{1}{2}$ Minuten. Unter fliessend kaltem Wasser abkühlen.

Makkaroni nach Mailänder Art
für 4 Personen

300 g	Makkaroni, in Salzwasser gekocht, abgeschüttet, gut abgetropft	
30 g	Butter	

Sauce
50 g	Butter
100 g	gekochte Rindszunge, in feine Streifen geschnitten
200 g	fein geschnittene Champignons
100 g	Schinkenstreifen
2 dl	gebundene Bratensauce
0,5 dl	Marsala
	gehackte Salbeiblätter
100 g	Reibkäse

Champignons in Butter dünsten, würzen, Zungenstreifen beimischen und mitdünsten.
Zum Schluss die Schinkenstreifen beigeben und heiss werden lassen. Mit Marsala ablöschen, Bratensauce dazugiessen und aufkochen.
Makkaroni mit Butter mischen und auf Platte anrichten, Sauce in die Mitte obendrauf geben und mit Salbei bestreuen. Käse separat servieren.

Kirschenkompott, rote Kirschen
Vanilleglace

Rezept Seite 100
Hinweis Seite 20

Avocado mit Essigkräutersauce	Avocat vinaigrette
Hühnerbouillon mit Backerbsen	Bouillon de poule aux pois frits
★	
Nasi goreng – indonesisches Reisgericht Orientalische Beilage	Nasi goreng Garniture orientale
★	
Vanilleglace mit Litschis	Glace vanille aux litchis

Avocado   Rezept Seite 94
Essigkräutersauce   Rezept Seite 359

Hühnerbouillon – ohne Nudeln   Rezept Seite 92
Backerbsen   Rezept Seite 175

Nasi goreng
(zu deutsch: gebratener Reis)
für 4 Personen

3	Eier	
30 g	Öl	
300 g	mageres Schweinefleisch, in Scheibchen geschnitten	
150 g	Krevetten	
200 g	zarte Zwiebeln, fein geschnitten	
1	zerdrückte Knoblauchzehe Sojasauce, Sambal ulek, Koriander, Tamarinde oder Zitronensaft, Ingwer, Streuwürze	
800 g	gekochter weisser Reis	

Eier mit Streuwürze aufschlagen. Mit wenig Öl dünne Eieromeletten braten.
Die Eieromeletten in feine Streifen schneiden.
Fleisch im Öl braten, zur Seite schieben, die Zwiebeln anbraten, dann den Reis. Gekochte Krevetten und Gewürze sorgfältig daruntermischen, alles heiss werden lassen.
Die angerichteten Portionen mit Eistreifen garnieren.
Zubereitungszeit 25 Min.

→

Beilage nach Ihrem Geschmack

Krupuk (in sehr heissem Öl gebackenes Krabbenbrot)
Geröstete Kokosflocken
Zerstossene, geröstete Erdnüsse
Mango Chutney, Sambal

Vanilleglace   Rezept Seite 20
Litschis   Himbeerähnlich aussehende Früchte. Die zähe Haut wird von Hand abgezogen, der Stein herausgelöst. Das Fruchtfleisch ist fest und süss.

Fleischbrühe mit Sherry	Bouillon au sherry
★	★
Buntgemischter Salat	Salade mêlée
★	★
Mie goreng udang – Nudelgericht mit Krevetten	Nouilles aux crevettes
★	★
Mandarinenglace	Glace aux mandarines

Fleischbrühe – mit ½ dl Sherry   Rezept Seite 371

Buntgemischter Salat   Rezept Seite 361

Mie goreng udang
für 4 Personen

250 g	feine Eiernudeln, in Salzwasser gekocht, abgeschreckt, abgetropft	
100 g	gehackte Zwiebeln	
1	gehackte, entkernte Pfefferschote	
2	zerstossene Knoblauchzehen	
100 g	Kokosflocken	
200 g	Sojakeime	
250 g	vorgekochte Krevettenschwänze	
6	gehackte Curryblätter	
	Streuwürze, brauner Zucker	
50 g	Erdnussöl	

Zwiebeln, dann Pfefferschote und Knoblauch in 30 g Öl anbraten. Kokosflocken beimischen und anrösten. Sojakeime, Krevetten und Gewürze beigeben, umrühren, zugedeckt während 5 Minuten heiss werden lassen.
Die noch warmen Nudeln in 20 g Öl unter ständigem Wenden anbraten, einfüllen und alles mischen. Heiss servieren. Haben die Sojakeime nicht genügend Saft gezogen, gibt man 1 dl Rahm oder Kokosmilch bei.
Dieses Gericht ist sahnig und pikant und von der leichten Süsse frischer Krustentiere.
Zubereitungszeit 40 Min.

Mandarinenglace   Rezept Seite 250

Türkischer Pilaf
laut Fachbüchern auch russisch: Pilaw

250 g	Langkorn Reis (z. B. Uncle Ben's)	
100 g	gehackte Zwiebeln	
	Bratfett	
20 g	Tomatenpüree	
5 dl	Gemüsebouillon	
50 g	Sultaninen, 50 g Mandelstifte	
1 dl	Sauerrahm	

Zwiebeln im Bratfett dünsten, Reis beifügen und darin gut wenden. Tomatenpüree daruntermischen und leicht rösten. Mit Bouillon auffüllen, umrühren, zugedeckt während 15 Minuten auf kleinem Feuer garen.
Sultaninen und Rahm beimischen, auf Servierplatte anrichten, dann mit den Mandelstiften bestreuen.
Zubereitungszeit ca. 25 Min.

Russischer Salat mit geräuchertem Lachs

Fleischbrühe mit Eierfäden

Nudeln colonial – mit Geflügelfleisch,
Curryrahmsauce und Früchten

Pralinentorte

Salade russe au saumon fumé

Bouillon Xavier

Nouilles coloniale
Sauce crème au curry et fruits

Tourte pralinée

Russischer Salat

200 g	Rauchlachs in Scheiben
50 g	gehackte Zwiebeln
4	Zitronenschnitze
30 g	Kapern
1	kleiner Kopfsalat

Rezept Seite 314
Rauchlachs auf Salatblättern neben dem russischen Salat anrichten. Garnieren mit Zwiebeln, Kapern und Zitrone, die ihren Platz ebenfalls auf Salatblättern finden.

Fleischbrühe mit Eierfäden

Rezept Seite 50

Nudeln colonial
für 4 Personen

300 g	Eiernudeln
30 g	Butter
400 g	gegartes Geflügelfleisch ohne Haut und Knochen, in kleine Stücke geschnitten
100 g	säuerliche Apfelschnitze
20 g	Butter
10 g	Mehl
	Currypulver, Streuwürze, Zitronensaft
2 dl	Wasser
1 dl	Rahm
400 g	Kompottfrüchte: Kirschen, Ananas, Pfirsiche oder Aprikosen

Nudeln in Salzwasser kochen, mit wenig kaltem Wasser abschrecken, abschütten. In noch heissem Zustand mit der Butter mischen und warmstellen.
Apfelschnitze in Butter dünsten, mit Mehl bestäuben, würzen und mit Wasser unter Rühren aufkochen. Während 10 Minuten zugedeckt leicht kochen lassen, mixen und zur gewünschten Dicke einkochen. Fleisch beimischen und etwas ziehen lassen. Die Sauce mit Rahm verfeinern.
Nudeln nestförmig auf Teller anrichten. In die Mitte verteilt man das milde Currygericht. Um die Nudeln garniert man mit vorgewärmten Kompottfrüchten.
Zubereitungszeit 40 Min.

Pralinentorte – Trüffeltorte

Rezept Seite 37

Cocktail Monika
★
Nudelauflauf mit Schinken
★
Fruchtkorb

Cocktail de volaille à la pamplemousse
★
Gratin de nouilles
★
Corbeille de fruits

Cocktail Monika
für 4 Personen

2	Grapefruits
200 g	Trutenbrust
50 g	Mayonnaise
1 dl	Schlagrahm
	Salz, Cayenne-Pfeffer,
	Zitronensaft, Streuwürze
	Kopfsalat

Grapefruits mit scharfem Messer schälen, dann die Schnitze ohne Haut auslösen. Trutenschnitzel in wenig Öl à point ($3/4$) braten, in feine Streifen schneiden. Mit Grapefruits zusammen in die Rahm-Mayonnaise geben, pikant abschmecken, auf Salatblätter anrichten.

Nudelauflauf mit Schinken
für 4 Personen

800 g	fertig gekochte Nudeln
200 g	gekochter Schinken in Streifen
4 dl	Cremesauce
2	Eigelb
200 g	Reibkäse
50 g	Paniermehl
30 g	Butter
	Salz, Pfeffer,
	Streuwürze, Muskat

In grosser Schüssel werden die Nudeln mit Schinken, Cremesauce, Eigelb und 150 g Reibkäse gewürzt und gemischt. Nudeln in mit Butter bestrichene, feuerfeste Platte verteilen. Der Gratin darf nicht zu hoch sein, weil bei zu langer Backzeit die Kruste verbrennen könnte. Paniermehl und 50 g Reibkäse obendrauf streuen. Butterflocken über das Ganze verteilen. Im Ofen bei mittlerer Hitze während 20 Minuten backen.

Cremesauce

Rezept Seite 277

Fruchtkorb

mit Herbst- oder Winterfrüchten

Gemüsebouillon mit Backerbsen	Bouillon de légumes aux pois frits
Waldorf-Salat	Salade de céleri aux reinettes
Nudelrolle mit Spinat und Quark	Roulade de nouilles aux épinards et au séré
Orangenglace	Glace à l'orange

Gemüsebouillon   Rezept Seite 371
Backerbsen   Rezept Seite 175

Waldorf-Salat   Rezept Seite 210

Nudelrolle mit Spinat und Quark
für 4 Personen

200 g	Nudelteig, in Mehl dünn zu einem langen Rechteck ausgerollt.
100 g	gehackte Zwiebeln
40 g	Butter
500 g	Spinat, vorgekocht, gut abgetropft, grob gehackt
200 g	Rahmquark
100 g	Sbrinz oder Parmesan
2	Eigelb
	Salz, Pfeffer, Muskat
100 g	Reibkäse
6 dl	Tomatencremesauce

Zwiebeln in Butter anrösten, dann den Spinat zugeben, würzen, auf grossem Feuer fortwährend wenden, bis alle Flüssigkeit verdunstet ist. Kasserolle vom Feuer nehmen, Quark, dann Reibkäse und die Eigelb unter den Spinat mischen. Spinat auf den Nudelteig verteilen, wobei der obere Teigrand freigelassen wird, um zum Schluss geklebt werden zu können. Der Teig wird gerollt und sieht wie ein 4 cm dicker Strudel aus.

Teigrolle mit scharfem Messer in 3 cm dicke Scheiben schneiden. Eine feuerfeste Platte ausbuttern, mit etwas Sauce ausgiessen, die Teigscheiben hineinsetzen und mit der restlichen Sauce bedecken. Mit Reibkäse bestreuen, im Ofen bei 220° während 25 Minuten backen.

Tomatencremesauce

3 dl italienische Tomatensauce, Rezept Seite 145, gemischt mit
3 dl Bechamel Rezept Seite 248

Orangenglace   Rezept Seite 250

Haferflockensuppe

Gemischter Salat

Zürcher Nudeltopf
mit geschnetzeltem Kalbfleisch
★
Wädenswiler Apfeltorte

Crème aux flocons d'avoine

Salade composée

Nouilles à la zurichoise
en cocotte

Tourte aux pommes et macarons

Haferflockensuppe

Rezept Seite 40

Gemischter Salat
Salatsaucen

Rezept Seite 361
Rezepte Seiten 358–360

Zürcher Nudeltopf
für 4 Personen

300 g	Eiernudeln
30 g	Butter
300 g	zartes, fein geschnittenes Kalb-fleisch (geschnetzelt)
50 g	fein gehackte Zwiebeln
20 g	Sonnenblumenöl
10 g	Butter
	Salz, Pfeffer
1 dl	Weisswein
1 dl	Wasser
	Mehl
1 dl	Rahm
200 g	ganz kleine Tomatenwürfel
1 dl	geschlagener Rahm
	gehackte Petersilie

Nudeln in Salzwasser kochen, mit wenig kaltem Wasser abschrecken, abschütten, mit der Butter mischen und warmstellen. Zwiebeln in Öl und Butter anschwitzen. Feuer gross stellen, dann das Kalbfleisch unter stetem Bewegen leicht anbraten, würzen und herausnehmen. Bratsatz mit Mehl leicht bestäuben, mit Schneebesen umrühren und während 2 Minuten schwitzen.

Mit Weisswein ablöschen, Wasser dazugiessen, unter Rühren zur gewünschten Dicke einkochen und mit Rahm verfeinern. Fleisch nochmals kurz in der Sauce schwenken.

Nudeln nestartig auf die Teller anrichten. Fleisch und Sauce kommen in die Mitte, werden mit rohen Tomatenwürfeln bestreut und mit geschlagenem Rahm bedeckt. Heiss überbacken.

Zubereitungszeit 40 Min.

Wädenswiler Apfeltorte

Rezept Seite 150

Schupfnudeln mit Kalbfleisch

Champignoncremesuppe	Crème de champignons
★	★
Kopfsalat mit Tomatenschnitzen	Salade de laitue aux tomates
★	★
Überbackene Schupfnudeln mit Kalbfleisch Apfelkompott	Schupfnudeln aux filets de rôti de veau Compôte de reinettes
★	★
Schokoladen-Rahmglace	Glace au chocolat

Champignoncremesuppe   Rezept Seite 64

Kopfsalat   50 g pro Person
2 Tomaten, in Schnitze geschnitten
Salatsaucen   Rezepte Seiten 358–360

Schupfnudeln   Rezept Seite 198

Überbackene Schupfnudeln
für 4 Personen

200 g	gegarter Kalbsbraten, in Streifen geschnitten	Zwiebeln in Butter glasig dünsten, würzen, Bratenstreifen beimischen und während 3 Minuten ziehen lassen.
200 g	geschnittene Zwiebeln (geschnetzelt)	Schupfnudeln mit Zwiebeln, Fleisch und Rahm vermischen, auf gebutterte feuerfeste Platte anrichten, mit Käse bestreuen
30 g	Butter	und während 20 Minuten im mittelheissen
	Salz, Pfeffer	Ofen backen.
1 dl	Rahm	Zubereitungszeit ca. 1 Std.
100 g	Reibkäse	

Apfelkompott   Rezept Seite 100

Schokoladen-Rahmglace   Rezept Seite 240
100 g handwarme, dunkle Schokolade   Schokolade statt dem Likör beimischen.

Fleischbrühe mit Griess	Bouillon à la semoule
★	★
Salat von Zuckerhut	Salade de pain de sucre
★	★
Ravioli mit Schinken und Spinat, mit Käsecreme überbacken	Ravioli florentine au jambon gratinés à la crème de fromage
★	★
Meringue mit Schlagrahm und Heidelbeeren	Meringue Chantilly aux myrtilles

Fleischbrühe
30 g Griess

Rezept Seite 371
Kochzeit ca. 15 Min.

Salat von Zuckerhut

Pro Person ca. 100 g.
Zuckerhut quer in feine Streifen schneiden.

Salatsaucen

Rezepte Seiten 358–360

Ravioli nach Florentiner Art

Rezept Seite 341

Ravioli mit Schinken und Spinat
für 4 Personen

8   Stück Ravioli nach Florentiner Art
8   Scheiben Rohschinken

Ravioli anrichten und mit je einer Schinkenscheibe belegen. Mit warmer Käsecreme überziehen, bei mittlerer Hitze im Ofen überbacken.

→

Käsecreme, warm
für 4 Personen

2 dl   kochende Milch
150 g   Block- oder Schachtelkäse
50 g   geriebener Sbrinz oder Parmesan
1   Eigelb
    Pfeffer

Blockkäse in Würfel schneiden, unter stetem Rühren mit dem Schneebesen mit der Milch mitkochen, bis eine homogene Creme entsteht. Geriebener Sbrinz und Pfeffer einrühren, vom Feuer zurückziehen, mit Eigelb binden, sofort etwas abkühlen lassen.
Zubereitungszeit ca. 15 Min.

Meringue

Rezept Seite 164

Geflügelcreme mit Einlage	Crème Agnès Sorel
Tomaten- und Kopfsalat	Salade de tomates et laitue
Spaghetti alla bolognese	Spaghetti bolonaise
Reibkäse und Kräuter	Fromage râpé et fines herbes
★	
Heidelbeer-Törtchen	Tartelette aux myrtilles

Geflügelcreme Agnes Sorel

60 g	Mehl
40 g	Butter
1 l	Geflügelbrühe (32)
2 dl	Rahm
2	Eigelb
200 g	gehackte Champignons
100 g	Pouletfleisch, Champignons und Kalbszunge in Streifen

Mehl in Butter anschwitzen. Brühe zugeben, unter Rühren aufkochen und ca. 10 Minuten leicht sieden lassen. Gehackte Champignons einrühren, Eigelb und Rahm verrühren und in die Suppe hineinschlagen, ohne nochmals aufzukochen. Garnitur: Streifen von Poulet, Champignons und Zunge beigeben.

Tomatensalat
Kopfsalat: 30 g pro Person. **Saucen**

Rezept Seite 361
Rezepte Seiten 358–360

Spaghetti alla bolognese
für 4 Personen

400 g	Spaghetti
300 g	mageres Rindfleisch, von Hand in kleinste Würfel geschnitten
30 g	Butter
100 g	gehackte Zwiebeln
2	zerstossene Knoblauchzehen
0,5 dl	Olivenöl
	Salz, Pfeffer
1 dl	Rotwein
2 dl	gebundene Bratensauce
200 g	gehackte, geschälte Tomaten
1	Lorbeerblatt
100 g	Reibkäse, gehackte Petersilie

Spaghetti in siedendem Salzwasser al dente kochen, mit wenig kaltem Wasser abschrecken, abschütten, mit Butter vermischen.
Zwiebeln, später auch den Knoblauch in Öl dünsten. Fleisch beimischen, bei grösserem Feuer anrösten und würzen, zuletzt das Lorbeerblatt beigeben. Mit Rotwein ablöschen. Bratensauce und Tomaten beimischen, leicht sieden lassen, bis das Fleisch gar ist.
Die Sauce soll kräftig und würzig sein. Sie kann bis zur gewünschten Konsistenz eingekocht werden. Wird 1 dl Rahm beigemischt (für Liebhaber), soll die Sauce mit dem Rahm nochmals 5 Minuten sieden.
Zubereitungszeit ca. 40 Min.

Heidelbeer-Törtchen

Rezept Seite 85

Antipasto – kaltes Fleisch nach italienischer Art	Hors d'oeuvre à l'italienne
★	★
Fleischbrühe mit Marsala	Bouillon au marsala
★	★
Spaghetti alla carbonara	Spaghetti carbonara
★	★
Frischer Pfirsichsalat	Salade de pêches

Antipasto   Rezept Seite 8

Fleischbrühe   Rezept Seite 371
½ dl Marsala   Südwein aus Sizilien

Spaghetti alla carbonara
für 4 Personen

400 g   Spaghetti
150 g   Pancetta (grüner Bauchspeck, in feine Streifen geschnitten)
 40 g   Butter
  6   Eigelb
  2 dl   Rahm
        Salz oder Streuwürze, frischgemahlener Pfeffer nach Geschmack gehackter Oregano oder Basilikum
100–200 g Parmesan

Pancetta in Butter auf kleinem Feuer dünsten, dann in die Servierschüssel leeren. Eigelb, Rahm, Gewürze und Kräuter beimischen.
Spaghetti in Salzwasser mit wenig Ölbeigabe «al dente» sieden.
Abschütten, kurz abtropfen lassen und sofort in die Servierschüssel leeren und mit der Masse mischen. Parmesankäse daruntermischen und sofort servieren.
Zubereitungszeit 25 Min.

Pfirsichsalat   Rezept Seite 180

Gebundene Gemüsesuppe	Potage paysanne
Cicorino-Salat	Salade de Trévise
Ravioli alla pietromontese – aus Kartoffelteig, mit Hühnerbrüstchen und Blattspinat Italienische Tomatensauce Reibkäse	Ravioli «Pietromontese» Sauce tomate à l'italienne Fromage râpé
Trauben	Raisins

Gebundene Gemüsesuppe   Rezept Seite 109

Ravioli alla pietromontese
für 4 Personen

300 g	Pouletbrust, in Streifen geschnitten, oder 4 kleine Brüste
20 g	Butter
	Salz, Pfeffer
1 dl	weisse Sauce
300 g	Blattspinat, vorgekocht, abgekühlt, gut abgetropft
20 g	Öl
30 g	gehackte Zwiebeln
1	zerstossene Knoblauchzehe
	Salz, Pfeffer
400 g	Kartoffelteig

Garnitur:

200 g	gedünstete kleine Zwiebeln, Karotten und Champignons
20 g	Butter
	Salz, Pfeffer, gehackte Petersilie
100 g	Reibkäse

Fleisch in Butter scharf anbraten, würzen, mit Sauce binden, abkühlen.

Zwiebeln in Öl andünsten, Spinat beifügen, würzen, unter ständigem Lockern mit Fleischgabel heiss werden lassen und sofort wieder abkühlen.

Kartoffelteig in viel Mehl so dünn wie möglich ausrollen, in 4 rechteckige Felder schneiden. Immer auf die eine Hälfte der Felder Spinat verteilen, glattstreichen und Geflügelfleisch obendrauf geben. Mit leerer Teighälfte zudecken, Rand zusammenpressen und mit Rädchen zu Halbmondform abschneiden.

Die Krapfen (Ravioli) in Salzwasser mit wenig Öl während 15 Minuten ziehen lassen, herausnehmen, abtropfen lassen und auf gebutterten Teller anrichten. Tomatensauce und Reibkäse obendrauf und während 5 Minuten heiss überbacken.

Im voraus gedünstete Artischockenherzen, Silberzwiebeln und Champignonköpfe in 20 g Butter schwenken, würzen und mit gehackter Petersilie vermischen. Diese Garnitur wird nach dem Überbacken neben die Ravioli gelegt.

Zubereitungszeit ca. 1½ Std.

Kartoffelteig   Rezept Seite 71

Blumenkohlsalat mit Essigkräutersauce	Salade de chou-fleur vinaigrette
Fleischbrühe mit Röstbrotwürfeln	Bouillon aux croûtons
Spaghetti mit Kalbfleisch und Rahm Reibkäse und Kräuter	Spaghetti au salpicon de veau à la crème Fromage râpé et fines herbes
★	★
Orangenglace	Glace à l'orange

Blumenkohlsalat	Rezept Seite 252
Essigkräutersauce	Rezept Seite 359

Fleischbrühe	Rezept Seite 371
Röstbrotwürfel	Rezept Seite 187

Spaghetti mit Kalbfleisch und Rahm
für 4 Personen

400 g	Spaghetti
30 g	Butter
300 g	Kalbfleisch, in kleine Würfel geschnitten
100 g	gehackte Zwiebeln
	Salz, Pfeffer
30 g	Olivenöl
1	zerstossene Knoblauchzehe
10 g	Mehl
1 dl	Weisswein
1 dl	Wasser
1 dl	Rahm
200 g	gehackte Tomaten ohne Haut (Pelati aus der Dose)
100 g	Reibkäse
	gehackte Kräuter: Petersilie, Schnittlauch

Spaghetti in Salzwasser, mit wenig Öl, al dente sieden, mit wenig kaltem Wasser abschrecken, abschütten, mit Butter vermischen.

Zwiebeln in Öl dünsten. Kalbfleisch bei stärkerer Hitze dazumischen, würzen, kurz anrösten. Knoblauch beimischen, mit Mehl bestäuben und umrühren. Weisswein und Wasser dazuschütten, unter Umrühren aufkochen und bei kleinem Feuer ca. 10 Minuten sieden lassen. Sobald das Fleisch gar ist, die Tomaten und den Rahm beigeben.
Bis kurz unter den Siedepunkt erhitzen, über die Spaghettiportionen schöpfen und servieren.
Reibkäse wird separat serviert.
Zubereitungszeit ca. 45 Min.

Orangenglace – Fruchtglace	Rezept Seite 250

Tomatencreme mit Kräutern	Crème de tomate
Zucchini Alfredo	Courgettes frites Alfredo
★	★
Spaghetti alla marinaia – nach Matrosenart mit Thon, Zwiebeln, Tomaten, Peperoni und geriebenem Käse	Spaghetti marinière
★	
Fruchtkorb	Corbeille de fruits

Tomatencreme   Rezept Seite 108

Zucchini Alfredo
Vorspeise für 4 Personen

1 kg	Zucchini
3 dl	Erdnussöl
	Salz, Pfeffer
100 g	geriebenes Weissbrot
40 g	Butter

Zucchini waschen, mit Haut in Stengelchen, ähnlich den Pommes frites, schneiden. In Erdnussöl bei 180° Schwimmend vorbacken, bis sie zu bräunen anfangen. Zucchini herausnehmen und auf Küchenpapier abtropfen lassen, würzen.
Vor dem Servieren, diese Zucchini in heisser Butter schwenken, mit frisch geriebenem Weissbrot bestreuen, würzen und nochmals schwenken. Sofort, ohne weitere Zutaten, servieren.

Spaghetti alla marinaia
für 4 Personen

400 g	Spaghetti
30 g	Butter unter die heissen Spaghetti mischen
100 g	grob gehackte Zwiebeln
0,5 dl	Olivenöl vom Thon in der Dose
100 g	bunte Peperoni, in kleine Würfel geschnitten
3	Knoblauchzehen in Scheiben
400 g	Tomatenwürfel
	Salz, Pfeffer, gehacktes Basilikum
1 dl	gebundene Bratensauce
250 g	Thon aus der Dose (Thunfisch)

Spaghetti in Salzwasser mit wenig Ölzusatz gar kochen, abschütten, mit wenig kaltem Wasser besprengen, abtropfen lassen.
Zwiebeln, dann Peperoni und Knoblauch in Öl dünsten, mit Salz und Pfeffer würzen.
Tomatenwürfel und Bratensauce beimischen, aufkochen, eventuell etwas einkochen, falls die Tomaten zuviel Saft abgegeben haben. Thon und Basilikum beimischen.
Sauce grosszügig über die Spaghettiportionen geben, mit geriebenem Käse bestreuen und servieren.
Zubereitungszeit ca. 40 Min.

Fruchtkorb   Herbst- und Winterfrüchte

Kraftbrühe mit Peperonistreifen und Reis	Consommé Carmen
Löwenzahnsalat	Salade de dents-de-lion
Spaghetti quattro stagioni	Spaghetti quatre saisons
Weinschaum mit Vecchia Romagna	Sabayon à l'eau-de-vie

Kraftbrühe Rezept Seite 229

30 g Peperonistreifen (Paprika) Während 10 Min. mitsieden.
30 g vorgekochter Reis Rezept Seite 26

Löwenzahnsalat Junge Löwenzahnblätter
Salatsaucen Rezepte Seiten 358–360

Spaghetti quattro stagioni
für 4 Personen

400 g Spaghetti, gekocht wie auf Seite 296 beschrieben
200 g italienische Tomatensauce, Rezept Seite 141
200 g Bologneser Sauce, Rezept Seite 114
200 g Mozzarella, in vier Scheiben geschnitten
100 g gedünstete Champignons, in Scheiben geschnitten
20 g Butter
       Salz, Pfeffer
1 dl Weisswein
1 dl gebundene Bratensauce
1 dl Rahm

Champignons werden in der Butter gewendet, bis alle Flüssigkeit verdampft ist. Würzen, mit Weisswein ablöschen, einkochen, mit Bratensauce auffüllen, etwas einkochen und schliesslich mit dem Rahm verfeinern, ohne nochmals zu kochen. (Champignonrahmsauce)
Die Spaghetti werden auf Teller oder vorgewärmte Plättchen portioniert und mit den Saucen und dem Käse in 4 Teilen bedeckt, so dass sich die hellen, das heisst der Käse und die Rahmsauce, gegenüberstehen. Die dunklen (Tomatensauce und Bologneser Sauce) werden sparsam mit italienischer Kräutermischung bestreut.
Zubereitungszeit ca. 1½ Std. →

Weinschaum – Sabayon
(italienisch: Zabaione) Rezept Seite 304
Vecchia Romagna Italienischer Weinbrand

Geflügelcremesuppe	Crème à la reine
★	★
Buntgemischter Salat	Salade mêlée
★	★
Spaghetti Napoli	Spaghetti napolitaine
Reibkäse	Fromage râpé
★	★
Zitronencake	Cake au citron

Geflügelcremesuppe　　　　　Rezept Seite 84

Buntgemischter Salat　　　　　Rezept Seite 361

**Spaghetti Napoli
(nach neapolitanischer Art)**
für 4 Personen

400 g　Spaghetti
 30 g　Butter
  4 l　Salzwasser mit wenig Öl
100 g　Reibkäse
  4 dl　Tomatensauce
　　　Oregano

Diese Spaghetti, wohl die populärsten, werden gekocht wie auf Seite 296 beschrieben.
Italienische Tomatensauce wird separat oder auf den Spaghetti serviert, aber bitte nicht vorzeitig unter die Spaghetti mischen, da diese sich sonst mit Sauce vollsaugen und zu weich werden. Mit gehackten Kräutern bestreuen. Reibkäse separat.

Italienische Tomatensauce　　　Rezept Seite 145

Zitronencake　　　　　　　　Rezept Seite 154, mit Zitronen statt der Orangen

Kraftbrühe mit Leberklösschen	Consommé aux quenelles de foie
★	★
Tomaten- und Gurkensalat	Salade de tomates et concombres
★	★
Spaghetti pizzaiola	Spaghetti pizzaiola
★	★
Birnenkompott mit Vanilleglace	Compôte de poires à la glace vanille

Kraftbrühe   Rezept Seite 229
Leberklösschen   Rezept Seite 163
Klösschen mit Kaffeelöffel, immer wieder in kaltes Wasser getaucht, länglich geformt.

Tomaten- und Gurkensalat   Rezept Seite 361

Spaghetti pizzaiola
für 4 Personen

300 g Spaghetti
10 g Butter
2 dl italienische Tomatensauce
2 dl Bologneser Sauce
150 g Mozzarella-Käse
Italienische Kräutermischung
(kann fertig gekauft werden)

Die Spaghetti werden gekocht wie auf Seite 296 beschrieben.
Auf Teller portioniert, werden diese Spaghetti auf der einen Seite mit italienischer Tomatensauce, auf der andern Seite mit Bologneser Sauce bedeckt. Mittendrauf legen wir eine schöne Scheibe Mozzarella und überbacken im Ofen bei mittlerer Hitze, bis der Käse zu fliessen beginnt.
Italienische Kräutermischung zum Abrunden sehr sparsam verwenden.

Italienische Tomatensauce   Rezept Seite 145

Birnenkompott   Rezept Seite 100
Vanilleglace   Hinweis Seite 20

Gemüsesuppe mit Röstbrotwürfeln

Buntgemischter Salat

Zucchetti-Spaghetti mit Basilikum
und Rahm

Birne und Weichkäse

Potage fermière

Salade mêlée

Spaghetti aux courgettes

Poire et fromage à pâte molle

Gemüsesuppe
Röstbrotwürfel

Rezept Seite 109
Rezept Seite 187

Buntgemischter Salat

Rezept Seite 361

Zucchetti-Spaghetti mit Basilikum und Rahm
für 4 Personen

400 g	Spaghetti kochen und warm-stellen (Rezept Seite 296)	
200 g	Zucchini (Zucchetti unter 15 cm Länge), in 1 cm dicke Streifen geschnitten	
0,5 dl	Olivenöl	
	Salz, Pfeffer	
4	Eigelb	
2 dl	Rahm	
100 g	Parmesan	
	gehacktes Basilikum	
30 g	Butter	

Zucchini in der Form dünner Pommes frites im heissen Öl anbraten und würzen.
In grosser Servierschüssel Eigelb, Rahm, Parmesan und Basilikum aufschlagen. Spaghetti nach dem Sieden mit der Butter mischen.
Spaghetti und Zucchini siedend heiss in den Guss leeren, sorgfältig mischen, der Guss soll leicht binden.
Auf heisse Teller anrichten.

→

Birne und Weichkäse

2	Birnenviertel pro Person
	30–50 g Weichkäse
1	Stück Vollkornbrot

Birnen mit Haut längs vierteln.
Das Kerngehäuse herausschneiden.

Parma-Schinken	Jambon de Parme
Fleischbrühe mit Eierfäden	Bouillon Xavier
Tagliatelle alla bolognese – Nudeln mit Bologneser Sauce	Nouilles bolonaise
★	
Himbeer-Rahmglace	Glace aux framboises

Parma-Schinken: 50 g pro Person

Rohschinken aus Italien, wird in der Regel mit Weissbrot, Essiggurke und Butter serviert.

Fleischbrühe mit Eierfäden

Rezept Seite 50

Tagliatelle alla bolognese
für 4 Personen

600 g hausgemachte Nudeln, gekocht, Rezept Seite 88
600 g Bologneser Sauce, in Kasserolle heissgemacht, Rezept Seite 114
100 g Reibkäse

Die breit geschnittenen Nudeln können am Tisch mit etwas flüssiger Butter und Schlagrahm vermischt werden. Die Sauce, ebenfalls in einer Servierkasserolle präsentiert, wird über die dampfenden Nudeln gegeben.
Im Gegensatz zu Spaghetti bolonaise handelt es sich hier um ein gehobeneres Mahl, da die hausgemachten Nudeln etlichen Aufwand bedeuten.

Himbeer-Rahmglace

Rezept Seite 70

Weinschaum – Sabayon (italienisch: Zabaione)
für 4 Personen

6   Eigelb
1 dl Weisswein
100 g Zucker
0,5 dl Vecchia Romagna (italienischer Branntwein, ähnlich dem Cognac)

Eigelb und Zucker in einer abgerundeten Chromstahlschüssel mit Schneebesen schlagen, bis sich der Zucker aufgelöst hat. Den Weisswein dazuschütten, dann die Masse im Wasserbad unter ständigem Schlagen auf knapp 40°C erwärmen. Sobald eine dickflüssige Creme im Entstehen ist, den Branntwein beifügen und weiterschlagen, bis die Creme in einem dicken, regelmässigen Faden vom Schwingbesen fliesst. In 4 elegante Gläser füllen und sofort servieren. Sabayon wird auch zu Glace, Savarin oder Kompottfrüchten serviert.

Gerstensuppe	Crème d'orge
★	★
Kreolischer Salat	Salade créole
★	★
Tagliatelle alla livornese – Nudeln nach Livorneser Art	Tagliatelle alla livornese – Nouilles à la livornaise
★	★
Cassata mit Himbeersirup	Cassata au sirop de framboises

Gerstensuppe – Gerstencreme Rezept Seite 136

Kreolischer Salat Rezept Seite 160

Tagliatelle alla livornese
für 4 Personen

20 g	Butter
100 g	gehackte Zwiebeln
1	zerstossene Knoblauchzehe
4 dl	italienische Tomatensauce
400 g	zartes Rindfleisch, in kleine Würfel geschnitten
20 g	Öl
	Salz, frischgemahlener Pfeffer
100 g	geriebener Käse

Zwiebeln und Knoblauch in Butter dünsten. Mit Tomatensauce auffüllen und unter Rühren aufkochen. Fleisch im Öl scharf anbraten, würzen und mit der Sauce auf Nudelportionen anrichten. Reibkäse separat servieren.

Hausgemachte Nudeln Rezept Seite 88

Italienische Tomatensauce Rezept Seite 145

Cassata mit Himbeersirup Rezept Seite 142

Weisse Bohnensuppe	Purée faubonne
Kreolischer Salat	Salade créole
Jambalaya – kreolisches Reisgericht	Jambalaya
★	
Melonensalat mit Bacardi Rum	Salade de melon au Bacardi

Weisse Bohnensuppe Rezept Seite 86

Kreolischer Salat Rezept Seite 160

**Jambalaya –
kreolisches Reisgericht**
für 4 Personen

4	Pouletschenkel
0,5 dl	Olivenöl
200 g	kleine Zwiebeln, längs geviertelt
100 g	Kochspeck, in dicke Streifen geschnitten (Lardons)
250 g	Langkornreis (z.B. Uncle Ben's) Salz, Chilipulver, 2 in Ringe geschnittene Pfefferschoten
5 dl	Hühnerbouillon
1 dl	Tomatenjus, Chilisauce
150 g	Peperoni, in Streifen geschnitten
200 g	Scampi oder Riesenkrevetten ohne Schale
500 g	geschälte Tomaten in kleinen Würfeln (eventuell aus der Dose)
4	Zehen Knoblauch in Scheiben Salz, Streuwürze, Pfeffer,
20 g	Butter

Pouletschenkel in Öl anbraten, Zwiebeln und Kochspeck kurz mitbraten. Reis und Gewürze daruntermischen, mit Bouillon und Tomatenjus auffüllen. Auf kleinem Feuer zugedeckt garen, bis die Flüssigkeit fast aufgesogen ist. Garzeit ca. 15 Min.

Peperoni in Butter kurz dünsten, Scampi, Knoblauch und Tomaten zugeben, würzen, auf kleinem Feuer zugedeckt während 10 Minuten ziehen lassen.

Die Pouletschenkel werden ausgelöst und in gefälligen Stücken zum Reis gelegt. Die reiche Sauce wird beim Servieren in die Mitte des Reises geschöpft. Dieses Gericht entzückt Auge und Gaumen gleichermassen.

Zubereitungszeit ca. 1 Std.

→

Melonensalat

1	grosse Zuckermelone
50 g	Zucker
1/2 dl	Bacardi

Bodenschale der Melone grad abschneiden, so dass die Frucht richtig steht. Oben grossen Deckel wegschneiden. Kerne mit Suppenlöffel herausnehmen, sieben, den Saft mit Zucker und Bacardi mischen.

Fruchtfleisch herausschneiden, in Würfel schneiden und mit dem Fruchtsaft wieder einfüllen.

Spargelcremesuppe

Gurken- und Tomatensalat

Curryreis Casimir mit geschnetzeltem
Kalbfleisch und Früchten
★
Roulade mit Konfiture

Crème Argenteuil

Salade de concombres et tomates

Riz Casimir

Biscuit roulé à la confiture

Spargelcremesuppe   Rezept Seite 14

Gurken- und Tomatensalat   Rezept Seite 361

Curryreis Casimir (Riz Casimir)
für 4 Personen

300 g	Langkornreis (z.B. Uncle Ben's)
6 dl	Wasser
	Salz
20 g	Butter

Wasser mit Salz zum Sieden bringen, den Reis regenartig hineinschütten, umrühren, auf kleinem Feuer zugedeckt vollständig einkochen lassen. Butter unter den weissen Reis mischen.

400 g	zartes Kalbfleisch, in Scheibchen geschnitten (geschnetzelt)
50 g	gehackte Zwiebeln
20 g	Butter
	Salz, Currypulver
1 dl	Fruchtsaft (Pfirsich, Ananas, Aprikosen)
1,5 dl	Rahm
	Kompottfrüchte nach Belieben zum Garnieren

Zwiebeln in Butter dünsten. Kalbfleisch auf vollem Feuer beigeben, unter ständigem Wenden mit der Fleischgabel rundum leicht anbraten, würzen und herausnehmen.

Fruchtsaft in den Bratsatz giessen, einkochen, Rahm beifügen sowie auch den Fleischsaft vom Kalbfleisch. Zur gewünschten Dicke einkochen, Fleisch in der Sauce schwenken, anrichten und mit den Früchten garnieren.

Bei Tellerservice wird der Reis locker zu einem Ring geformt, mit Fleisch und der cremigen Sauce gefüllt und mit den Früchten gefällig garniert.

Dies ist ein typisch amerikanisches Gericht, das dem Auge gefällt.

Zubereitungszeit ca. 40 Min.

Roulade mit Konfiture   Rezept Seite 321

Pariser Lauchsuppe	Potage parisienne
Kopf- und Tomatensalat	Salade de laitue et tomates
★	★
Tagliatelle da Pietro – hausgemachte Nudeln mit Kräutern, Käse und Schlagrahm	Nouillettes Pierre
	★
Frische Ananas	Ananas frais

Pariser Lauchsuppe   Rezept Seite 29

Kopfsalat   50 g pro Person
Salatsaucen   Rezepte Seiten 358–360
Tomatensalat   Rezept Seite 361

Tagliatelle da Pietro
für 4 Personen

600 g	hausgemachte Nudeln, vor- gekocht Rezept Seite 88	
20 g	Butter Salz, Streuwürze, frischgemahle- ner Pfeffer, gehacktes Basilikum	
100 g	Mozzarella, in kleine Würfel geschnitten	
100 g	vollfetter Reibkäse	
2 dl	geschlagener Rahm	

Nudeln, falls auf Vorrat gekocht, mit heissem Wasser abspülen. Butter schmelzen, Nudeln darin wenden und würzen. Mozzarella beimischen und wenden, bis die Nudeln heiss sind. Reibkäse und geschlagenen Rahm beigeben.
Nudeln sofort auf heisse Servierplatte leeren, vor den Gästen kurz mischen und auf heissen Tellern servieren.

Frische Ananas   Rezept Seite 24

===

Kartoffelcreme
für 4 Personen – 240 kcal p. P.

20 g	Butter	
100 g	Zwiebeln und weisser Lauch in Würfeln	
200 g	Kartoffeln, geschnitten	
1 l	Gemüsebouillon	
2 dl	Rahm gehackte Kräuter	

Gemüsewürfel in der Butter dünsten. Kartoffeln beigeben, kurz mitdünsten, mit Bouillon auffüllen und weichkochen. Die Suppe mixen, bis sie sämig ist. Mit dem Rahm verfeinern, abschmecken und mit Kräutern bestreuen.
Zubereitungszeit 1 Stunde.

Melonen-Cocktail

Salat nach Nizzaer Art
★
Rahmtorte mit Himbeeren

Cocktail de melon

Salade niçoise

Tourte aux framboises Chantilly

Melonen-Cocktail

Rezept Seite 306, ohne Zucker und Bacardi

Salat nach Nizzaer Art
für 4 Personen

500 g	gekochte grüne Bohnen
100 g	fein geschnittene Zwiebeln
300 g	Tomatenschnitze
500 g	Thon aus der Dose, in kleine Brocken zerlegt
	Salz, Pfeffer, Öl vom Thon, Weissweinessig, gehackte Petersilie
100 g	Kopfsalatblätter
50 g	gefüllte Oliven
4	Sardinen
8	Sardellenfilets (nach Geschmack)
2	hartgekochte Eier in Scheiben

Nizzaer Salat anmachen, wobei das Öl von Thon und Sardinen wegen des hohen Vitamingehalts sehr wichtig ist.
4 grosse Teller mit Kopfsalatblättern belegen. Salat in die Mitte daraufgeben. Mit Oliven, Sardinen, Eischeiben und eventuell mit Sardellenfilets garnieren.
Nach klassischem Rezept fügt man diesem herrlichen Salat noch gekochte Kartoffelscheiben bei. Das macht ihn nach meiner Erfahrung aber nicht besser.

→

Rahmtorte mit Himbeeren

200 g	Blätterteig
100 g	Zucker
3 dl	Rahm
30 g	Cremepulver zum Kaltanrühren
200 g	Himbeeren

Blätterteig wird in Zucker zu zwei runden Böden ausgerollt, die eingestochen und mit Zucker bestreut eine halbe Stunde im Kühlschrank ruhen, bevor sie bei 220° hellbraun gebacken werden.
Rahm wird geschlagen, mit Cremepulver vermischt. Die frischen Himbeeren werden locker daruntergemischt. Tiefgekühlte Beeren dürfen nicht aufgetaut werden, sie werden mit wenig warmem Fruchtgelee angerührt und unter den Rahm gemischt.
Rahm sofort zwischen die Böden füllen, oberen Boden mit Brett so weit drücken, bis der Rahm an den Rändern erscheint. Wird mit dem Spatel abgestrichen.

Geflügelcremesuppe	Crème à la reine
Gemischter Salat	Salade assortie
G'füllti Chalbfleischtäschli	Escalope de veau farcie
Risotto mit Champignons	Risotto aux champignons
Madeirasauce	Sauce madère
Birne mit Schokoladencreme	Poire Suchard

Geflügelcremesuppe   Rezept Seite 84

Gemischter Salat   Rezept Seite 361

G'füllti Chalbfleischtäschli
für 4 Personen

4	Kalbsschnitzel zu je 100 g, flachgeklopft
4	dünne Scheiben Rohschinken
150 g	Kalbfleischfüllung oder Bratwurstbrät
100 g	in Butter gedünstete Zwiebeln
4	Scheiben Speck
	Weissmehl

Die Schinkenscheiben auf die Kalbsschnitzel legen. Kalbfleischfüllung und abgekühlte Zwiebeln gut mischen, auf die Schinkenscheiben verteilen, Schnitzel zusammenlegen, mit Speckscheibe umwikkeln, mit Zahnstocher heften.
Die Täschchen werden im Mehl gewendet und in Butter langsam gebraten und anschliessend auf den Risotto angerichtet. Die Täschchen werden mit Madeirasauce überzogen. Reibkäse separat servieren.

Risotto mit Pilzen   Rezept Seite 344

Madeirasauce

50 g	feingeschnittene Zwiebeln
20 g	Butter
1/2 dl	Madeirawein
2 dl	gebundene Bratensauce (371)
	gehackte Petersilie

Zwiebeln in Butter dünsten. Mit Madeira ablöschen und etwas einkochen. Bratensauce zugeben, aufkochen, mixen und absieben. Petersilie obendrauf streuen.

Birne mit Schokoladencreme
Birnenkompott   Rezept Seite 100
Schokoladencreme   Rezept Seite 338

Fleischbrühe mit Sherry	Bouillon au sherry
Rotgekochte Auberginen	Aubergines à la sauce soja
Kantonesisches Reisgericht – Chow fan ★	Riz cantonais
Mangoglace	Glace aux mangues

Fleischbrühe – mit ½ dl Sherry   Rezept Seite 371

**Rotgekochte Auberginen
(chinesisch)**
für 4 Personen – 80 kcal p. P.

    4   Auberginen, quer in dicke
           Stäbchen geschnitten
   20 g   Sonnenblumenöl
    1 dl   Wasser
   20 g   süsse Sojasauce
    1   gehackte Knoblauchzehe
           Streuwürze

Auberginen in Öl während 3 Minuten anbraten. Wasser, Soyasauce und wenig Streuwürze dazugeben. Während 6 Minuten zugedeckt garen.

Kantonesisches Reisgericht
für 4 Personen

  300 g   Langkornreis
    6 dl   Wasser
    6   getrocknete chinesische Pilze
    1   Stange Lauch, quer in Streifen
           geschnitten
    2   Stangen Sellerie, quer fein
           geschnitten
  100 g   Sojabohnenkeime
  100 g   Karotten, in feinen Streifen
  100 g   zarte Zwiebel, fein geschnitten
   30 g   Sonnenblumenöl
           Ingwer, Sojasauce, roter Pfeffer
  200 g   Geflügelfleisch, fein geschnetzelt
  0,5 dl   Sojasauce, roter Pfeffer
  0,5 dl   trockener Sherry
   20 g   Butter

Mit Reis und Wasser zugedeckt einen weissen Reis kochen. Gemüse und eingeweichte, in Streifen geschnittene Pilze nacheinander im Öl kurz anbraten und würzen. Fleisch ca. 10 Minuten in Sojasauce marinieren, würzen, in Butter anbraten, mit dem Wein ablöschen, dann sofort mit Gemüse und Reis vermengen. Dieses Gericht soll mild sein im Gewürz, blumig und harmonisch.

Mangoglace – Fruchtglace   Rezept Seite 250

Kraftbrühe mit Peperoni und Reis	Consommé Carmen
★	★
Buntgemischter Salat	Salade mêlée
★	★
Russische Eier	Oeufs à la russe
garniert mit Rauchlachs	garnis de saumon fumé
★	★
Schokoladeglace	Glace au chocolat

Kraftbrühe　　　　　　　　　　　Rezept Seite 229

30 g　Peperonistreifen
30 g　vorgekochter Reis (26)　　　　Während 10 Minuten in der Brühe gegart.

Buntgemischter Salat　　　　　　Rezept Seite 361

Russische Eier
für 4 Personen

6　　Eier, hartgekocht, geschält,
　　　längs halbiert
150 g　würfelig geschnittene, gekochte
　　　Karotten
200 g　würfelig geschnittene, gekochte
　　　Kartoffeln
150 g　feine Erbsen
1,5 dl　feste Mayonnaise
　　　Zitronensaft, Salz, Streuwürze

Garnitur: je
50 g　geräuchertem Lachs, in feine
　　　Scheiben geschnitten
1　　Salatblatt mit gehackten Zwie-
　　　beln
1　　Salatblatt mit Zitronenschnitz
1　　Salatblatt mit Kapern

Gut abgetropftes Gemüse würzen. Mit der Mayonnaise mischen, indem man die Mayonnaise von oben her erst einschmiert und nach und nach daruntermischt.
Wir nennen diesen Salat für heute einmal Russischen Salat, obwohl er keine Rauchfischwürfel enthält, jedoch mit Rauchlachs garniert wird.
Russischen Salat auf Teller anrichten, je 3 Eihälften obendraufsetzen. Diese können gefüllt oder mit Sardellenfilets oder einer Garnitur verziert werden, z.B. schwarzer oder roter Kaviar.
Rund um den Salat dressieren wir die Garnitur.

Für Liebhaber wird gerne ein Häufchen Meerrettichschaum neben den Lachs gegeben.

→

Schokoladenglace　　　　　　　Rezept Seite 197

Apfelsalat mit Walnusskerne

Fleischbrühe mit Portwein

★

Mah Mee – chinesisches Nudelgericht

★

Litschis mit Vanilleglace

Salade de reinettes aux noix

Bouillon au porto

Mah mee – nouilles à la chinoise

Litchis et glace vanille

Apfelsalat   Rezept Seite 249

Fleischbrühe – mit ½ dl Porto   Rezept Seite 371

Mah Mee – chinesisches Nudelgericht
für 4 Personen

250 g	feine Eiernudeln
200 g	zartes Geflügel- oder Schweine-fleisch, in kleine Würfel geschnitten
40 g	Sonnenblumenöl
1	Pfefferschote, entkernt und ge-hackt
100 g	geschnittene Zwiebeln
100 g	bunte Peperoni in Streifen
100 g	fein geraffelter Weisskohl
100 g	Geflügelleber, in kleine Stücke zerlegt
40 g	Sojasauce, Ingwerpulver, wenig Currypulver Masala
4	Eier, aufgeschlagen, in Butter zu flachen Omelettchen gebraten, in feine Streifen geschnitten

Nudeln in Salzwasser kochen, mit wenig kaltem Wasser abschrecken und abschütten.
Fleisch in Öl unter stetem Rühren anbraten. Falls im Wok gebraten wird, dieses gegen den Rand schieben, Zwiebeln und Peperoni in der Mitte des Woks anbraten, mit Pfefferschote mischen und zum Fleisch schieben, dann den Kohl anbraten und zum Schluss die Geflügelleber. Diese ablöschen mit Sojasauce, Ingwer darüberstreuen, wenden und unter das Gemüse mischen. Currypulver sehr sparsam verwenden, dann die heissen Nudeln einfüllen und alles auf dem Feuer nochmals wenden und mischen, bis es heiss ist.
Die Omelettenstreifen können als Garnitur obendrauf gegeben werden.
Zubereitungszeit 40 Min.

Litschis   Hinweis Seite 282
Vanilleglace   Hinweis Seite 20

Pfefferterrine mit Melone	Terrine au poivre vert
Kopfsalat mit Zitronensauce	Salade de laitue au citron
Türkischer Pilaf mit Schaffleisch	Pilav turc à l'émincé d'agneau
Bananenküchlein Vanillesauce	Beignets aux bananes Sauce vanille

---

Pfefferterrine   Rezept Seite 257

Kopfsalat: 50 g pro Person. **Sauce**   Rezept Seite 358

Türkischer Pilaf mit Schaffleisch
für 4 Personen

400 g	zartes Schaffleisch, in Streifen geschnitten
2 dl	Joghurt nature
1	gehackte Knoblauchzehe
300 g	Langkornreis (z.B. Uncle Ben's)
30 g	Olivenöl
100 g	grob gehackte Zwiebeln
20 g	Tomatenpüree oder 1 dl Tomatenjus
6 dl	Gemüsebouillon
50 g	Sultaninen
50 g	Mandelsplitter
1 dl	Sauerrahm oder Rahm mit Zitronensaft

Schaffleisch mit Joghurt und Knoblauch mischen, 1 Stunde kühlstellen. Gehackte Zwiebeln in Öl dünsten, Reis beigeben, dann Tomatenpüree hineinmischen und rösten, bis es bräunlich wird.
Mit Bouillon auffüllen, zugedeckt garen. Wenn fast alle Flüssigkeit aufgesogen ist, vom Feuer nehmen.
Fleisch in Öl anbraten, würzen und mitsamt dem Joghurt über den Reis leeren. Sultaninen und Sauerrahm unter den Reis mischen, auf Platte anrichten und mit den Mandelsplittern bestreuen.

Bananenküchlein

4	Bananen
200 g	Brandteig
50 g	Zucker
3 dl	Erdnussöl

Pro Person eine feste Banane in Würfelchen schneiden. Mit Brandteig (Seite 18) und Zucker mischen. In Öl schwimmend ausbacken, auf Küchenpapier abtropfen lassen.

Vanillesauce

3 dl	Milch
60 g	Zucker
20 g	Vanillecremepulver

Zutaten in Kochtopf verrühren. Unter stetem Rühren mit dem Schneebesen zum Kochen bringen.

Tomatenjus

Reissalat Maharani – mit Trutenfleisch,
Currymayonnaise und Früchten

★

Käse und Vollkornbrot

Jus de tomate

Salade de riz Maharani

★

Fromage et pain complet

Tomatenjus

600 g	vollreife Tomaten
1 l	kochendes Wasser,
	Salz, Peffer, Tabasco, Worche-
	ster

Wird in der Regel im Handel bezogen. Tomaten ausstechen. Auf Gabel stecken und für 7 Sekunden in kochendes Wasser tauchen. Mit kaltem Wasser abkühlen. Tomaten schälen, halbieren, entkernen und mixen. Mit Wasser etwas verdünnen. Jeder Gast würzt den Tomatenjus selbst.

Reissalat Maharani
für 4 Personen

200 g	Reis (z.B. Uncle Ben's), auch Brown Rice
6 dl	Gemüsebouillon
200 g	Trutenfleisch, in Streifen geschnitten
20 g	Butter
200 g	Bananen in Scheiben
200 g	frische Ananas in kleinen Schnitzen
50 g	Rosinen
200 g	Mango- oder Papayawürfel
2 dl	Mayonnaise
1 dl	Schlagrahm
	Currypulver, Ingwer, Streuwürze, Salz
100 g	Mandelstifte zum Garnieren

Gemüsebouillon aufkochen, Reis einstreuen. Auf kleinem Feuer zugedeckt sieden bis die Flüssigkeit aufgesogen ist. Gegarten Reis etwas erkalten lassen. Trutenfleisch in Butter kurz anbraten und erkalten lassen. Reis mit Fleisch, Früchten, Mayonnaise, Rahm und Gewürzen locker mischen. Auf Salatblätter anrichten, mit Mandeln garnieren.

→

Käse und Vollkornbrot

150 g	Käse
4	Scheiben Vollkornbrot
40 g	Butter

Käse in kleine Portionen aufteilen, mit dem Brot und Butter reichen. Dazu werden gerne Trauben oder weiche Birnen gegessen.

Kalte Kraftbrühe mit Portwein	Consommé froid au porto
★	★
Endiviensalat mit Eischeiben	Salade de scarole à l'oeuf
★	★
Reis Colonial mit Geflügelfleisch	Riz colonial à la volaille
★	★
Roulade mit Zimtglace	Biscuit roulé glacé à la cannelle

Kraftbrühe – mit ½ dl Portwein   Rezept Seite 229

Endiviensalat   Rezept Seite 17

Reis Colonial
für 4 Personen

300 g	Langkornreis (z.B. Uncle Ben's)	Wasser mit Salz sieden, Reis einstreuen, zugedeckt sieden lassen, bis das Wasser aufgesogen ist (weisser Reis).
6 dl	Wasser, eine Prise Salz	Geflügel in Öl kurz anbraten, Fisch dazu-geben, schwenken, kräftig würzen, dann
400 g	geschnetzeltes Geflügelfleisch (in Scheibchen geschnitten)	die Früchte zugeben und nochmals schwenken. Kokosmilch darüberleeren,
0,5 dl	Sonnenblumenöl	nicht kochen, aber locker wenden und auf
200 g	Seezungenfilets, quer in Streifen geschnitten (Goujons) Streuwürze, Ingwerpulver, Masala (spezielles Currypulver)	die Reisportionen anrichten. Peperoni in Butter schwenken, bis sie halb gar sind, dann auf die abenteuerli-chen Reisgerichte verteilen.
100 g	geschälte Äpfel, in Schnitze, dann in Scheiben geschnitten	Dieses Gericht stammt aus Java, ist scharf gewürzt und wird dort Kerri ge-nannt.
100 g	Bananen, in dicke Scheiben geschnitten	Zubereitungszeit 40 Min.
100 g	rote Peperoni in Streifen	
10 g	Butter	
2 dl	dicke Kokosmilch oder Rahm Streuwürze	

Kokosmilch   Rezept Seite 105

Roulade mit Zimtglace   Biskuitroulade wird vor dem Rollen abge-kühlt und gefüllt mit Vanilleglace, die mit gemahlenem Zimt gewürzt ist.

Biskuit für Roulade   Rezept Seite 321

Serbisches Reisfleisch

Lauchcremesuppe ★ Buntgemischter Salat ★ Serbisches Reisfleisch ★ Zwetschgenkuchen mit Schlagrahm

Crème de poireaux ★ Salade mêlée ★ Pot serbien au riz ★ Tarte aux prunes Chantilly

---

Lauchcremesuppe Rezept Seite 49

Serbisches Reisfleisch
für 4 Personen

100 g Kochspeck in Streifen
500 g Kalbfleisch, in kleine Ragoutwürfel geschnitten
200 g grob gehackte Zwiebeln
2 zerquetschte Knoblauchzehen
200 g Peperoni, in Würfel geschnitten
200 g Karotten in Scheiben
400 g Tomatenwürfel, Salz, roter Pfeffer
0,5 dl Sonnenblumenöl
300 g Langkornreis (z.B. Uncle Ben's)
6 dl Gemüsebouillon, Kräuter

Kochspeck in heisser Schmorpfanne anbraten. Das Fleisch im Speckfett mitbraten. Öl zugeben, dann Zwiebeln, Knoblauch, Peperoni und Karotten nacheinander dazugeben und andünsten.
Kräftig würzen, Reis dazumischen, mit Bouillon auffüllen und auf kleinem Feuer zugedeckt schmoren, bis die Bouillon aufgesogen ist. Tomatenwürfel roh daruntermischen, nachwürzen, mit Kräutern bestreuen.
Zubereitungszeit ca. 1 Std.

Zwetschgenkuchen Rezept Seite 157

Biskuit für Roulade

4 Eigelb
1/2 dl heisses Wasser
100 g Zucker

4 Eiweiss
50 g Zucker

80 g Weissmehl
50 g Maizena
1 Messerspitze Backpulver

150 g Glace als Füllung
50 g Staubzucker

Eigelb und Wasser mit Schneebesen schaumig schlagen, Zucker dazuschlagen bis die Masse cremig wird. Eiweiss zu steifem Schnee schlagen, Zucker dazuschlagen. Mehl, Maizena und Backpulver mischen, sieben, mit Eigelbmasse und Eisschnee locker mischen, wobei nicht gerührt werden darf.
Die Masse ca. 1 cm dick auf Pergamentpapier streichen, das auf dem Backblech liegt. Bei 220° während 12 Minuten backen.
Biskuit nach dem Backen sofort auf nasses, mit Zucker bestreutes Tuch stürzen. Backpapier mit kaltem Wasser bestreichen und abziehen. Biskuit mit Tuch zusammenrollen, wieder aufrollen, sobald es ausgekühlt ist mit Glace (oder Konfiture) bestreichen, rollen und im Tiefkühler erstarren lassen. Mit Staubzucker überpudern.

Fleischbrühe mit Marsala

Buntgemischter Salat

Risotto mit Bratwürstchen und Speck
★
Käse und Birne

Bouillon au marsala

Salade mêlée

Risotto chipolata

Fromage et poire

Fleischbrühe – mit ½ dl Marsala   Rezept Seite 371

Buntgemischter Salat   Rezept Seite 361

Risotto mit Bratwürstchen und Speck
für 4 Personen

300 g	Bratwürstchen (Chipolata)
100 g	Kochspeck in Scheiben
100 g	gehackte Zwiebeln
30 g	Sonnenblumen- oder Olivenöl
300 g	italienischer Reis
8 dl	Gemüsebouillon
40 g	Butter
1 dl	Weisswein
100 g	Sbrinz- oder Parmesankäse

Zwiebeln in Öl andünsten. Den Reis daruntermischen und während zwei Minuten auf kleinem Feuer wenden. Auffüllen mit Bouillon, zudecken, auf kleinstem Feuer sieden lassen, bis nur noch wenig Bouillon übrig bleibt, dann vom Feuer nehmen. Butter daruntermischen, den Wein dazuleeren, Käse darunterheben, garnieren und sofort servieren. Risotto soll dickflüssig sein!
Die Speckscheiben werden in einer Lyonerpfanne nebenbei gebraten und im selben Fett auch die Würstchen.

Kleine Bratwürstchen werden landläufig Chipolata oder auch Cipollata genannt. Unser Meister Escoffier nannte seine Garnitur zum Truthahn chipolata, weil er dazu kleine, glasierte Zwiebeln verwendete. Nebst Kastanien waren auch Bratwürstchen im Spiel; sie gaben aber dem Gericht den Namen nicht.

Käse und Birne   Hinweis Seite 318

Zucchetticreme mit Tomaten

Cicorinosalat an italienischer Sauce

Risotto alla valdostana –
mit Hühnerleber
und Kalbfleisch an Rotweinsauce

Bananenküchlein
Vanillesauce

Crème provençale

Salade de Trévise

Risotto valdostana

Beignets aux bananes
Sauce vanille

Zucchetticremesuppe

200 g	Zucchetti
20 g	Butter
1	kleine Zwiebel
1	Zehe Knoblauch
100 g	Tomatenwürfel
5 dl	Gemüsebouillon (371)
1 dl	Rahm
	Salz, Pfeffer

Zwiebel fein schneiden, in der Butter dünsten. Knoblauch zugeben, dann die in kleine Würfel geschnittenen Zucchetti. Auf grossem Feuer wenden, würzen, Tomaten und Bouillon zugeben.
Kochzeit 10 Minuten. Suppe vom Feuer nehmen, mixen und mit Rahm verfeinern.

Cicorinosalat
Italienische Salatsauce

50 g pro Person
Rezept Seite 358

Risotto alla valdostana
für 4 Personen

50 g	gehackte Zwiebeln
1	Knoblauchzehe, fein gehackt
20 g	Olivenöl
10 g	Butter
400 g	Kalbfleisch, in feine Würfel geschnitten
200 g	Hühnerleber, in Stücke zerteilt
	Salz, Pfeffer, Salbei
1 dl	Rotwein
2 dl	gebundene Bratensauce

Zwiebeln und Knoblauch im Fettstoff andünsten. Auf grossem Feuer das Kalbfleisch, dann die Leber zugeben, würzen und leicht anbraten.' Fleisch herausnehmen.
Bratsatz mit Wein ablöschen, mit Bratensauce auffüllen. Bis zur gewünschten Dikke einkochen, vom Feuer nehmen, Fleisch in der Sauce schwenken und zum unterdessen servierbereiten Reis anrichten.

Risotto

Rezept Seite 322

Bananenküchlein
Vanillesauce

Rezept Seite 317
Rezept Seite 317

Grapefruitcocktail	Cocktail de pamplemousses
★	★
Fleischbrühe mit Mark	Bouillon à la moelle
★	★
Indischer Reissalat –	
mit Currymayonnaise,	Salade de riz à l'indienne
Geflügelfleisch und Früchten	
★	★
Melonensorbet	Sorbet au melon

Grapefruitcocktail   Rezept Seite 239

Fleischbrühe   Rezept Seite 371
100 g Markscheiben   Während 10 Min. in der Brühe gegart.

Indischer Reissalat
für 4 Personen

200 g	Reis (z.B. Uncle Ben's), auch Brown Rice
5 dl	Gemüsebouillon
200 g	Geflügelfleisch, vorgegart, gekocht oder gebraten, in kleine Stücke geschnitten
200 g	frische Ananas, in kleine Schnitze geschnitten
100 g	kleine Orangenschnitze
2 dl	Mayonnaise
1 dl	Schlagrahm
	Currypulver, Salz, Streuwürze
1	kleiner Kopfsalat

Bouillon zum Sieden bringen, Reis einstreuen und zugedeckt sieden, bis die Flüssigkeit aufgesogen ist.
Reis etwas erkalten lassen, sämtliche Zutaten locker daruntermischen. Auf Salatblätter anrichten.

Anmerkung

Reis für Reissalat muss unbedingt frisch gegart und weich sein. Reissalat wird nie eiskalt serviert.

Melonensorbet   Rezept Seite 204

Russisches Ei	Oeuf à la russe
★	★
Fleischbrühe mit Madeira	Bouillon au madère
★	★
Siedfleischsalat garniert	Salade de boeuf bouilli
★	★
Pfirsich Melba	Pêche Melba

Russische Eier   Rezept Seite 314

Fleischbrühe – mit ½ dl Madeira   Rezept Seite 371

Siedfleischsalat (Rindfleisch)
für 4 Personen

1 kg	Siedfleisch
100 g	gehackte Zwiebeln
30 g	scharfer Senf
0,5 dl	Rotweinessig
1 dl	Sonnenblumenöl
	Salz, Pfeffer, Streuwürze,
	wenig Worchestersauce
1	Kopfsalat

Siedfleisch wird in der Bouillon gesotten (Bouillon für die Fleischbrühe). Siedfleisch in der Bouillon erkalten lassen, dann in Streifen schneiden. Mit den Zutaten mischen. Auf Salatblätter anrichten.

Pfirsich Melba

Vanilleglace mit Kompottpfirsich und Johannisbeergelee. Heute wird diese Köstlichkeit gegen den Wunsch von Meister Escoffier mit geschlagenem Rahm verziert.

Amaretti
ca. 20 Stück

100 g	geschälte Bittermandeln
150 g	geschälte Mandeln
700 g	Zucker
100 g	Eiweiss
130 g	Eiweiss
200 g	Staubzucker

Mandeln reiben. Mit Zucker und 100 g Eiweiss mischen und fein reiben. Restliches Eiweiss zugeben, dann die Masse mit der Rührmaschine schaumig rühren. Backblech mit Butter oder Trennwachs bestreichen und mit Mehl bestäuben. Mit Dressiersack Häufchen dressieren, die bis zu einem Durchmesser von etwa 5 cm verlaufen dürfen. Mit Staubzucker bestäuben, dann auf dem Blech während 5 Stunden an warmem Ort trocknen. Die Häufchen mit den 4 Fingern beider Hände zu Quadraten formen – die Kruste reisst dabei.
Backen bei 200° während ca. 10 Min. Auf dem Blech erkalten lassen, dann mit einem Spachtel abheben.

Kalte Kraftbrühe mit Madeira Teufelssalat – aus Siedfleisch und Gemüsen Apfelroulade	Consommé froid au madère Salade de boeuf bouilli à la diable Roulade aux reinettes

Kalte Kraftbrühe – mit ½ dl Madeira   Rezept Seite 150 + 229

Teufelssalat
für 4 Personen

400 g	gekochtes, kaltes Siedfleisch	Siedfleisch (Rindfleisch) in dicke Streifen schneiden, Gurken in Scheiben oder in Streifen.
200 g	Salatgurken, teilweise geschält	
100 g	Rettich in Streifen	Siedfleischstreifen mit den Gemüsen, Mayonnaise und Ketchup mischen. Pikant würzen und auf Salatblätter anrichten. Mit Pfefferschoten garnieren.
100 g	fein geschnittene Zwiebeln	
100 g	Chicoree in breiten Streifen	
200 g	Tomatenschnitze	
1 dl	Mayonnaise, 0,5 dl Ketchup	
	Salz, Streuwürze, Cayennepfeffer, Senf, Zitronensaft	
1	Kopfsalat	

Apfelroulade   Rezept Seite 183

Apfelstrudel

300 g	Mehl	Zutaten für Teig in einer Teigschüssel durchkneten. Teig auf schwach bemehltem Brett durch Auseinanderziehen und Zusammenfalten 2 Minuten weiter bearbeiten, danach mit Folie bedecken und 30 Min. ruhen lassen.
1	Ei	
30 g	Sonnenblumenöl	
1 dl	warmes Wasser	
	Salz, Zitronensaft	

Füllung:

1,5 kg	geschälte Äpfel in kleinen Scheiben	Zutaten für Füllung mischen, dabei die Semmelbrösel und die Hälfte der Butter übrig lassen.
100 g	Sultaninen	Teig ausrollen, auf grosses Tuch legen und durch Unterfassen mit den Handrükken ausziehen. Teig mit Butter bepinseln, einen Teil Brösel daraufstreuen.
80 g	Zucker	
	Zimt, Zitronenraps Vanillezucker, ev.	Füllung auf den Teig verteilen. Tuch anheben und Strudel zusammenrollen. Hufeisenförmig auf gefettetes Backblech setzen. Die Enden einschlagen. Mit Butter bepinseln und bei 200° ca. 30 Minuten backen.
40 g	brauner Bacardi-Rum	
100 g	Semmelbrösel	
100 g	gemahlene Haselnüsse	

Zucchettirahmsuppe mit Tomaten	Crème provençale
★	★
Eisbergsalat mit Salatmayonnaise	Iceberg-laitue en salade à l'américaine
★	★
Thonsalat nach korsischer Art	Salade de thon corse
★	★
Meringue mit Schlagrahm und Erdbeeren	Meringue Chantilly aux fraises

Zucchettirahmsuppe   Rezept Seite 323

Eisbergsalat   Rezept Seite 57

Thonsalat nach korsischer Art
für 4 Personen

400 g	Thon im Olivenöl, in kleine Stücke zerteilt (Thunfisch)	Alle Zutaten zu pikantem Thonsalat vermischen. Auf Salatblätter anrichten. Garnieren mit Pfefferschoten (Peperoncini), Tomatenscheiben mit Frischkäse und Pfeffer, Sardellenring mit Olive.
100 g	geschnittene Zwiebeln	
50 g	gehackte Essiggurke	
50 g	gehackte Kräuter Weissweinessig, Olivenöl vom Thon, Salz, Pfeffer	
1	Kopfsalat	
4	Pfefferschoten	
4	Tomaten	
200 g	Frischkäse, ev. Mozzarella	
4	Sardellenfilets	
4	gefüllte Oliven	

Meringue   Rezept Seite 164

Fleischbrühe mit Eierstich
★
Tomatensalat mit Spargelspitzen
★
Geräucherte Entenbrust
Roggenblinis
Meerrettichschaum
★
Aprikosenglace

Bouillon royale
★
Salade de tomates
aux pointes d'asperges
★
Magret de canard fumé
Blinis de seigle
Raifort Chantilly
★
Glace aux abricots

Fleischbrühe
Eierstich

Rezept Seite 371
Rezept Seite 52

Tomatensalat

Rezept Seite 361

Geräucherte Entenbrust
für 4 Personen

1   Brust von ca. 250 g

Spezialität, die man im Handel fertig kauft. Diese Entenbrust wird nach Art eines Chateaubriands schräg in feine Scheiben geschnitten, auf Salatblättern fächerförmig angerichtet und mit Meerrettichschaum und warmen Roggenblinis garniert.

Roggenblinis

50 g Weissmehl
50 g Roggenmehl
2   Eier
1 dl Milch mit 10 g Hefe
      wenig Malz, Salz

Hefe in lauwarmer Milch auflösen. Malz zugeben und stehen lassen, bis die Blinis hergestellt werden sollen.
Mehl dazurühren, dann Eier und Salz einrühren. In kleiner Pfanne wenig Butter schmelzen, Pfannkuchenmasse dünn zerfliessen lassen. Sobald sie angezogen hat, Pfannkuchen wenden und auf Backblech im heissen Ofen ausbacken und sofort servieren.

Meerrettichschaum

5 g geriebener Meerrettich
2 dl Schlagrahm

Meerrettich (wenn aus dem Glas, etwas mehr, da er die Schärfe verloren hat) unter den Schlagrahm mischen und in Saucenschüsselchen servieren.

Aprikosenglace

Rezept Seite 250

Gemüsesuppe mit Haferflocken	Potage aux légumes et flocons d'avoine
★	★
Löwenzahnsalat	Salade de dents-de-lion
★	★
Cappelletti Napoli	Cappelletti napolitaine
★	★
Aprikosenschiffchen	Barquette aux abricots

Gemüsesuppe

Rezept Seite 109

30 g   Haferflocken

Die Haferflocken werden von Anfang an mitgekocht. So bereiten Sie eine ausgezeichnete, vollwertige Suppe mit dem begehrten Vitamin E.

Löwenzahnsalat
Salatsaucen

50 g junge Löwenzahnblätter pro Person.
Rezepte Seiten 358–360

Cappelletti Napoli
(nach neapolitanischer Art)
für 4 Personen

400 g   Cappelletti
20 g   Butter
4 dl   italienische Tomatensauce
100 g   Reibkäse

Cappelletti sind bunte italienische Teigwaren. Cappelletti in Salzwasser gekocht, wenig kaltes Wasser zugiessen, abschütten und abtropfen lassen. Mit Butter oder Margarine vermischen. Italienische Tomatensauce auf die Teigwaren schöpfen, Reibkäse separat reichen.

Italienische Tomatensauce

Rezept Seite 145

Aprikosenschiffchen

Rezept Seite 85
Törtchen in Schiffchenform

Erdbeer-Rahmglace

6 dl   Rahm
400 g   frische Erdbeeren, durchgekühlt
300 g   Zucker
         wenig Zitronensaft

Erdbeeren, Zucker und Zitronensaft zusammenmixen, wobei der Mixer zugedeckt bleibt.
Rahm schlagen (nicht allzu steif). Den Rahm mit Spatel sorgfältig unter das Fruchtpüree heben. Diese luftige Creme in gut vorgekühlte Gefässe füllen und sofort einfrieren. Je flacher das Gefriergefäss, desto herrlicher die Rahmglace!
Gefrierzeit ca. 4 Std.

Haferflockensuppe	Crème aux flocons d'avoine
★	★
Esterhazy-Salat	Salade Esterhazy
★	★
Wachsweiche Eier mit Currysauce	Oeufs mollets au curry
Pilaw von Rohreis	Pilav de riz complet
★	★
Wiener Apfelstrudel	Apfelstrudel

Haferflockensuppe   Rezept Seite 40

Esterhazy-Salat

200 g	geriebene Karotten
200 g	geriebene Sellerieknolle
300 g	Salatgurke, in feinen Streifen
1	kleiner Kopfsalat
	Weissweinessig, Öl, Streuwürze,
	Zitronensaft, Pfeffer, Salz.

Salatblätter auf die Salatteller verteilen. Esterhazy-Salat locker mischen und portionsweise auf die Salatblätter anrichten.

Wachsweiche Eier

2   Eier pro Person

6 Minuten in Wasser mit wenig Essig gesotten, mit etwas kaltem Wasser abgeschreckt und geschält.

Currysauce

100 g	geschnittene Zwiebeln
100 g	Apfelschnitze
100 g	Bananenscheiben
20 g	Butter, Curry, Streuwürze

Geschnittene Zwiebeln, Apfelschnitze und Bananenscheiben werden in Butter gedünstet, gewürzt, mit Currypulver bestreut und mit wenig Wasserzusatz gegart, gemixt, mit Rahm verfeinert.

Pilawreis, Pilaw von Rohreis   Rezept Seite 30

**Rohreis
(Brown Rice)**

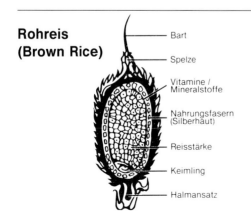

Bart
Spelze
Vitamine / Mineralstoffe
Nahrungsfasern (Silberhaut)
Reisstärke
Keimling
Halmansatz

Uncle Ben's Brown Rice ist ein qualitativ hochwertiger **Vollkornreis,** bei dem lediglich die hartschalige Reisspelze entfernt, die darunterliegende wertvolle und nährstoffreiche Silberhaut jedoch erhalten wurde. Dadurch bleiben dem Korn die hohen Anteile an Vitaminen, Mineralstoffen und insbesondere Nahrungsfasern erhalten. Diese haben eine regulierende Wirkung auf den Cholesterinspiegel und auf die Verdauung.

Gemüsebouillon mit Backerbsen	Bouillon de légumes aux pois frits
★	★
Kopfsalat mit Zitronensauce	Salade de laitue au citron
★	★
Gebratene Griessnocken	Gnocchi romaine
Glasierte Karotten und Blattspinat	Carottes glacées et
	épinards en feuilles
★	★
Birnenkompott	Compôte de poires

Gemüsebouillon Rezept Seite 371
Backerbsen Rezept Seite 175

Kopfsalat 50 g pro Person
Zitronensauce Rezept Seite 358

Griessnocken
für 4 Personen

5 dl	Milch	Milch, Gewürz und 20 g Butter auf den Siedepunkt bringen. Unter Rühren mit Schneebesen Griess einlaufen lassen. Auf kleinem Feuer zugedeckt während 15 Minuten kochen lassen. Reibkäse darun-termischen und abschmecken. Die Masse 2 cm dick auf ein geöltes Blech ausstreichen, erkalten lassen. Auf Brett stürzen und in gefällige Rechtecke schneiden. Rest der Butter in einer Lyonerpfanne heiss machen, Nocken durch die Eier ziehen und beidseitig goldbraun braten. Zubereitungszeit ca. 1½ Std.
100 g	Griess	
50 g	Reibkäse	
	Gewürz	
50 g	Butter	
2	Eier, aufgeschlagen	

Karotten Rezept Seite 373
Blattspinat Rezept Seite 16

Birnenkompott Rezept Seite 100

Kopfsalat mit Tomatenschnitzen	Salade de laitue aux tomates
★	★
Gemüsebouillon mit Peperonistreifen	Bouillon de légumes aux poivrons
★	★
Überbackene Kartoffelnocken	Gnocchi piémontaise
★	★
Orangensalat	Salade d'oranges

Kopfsalat mit Tomatenschnitzen

200 g   gerüsteter Kopfsalat
2   Tomaten
Salatsaucen   Rezepte Seiten 358–360

Gemüsebouillon   Rezept Seite 371
30 g Peperonistreifen   In der Bouillon während 10 Min. gegart.

Überbackene Kartoffelnocken
für 4 Personen

Kartoffelpüree würzen, mit Ei vermischen und etwas abkühlen. Mehl unter die fast kalte Masse mischen, die etwas zäh sein soll. Nussgrosse Kugeln formen, über eine Speisegabel abrollen und 5 Minuten in Salzwasser ziehen lassen.

500 g   gekochte Kartoffeln, heiss geschält und püriert
1   Ei
     Salz, Pfeffer, Muskat
100 g   Mehl
2,5 dl   italienische Tomatensauce
100 g   Parmesankäse
40 g   Butter

Mit Butter bestrichene feuerfeste Platte mit Tomatensauce ausgiessen, die abgetropften Nocken daraufgeben.
Mit Parmesan, Pfeffer und Butterflocken bestreuen und gut überbacken.

Italienische Tomatensauce   Rezept Seite 145

Orangensalat   Rezept Seite 45

Allgäuer Krautkrapfen / ohne Fleisch 333

Chicoreesalat mit Bananen
an Salatmayonnaise
★
Rohe Zucchettisuppe
★
Allgäuer Krautkrapfen
★
Mandelgipfel

Salade d'endives aux bananes
★
Soupe aux courgettes crues
★
Krautkrapfen bavaroise
★
Cornet aux amandes

Chicoreesalat mit Bananen Rezept Seite 170

Rohe Zucchettisuppe

200 g Zucchetti, gewaschen
1 kleine Zwiebel
1 Zehe Knoblauch
5 dl Gemüsebouillon

Zucchetti in kleine Würfel schneiden, mit gehackten Zwiebeln und wenig Knoblauch mit heisser Gemüsebouillon übergiessen und mixen. Nicht weiter wärmen.

Allgäuer Krautkrapfen
für 4 Personen

500 g mildes Sauerkraut
100 g geschnittene Zwiebeln
20 g Butter
  gehackte Kräuter
200 g Nudelteig, in Mehl fein ausgerollt
2 dl Gemüsebouillon

Zwiebeln und Sauerkraut in Butter schwitzen. Kräuter daruntermischen. Das erkaltete Kraut auf dem Nudelteig ausbreiten und in der Art eines Strudels ca. 6 cm dick rollen.
Die Roulade wird in 5 cm lange Stücke geschnitten, diese senkrecht in mit Butter bestrichene Flachkasserolle gestellt, mit der heissen Brühe begossen und zugedeckt während 10 Minuten gegart.
Man kann diese Krapfen mit Brotbrösel abschmelzen, gedünstete Zwiebeln und etwas Brühe darübergeben oder ganz einfach mit der Brühe essen.
Zubereitungszeit 1 Std.

Nudelteig Rezept Seite 88

Mandelgipfel (Hörnchen) Rezept Seite 339

Französische Zwiebelsuppe	Soupe à l'oignon
★	★
Gemischter Salat	Salade assortie
★	★
Lasagne mit Gemüsefüllung und Quark	Lasagne aux légumes et au séré
Portugiesische Tomatensauce	Sauce portugaise
★	★
Aprikosenkuchen	Tarte aux abricots

Französische Zwiebelsuppe   Rezept Seite 77

Gemischter Salat   Rezept Seite 361

Lasagne mit Gemüsefüllung und Quark
für 4 Personen

Zwiebeln, dann Zucchetti, Tomaten und schliesslich den Blattspinat in Butter dünsten und würzen. Quark daruntermischen.

200 g	Zucchetti, in kleinste Würfel geschnitten
200 g	kleine Tomatenwürfel
200 g	Blattspinat, grob gehackt
40 g	Butter oder Margarine
	Salz, Pfeffer, Oregano
200 g	Nudelteig, dünn ausgerollt, in grosse Felder geschnitten
200 g	Rahmquark
	Streuwürze
50 g	Reibkäse

Nudelteig in Salzwasser kochen. Unter fliessend kaltem Wasser abkühlen lassen, gut abtropfen.

Eine Lage Teig in mit Butter bestrichene feuerfeste Platte legen, mit einer dünnen Lage Gemüse zudecken, dann wieder Teig, bis aller Teig und alle Füllung lagenweise aufgebraucht sind.

Mit Tomatensauce überziehen, mit Reibkäse bestreuen und im mittelheissen Ofen backen, bis der Boden der Platte heiss ist.

Zubereitungszeit $1^1/_2$ Std.

Portugiesische Tomatensauce   Wie italienische, aber kräftiger gewürzt.
Rezept Seite 145

Aprikosenkuchen – Früchtekuchen   Rezept Seite 157

Selleriesalat mit Walnüssen	Salade de céleri aux noix
Gemüsebouillon mit Griessklösschen	Bouillon de légumes bavaroise
Nudelteigkrapfen	Ravioli aux champignons et épinards
Italienische Tomatensauce	Sauce tomate à l'italienne
Kleine Zwiebeln,	Petits oignons, maïs et olives
Maiskölbchen und Oliven	
	★
Aprikosentörtchen	Tartelette aux abricots

Selleriesalat Rezept Seite 169

Gemüsebouillon Rezept Seite 371
Griessklösschen Rezept Seite 251

Nudelteigkrapfen
für 4 Personen

200 g	Nudelteig: 150 g Mehl, 1 Ei, 1 Eigelb, wenig Öl, Salz, geknetet, in Mehl dünn ausgerollt, in vier rechteckige Felder geteilt	Zwiebeln im Öl dünsten, Spinat mitdünsten, Knoblauch und Gewürze zugeben. Abkühlen.
		Champignons in Butter schwitzen, bis sie trocken sind. Mit Mehl leicht bestäuben, mit wenig Gemüsebouillon ablöschen und einkochen. Erkalten lassen.
400 g	Blattspinat	Teigfelder mit Champignonmasse bestreichen, Spinat daraufgeben. Teigränder mit Ei bestreichen, Teig zusammenlegen und Ränder gut andrücken.
50 g	gehackte Zwiebeln	
20 g	Sonnenblumenöl	
1	zerstossene Knoblauchzehe Salz, Pfeffer, Gemüsebouillon (Paste)	Die Krapfen in Salzwasser mit wenig Öl leicht sieden, bis der Teig gar ist. Herausnehmen, abtropfen lassen und mit Tomatensauce und Garnitur auf Teller anrichten.
200 g	gedünstete Champignons, feingehackt	
10 g	Butter Mehl und Gewürz	Zubereitungszeit 1 Std.
1	Ei	

Italienische Tomatensauce Rezept Seite 145

Garnitur

	Zwiebeln, Maiskölbchen, Oliven je ein kleines Glas	Butter in einer Pfanne schmelzen, die Garnitur ohne Saft zugeben und bei mässiger Hitze heiss machen.
20 g	Butter	

Aprikosentörtchen Rezept Seite 85

Tomatencremesuppe	Crème de tomate
★	★
Kressesalat	Salade de cresson
★	★
Nudeln Alfredo	Nouilles Alfredo
★	★
Linzertorte	Gâteau de Linz

Tomatencremesuppe   Rezept Seite 108

Kressesalat   50 g Kresse pro Person
Salatsaucen   Rezepte Seiten 358–360

Nudeln Alfredo   Rezept Seite 88

Linzertorte
Ergibt 8 grosse Stücke

250 g	gemahlene Mandeln oder Haselnüsse
250 g	Butter oder Margarine
200 g	Zucker
250 g	Weissmehl
2	Eier
1	Zitronengelb (abgerieben) Zimt, 1 Prise Salz
500 g	Himbeerkonfitüre oder Aprikosenmarmelade

Teig kneten, kühl stellen.
In Mehl 1½ cm dick ausrollen, in Ringform legen. Äusserer Rand mit Ei bestreichen. Dicken Streifen für Rand mit Rädchen schneiden und aufsetzen.
Füllen mit Himbeerkonfitüre oder Aprikosenmarmelade.
Zierstreifen mit gezacktem Rädchen schneiden. Torte vor dem Backen mit Ei bestreichen Backzeit ca. 45 Minuten bei 200° (Im Umluftofen bei 180°)
Diese Torte heisst eigentlich St. Galler Pfarrhaustorte. Die Linzertorte aus Österreich ist zwar ähnlich, doch hat sie einen hellen Teig mit geriebenen Mandeln.

→

Gemüsesuppe   Potage fermière

Endivien- und Tomatensalat   Salade de scarole et tomates

Pastete mit Steinpilzen   Bouchée aux cèpes
Gedämpfte Karotten und Erbsen   Carottes Clamart

Schokoladencreme   Crème au chocolat

Gemüsesuppe   Rezept Seite 109

Endiviensalat   Rezept Seite 17
Tomatensalat   Rezept Seite 361

Pasteten (Pastetli) mit
Steinpilzen an Rahmsauce
für 4 Personen

100 g	gehackte Zwiebeln,
1	zerstossene Knoblauchzehe
30 g	Butter
600 g	Steinpilze in Scheiben von
	$^1/_2$ cm Dicke
	Salz, Pfeffer
10 g	Mehl
1 dl	Weisswein
1 dl	Rahm
	gehackte Petersilie

Zwiebeln und Knoblauch in Butter dünsten. Steinpilze beigeben, schwenken und würzen, dann während 5 Minuten mitdünsten. Mit Mehl bestäuben, wenden, Weisswein dazugiessen und unter umrühren aufkochen. Mit Rahm verfeinern, gehackte Petersilie darüberstreuen.

Gedämpfte Karotten und Erbsen   Rezept Seite 373

Schokoladencreme

50 g	Vanillecremepulver
5 dl	Milch
100 g	Zucker
100 g	dunkle Schokolade
2 dl	geschlagener Rahm

Zutaten in einem Kochtopf unter stetem Rühren mit dem Schneebesen aufkochen. Schokolade darin auflösen, dann die Creme unter öfterem Umrühren abkühlen. Vor dem Servieren den Rahm daruntermischen.

Gerstensuppe	Crème d'orge perlé
★	★
Salat Elisabeth	Salade assortie au citron
★	★
Pilzschnitte mit Kräutern	Croûte aux champignons
★	★
Apfelsorbet	Sorbet aux pommes

Gerstensuppe

Rezept Seite 136

Salat Elisabeth

Verschiedene rohe Salate, mit Öl und Zitronensaft zubereitet.

Pilzschnitte

Brotscheiben in Butter beidseitig hellbraun rösten.

4	Brotscheiben
40 g	Butter
50 g	gehackte Zwiebeln
800 g	Waldpilze
20 g	Butter
	Salz, Pfeffer
	gehackte Petersilie

Zwiebeln in Butter anschwitzen. Pilze in Stücke oder dicke Scheiben schneiden, zu den Zwiebeln geben, würzen und unter öfterem Wenden gardünsten. Pilzsaft etwas einkochen lassen dann die Pilze auf die Brote verteilen und mit Petersilie bestreuen.

Apfelsorbet

Rezept Seite 204

Mandelgipfel (Hörnchen)

Blätterteig mit möglichst wenig Mehl zu langem Rechteck ausrollen.

200 g	Blätterteig
80 g	Mandelbackmasse
	Mehl
1	Ei
50 g	Fondant oder
	Staubzuckerglasur aus
50 g	Staubzucker und einigen
	Tropfen Zitronensaft

2 Quadrate schneiden und diese wiederum diagonal halbieren, so entstehen 4 gleichgrosse Dreiecke.
Mandelmasse in Mehl zu 4 Würstchen rollen, diese auf die Teigdreiecke legen. Teig so zusammenrollen, dass der stumpfe Winkel der Dreiecke den Verschluss bildet.
Gipfel mit Ei bestreichen, backen bei 200° während 15–20 Min. Nachher mit Marmelade, dann mit Fondant oder Staubzuckerglasur bestreichen.

Spargelspitzen mit Essigkräutersauce	Pointes d'asperges vinaigrette
★	★
Gemüsebouillon mit gehackten Tomaten	Bouillon de légumes madrilène
★	★
Paniertes Pilzschnitzel	Escalope de champignons panée
Gebratene Kartoffelwürfel	Pommes Maxim
Erbsen nach französischer Art	Petits pois à la française
★	★
Gebrannte Creme	Crème brûlée

Spargelspitzen — Rezept Seite 232
Essigkräutersauce — Rezept Seite 359

Gemüsebouillon — Rezept Seite 371
30 g gehackte Tomaten — Bouillon mit Tomaten zum Siedepunkt bringen, nicht sieden.

Panierte Pilzschnitzel
für 4 Personen

600 g gedünstete Waldpilze oder Champignons
100 g gehackte Zwiebeln
Salz, Pfeffer
50 g Butter, 30 g Mehl, 1 Eigelb
200 g frisches, geriebenes Weissbrot
20 g gehackte Petersilie
Paniermehl

Pilze fein hacken, mit den Zwiebeln in Butter rösten, bis sie trocken sind. Würzen, mit Mehl bestäuben und gut mischen. Weissbrotkrume beimischen, auf dem Feuer abrühren, 1 Eigelb beimischen und beim Abkalten die Petersilie darunterarbeiten.
Kleine Schnitzel formen, im Paniermehl wenden und in Butter braten.

Gebratene Kartoffeln — Rezept Seite 60 (Maxim: Grosse Würfel)

Erbsen nach französischer Art — Rezept Seite 215

Pilz-Piccata an Stelle von Pilzschnitzel
für 4 Personen

4 Austernpilze
Salz, Pfeffer
20 g Mehl
2 Eier
30 g Butter

Dazu verwendet man pro Person einen Austernpilz ohne Stiel. Gewürzt mit Salz und Pfeffer, durch Mehl und anschliessend durch aufgeschlagenes Ei gezogen, wird er in Butter bei niedriger Hitze gebraten.
Dazu passen Risotto (322) oder Spaghetti (296).

Gebrannte Creme — Rezept Seite 39

Gemüsebouillon mit Röstbrotwürfeln	Bouillon de légumes aux croûtons
★	★
Chinakohlsalat	Salade de choux chinois
★	★
Ravioli mit Blattspinat	Ravioli florentine
★	★
Trauben	Raisins

Gemüsebouillon   Rezept Seite 371
Röstbrotwürfel   Rezept Seite 187

Chinakohlsalat

Chinakohl quer in feine Streifen schneiden. Mit Salatsauce mischen

| 400 g | Chinakohl |
| 2 dl | Salatsauce |

Rezepte Seiten 358–360

Ravioli mit Blattspinat
für 4 Personen

200 g	Nudelteig, dünn ausgerollt, in 8 rechteckige Felder geteilt, in Salzwasser mit wenig Öl gekocht, abgekühlt, abgetropft.
50 g	gehackte Zwiebeln
1	zerstossene Knoblauchzehe
20 g	Butter
200 g	Blattspinat
	Salz, Pfeffer
100 g	Reibkäse
50 g	Butter
0,5 dl	Rahm
	Streuwürze

Zwiebeln und Knoblauch in Butter dünsten, Spinat beimischen, unter stetem Lockern mit Gabel heiss werden lassen und würzen. Teigplätze mit dem Spinat füllen, zu grossen Ravioli falten, in mit Butter bestrichene feuerfeste Platte anrichten.
Ravioli mit Käse bestreuen und in den heissen Ofen stellen.
Butter schmelzen, mit Rahm und Streuwürze verrühren. Buttermischung über die Ravioli giessen und diese nochmals leicht überbacken.
Zubereitungszeit ca. 1 Std.

Kartoffelsuppe mit Röstbrotwürfeln	Purée Parmentier aux croûtons
★	★
Grüner Bohnensalat	Salade de haricots verts
★	★
Rotkrautköpfli mit Äpfeln	Petit chou rouge aux reinettes
Gedünstete Zwiebeln und Kastanien	Oignons étuvés et marrons
★	★
Gugelhopf	Gugelhopf

Kartoffelsuppe　　　　　　　　　Rezept Seite 100
Röstbrotwürfel　　　　　　　　　Rezept Seite 187

Grüner Bohnensalat　　　　　　　Rezept Seite 21

Rotkrautköpfli mit Äpfeln
für 4 Personen

1	Kopf Rotkraut
2	Tafeläpfel
12	kleine Zwiebeln oder Schalotten
300 g	Kastanien
0,5 dl	Sonnenblumenöl
30 g	Butter
	Salz, Pfeffer, Streuwürze, Zucker

Rotkrautkopf in siedendes Salzwasser geben, aufkochen und wieder abkühlen. In einzelne Blätter zerteilen, innere Blätter kleinschneiden.

Äpfel entkernen und schälen, in feine Scheiben schneiden und mit dem geschnittenen Rotkraut mischen. Würzen mit Salz und Pfeffer.

Deckblätter füllen und zu Köpfchen formen. In gebuttertes Bratgefäss ordnen, mit Butter bepinseln und mit Streuwürze bestreuen. Zugedeckt in nicht zu heissem Ofen während 30 Minuten garen. Nach Bedarf Wasser nachgiessen.

Zwiebeln in Butter anschwitzen, geschälte Kastanien beigeben. Wenig Salz und eine Prise Zucker darüberstreuen. Zugedeckt auf kleinem Feuer dünsten.

Zubereitungszeit $1\frac{1}{2}$ Std.

Gugelhopf　　　　　　　　　　　Rezept Seite 256

Gemüsebouillon mit Flädli	Bouillon de légumes Célestine
★	★
Nüssli- und Karottensalat	Salade de mâches et carottes
★	★
Spanisches Reisgericht mit Eierschwämmen	Riz espagnol aux chanterelles
★	★
Ananas mit Kirsch	Ananas au kirsch

Gemüsebouillon   Rezept Seite 371
Flädli   Rezept Seite 121

Nüsslisalat   30 g pro Person
Salatsaucen   Rezepte Seiten 358–360
Karottensalat   Rezept Seite 361

Spanisches Reisgericht
mit Eierschwämmen (Pfifferlinge)
für 4 Personen

300 g	italienischer Reis (Vialone, Arborio etc.)
100 g	grob gehackte Zwiebeln
100 g	Peperoni, in kleine Würfel geschnitten
20 g	Butter
	Salz, roter Pfeffer
6 dl	Gemüsebouillon
400 g	Eierschwämme, kleine Qualität. Grössere Pilze längs geviertelt.
20 g	Butter
	Streuwürze
400 g	kleine Tomatenwürfel
1	zerstossene Knoblauchzehe
20 g	gehackte Kräuter

Zwiebeln, dann Peperoni und anschliessend den Reis in Butter unter fortwährendem Wenden glasig braten. Würzen.
Mit Bouillon ablöschen. Zugedeckt auf kleinem Feuer garen, bis alle Flüssigkeit aufgesogen ist.
In der Zwischenzeit die Eierschwämme in kaltem Wasser waschen. In Butter anbraten, bis sie zu hüpfen beginnen, leicht würzen. Tomatenwürfel, Eierschwämme und Knoblauch unter den Reis mischen, nochmals zum Siedepunkt bringen, mit den Kräutern mischen, mit Fleischgabel lockern.
Zur Bereicherung können Gartenerbsen mitgekocht werden. Erbsen aus der Dose werden mit den Tomatenwürfeln daruntergemischt.
Zubereitungszeit 40 Min.

Ananas mit Kirsch   Rezept Seite 24

Tomatencremesuppe	Crème de tomate
★	★
Gurken- und Randensalat	Salade de concombres et betteraves
★	★
Risotto mit Pilzen	Risotto aux champignons
Blattspinat mit Knoblauch	Epinards en feuilles à l'ail
★	★
Kleiner Pfannkuchen mit Preiselbeeren	Crêpe aux airelles rouges

---

Tomatencremesuppe   Rezept Seite 108

Gurkensalat   Rezept Seite 361
Randensalat   Rezept Seite 29

Risotto mit Pilzen
für 4 Personen

300 g	italienischer Reis (Avorio, Vialone, Arborio etc.)
50 g	gehackte Zwiebeln
400 g	Waldpilze, in Scheiben geschnitten
20 g	Butter
6 dl	Gemüsebouillon frischgemahlener Pfeffer
1 dl	Weisswein
20 g	Butter
100 g	Sbrinz- oder Parmesankäse gehackte Kräuter

Zwiebeln kurz in Butter anschwitzen. Pilze dazumischen und unter ständigem Wenden anbraten, ohne dass sie Saft ziehen. Würzen. Reis daruntermischen, während 2 Minuten wenden. Mit Bouillon ablöschen. Zugedeckt auf kleinem Feuer während ca. 10 Minuten sieden.
Bevor die Flüssigkeit ganz aufgesogen ist, das Gericht vom Feuer nehmen, mit Weisswein begiessen, Butter und Käse daruntermischen, anrichten und mit Kräutern bestreuen. Nicht mehr aufwärmen!
Zubereitungszeit ca. 30 Min.

Blattspinat mit Knoblauch   Rezept Seite 16

Kleine Pfannkuchen   Rezept Seite 244
200 g Preiselbeerkompott

Gemüsebouillon mit Peperoni und Reis

★

Gemischter Salat

★

Spargel chez Pierre – in Eieromelette
Holländische Sauce

★

Aprikosenschnitte

Bouillon de légumes Carmen

★

Salade assortie

★

Asperges «Chez Pierre»
Sauce hollandaise

★

Mille-feuilles aux abricots

Gemüsebouillon

Rezept Seite 371

30 g	Peperonistreifen (Paprika)	Während 10 Min. in der Bouillon gegart.
30 g	vorgekochter Reis (26)	

Gemischter Salat

Rezept Seite 361

Spargel chez Pierre
für 4 Personen

1 kg frischer Spargel, sorgfältig ge-
      schält, mit Bindfaden zu 4
      gleichgrossen Portionen gebun-
      den
1 l   Salzwasser in passendem Koch-
      gefäss auf dem Siedepunkt
10 g Butter, im Salzwasser aufgelöst
8   Eier
30 g Butter
      Streuwürze
0,5 dl Rahm

Aus je 2 Eiern werden mit einem Viertel der Butter flache Eieromeletten gemacht. Diese, mit wenig Rahm beträufelt, werden mit je einer Portion der abgetropften Spargel belegt, gerollt und auf vorgewärmte Teller angerichtet.
Pro Person wird ½ dl holländische Sauce mit einem Suppenlöffel darüberge-schöpft.
Der Spargel wird knapp gar gesotten und bis zur Zeit des Servierens im Sud gelassen.

Garnitur

Kopfsalatblatt mit Zitronenschnitz

Holländische Sauce

Rezept Seite 244

Aprikosenschnitte

Anleitung Seite 47

Kopf- und Tomatensalat
mit Sauerrahmsauce

In Weisswein gedämpftes Fischfilet,
mit frischen Gemüsen

Fruchtkorb

Salade de laitue et tomates
à la crème aigre

Filet de poisson étuvé au vin blanc
aux légumes frais

Corbeille de fruits

Kopf- und Tomatensalat
Sauerrahmsauce

normale Portion, ca. 150 g
Rezept Seite 360

In Weisswein gedämpftes Fischfilet
für 4 Personen

400 g Fischfilet, nicht fett (Barsch, Hecht, Karpfen, Flunder, Dorsch etc.)
2 dl Weisswein
frisch gehackte Kräuter, Streuwürze
400 g Gemüse, im Weisswein mit dem Fisch gedämpft: Zwiebeln, Lauch, Auberginen, Zucchetti, Bohnen, Peperoni, Spargel etc.

Flachkasserolle auf kleines Feuer stellen. Weisswein hineingiessen, würzen, dann Fischfilet und Gemüse hineinlegen. Mit Deckel gut verschliessen. Während 10 Minuten auf kleinstem Feuer garen. Anrichten, gehackte Kräuter darüberstreuen (Petersilie, Schnittlauch, Liebstöckel)

Fruchtkorb

grosse Frucht oder mehrere kleine Früchte aus dem Fruchtkorb:
Apfel, Birne, Pfirsich, Melone, Orange, Papaya, Trauben, Ananas, Mandarinen, Kiwi, Aprikosen, Pflaumen; Erdbeeren, Himbeeren, Stacheelbeeren, Johannisbeeren

Halbe Grapefruit	Demie pamplemousse
★	★
Kopfsalat mit Joghurtsauce	Salade de laitue au yoghourt
★	★
Gemüseplatte mit Kalbsfilet	Plat de légumes au filet de veau
★	★
Frischer Fruchtsalat	Salade de fruits frais

Halbe Grapefruit
Süsstoff

Grapefruit quer halbieren, mit krummem Grapefruit-Messer die Schnitze lösen, ohne sie herauszunehmen.
Am besten eignen sich grosse ausgereifte Früchte mit grossen Schnitzen.

Kopfsalat
Joghurtsauce

50–100 g pro Person
Rezept Seite 358

Gemüseplatte mit Kalbsfilet
für 4 Person

1	Kopfsalat, ca. 200 g
60 g	Diätsalatsauce
240 g	Kalbsfilet in 4 Medaillons
800 g	gedämpfte Gemüse, mit Diätsalz oder Streuwürze gehackte Kräuter
400 g	Früchte für Fruchtsalat: Orangen, Mandarinen, Ananas, Pflaumen, Aprikosen, Äpfel, Birnen, Kumquats, Litschis, Beerensorten.

Blattspinat, Zucchetti, Auberginen, Kürbis, Tomaten, Karotten, Lauch, Stangensellerie, Knollensellerie, Spargeln, Schwarzwurzeln, Pastinaken, Bohnen, Kefen, Lattich, Broccoli, Blumenkohl, Weisskohl, Grünkohl, Wirsing, Chinakohl etc.
Gemüse rüsten, mit wenig Wasser und Streuwürze oder Diätsalz im Dampfkochtopf oder in einer Flachkasserolle mit gut schliessendem Deckel dämpfen. Die Garzeit sollte auf 5 Minuten beschränkt werden. Kalbsfilet mit Sonnenblumenöl ganz schwach bepinseln, dann in heisser Grillpfanne beidseitig während je 2 Minuten grillieren. Gewürzt wird kurz bevor das Fleisch gar ist.

Frischer Fruchtsalat – mit Süsstoff   Rezept Seite 9

Halbe Melone

Hähnchen nach Burgunder Art
Eiernudeln
Frühlingsgemüse

★

Frische Ananas

Demi melon

Poulet de grain bourguignonne
Célestine d'oeuf
Primeurs étuvés

Ananas frais

Halbe Melone – quer halbiert, entkernt

Normalportion mit Schale: 400 g

Hähnchen nach Burgunder Art
für 4 Personen

400 g Hühnerfleisch ohne Haut und Knochen (Brust oder Schenkel), wenn Schenkel ohne Haut mit Knochen: 130 g
200 g kleine Zwiebeln
200 g kleine Champignonköpfe
1 dl klare Bratensauce
1 Messerspitze Stärkemehl, mit
1 dl Rotwein angerührt
Kräuter

Fleisch mit Zwiebeln und Champignons in der Bratensauce dünsten. Dazu eignet sich der Dampfkochtopf oder ein Topf mit gut schliessendem schwerem Deckel.
Zum Schluss binden mit Rotwein und Stärkemehl, Kräuter darüberstreuen.

Eiernudeln für 2 Personen

10 g Weissmehl, mit wenig Wasser angerührt, so dass es dickflüssig ist
1 Ei, wenig Salz

Masse aufschlagen, in Teflonpfanne, ohne anzubraten, dünne Omelettchen herstellen.
Diese auf einem Brett zu Nudeln schneiden. Diese Nudeln werden nicht mehr heissgemacht, sondern zum Hähnchen auf gut vorgewärmten Teller garniert und mit wenig Sauce übergossen.

Frühlingsgemüse

100 g tiefgekühlte Mischung

Tiefgekühlte Mischung, mit wenig Wasser und Streuwürze, gut zugedeckt oder im Dampfkocher gedämpft.
Garzeit ca. 5 Min.

Ananas

1 dünne Scheibe

Gemüsebouillon mit Kerbel

Nüsslisalat mit Kräutersauce

Provenzalischer Kalbsbratentopf
Petersilienkartoffeln

★

Erdbeeren

Bouillon de légumes au cerfeuil

Salade de mâches aux fines herbes

Rôti de veau provençale en cocotte
aux courgettes, oignons et tomates
Pommes persillées

Fraises

Gemüsebouillon
Gehackter Kerbel

Rezept Seite 371
Mit Bouillon aufkochen.

Nüsslisalat (Feldsalat)

50 g   Nüsslisalat
1 dl   Kräutersauce ohne Öl

Salat kurz vor dem Servieren mit der vorbereiteten Sauce mischen

Rezept Seite 359

Provenzalischer Kalbsbratentopf
für 4 Personen

400 g   magerer Kalbsbraten
600 g   Zucchetti
200 g   Zwiebeln
200 g   Tomaten
       Streuwürze
       Kräutermischung: Herbes de
       Provence
200 g   Kartoffeln
2 dl   Gemüsebouillon

Kalbsbraten in entsprechend kleinem
Topf mit heisser Gemüsebouillon übergiessen. auf kleinstem Feuer, bei ca. 80°
garen, wobei der Topf durch einen
schweren Deckel gut geschlossen sein
muss. Garzeit 60 Min.
Gemüse in kleine Würfel schneiden und
während den letzten 20 Minuten mitgaren. Kräutermischung zum Schluss beigeben

---

Petersilienkartoffel

Rezept Seite 161

Erdbeeren

400 g   Erdbeeren
       Süsstoff separat

Geschnetzeltes Kalbfleisch – 360 kcal – 1500 kJ

Gemüsebouillon

Buntgemischter Salat an Kräutersauce

Geschnetzeltes Kalbfleisch
mit Weisswein
Eiernudeln
Zucchetti mit Knoblauch
★
Saisonfrucht

Bouillon de légumes

Salade mêlée aux fines herbes

Emincé de veau au vin blanc
Célestine d'oeuf
Courgettes à l'ail

Fruit de saison

Gemüsebouillon

Rezept Seite 371

Salat

400 g Blattsalat
  1 dl Kräutersauce ohne Öl (359)

Kopfsalat, Lattich, Latughine, Cicorino, Nüsslisalat, Löwenzahn, Mangold, Blattspinat, Endivien, Chicoree, Kresse etc.

Geschnetzeltes Kalbfleisch mit Weisswein
für 4 Personen

400 g zartes Kalbfleisch
  1 dl Weisswein
  1 Messerspitze Stärkemehl

Kalbfleisch in feine Scheiben schneiden. Mit Streuwürze in Teflonpfanne anbraten und auf kalten Teller leeren. Pfanne sofort mit wenig Wasser ablöschen.
Stärkemehl mit Weisswein verrühren, in der Pfanne aufkochen und würzen mit Diätsalz, Streuwürze, Pfeffer. Fleisch in der Sauce wenden und gehackte Kräuter beimischen.

Eiernudeln

Rezept für 2 Personen Seite 348

Zucchetti mit Knoblauch

800 g Zucchetti
  1 zerstossene Knoblauchzehe
     Diätsalz oder Streuwürze

Zucchetti mit Knoblauch und Gewürz (Salz ist nicht verboten) in Dampfkocher knapp weich garen.

Saisonfrucht

Hinweis Seite 346

Halbe Melone	Demi melon
★	★
Weisses Kalbsvoressen	Blanquette de veau
Petersilienkartoffeln	Pommes persillées
Gedämpfte Karotten	Carottes Vichy
★	★
Saisonfrucht	Fruit de saison

Halbe Melone, entkernt

Wird mit einem Löffel gegessen.

Weisses Kalbsvoressen
für 4 Personen

400 g	Kalbfleisch, in Würfel geschnitten
100 g	geschnittene Zwiebeln
2 dl	Wasser
	Gewürz, Diätsalz, Streuwürze

Kalbfleisch mit Zwiebeln und Gewürz im Wasser aufkochen. Auf kleinem Feuer sieden, bis es gar ist. Kochzeit ca. 40 Min. Fleisch mit Gabel herausheben und anrichten. Sauce mixen, bis sie weiss und sämig ist. Wenn nötig noch etwas einkochen. Falls die Sauce zu dick ist, darf sie mit 3 cl Milch verdünnt werden.

Petersilienkartoffeln

200 g	Kartoffeln

Gekochte oder gedämpfte Kartoffeln mit gehackter Petersilie, ohne Butter.
Rezept Seite 161

Gedämpfte Karotten (Möhren)

400 g	Karotten

Karotten in Scheiben schneiden, mit wenig Wasser und Streuwürze gut zugedeckt dämpfen.

Saisonfrüchte

Hinweis Seite 346

Kopfsalat mit Quarksauce

Kartoffelnestchen mit Bologneser Sauce
Blattspinat mit Knoblauch
Gedämpfte Tomate

Himbeeren

Salade de laitue au séré

Nid de pommes purée bolonaise
Epinards en feuilles à l'ail
Tomate étuvée

Framboises

Kopfsalat
Quarksauce

50–100 g pro Person
Rezept Seite 359

Kartoffelnestchen
für 4 Personen

400 g Kartoffeln
1–2 dl Milch
      Salz

Geschälte Kartoffeln in Würfel schneiden, würzen und garsieden. Durch Sieb drükken, mit dem Kartoffelwasser und Milch zu Kartoffelstock verarbeiten. Mit Suppenlöffel oder Dressiersack und Sterntülle ein Nestchen dressieren.

Bologneser Sauce
für 4 Personen

200 g mageres Rindfleisch
100 g Zwiebeln
100 g Karotten
  1 dl Rotwein
  1 dl klare Bratensauce
      Diätsalz, Streuwürze, Pfeffer,
      1 Lorbeerblatt

Rindfleisch von Hand in kleinste Würfel schneiden. Zwiebeln schälen und hakken. Karotten in kleinste Würfel schneiden.
Fleisch, Zwiebeln und Karotten im Rotwein dünsten, würzen, mit Bratensauce auffüllen und zugedeckt garen.
Fleisch mit Sauce in Kartoffelnestchen einfüllen, Lorbeerblatt entfernen.

Blattspinat mit Knoblauch
für 4 Personen

400 g Blattspinat
    1 zerstossene Knoblauchzehe
      Salz, Streuwürze

Blattspinat, falls er nicht vorgegart ist, in siedendem Wasser aufkochen, abschütten und abtropfen lassen.
Mit Knoblauch und Gewürz zugedeckt heiss werden lassen. Öfters wenden.

Gedämpfte Tomaten

    2 Tomaten
      Gewürzmischung,
      Streuwürze oder Salz

Tomaten ausstechen, quer halbieren, mit Schnittfläche nach oben in Kochtopf mit gut schliessendem Deckel ordnen. Würzen, wenig Wasser zugeben, zugedeckt während 5 Minuten dämpfen.

Himbeeren

50 g pro Person

Gemüsebouillon mit Estragon	Bouillon de légumes à l'estragon
★	★
Grüner Salat mit Kräutersauce	Salade verte aux fines herbes
★	★
Chinesisches Nudelgericht	Nouilles à la chinoise
★	★
Kiwischeiben	Tranches de kiwi

Gemüsebouillon
Wenig gehackter Estragon

Rezept Seite 371

Grüner Salat
Kräutersauce

50–100 g pro Person
Rezept Seite 359

Chinesisches Nudelgericht
für 4 Personen

200 g   Trutenfleisch, in kleine Würfel
        geschnitten
400 g   Gemüse, in feine Streifen
        geschnitten (Lauch, Zwiebel,
        Selleriestange, Kohl)
200 g   geschnittene Pilze
        (gleich welcher Art)
1 dl   Gemüsebouillon
        Sojasauce, Ingwerpulver, Chili
        oder roter Pfeffer

Bouillon mit Gewürzen zum Sieden bringen. Geflügelfleisch darin aufkochen, dann Gemüse und Pilze beigeben, unter ständigem Wenden ca. 3 Minuten dünsten. Locker mit den Nudeln mischen.

Nudeln für Diäten

Rezept Seite 348

Kiwi

Schälen, in Scheiben schneiden, in Glasschälchen anrichten. Wenn nötig, einige Tropfen Zitronensaft und Süsstoff beifügen.

Gurken- und Kopfsalat

Chinesisches Reisgericht

Frische Himbeeren

Salade de concombres et laitue

Riz à la chinoise

Framboises fraîches

Gurken- und Kopfsalat, diesmal mit Gurkensauce

100 g	Gurken
	Streuwürze
	Salz
1	Esslöffel Essig
	gehackte Kräuter
1	Kopfsalat

Gurken streifenweise schälen, so dass immer ein Streifen ungeschält bleibt, Farbe gibt und verdauen hilft (kein Aufstossen mehr). In Scheiben schneiden.
Gurken mit Streuwürze, wenig Salz und wenig Essig mischen und ca. 5 Minuten liegen lassen, bis sich die Saftmenge verdoppelt hat. Gurken anrichten, gehackte Kräuter in den Saft streuen, den Kopfsalat damit anmachen.

Chinesisches Reisgericht
für 4 Personen

200 g	Reis (z.B. Uncle Ben's).
4 dl	Gemüsebouillon
200 g	zartes Kalbfleisch, in kleine Würfel geschnitten
400 g	Gemüse, in feine Streifen geschnitten
200 g	Pilze, in Scheiben geschnitten, Sojasauce, Ingwerpulver, Chili oder roter Pfeffer, ev. Zitronensaft.

Reis in Gemüsebouillon zugedeckt sieden, bis alle Flüssigkeit aufgesogen ist. Fleisch mit Sojasauce und Gewürzen in heisser Pfanne schwenken. Wenig Wasser, Gemüse und Pilze zugeben und weiterschwenken, bis das Gemüse halbwegs gar ist. Fleisch und Gemüse locker unter den Reis mischen und abschmecken.

Himbeeren

50 g pro Person

Halbe Grapefruit	Demie pamplemousse
Serbisches Reisfleisch, mit Kalbfleisch und Gemüsen	Veau bouilli au riz serbien
Waldbeeren	Baies des bois

Halbe Grapefruit

Hinweis Seite 347

Serbisches Reisfleisch
für 4 Personen

200 g Langkornreis (z.B. Uncle Ben's)
200 g Kalbfleisch
1 zerstossene Knoblauchzehe
100 g Peperoni, in Streifen geschnitten
100 g geschnittene Zwiebeln
200 g Tomatenwürfel
20 g Karotten, in kleine Würfel
geschnitten
scharfer Paprika (Rosenpaprika),
evtl. Streuwürze
5 dl Gemüsebouillon

Bouillon zum Sieden bringen. Reis einstreuen, aufkochen, umrühren. Fleisch, Knoblauch, Peperoni, Zwiebeln, Karotten beigeben und zugedeckt leicht sieden lassen.
Tomaten mit Paprika mischen und zugeben, kurz bevor der Reis gar ist. Vor dem Anrichten locker wenden.

Waldbeeren

50 g Heidelbeeren, wilde Brombeeren, Walderdbeeren oder Preiselbeeren.
Natürlich dürfen es auch Gartenbeeren sein. Waldbeeren deuten aber auf Spaziergänge durch Wälder hin, und die gehören sicher zu einer guten Diät.

Orientalisches Reisgericht – **360 kcal** – **1500 kJ**

Buntgemischter Salat Orientalisches Reisgericht mit Entenbrust Birne	Salade mêlée Riz à l'orientale au magret de canard Poire

Buntgemischter Salat Kräutersauce (359)

Aus Blattsalaten, Tomaten, Gurken, Karotten und andern frischen Gemüsen. Pro Person 100 g

Orientalisches Reisgericht
für 4 Personen

200 g	Reis (z.B. Uncle Ben's)
4 dl	Gemüsebouillon
150 g	Entenbrust, geräuchert, ohne Fett, in dünne Scheiben geschnitten
100 g	Peperoni, in feine Streifen geschnitten
100 g	geschnittene Zwiebeln Currypulver, Zitronensaft, Streuwürze
300 g	geschnittene Früchte: Ananas, Pfirsich, Aprikose, Apfel
2 dl	Gemüsebouillon

Reis in Gemüsebouillon zugedeckt sieden, bis alle Flüssigkeit aufgesogen ist. Peperoni und Zwiebeln mit Gewürzen in Gemüsebouillon während 3 Minuten sieden lassen. Apfelscheiben beigeben, dann auch die anderen rohen Früchte. Alles locker unter den Reis mischen und zuletzt die an die Wärme gestellten, aber nicht heissen Entenbrustscheiben auf dem Reis anrichten.

Geräucherte Entenbrust

Spezialität, die im Handel fertig bezogen wird. Dünn aufgeschnitten, in der Art eines Chateaubriands, kann man sie roh oder angewärmt essen.

Spargelsuppe mit Schnittlauch	Soupe aux asperges à la ciboulette
Kopfsalat	Salade de laitue
★	★
Ungarisches Gulasch mit Kartoffeln und Karotten	Goulache hongroise aux pommes de terre et carottes
★	★
Orangensalat	Salade d'oranges

Spargelsuppe
für 4 Personen

4 kleine Spargel
6 dl Spargelwasser
Gemüsebouillonpaste

Frischer Stangenspargel, in feine Scheiben geschnitten. Mit Spargelwasser und Gemüsebouillonpaste heissmachen, mit Kräutern bestreuen.

Kopfsalat
Joghurtsauce

50–100 g pro Person
Rezept Seite 358

Ungarisches Gulasch
für 4 Personen

400 g mageres Rindfleisch, in kleine Würfel geschnitten
400 g gehackte Zwiebeln
200 g Karotten, in Stäbchen geschnitten
200 g Kartoffeln, in kleine Würfel geschnitten
Rosenpaprika, Streuwürze, Pfeffer
1 Kaffeelöffel Weinessig

Zwiebeln mit Weinessig und wenig Wasser heissmachen, bis sie zu dünsten beginnen.
Fleisch unter die Zwiebeln mischen, würzen, Feuer kleinstellen. Zugedeckt während einigen Minuten ziehen lassen, wieder wenden, dann das Fleisch zugedeckt langsam garen.
Nach halber Garzeit die Karotten und Kartoffeln beimischen und fertig garen.

Orangensalat (Apfelsinensalat)
für 4 Personen

4 Orangen
Süsstoff

Orangen mit scharfem Messer schälen, in Scheiben schneiden und in Glasschälchen gefällig anrichten. Nach Belieben mit Süsstoff bestreuen.

Französische Salatsauce
für 4 Personen
wird in der Regel am Speisetisch
zubereitet

4	Esslöffel Öl
	wenig milder Senf
	Streuwürze
2	Esslöffel Kräuteressig
	frischgemahlener Pfeffer

Diese Zutaten werden in der Salatschüssel gemischt, mit 4 Esslöffeln Öl (Sonnenblumen-, Baumnuss-, Olivenöl) und gehackten Kräutern umgerührt. – Eignet sich besonders gut für Blattsalate.

Italienische Sauce
für 20 Personen
(Rezept für die Küche)
wird in italienischen Restaurants am
Tisch zubereitet

3	zerstossene Knoblauchzehen
50 g	sehr fein gehackte Zwiebeln
4 dl	italienischer Rotweinessig
	Salz, frischgemahlener Pfeffer,
	Oregano, Streuwürze
6 dl	Olivenöl

Die Zutaten werden gut aufgerührt und müssen vor jedem Gebrauch geschüttelt oder umgerührt werden. – Eignet sich besonders für bittere Blattsalate, Peperoni-, Zwiebel- und buntgemischte Salate.

Anmerkung: Wird der weniger milde inländische Rotweinessig verwendet, sollte dieser im Verhältnis 1:1 mit Wasser verdünnt werden.

Joghurtsauce
für 4 Personen
zur Abwechslung bei Diäten

2 dl	Joghurt natur
	Saft von 1 Zitrone
	Streuwürze, gehackte Kräuter,
	evtl. wenig Zucker, kann mit
	Wasser verdünnt werden.

Zitronensauce
für 4 Personen
(Rezept von Seite 160):

	Saft von 1 Zitrone
1 dl	Olivenöl
1	Zehe Knoblauch, feingehackt,
	Salz, Pfeffer, gehackte Petersilie, wenig Wasser

Alle Zutaten in einer Schüssel mit Schneebesen aufrühren.

Kräutersauce ohne Öl

für 10 Personen
zur Abwechslung bei Diäten

2 dl	Kräuteressig
100 g	Zwiebeln, Essiggurken, Petersilie, Schnittlauch, Kapern, fein gehackt,
	Streuwürze, frisch gemahlener Pfeffer
	Mit Wasser verdünnen

Diese Sauce kann in einem verschlossenen Glas im Kühlschrank während mehreren Tagen aufbewahrt werden.
Der Handel bietet auch gute Produkte an, die leicht gebunden sind. Sie können mit Streuwürze und Wasser verbessert werden.

Essigkräutersauce

(Vinaigrette)
für 20 Personen

30 g	gehackte Kräuter
100 g	gehackte Essiggurken
50 g	gehackte Zwiebeln
	Salz, Pfeffer, Streuwürze, scharfer Senf
3 dl	Kräuteressig
6 dl	Sonnenblumenöl

Die Zutaten werden gut aufgerührt und sind zum Verbrauch innert einigen Tagen bestimmt. – Eignet sich besonders für Avocados, Spargel, Artischocken, Kalbskopf.
Diese Salatsauce wird in einem verschlossenen Glas im Kühlschrank aufbewahrt.

Quarksauce

für 4 Personen
zur Abwechslung bei Diäten

100 g	Speisequark
	Saft von $1/2$ Zitrone
	Streuwürze, Pfeffer, gehackte Kräuter, wenig Worchestersauce

Zutaten werden aufgerührt und mit Wasser verdünnt.

Salatmayonnaise
für 20–40 Personen
Amerikanisches French dressing

4	Eier
30 g	scharfer Senf
	Salz, Streuwürze, Gewürz-mischung für Salate
0,5 dl	Kräuteressig
1 l	Sonnenblumenöl
0, 5 l	Kräuteressig

Diese Sauce wird oft auf Vorrat hergestellt und an dunklem, kühlem Ort während einigen Tagen gelagert. – Auch hier gilt: je frischer, desto besser. Man kann diese Sauce täglich frisch machen im Mixer oder Cutter.

Alle Zutaten ausser den 0,5 l Kräuteressig und dem Öl im Mixer homogen schlagen, Öl wie bei einer Mayonnaise nach und nach hineinlaufen lassen, bis eine cremige Sauce entstanden ist.
Mit Essig mixen, abschmecken, eventuell mit Wasser verdünnen.
Für Blattsalate wird diese Sauce eher dünn gehalten.
Für Eisbergsalat, der als Viertel oder sechstel eine Kopfes auf den Salatteller gelegt und mit Sauce überzogen wird, verdünnt man Salatmayonnaise nicht weiter.

Gemixt mit wenig Peperoni, Essiggurken und Tomatenwürfeln, leicht gefärbt mit Ketchup, heisst diese Sauce: Thousand Islands Dressing.

Sauerrahm-Sauce
für 4 Personen
zur Abwechslung bei Diäten oder für persönliche Spezialitäten

1 dl	saurer Rahm oder frischer Rahm mit Zitronensaft
	Saft von ½ Zitrone
	wenig Zucker, frisch gemahlener Pfeffer
	Streuwürze

Zutaten aufschlagen, evtl. mit Wasser verdünnen und mit Kräutern mischen.

Buntgemischter Salat	Verschiedene Blattsalate, Tomatenschnitze, Streifen von Gurken, Karotten, Peperoni, Rettich etc. Alle Zutaten mit Salatsauce (358–360) vermischt.
Gemischter Salat	Verschiedene Salate – auch Blattsalat, in Häufchen nebeneinander angerichtet. Man achtet dabei auf bunte Reihenfolge und saubere Arbeitsweise mit möglichst wenig vom Gemüse verfärbter Salatsauce.
Gurkensalat	Gurken streifenweise schälen, so dass einige dunkelgrüne Schalenstreifen an der Gurke bleiben. Gurken in feine Scheiben schneiden, mit Öl vermischen und erst vor dem Servieren mit Salz, Streuwürze, Kräutern und Essig fertigmachen. Cacik: Gurkenscheiben mit Joghurt und wenig Salz.
Karottensalat (Möhren-)	Karotten schälen, fein raffeln oder in feine Streifen schneiden. Mischen mit Zucker, Salz oder Streuwürze, Zitronensaft, Öl oder Rahm. Von gekochten Karotten: In recht dicke Scheiben schneiden, mit Salatsauce vermischen.
Maissalat	Maiskörner, in der Regel aus der Dose, werden gemischt mit kleinen Würfeln von Peperoni und Essiggurken. Anmachen mit Streuwürze, wenig Essig und Öl. Zur Abwechslung können rote Indianerbohnen (Dose) daruntergemischt werden. Maissalat wird oft mit Mayonnaise, wenig Rahm und einer Spur Currypulver angemacht.
Peperonisalat (Paprika-)	Bunte Peperoni, längs halbiert und entkernt, werden quer in feine Streifen geschnitten, mit einer geschnittenen Zwiebel und italienischer Salatsauce (358) vermischt.
Tomatensalat	Tomaten ausstechen, quer in Scheiben schneiden und ziegelartig auf Platte anrichten. Salz darüberstreuen, mit fein gehackter Zwiebel bestreuen, dann wenig Essig und Öl darüberträufeln.
Zwiebelsalat	Grosse milde Zwiebeln werden halbiert, quer in feine Streifen geschnitten (geschnetzelt) und mit französischer Salatsauce (358) vermischt. Zwiebelsalat auf Kopfsalatblätter anrichten.

Brot	Englischbrot, Toastbrot, Grahambrot, Pumpernickel
Fleisch	Salami, Salsiz, Lyonerwurst, Zungenwurst Leberpüree, Tartare-Fleisch, gekochter Schinken, Rohschinken, Rostbeef, Braten, Rindszunge
Fisch	Sardinen, Thon (Thunfisch), Sardellen, Krevetten, Krabben, Rauchlachs, Rauchaal, geräucherte Forellenfilets, Schillerlocken
Käse	Käsecreme, Käsescheiben aus Hartkäse, Camembert, Schachtelkäse (Schmelzkäse)
Salate	Russischer Salat – dick angemacht Sellerie-Salat mit Apfelstreifen Kartoffelsalat, angemacht mit verdünnter Mayonnaise Italienischer Salat aus Streifen von Wurst- und Fleischwaren, Streifen von Essiggurken, angemacht mit Mayonnaise Heringssalat aus geräucherten Heringsfilets, gekochten Kartoffelwürfeln, Apfelwürfeln, Salzgurken, angemacht mit Mayonnaise Hummermayonnaise: Fleisch zerpflücken, leicht ausdrücken, Mayonnaise
Zum Dekorieren	Cornichons in Scheiben oder Fächer, Eischeiben, Eiviertel, Essiggurke in Scheiben oder in Streifen, Mixed Pickles, Peperonistreifen, Radieschenscheiben, ausgestochener Pumpernickel, Olivenscheiben, Tomatenscheiben oder Tomatenschnitze, Würfel von Fleischsulze, Trüffelstreifen, Champignons, Zitronenschnitze, Zwiebelringe, Ananas, Aprikosenschnitze, Kirschen, Nusskerne.

Buttersorten für Brotaufstriche oder Füllungen: mit 1 kg Butter.

Grundbutter:	1 kg weiche Butter, Worchester, Senf, 1 dl Wasser, 10 g Salz – zusammen schaumig schlagen
Kräuterbutter:	10 g Peterli, 10 g Schnittlauch, 5 hartgekochte Eier, Pfeffer gut verrühren, eignet sich für fast sämtliche Canapés
Senfbutter:	40 g franz. Senf, 10 g engl. Senf. Für Canapés mit Fleischbelag
Käsebutter:	250 g Weichkäse (Schachtelkäse, Gorgonzola etc.) 250 g Quark, etwas Rahm, gut zerstossen 500 g Grundbutter, Weisswein, Knoblauch
Gänseleberbutter:	Gänseleber marinieren (Madeira, Cognac, Pfeffer). Kurz kochen, durch Haarsieb passieren. 1 zu 1 mit Grundbutter ohne Senf.
Lachsbutter:	150 g Rauchlachs, 100 g dicke kalte Béchamel durch Wolf und Drahtsieb treiben. 500 g Grundbutter

Crevettencocktail	In Rotweinglas oder Sektkelch eine Julienne von Kopfsalat geben, Crevettenschwänze (evtl. mit etwas Zitronensaft) obendrauf, dick überzogen mit Cocktailsauce. Garnitur: Crevette, Eischeibe, Trüffelscheibe oder ein Stäubchen Paprika.
Grapefruitcocktail	Grapefruits mit Messer schälen und filetieren. Nach Belieben mit wenig Zuckersirup süssen. Rotweinglas.
Hummercocktail	Wie Crevettencocktail, das Schwanzfleisch als Einlage, eine ausgelöste Schere als Garnitur.
Melonencocktail	Cavaillon-Melone schälen, halbieren und Kerne mit Suppen-löffel entfernen. Fruchtfleisch in Würfel schneiden oder mit Noisette-Löffel ausstechen. Wenig Zuckersirup und Zitronensaft beimischen.

Einige Frivolités

Brandteigstengel – Eclairs	Gefüllt mit einem Püree von Leber (Pain, Bloc, Mousse oder Gänseleber), Geflügel, Wild.
Pastetchen – Bouchées	Ganz kleine Blätterteigpastetchen, gefüllt mit Püree von Leber, Geflügel, Wild oder Kaviar.
Schinkengipfel	Blätterteig dünn ausgerollt, in Dreiecke geschnitten, die Verschlusspitze mit Ei bestrichen. **Füllung:** Schinkenbrunoise, evtl. gebunden mit Schinken-farce oder Brät oder mit Eigelb, das man der Brunoise bei-mischt und kurz antrocknen lässt.
Stengel	Blätterteig ca. 2 mm dick ausrollen. Direkt auf Backblech in Streifen schneiden, mit pikanter Füllung belegen und mit zweitem Teigstreifen zudecken. Mit Eigelb bestreichen und im Ofen backen.
Törtchen – Tartelettes	Kleine Böden aus geriebenem Teig backen und nach dem Erkalten füllen. **Füllung:** Kaviar, Fleischsalat, Krustentier- oder Fischmayon-naise.
Windbeutel – Duchesse	Aus Brandteig Profiteroles backen, füllen und evtl. mit Gelee überglänzen. **Füllung:** Kaviar, Gänseleber-, Geflügel- oder Wildpüree, Käsecreme aus Camembert oder Gorgonzola.

Grüne Matte

Spinast
Peterli
Kresse

Spinat, Peterli, Kresse hacken, gut auspressen und warmer Milchmatte zufügen.
(Dieser Saft enthält Eiweiss und gerinnt
bei 65°.)
Keine grüne Farbe verwenden, Fleisch
saugt diese auf!

Karottenmatte

Karottensaft in Milchmatte geben.

Milchmatte

30 g	Maizena
1 dl	Milch
	anrühren
5 dl	Milch
20 g	Aromat, Salz
1 dl	Rahm
	aufkochen, Maizena einrühren.
50 g	Gelatine

Etwas abkalten lassen, in Chromstahlschüssel geben, dann Gelatine einrühren,
Rahm daruntermischen, dann diese dünne Creme auf flaches Blech giessen und
erstarren lassen.

Tomatenmatte

300 g	Tomatenpuree
300 g	Wasser
75 g	Aspicpulver

Alle Zutaten zusammen aufkochen, auf
Glas- oder Chromstahlplatte giessen und
erstarren lassen.

Bemerkungen

Sulz frisst die rote Farbe von Radiesli,
diese also erst kurz vor dem Servieren
überglänzen.
Unförmige Cornichons geben einen be-
liebten Dekor.

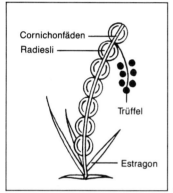

Cornichonfäden
Radiesli

Trüffel

Estragon

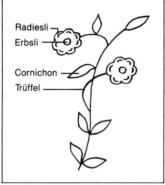

Radiesli
Erbsli

Cornichon
Trüffel

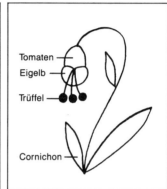

Tomaten
Eigelb

Trüffel

Cornichon

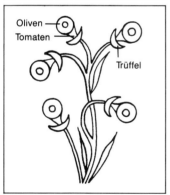

Oliven
Tomaten

Trüffel

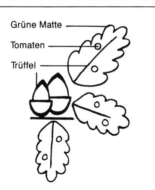

Grüne Matte

Tomaten

Trüffel

Trüffel

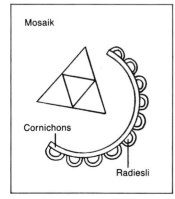

Mosaik

Cornichons

Radiesli

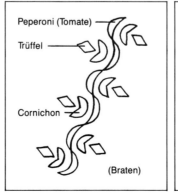

Peperoni (Tomate)

Trüffel

Cornichon

(Braten)

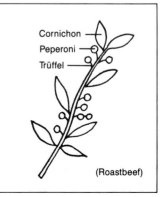

Cornichon
Peperoni
Trüffel

(Roastbeef)

Starkes Anrösten von Knochen

Die für Saucen verwendeten Knochen enthalten einen hohen Anteil an Kalzium, Magnesium und Phosphor. Es bestehen berechtigte Zweifel, ob diese Substanzen in angebratenem Zustand den Saucen einen Wohlgeschmack verleihen können. Vom Standpunkt der Ernährung aus bringt das Anbraten blanker Knochen eher Nach- als Vorteile. Anders verhält es sich bei Knochen vom Karree, die nicht genau ausgebeint wurden. Sie sind durch die Fleischreste geschützt und geben durchs Anbraten sehr gute Resultate.

**Weisse Kalbsbrühe
(Fond blanc)**

5 kg zerkleinerte Kalbsknochen und Kalbsfüsse
12 l kaltes Wasser (unter 50°C)
       Salz

Die frischen, sauberen Knochen im leicht gesalzenen Wasser zum Sieden bringen. Feuer zurückstellen, während ca. 4 Stunden knapp unter dem Siedepunkt halten, ohne die sich bildende Schaumschicht zu entfernen. Brühe nach der Garzeit aufkochen, abschäumen und entfetten, durch feines Sieb in anderes Kochgefäss rinnen lassen, nochmals aufkochen und abschäumen. Die klare Brühe möglichst schnell abkühlen. Das Rezept ergibt ca. 8 Liter weisse Kalbsbrühe.

**Braune Kalbsbrühe
(Fond de veau brun)**

1 kg Röstgemüse (Mirepoix) – Zwiebeln, Karotten, Lauch und Sellerie in Würfeln
1 dl Öl
100 g Tomatenpüree
8 l weisse Kalbsbrühe
       Gewürze (zerdrückte Pfefferkörner, Lorbeer, Nelken, Rosmarin) im Tee-Ei

Röstgemüse im Öl kurz anschwitzen, salzen, Tomatenpüree beifügen und unter ständigem Rühren mit einem Holzlöffel weiterrösten, bis sich das Tomatenpüree braun verfärbt hat. Das Öl ist wieder klar und kann abgegossen werden. Mit weisser Kalbsbrühe auffüllen, aufkochen, entfetten, die Gewürze in einem Tee-Ei beigeben (Tee-Ei mit passender Kette in Chromstahl-Ausführung für ca. Fr. 6.–). Die Brühe während 30 Minuten langsam sieden, Tee-Ei herausnehmen, in die Brühe abtropfen lassen, dann die Brühe durch feines Sieb rinnen lassen, nochmals aufkochen, abschäumen und abkühlen. Das Rezept ergibt ca. 7 Liter braune Kalbsbrühe.

Klare Bratensauce
(Jus de rôti)

Schweins- oder Kalbsbraten wird nach dem Anbraten mit Weisswein abgelöscht, mit brauner Kalbsbrühe bis zur Hälfte aufgefüllt und während des Schmorens öfters damit übergossen. Diese Bratensauce wird entfettet, separat serviert.

Gebundene Bratensauce
(Jus de rôti lié)

Die klare Bratensauce wird mit Stärkemehl leicht gebunden: 1 Liter siedende Bratensauce, 15 g Stärkemehl, in 1 dl Weisswein aufgelöst, wird eingerührt. Kochzeit einige Minuten.

Braune Grundsauce
(Fond brun lié)

Gleiches Rezept wie für gebundene Bratensauce. Statt klarer Bratensauce wird braune Kalbsbrühe auf dieselbe Art gebunden.

Hilfsmittel der Nährmittelindustrie

Hilfsmittel sind sinnvoll, wenn sie nach Rezept sorgfältig verarbeitet und verfeinert werden. Sie helfen zudem, Saucen abzurunden, und sind aus wirtschaftlichen Gründen unentbehrlich.

Gemüsebrühe – Gemüsebouillon

100 g	Lauch
100 g	Zwiebeln
100 g	Sellerieknolle
100 g	Karotten
1	Nelke
1	Lorbeerblatt
2 l	Wasser
	wenig Salz

Wasser zum Kochen bringen. Gerüstetes Gemüse hineingeben, ebenso Gewürze und Salz.
Während ca. 30 Minuten leicht sieden lassen.
Die Brühe kann mit Gemüsebouillonpaste vervollkommnet werden.
Das Gemüse wird als Beilage gegessen oder klein geschnitten für Suppe oder Salat verwendet.

Fleischbrühe

800 g	Siedfleisch
	ev. Rindsknochen
3 l	Wasser
	Salz
400 g	Gemüse, wie für Gemüsebouillon
1	Nelke, 1 Lorbeerblatt

Wasser zum Kochen bringen.
Siedfleisch und Salz beigeben. Während ca. 1½ Stunden knapp unter dem Siedpunkt garen. Abschäumen, aufkochen, dann Gemüse und Gewürze zugeben. Unter dem Siedpunkt fertiggaren. Kochzeit ca. 2 Stunden.

Das Gemüse wird mit kaltem Wasser gewaschen, soweit nötig gerüstet und dann blanchiert, soweit es nicht aus dem eigenen Garten stammt.

Blanchieren von Gemüse	Man bringt Wasser zum Kochen, gibt das Gemüse hinein und lässt so rasch wie möglich aufkochen. Dieses Wasser wird weggeschüttet, das Gemüse in kaltem Wasser abgekühlt. Zweck: Düngerreste und Insektenschutzmittel werden vom Gemüse weggeschwemmt. – Gemüse sind auf diese Art für's Tiefkühlen vorbereitet. – Diese Gemüse erhalten durch das Blanchieren eine schönere Farbe.
Kochen von Gemüse	Rohes oder blanchiertes Gemüse in kochendes Salzwasser geben, knapp weichsieden. Man achtet darauf, dass das Gemüse vom Kochwasser nur knapp bedeckt ist. Das Kochwasser, ausser von Bohnen, kann weiterverwendet werden. Wünscht man das Gemüse mit Zwiebeln oder Knoblauch: In Pfanne Butter heiss machen, Zwiebeln und Knoblauch darin bei schwacher Hitze dünsten und unter das heisse Gemüse mischen.
Dünsten von Gemüse	Ein flacher Kochtopf mit gut schliessendem Deckel (Sautoir oder auch Römertopf) wird mit Butter ausgestrichen. Blanchiertes Gemüse hineinlegen, würzen, zugedeckt im Ofen bei ca. 140° im eigenen Saft während 30 bis 50 Minuten garen. Ist der Ofen heisser, muss etwas Wasser nachgegossen werden.
Dämpfen von Gemüse	Blanchiertes Gemüse (ausser Rübenarten, welche nur für Tiefkühlzwecke blanchiert werden) mit wenig Wasser im Dampfkochtopf mit einem Minimum an Salz während ca. 5 Min. gedämpft. Dämpfen im flachen Kochtopf mit schwerem Deckel dauert ca. 10 bis 15 Minuten, wobei hier wegen der Gefahr des Anbrennens meist etwas Fettstoff beigegeben wird. Dämpfen im Druckdämpfer: Das blanchierte Gemüse wird leicht gewürzt in das vorhandene Gefäss gelegt und ohne jegliche Flüssigkeit eingeschoben, da das

Gerät den Dampf selbst herstellt. Garzeit wie beim Dampfkochtopf.

Dämpfen im Kombi-Steamer: Das blanchierte Gemüse wird in die vorgesehenen Schalen gelegt, leicht gewürzt und ohne Flüssigkeitszugabe in den Ofen geschoben. Dieser Ofen wird auf 180° vorgeheizt, produziert den Dampf in einer Nebenkammer und dämpft ohne jeden Druck. Die Garzeit ist deshalb etwas länger: ca. 12 min.

Beispiele zu Seite 372

Bohnen

Grüne Bohnen werden blanchiert, während 10–15 Min. gekocht oder gedämpft. Bohnenkraut (Sariette) hebt den Geschmack und wird mitgekocht. In Butter gedünstete gehackte Zwiebeln können beigemischt werden.

Broccoli

Dicke Stiele werden geschält wie Spargel, blanchiert und gedämpft.
Zum Dämpfen legt man den Broccoli zu Bündchen in den Dämpfer.
Garzeit 4–5 Minuten.

Erbsen

Rohe Erbsen mit Zugabe von Butter, Salz und Zucker knapp mit kochendem Wasser bedecken und 3–5 Minuten sieden.

Fenchel

Blanchiert, anschliessend 30 Minuten gekocht oder 8–12 Minuten gedämpft.
Fenchel wird halbiert, schräg in dicke Scheiben geschnitten, ziegelartig angerichtet, mit Reibkäse bestreut und überbacken.
Statt Fenchel zu überbacken kann man ihn einfach mit Butter überglänzen.

Karotten

Rohe Karotten in Scheiben oder Stäbchen werden mit wenig Wasser, Zucker, Salz und Butter in einem Kochtopf mit gut schliessendem Deckel gedämpft.
Karotten lassen sich während dem Garen gut wenden.
Garzeit 5–10 Minuten.
Zum Glasieren kocht man die Flüssigkeit ein. Dabei entsteht ein Sirup in dem man die Karotten wendet und überglänzt.

Beispiele zu Seite 372

Kastanien

Zum Schälen schneiden wir mit dem Rüstmesser quer über die runde Seite bis aufs Fruchtfleisch. Man blanchiert Kastanien im Wasser oder im heissen Öl, damit sich die Schale löst.

Glasiert werden Kastanien mit einem Esslöffel Zucker, wenig Butter und etwas Wasser. Man gart sie zugedeckt und wendet sie zum Schluss im entstandenen Caramelzucker.

Lattich

Lattich wird ganz blanchiert. Anschliessend schneidet man den Strunk heraus, legt die Blätter flach auf ein Schneidbrett und legt sie dreifach zusammen, so dass eine flache Rolle entsteht. Man schneidet Portionen von 3 cm Breite, würzt und legt das dressierte Gemüse sorgfältig in einen flachen, mit Butter ausgestrichenen Kochtopf. Zugedeckt dämpfen während ca. 10 Minuten.

Lauch

Lauch wird zum Waschen längs aufgeschnitten, in 5–10 cm lange Stücke geschnitten, blanchiert und zum Dämpfen in einen flachen, mit Butter ausgestrichenen Kochtopf gelegt. Garzeit ca. 40 Minuten.

Rosenkohl

Rosenkohl braucht nur dann gerüstet zu werden, wenn er überlagert ist. Man blanchiert den Rosenkohl. Anschliessend wird er während 5–10 Minuten gedämpft oder 15 Minuten gekocht. In Butter gedünstete, gehackte Zwiebeln können beigemischt werden.

Tomaten

Tomaten werden ausgestochen (die Fliege wird entfernt), quer halbiert, gesalzen und mit einer Butterflocke auf der Schnittfläche in einem flachen Kochtopf zugedeckt gedämpft.

Tomaten kann man auch aushöhlen und sie mit Erbsen, Blattspinat, gedünsteten Pilzen oder Béarnaise-Sauce füllen.

Aprikose	(österr. Marille), (schweiz. Barille, Barelle)
Aubergine	Eierfrucht (österr. Melanzani, Melanzane)
Avocado	Avocato (span. auch aguacate)
Brät	Fleischmasse mit Eis und Fett, vom Metzger kunstvoll verarbeitet zu Wurst oder als Bratenfüllung
Broccoli	Spargelkohl (franz. brocoli); dem Blumenkohl ähnliches, grünes Gemüse, die Stiele werden geschält
Brown Rice	(Vollkornreis von Uncle Ben's) Vollreis, Rohreis. Ist hochwertiger Reis mit Nahrungs- faser (Silberhaut)
Buntgemischter Salat	verschiedene rohe Gemüsesorten werden zu einem Salat zusammengemischt (franz. salade mêlée)
Champignon	Zucht-Champignon, Edelpilz (franz. champignon de Paris, – de couche), Champignon (franz.) heisst Pilz
Chicoree	weisses Sprossengemüse (franz. endive belge, auch Witloof)
Cutter	Grosser Mixer. Hacken von Gemüse, Petersilie. Mixen von Saucen und Suppen. Herstellung von Salatsaucen, Mayonnaise, Hollandaise, von Fleischfarcen, Brät und Teigen
Eieröhrchen	(schweiz. Fasnachtschüechli, Chilbichüechli)
Eierschwamm	Eierschwammerl, Pfifferling (franz. chanterelle)
Eierstich	(franz. royale) Suppeneinlage aus Ei und Rahm
Fideli	Fadennudeln (franz. vermicelles), (ital. vermicelli)
Flädli	Pfannkuchenstreifen, (franz. Célestine) Suppeneinlage (österr. Frittaten)
Gemischter Salat	verschiedene Salatsorten bukettweise geordnet (franz. salade assortie)
Geschwellte Kartoffeln	Pellkartoffeln, Kartoffeln in der Schale gekocht
Glace	Eis, Speiseeis, Eiskrem, Gefrorenes
Gourmet	Weindegustator, Weinkenner, Weinliebhaber (schliesst Feinschmeckerei nicht aus)
Gourmand	Feinschmecker, auch Schlemmer
Kabis	Kohl

Kalbsbratwürstchen	Bratwürstchen, auch Chipolata, Cipollata – hat als Wurst mit Zwiebeln nichts zu tun. Escoffier verwendete Bratwürstchen zu seiner Garnitur Chipolata, bestehend aus kleinen Zwiebeln, Kastanien, Speckstreifen, Würstchen und kleinen Karotten
Kalbskopf in pikanter Madeirasauce	gilt für «Kalbskopf nach Schildkrötenart», einem heute unhaltbaren Ausdruck
Karbonade	kommt von Fleischkloss, gemeint ist aber mit Zwiebeln geschmortes Rinderschnitzel, Zwiebelfleisch (schweiz. Saftplätzli)
Karotte	Mohrrübe, Möhre, gelbe Rübe
Kartoffelstock	Kartoffelbrei, Kartoffelpüree, Erdäpfelpüree, Quetschkartoffeln
Meringue	Meringe, Eischaum, in Deutschland auch Baiser (franz. meringue) Herkunft: Meiringen im Berner Oberland
Milken, Kalbs-	Kalbsmilch, Bries, → Thymusdrüse (franz. ris de veau)
Nüsslisalat	Feldsalat, Rapünzchen, Rapunzel (franz. mâche, doucette, rampon); Unkraut, das in Variationen als Salat angebaut wird
Ofenküchlein	grosser Windbeutel aus Brandteig
Panade	(österr. auch Panadl), ursprünglich Semmelbrei, von (ital. pane) Masse zum Verfeinern, Binden und Strecken von Fleischfüllungen
Paprika	Gewürz – und Gemüsepflanze (schweiz. rotes Gewürzpulver) auch spanischer Pfeffer, Kapsikum Rosenpaprika – scharf, Paprika edelsüss – mild
Peperoni	Schotengemüse in verschiedenen Variationen und Farben; Paprikaschoten, Pfefferoni, Pfefferschoten (ital. peperoncini – sehr scharf)(Deutschland Paprika)
Pommes frites	gebackene Kartoffelstäbchen; vom Französischen übersetzt: gebackene Kartoffeln. Ursprüngliche Bezeichnung: Pommes Pont-Neuf (nach Gringoire und Saulnier)
Preusse	süsses Blätterteiggebäck, auch Hexenbrille (franz. Prussien, Cœur de France)
Quark	Mager-, Speisequark, Rahmquark (österr. Topfen),

Rahm	Sahne, Süssrahm, Obers, Schmand, Schmant, Schmetten (schweiz. Nidel, Creme)
Rande	rote Bete, Salatrübe
Salamander	Kochgerät mit ausschliesslich Oberhitze
Salatmayonnaise	amerikanische Salatsauce (amerik. french dressing), wird irrtümlicherweise als «französische Salatsauce» übersetzt
Sauce	Sosse, Tunke
Schachtelkäse	Schmelzkäse, drei- oder viereckige Käseportionen
Schlagrahm	Schlagsahne, Schlagobers, Schlag
Sorbet	Scherbett (arab. scherbet) auch Eispunsch
Spätzli	(schweiz. Knöpfli, runde Form, Schwabenspätzli: lange Form, vom Brett), (deutsch Spätzle, lange Form), (österr. Nockerl, mit Tee- oder Kaffeelöffel ausgestochen), (franz. frisettes)
Tomate	Liebesapfel, Paradiesapfel (österr. Paradeiser)
Terrine	Ton- oder Porzellangefäss, in dem Fleischmasse schonend gegart wird
Vielfrass	Abschätziger Ausdruck für Menschen, die ohne sichtbaren Genuss grosse Mengen an Lebensmitteln essen, zum Beispiel Würste, Brötchen, Hamburger etc. Der Vielfrass gehört zur Gattung der Marder, ist von der Grösse eines mittleren Hundes und lebt in arktischen Gebieten. Dieses Tier ist aber keineswegs gefrässiger als andere Raubtiere.
Wädli	gesalzene, gesottene Schweinshaxe, Gnagi, Eisbein
Walnuss	welsche Nuss, Baumnuss
Weisser Reis	chinesischer Reis: ohne Fettstoff in Wasser zugedeckt gesotten, bis alle Flüssigkeit aufgesogen ist. Weisser Reis soll den Kreoler Reis ersetzen, bei dem Vitamine und Mineralstoffe mit dem Kochwasser weggeschüttet werden. (Gesundheitshalber muss Reis vollständig gar sein)
Wiener Schnitzel	dünn geklopftes Schnitzel vom Kalb oder vom Schwein, nach Wiener Art paniert, schwimmend gebacken. Die Art des Fleisches muss auf dem Menu bezeichnet werden.
Zucchetti	gurkenähnliches Gemüse aus der Familie der Kürbisse. Junge Zucchetti bis 15 cm Länge nennt man Zucchini

Inhaltsverzeichnis

Inhaltsverzeichnis

Inhaltsverzeichnis

Inhaltsverzeichnis

Weitere Titel von Peter Kägi

Schelmische Geschichten
rund um's Gasthaus

Freche Geschichten auf ca. 200 Seiten mit Illustrationen und
Kochrezepten. Gebunden, mit Schutzumschlag.
ISBN 3-906578-02-X

Der Dorfpolizist
und andere Erzählungen

Humorvolle Geschichten um einen Kriminalisten
und dreiste Erzählungen auf ca. 200 Seiten mit
Illustrationen und Rezepten.
Gebunden, mit Schutzumschlag.

Die schwarze Kuh

Mitreissende, ausgelassene Erzählungen aus dem Wallis
Ca. 200 Seiten mit Illustrationen und Rezepten.
Gebunden, mit Schutzumschlag.

Diese aus dem Leben gegriffenen Erzählungen sind erhältlich
in allen Buchhandlungen oder beim Verlag.

Meilenbach-Verlag
CH-8804 Au / ZH
Telefon: 01 / 781 25 44
Wenn keine Antwort: 01 / 781 34 71
oder: 01 / 781 19 63
Telefax: 01 / 781 25 44

Auslieferung in Deutschland:
Druckerei Konstanz GmbH
Am Pfaffenmoos 6, D-7752 Reichenau-Waldsiedlung
Telefon 0 75 31 / 2 82- 8 45, Telefax 0 75 31 / 7 80 95